Allgemeines
Reisepraktisches

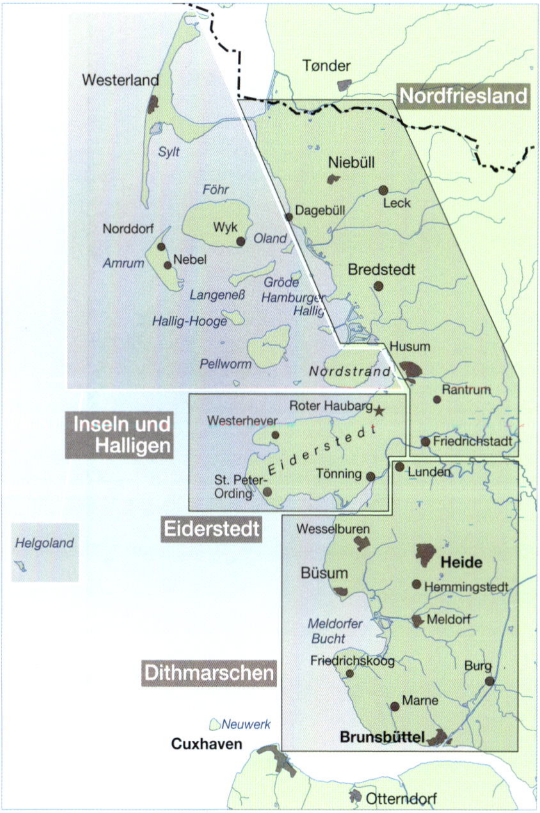

Tønder
Nordfriesland
Westerland
Sylt
Niebüll
Föhr
Leck
Dagebüll
Norddorf
Wyk
Oland
Amrum
Nebel
Bredstedt
Gröde
Langeneß
Hamburger Hallig
Hallig-Hooge
Husum
Pellworm
Nordstrand
Rantrum
Roter Haubarg
Inseln und Halligen
Westerhever
Eiderstedt
Friedrichstadt
St. Peter-Ording
Tönning
Lunden
Eiderstedt
Helgoland
Wesselburen
Heide
Büsum
Hemmingstedt
Meldorf
Meldorfer Bucht
Friedrichskoog
Burg
Dithmarschen
Marne
Neuwerk
Cuxhaven
Brunsbüttel
Otterndorf

Dithmarschen

Eiderstedt

Nordfriesland

Inseln und
Halligen

Text und Recherche:	Gudrun Maurer
Lektorat:	Horst Christoph
Redaktion und Layout:	Annette Melber
Karten:	Hans-Joachim Bode, Gábor Sztrecska, Judit Ladik, Michaela Nitzsche
Fotos:	alle Bilder von Gudrun Maurer außer: Christiane Maurer S. 35, S. 212, Dirk Thomsen S. 186, S. 228, S. 231
Covergestaltung:	Karl Serwotka
Covermotive:	oben: Binnenhafen in Husum unten: Badekarren am Strand von Wyk

Danksagung:
Für Tipps und Unterstützung möchte ich mich bei Cathrin Ahlborn, Birgit Brach, Wolfgang Dähnke, Britta Freith, Conny Frühauf, Ellen Hirsekorn, Ulrike Kreuels, Christiane Maurer und Doris Tschentscher bedanken. Mein besonderer Dank gilt Uli Poser für seine geduldige Begleitung meiner Arbeit an diesem Buch.

ISBN 978-3-89953-562-4

Aktuelle Infos zu unseren Titeln, Hintergrundgeschichten zu unseren Reisezielen sowie brandneue Tipps erhalten Sie in unserem regelmäßig erscheinenden Newsletter, den Sie im Internet unter **www.michael-mueller-verlag.de** kostenlos abonnieren können.

Zusätzliche Infos zu diesem Buch finden sie auf der Website unter „Reise-News", wichtige Änderungen, die sich nach Redaktionsschluss ergeben haben, unter „Reisebuch-Updates".

1. Auflage 2010

SCHLESWIG-HOLSTEIN NORDSEEKÜSTE UND INSELN

Gudrun Maurer

INHALT

Was haben Sie entdeckt?

Haben Sie ein empfehlenswertes Restaurant gefunden, eine nette Kneipe, ein gemütliches Hotel? Wenn Sie Tipps, Anregungen oder Verbesserungsvorschläge zum Buch haben, lassen Sie es uns bitte wissen.

Gudrun Maurer

c/o Michael Müller Verlag

Stichwort „Schleswig-Holstein – Nordseeküste"

Gerberei 19

91054 Erlangen

E-Mail: gudrun.maurer@michael-mueller-verlag.de

Kartenverzeichnis

Zeichenerklärung für die Karten und Pläne

	Autobahn	Δ	Camping	**i**	Information
	Bundesstraße		Badestrand		Schloss/Burg
	Hauptverkehrsstraße		Aussichtspunkt		Kirche
	Nebenstraße	★	Allgem. Sehenswürdigkeit	M̂	Museum
	Wanderung		Sendemast		Schiffsanlegestelle
	Fahrradtour	✗	Windmühle	P	Parkplatz
	Nationalparkgrenze		Windkraftanlage		Krankenhaus
Ⓗ	(Bus-)Haltestelle		Steinzeitgrab		Post

Schleswig-Holstein – Wissenswertes

An den Stränden ist auch im Hochsommer reichlich Platz

Wohin an Schleswig-Holsteins Westküste?

Zum Baden

Wellen, Strand und Dünen – die ersten Assoziationen beim Stichwort „Nordsee" treffen auf die dänische Nordseeküste zu, weniger auf die schleswig-holsteinische. Wer hier dänische Verhältnisse sucht, ist auf *Sylt* und *Amrum* richtig. Hier brechen sich die Wellen, locken endlose weiße **Sandstrände** und Wanderwege durch die Dünen. *Föhr* und *St. Peter-Ording* bieten ebenfalls Sandstrände, aber keine Brandung. Dies hat den Vorteil, dass das Meer hier im Sommer wärmer wird und Kinder gefahrlos planschen können. An der restlichen Küste gibt es nur ein paar kleine, künstlich angelegte Sandstrände und die manchmal euphemistisch **„Grünstrand"** genannten Badestellen hinterm grasbewachsenen Deich, die bei Flut durchaus attraktiv sein können. Von *Büsum* aus ist Sandliebhabern ein Ausflug nach *Helgoland* zu empfehlen, dessen kleine Schwesterinsel *Düne* fast nur aus Sandstrand besteht. Ist das Wetter nicht gut genug für ein Bad in der See, kann man auf zahlreiche moderne **Wellen- und Erlebnisbäder** ausweichen. Und im dünn besiedelten Binnenland verstecken sich einige Freibäder, die meist sensationell leer sind.

Mit Kindern

Die Nordseeküste ist ein klassisches Urlaubsziel für Familien mit Kindern. Zum einen fällt hier die Sprachbarriere weg, die Kindern im Ausland mitunter die Urlaubsfreude verhagelt. Hier finden sich immer Spielkameraden, mit denen die Verständigung problemlos klappt. Zum anderen sind Anreise und Unterkunft oft preiswerter als im Ausland. Vor allem wer die Hauptsaison und/oder die Touristen-Hochburgen meidet, kann hier sehr preisgünstig Urlaub machen. Wermutstropfen ist natürlich das Wetter, eine Sonnengarantie wie am Mittelmeer gibt es hier auch im Sommer nicht. Kinder stört das aber weit weniger als Erwachsene.

Für Aktivitäten für die ganze Familie ist allerorten gut gesorgt: Zu besichtigen sind neben zahlreichen kleinen, in letzter Zeit überwiegend **kindgerecht gestalteten Museen** viele Überreste aus der Steinzeit und der Wikingerzeit. Jeden Tag bläst der Wind stark genug, um **Drachen steigen** zu lassen. Mit dem Ausflugsschiff geht es zu Seehundsbänken, und da kommen immer Meeressäuger liegen, und manche Skipper fangen Getier vom Meeresgrund, das die Kinder an Bord gern betrachten. Größere Kinder gehen mit auf eine **Wattwanderung**, steigen auf **Leuchttürme** oder suchen Muscheln und Bernstein, den sie vor Ort in Schmuckstücke verwandeln können. Die Kleinsten begutachten Tiere am Strand oder in Gehegen und planschen im Meer oder in einem der Erlebnisbäder.

Preiswert und für die Kleinen ein großes Erlebnis sind **Ferien auf dem Bauernhof** oder wenigstens eine Nacht in der Heuherberge. Häufig wird hier auch Ponyreiten angeboten, und für die Action gibt es Scheunen- und **Indoor-Spielplätze**, die in jüngster Zeit wie Pilze aus dem Boden schießen. Zahlreiche Tipps für den Urlaub mit Kindern finden Sie in den Orts- und Inselkapiteln. Übrigens hat Schleswig-Holstein unter dem Label „Wunnerland" touristische Einrichtungen ausgewählt, die besonders familienfreundlich sind (→ www.sh-familie.de).

Für sportlich Aktive

Neben **Wassersport** von Baden bis Surfen und Segeln ist an den Sandstränden vielerorts Beachvolleyball-Spielen möglich. Ist es kühl, lässt man am Strand Drachen steigen, vor allem in St. Peter-Ording und auf Föhr. Föhr und Pellworm sind echte Radler-Inseln, und auch auf Amrum sind die meisten Urlauber per Rad unterwegs. Auch auf dem Festland gibt es zahlreiche gut ausgeschilderte Radwege.

Die Flusslandschaft Eider-Sorge-Treene ist ein Dorado für **Paddler und Kanuten**, entlang der Küste finden sich mehrere, teils traditionsreiche **Golfplätze** – auf einigen sind auch Anfänger gern gesehen. Etwas ganz Besonderes ist das Strandreiten, das mancherorts möglich ist. Die steigungsfreien, geteerten Wege an den Deichen werden gern zum **Inlineskaten** genutzt. In Büsum und Friedrichskoog gibt es ausgeschilderte **Nordic-Walking-Routen**, Joggen ist fast überall möglich. Und bei schlechtem Wetter bieten sich die Indoor-Sportangebote der Kurorte an.

Für historisch Interessierte

Auf den Inseln und an der Küste haben eine Vielzahl uralter **Kirchen** die Jahrhunderte überdauert, auf den Friedhöfen stehen teilweise noch Grabsteine aus der Walfänger-Zeit. Allgegenwärtig sind die reetgedeckten historischen Häuser, darunter die riesigen Haubarge der Halbinsel Eiderstedt (→ Architektur). Wer sich für noch ältere Siedlungsspuren interessiert, kann bei Ebbe unter kundiger Führung Reste alter **Orte auf dem Meeresgrund** besichtigen (z. B. vor Pellworm). Einige steinzeitliche Relikte sind heute von der Nordsee überflutet, die sie bei Ebbe freigibt – besonders gut sichtbar vor Sylt. An Land sind auf höher gelegenen Geestkernen **Steinzeitgräber** erhalten, die z. B. in Albersdorf und auf den Inseln Föhr und Sylt besichtigt werden können. Vor allem für Kinder interessant ist das nachgebildete **Steinzeitdorf in Albersdorf**, in dem an den Sonntagen der warmen Jahreszeit Steinzeit-Aktivitäten angeboten werden. Auch einige **Ringburgen** aus der Wikingerzeit sind erhalten. Über die seefahrerische Vergangenheit der Küstenregion informieren zahlreiche Museen, die sich meist auch mit Deichbau und Küstenschutz befassen.

Für Naturfreunde

Die Westküste Schleswig-Holsteins bietet in weiten Teilen Natur pur und damit einzigartige Möglichkeiten der Naturbeobachtung. Kein Urlauber sollte sich eine **Wattwanderung** entgehen lassen, bei der man zahllose Tiere im auf den ersten Blick unattraktiv erscheinenden Watt entdeckt. In Deutschland noch weit weniger verbreitet als im angelsächsischen Kulturraum ist die **Vogelbeobachtung**. Wer ein Fernglas und etwas Geduld mitbringt und zur richtigen Zeit am richtigen Ort ist, dem sind hier einmalige Erlebnisse garantiert:

Ab April fressen sich 40.000 Ringelgänse auf den Halligen Fett für den Weg in ihre Brutgebiete in Nordsibirien an. Ab Juli mausern sich jeden Sommer etwa 200.000 Brandgänse im Dithmarscher Watt rund um die unzugängliche Vogelschutzinsel Trischen und sind dann für vier Wochen flugunfähig. Im Winter und frühen Frühjahr grasen riesige Scharen von Nonnengänsen hinter dem Deich bei Westerhever und im Vorland von Friedrichskoog.

Schifffahrten zu **Seehundbänken** werden überall an der Küste angeboten, und wer Glück hat, bekommt bei Windstille vor der Westküste von Amrum oder Sylt sogar die Rückenflosse eines Schweinswals zu Gesicht.

Für Gesundheit und Wellness

Das wechselhafte **Reizklima** der Nordsee und die meist kühle, pollenarme, saubere Luft mit ihrem hohen Salzgehalt ist ideal für alle, die Probleme mit Nase, Nebenhöhlen, Bronchien oder Haut haben. Auf Menschen mit geschwächtem Immunsystem oder niedrigem Blutdruck wirkt es anregend, wogegen das Nordseeklima für viele Patienten mit hohem Blutdruck und Gefäßverkalkung zu anstrengend ist. Der gesundheitliche Effekt ist übrigens im Winter am höchsten. Wegen des für die meisten Menschen sehr gesunden Klimas haben sich zahlreiche Kurkliniken an der Küste und auf den Inseln angesiedelt, die meist auf eine Gruppe von Erkrankungen spezialisiert sind. Davon profitieren auch die Wellness-Einrichtungen in den größeren Badeorten wie St. Peter-Ording, Westerland und Wyk, die den zahlenden Gast mit Thalassotherapie, Massagen und anderem verwöhnen. Alle, die große Hitze schlecht vertragen, sind an der Nordsee richtig. Hier wird es **selten wärmer als 25 °C** und außerdem weht so gut wie immer ein kühlender Wind.

„Lieber tot als Sklave" –
Wahlspruch der Friesen

Auch bei Ebbe attraktiv – das nordfriesische Wattenmeer

Geografie und Landschaft

Der stark von der Nordsee geprägte Naturraum des westlichen Schleswig-Holsteins ist weltweit einzigartig. Das Wattenmeer, das bei Ebbe nur auf den ersten Blick wie grauer Dreck wirkt, wurde wegen dieser Einzigartigkeit zum UNESCO-Weltnaturerbe geadelt. Doch auch das über Jahrhunderte dem Meer abgerungene Land ist landschaftlich etwas Besonderes: Kein anderer Teil Deutschlands ist so flach, so dünn besiedelt und so deutlich von der Natur geprägt.

Die Westküste Schleswig-Holsteins lässt sich von Süden nach Norden in drei Gebiete unterteilen: Dithmarschen, Eiderstedt und Nordfriesland.

Im Süden erstreckt sich zwischen Elbe und Eider das vom Ackerbau geprägte **Dithmarschen,** das nicht über Sandstrände verfügt – dafür aber über die schnellste Schiffsverbindung auf Deutschlands einzige Felsen-Insel Helgoland, die ebenfalls zu Schleswig-Holstein gehört. **Eiderstedt** ist die Halbinsel zwischen dem Fluss Eider und der Stadt Husum, die ein geografisch eigenständiges Gebiet darstellt. An ihrer Westseite liegt der breiteste Sandstrand Deutschlands. Der Begriff **Nordfriesland** hat seit 1971 zwei Bedeutungen: Zum einen bezeichnet er die Region von Bredstedt bis Leck, zum anderen die damals zusammengelegten Kreise *Südtondern, Husum* und *Eiderstedt,* inklusive der vorgelagerten Inseln und Halligen. Südtondern, der stark dänisch geprägte, nördlichste Teil Nordfrieslands, hat seinen Namen von der Stadt Tondern (dänisch: Tønder), die bereits in Dänemark liegt.

Von West nach Ost sind mehrere **Landschaftszonen** zu unterscheiden: Ganz im Westen liegt das Wattenmeer mit den Inseln Nordstrand, Pellworm den zehn Halligen, sowie Föhr, Amrum und Sylt, dann folgt das teilweise unter dem Meeresspiegel liegende feuchte Marschland bis zur etwas höher gelegenen sandigen Geest im Osten. Einige nicht kanalisierte Flüsse durchziehen das Gebiet mäandernd von Ost nach West, um dann in die Nordsee zu fließen. Eine künstliche Wasserstraße, der 99 km lange Nord-Ostsee-Kanal, erspart seit einem Jahrhundert etwa 4000 Frachtern und fast 50.000 kleineren Schiffen pro Jahr das Umfahren Dänemarks; damit ist er der meistbefahrene Kanal der Welt.

Geologisch handelt es sich bei der Westküste um ein sehr junges Gebiet. Bis heute verändert sich die Küstenlinie durch schwere **Fluten**, vor denen man sich mit Sandvorspülungen, Sperrwerken und immer höher werdenden Deichen zu schützen versucht. Außerdem ändert die Nordseeküste jeden Tag zwei Mal ihr Gesicht: Durch Ebbe und Flut werden große Gebiete entweder überflutet oder fallen trocken. So ist es nicht verwunderlich, dass Menschen hier erst spät sesshaft wurden. Siedlungsspuren aus der älteren und jüngeren Steinzeit sowie aus der Bronzezeit fanden sich auf Amrum, Föhr und Sylt sowie bei Albersdorf in Dithmarschen. Die älteste Beschreibung Nordfrieslands stammt vom römischen Schriftsteller Plinius d. Ä. (23–79 n. Chr.), der in seiner „Naturgeschichte" eine menschenfeindliche Landschaft mit armer Bevölkerung schildert, die in Hütten auf künstlichen Hügeln der täglichen Flut trotzt. Diese **Warften** oder **Wurten** genannten Hügel sind bis heute in der Landschaft zu sehen, doch vor Überschwemmungen muss hier keiner mehr Angst haben – längst schützen mächtige **Deiche** an der Küstenlinie die Siedlungen.

Großstädte fehlen im Westen Schleswig-Holsteins völlig – die beiden größten **Städte** sind Heide und Husum, beide mit etwas über 20.000 Einwohnern, gefolgt von Brunsbüttel mit ca. 14.000 Bewohnern. Viele kleinere Orte besitzen aus alter Zeit, als sie noch weit größere Bedeutung hatten, das Stadtrecht, z. B. Garding, Tönning, Friedrichstadt und Meldorf – alles sehenswerte Städtchen mit saniertem historischen Kern, lokalem Handwerk, netter Gastronomie und einigen kulturellen Einrichtungen. Neben weitläufigen Dörfern, die viel weiter auseinander liegen als in West- und Süddeutschland, prägen auch Einzelgehöfte die Landschaft.

Wie aus Meeresboden Festland wird

Bis heute kann man an der Westküste das Entstehen neuen Landes aus dem Meer beobachten. Wattgebiete, die etwa auf Höhe des mittleren normalen Hochwassers liegen, werden zwei Mal täglich von der Flut überspült. Dabei lagern sich Schwebstoffe aus dem Wasser ab, z. B. Reste abgestorbener Pflanzen und mineralische Partikel. Diese Ablagerung wird unterstützt durch Milliarden winziger Tiere, die im **Watt** leben und diese Pflanzenreste fressen und verdauen. Dadurch verfestigen sich die Schwebstoffteilchen zu größeren Klumpen, die bei Ebbe nicht mehr so leicht weggespült werden können. Das Watt wird zu **Schlick**, in dem bereits salzverträgliche Pflanzen wachsen können, wie der Queller und die Strandsode, sukkulente Pflanzen, die Salzwasser speichern.

Durch weitere Verschlickung erhöht sich das Bodenniveau bei normalem Hochwasser langsam über den Meeresspiegel, das Gebiet wird nun **Vorland** genannt und nur noch 150 bis 250 Mal im Jahr überflutet. Hier kann das ebenfalls salzverträgliche Andelgras wachsen, das rasch dichte Bestände bildet und zur weiteren Aufhöhung beiträgt. Eine **Salzwiese** ist entstanden. Ist das Gebiet so hoch, dass es nur noch 30 bis 70 Mal im Jahr überschwemmt wird, siedeln sich weitere Pflanzen an wie Strandaster, Strandwegerich, Rotschwingel und Strandflieder. Die Strandaster wirft salzgefüllte alte Blätter ab, der Strandflieder scheidet das aufgenommene Salz durch spezielle Drüsen wieder aus. Das Gebiet wird nun zur **Marsch**, die wird nur noch ab und zu von höheren Fluten überschwemmt. Hat es eine Höhe von etwa einem Meter über dem mittleren Hochwasser erreicht, hört die Verschlickung mangels Sedimentzufuhr auf. Im Laufe dieses Prozesses bilden sich parallele Längsgräben, in denen das Wasser bei Ebbe ins Meer zurückfließt, die sog. **Priele**. Die Marsch kann nun von Schafen beweidet oder zur Heuernte genutzt werden.

Um den Prozess der Marschbildung zu beschleunigen, werden zwei Reihen Pfähle in zuvor gezogene Gräben ins Watt gerammt, die Zwischenräume mit Stroh- oder Reisigbündeln (sog. Faschinen) ausgefüllt und das Ganze festgestampft. Mit diesen Lahnungen werden Ebbe und Flut gebremst, die Sedimente können sich rascher absetzen. Um den Prozess weiter zu beschleunigen, zieht man im Vorland Gräben, sog. **Grüppen**, um das Wasser bei Ebbe kontrolliert ablaufen zu lassen. Die neu gewonnenen Landstreifen werden dann nur noch selten überflutet. Im Laufe der Zeit verschmälert und vertieft man diese Gräben, die Landstreifen werden breiter und immer fester. Hat man ein größeres Stück Land gewonnen, deicht man es ein – es wird zu einem **Koog**, der landwirtschaftlich genutzt werden kann.

Lahnungen beschleunigen die Verlandung

Erst nach 1980 wurde diese Art der Neuland-Gewinnung aus ökologischen Gründen aufgegeben; die jüngsten Flächen liegen an der Nordstrander Bucht und an der dänischen Grenze bei Rodenäs. Auf die Landgewinnung sind die Friesen bis heute stolz und zitieren gern den Spruch „Gott schuf das Meer, der Friese die Küste". Und an die lebensnotwendige und oft dramatische Sicherung des Landes durch Deiche erinnert die Redewendung „Wer nicht will deichen, muss weichen". Aber nicht jeder frühneuzeitliche Deich hielt der Nordsee stand: Wo die Strömung der See hinter der Deichlinie tiefe Löcher fraß, liegen heute schilfgesäumte Süßwasserteiche, die **Wehlen**. Diese bis zu 30 Meter tiefen Strudellöcher sind zu wichtigen Biotopen für Wasservögel geworden oder dienen als Badeseen.

Heute sind die **Außendeiche** Schleswig-Holsteins acht Meter hoch, seit 1971 werden sie vom Land und mit Bundesmitteln gebaut und erhalten. Im Kern bestehen sie aus Sand vom Meeresgrund, der mit Schlick bedeckt und mit Gras bepflanzt ist.

Einige Deiche sind auch asphaltiert, etwa am Eidersperrwerk, in St. Peter-Ording, im Westen Föhrs oder rund um Pellworm. Das Wasser aus den Gräben, Bächen und Flüssen wird bei Ebbe durch Schleusen ins Meer gelassen; bei Flut schließen die Schleusentore automatisch, sodass kein Meerwasser ins Hinterland fließen kann. Wie lange diese Deiche dem prognostizierten Anstieg des Meeresspiegels standhalten, ist natürlich ungewiss. Viele Schleswig-Holsteiner beobachten die jüngsten Klimaveränderungen und die Nachrichten von schmelzenden Polkappen mit Sorge.

Geschichte des Deichbaus

Die Form der Deiche entwickelte sich von den Stackdeichen des 15. Jahrhunderts, die seeseitig aus Holzbohlen und landseitig aus einer Stroh- und Kleischicht (Klei s. u. „Wiesen, Äcker und Wälder") bestanden, zu immer höheren und flacher abfallenden Deichen. Die Erfindung der modernen Deichform schildert Theodor Storm eindringlich in seiner Novelle „Der Schimmelreiter" – wer die historischen Deichformen und ihre Entwicklung in natura sehen will, ist im Büsumer Freilicht-Deichmuseum am nordwestlichen Ortsausgang richtig (vom ausgeschilderten Parkplatz P1 etwa 200 m Fußweg, Eintritt frei).

Wiesen, Äcker und Wälder

Die landwirtschaftliche Nutzung des Küstenlandes hängt stark vom geologischen Untergrund ab. Zwei Bodentypen sind hier zu unterscheiden: Geest und Marsch. Die Bauern der Geestgebiete waren traditionell die armen Bauern Schleswig-Holsteins, im Gegensatz zu den reichen Bauern der Marschen. Unter der **Geest** (von niederdeutsch „güst" = unfruchtbar) versteht man das sandig-lehmig-steinige Altmoränenland Schleswig-Holsteins. Es entstand in der vorletzten Eiszeit, der Saale-Eiszeit, als die Gletscher Skandinaviens hier ihr Geschiebe ablagerten. Jahrhundertelang wehte der Wind die ausgetrockneten obersten Bodenschichten weg, da die tonarme Geest Regenwasser nicht lange halten kann. Damit gingen immer auch wichtige Nährstoffe verloren. Erst im 18. Jh. begann man, mit der Anlage von schnurgeraden hohen Hecken der Winderosion Einhalt zu gebieten. Wer nicht mit Norddeutschland vertraut ist, wundert sich vielleicht über die dichten Strauchreihen in der Feldflur. Oft sind diese **Knicks** auf Wälle gepflanzt, um dem allgegenwärtigen Wind noch mehr Widerstand zu bieten. Ein Knick wird angelegt, indem man verschiedene Stecklinge dicht an dicht in den Boden steckt und zusätzlich miteinander verflicht. Regelmäßig werden die Knicks durch starken Rückschnitt gepflegt und dicht gehalten. Durch ihren Windschutz vermindern sie das Fortwehen der kostbaren Ackerkrume und bieten zudem den Feldfrüchten bessere Wachstumsbedingungen durch relative Windstille.

Die meist wesentlich fruchtbarere **Marsch** entstand durch Verlandung von Fluss- und Meeresböden, die von den Gezeiten beeinflusst waren. Die Entstehung dieser lehmig-tonigen Böden erfolgte natürlich in Zeiten sinkender Meeresspiegel, aber auch künstlich im Zuge der Landgewinnung an der Wattenmeer-Küste. Das Marschenland ist nährstoffreich und stets feucht und damit ideal für Ackerbau und Viehhaltung. Vor vielen Jahrhunderten entstandener Marschboden wird „**Klei**" genannt. Eine Gefahr für die Landwirtschaft ist aufsteigendes Meerwasser, das diese

Böden versalzen kann. Alten Marschen ist durch die jahrhundertelange Nutzung oft schon sämtlicher Kalk entzogen; sie sind versauert und nur noch als Grünland nutzbar.

Wälder gibt es kaum an der schleswig-holsteinischen Westküste. Weil das nördlichste Bundesland so waldarm ist, soll in naher Zukunft ein strenges Waldgesetz erlassen werden, nach dem man von Februar bis Mitte Juni die Wege nicht verlassen darf.

Flora und Fauna

Die Tier- und Pflanzenwelt am Küstensaum hat sich an ihre Umwelt perfekt angepasst. Am und im Meer leben Pflanzen und Tiere, denen das allgegenwärtige Salz, die starken Winde und der stete Wechsel von Ebbe und Flut keine Probleme machen. Natürlich wird der größte Teil des westlichen Schleswig-Holsteins vom Menschen genutzt: die sandigen Küstenstreifen touristisch, die Marschen landwirtschaftlich.

Den landwirtschaftlich genutzten Nordwesten Schleswig-Holsteins prägen Wiesen und Weiden, die meist von einer Vielzahl von Entwässerungsgräben und -kanälen, den sog. **Sielen,** durchzogen sind. Feldwege, wie man sie aus Gebieten mit Ackerbau kennt, gibt es hier kaum. Auch Wälder fehlen in Küstennähe fast komplett, abgesehen von den im 19. Jh. zum Schutz vor Sandverwehungen angepflanzten Nadelbaum-Wäldchen auf Sylt, Amrum und in St. Peter-Ording sowie einigen kleinen Laubwaldgebieten im Binnenland. Laubbäume werden auch rund um die Einzelgehöfte als Windschutz gepflanzt, Alleebäume begleiten viele Landstraßen. Je näher man dem Meer kommt, desto häufiger sind die Bäume vom fast unablässig blasenden Westwind gezeichnet. Dem Meer am nächsten sind die **Salzwiesen** des sog. Vorlands (→ S. 14); hier gedeihen nur salzverträgliche Pflanzen, die allesamt unter Naturschutz stehen.

Möwen haben vielerorts schon überhandgenommen

Watt und Meer

Das Watt ist der Lebensraum einer einzigartigen Fauna, die an den unablässigen Wechsel von Ebbe und Flut angepasst ist. Hier leben Miesmuscheln, Herzmuscheln und Strandaustern, die bei Ebbe ihre Schalen zuklappen und bei Flut ihre Nahrung aus dem Wasser filtern. Die Anwesenheit von Wattwürmern ist an ihren sandigen Kothaufen zu erkennen, die ebenfalls wie Würmer aussehen. Die flachen Wattzonen sind die Kinderstube vieler Fischarten wie Scholle, Kabeljau und

Seezunge. In der tieferen Nordsee leben Seesterne, Quallen (fast ausschließlich die für den Menschen ungefährlichen Wurzelmund- und Kompassquallen) sowie größere Fische und Meeressäuger wie Schweinswale, Kegelrobben und Seehunde, die unter Naturschutz stehen. Während die Bestände der Seehunde sich in den letzten Jahren erholten, sind die Wale weiterhin bedroht. Sie leiden unter dem starken Schwund ihrer Nahrungsfische, an Schadstoffen im Wasser, die ihr Immunsystem schwächen, am zunehmenden Unterwasserlärm sowie an der Zerstörung des Meeresbodens durch Schleppnetze und Sandabbau. Die recht seltenen Kegelrobben sind die größten Raubtiere, die es in Deutschland gibt. So gut wie sicher bekommt man sie im Winter und Frühjahr auf Helgolands Schwesterinsel „Düne" zu Gesicht. Und: An den Helgoländer Felsen leben Tiere, die man in Deutschland kaum vermutet – Hummer!

Helgoländer Hummer

Bis in die 1930er-Jahre fingen Helgoländer Fischer fast 20.000 Hummer im Jahr, heute gehen nur noch wenige Tiere ins Netz. Da sich die Feinschmecker aber die Lippen danach lecken und die Tiere eine wichtige Funktion im Ökosystem haben, vermehren Forscher in der Zuchtanlage der Biologischen Anstalt auf Helgoland die fast ausgestorbenen Krustentiere.

Erst nach etwa einem Jahr sind aus den Hummer-Eiern kleine Scherentiere geworden, die in freier Wildbahn eine gewisse Überlebenschance haben. Im Spätsommer werden die 5 bis 7 cm langen Junghummer ausgewildert, und man hofft, dass sie das Erwachsenenalter erreichen. Nicht nur der Fang, auch der Klimawandel hat den Bestand stark dezimiert: Die Hummerlarven schlüpfen in der wärmer gewordenen Nordsee immer früher und finden dann noch keine Nahrung. Auch die Erdölförderung ist den sensiblen Tieren nicht gerade zuträglich; zudem wird über tödliche Folgen von Kriegsmunition spekuliert, die sich auf dem Meeresboden allmählich zersetzt.

Dünen

Dünen, auf denen sich bereits brauner Humus abgesetzt hat, werden **Braundünen** genannt. In diesem Bereich wachsen verschiedene Heidepflanzen, darunter die Besenheide, die im August in sattem Lila blüht und ihren einzigartigen Duft verströmt. Je feuchter das Jahr ist, desto prächtiger fällt die Heideblüte aus. Die sonnigen und windigen Stellen der Dünenlandschaft, an denen sich noch kein Humus entwickeln konnte, werden wegen ihres weißen Sandes **Weißdünen** genannt. Hier wächst nur Strandhafer, eine ganz erstaunlich konstruierte Pflanze: Aneinandergelegt würden die unzähligen fein verzweigten Wurzeln einer einzigen Pflanze 40 km lang werden! Mit diesen Wurzeln verfestigt der Strandhafer den Dünensand und hindert ihn dadurch am Wegwehen und Abrutschen; trampelt man den Strandhafer aber nieder, werden die Dünen rasch weggeweht. Das ist der Grund dafür, dass man in den Dünen die Wege wirklich nicht verlassen sollte. Die Übergangszone zwischen Braun- und Weißdünen heißt **Graudüne.** Hier halten sich auf den entstehenden Humusschichten nur mageres Silbergras und verschiedene Flechten.

Vogelwelt

Sogar Muscheln werden von Vögeln gefressen – der Spezialist für das Öffnen von Muschelschalen ist der allgegenwärtige Austernfischer. Möwen, die mancherorts schon zur Plage werden, sind dagegen wahre Allesfresser und verleiben sich von Fischen über Vogeleier bis zu Würmern alles ein – auch vor einem leckeren Krabbenbrötchen in der Hand eines Touristen machen sie nicht Halt. Sie sollten auf keinen Fall gefüttert werden (→ S. 235)! Die Wildenten, die in der Vergangenheit professionell gefangen wurden, ernähren sich u. a. von Seeschnecken, die an der Hochwasserlinie leben.

Außer den Vögeln, die ständig in der Wattzone leben, sind an der Küste auch Zugvögel zu beobachten, die in riesigen Schwärmen die Salzwiesen bevölkern, um sich hier für ihre weiten Flüge zu stärken. Eine ornithologische Besonderheit ist der Helgoländer Vogelfelsen, auf dem Lummen, Basstölpel und Dreizehenmöwen brüten.

Vogelkojen – wie man Wildenten überlistet

Vogelkojen sind künstliche Süßwasserteiche inmitten von angepflanztem Gesträuch, auf denen zahme Enten ausgesetzt wurden, deren Geschnatter die Wildenten anlockt. Die fing man dann in sich verschmälernden und von einer Art Reusen umgebenen Fangkanälen an den Ecken der Teiche, den sog. Pfeifen, in die die arglosen Enten mit schwimmendem Futter gelockt wurden. Erfunden wurden die Fanganlagen in den Niederlanden, von wo sie sich Mitte des 19. Jahrhunderts nach Norddeutschland ausbreiteten. Die Küstenbewohner waren in vor-touristischen Zeiten so arm, dass der bald in großem Stil betriebene Wildentenfang zu einer wichtigen Erwerbsquelle wurde. Einige dieser Fanganlagen, die eigentlich Entenkojen heißen müssten, blieben nach ihrer Stilllegung im 20. Jh. erhalten und sind heute z. B. auf Föhr, Amrum, Pellworm und Sylt zu besichtigen.

Natur- und Umweltschutz

Seitdem 4400 Quadratkilometer schleswig-holsteinisches Wattenmeer 1985 zum größten deutschen Nationalpark erklärt wurden, erholen sich viele bedrohte Tier- und Pflanzenarten: 2008 wurden an der niederländischen, deutschen und dänischen Nordseeküste insgesamt über 20.000 Seehunde gezählt – so viele, wie seit zwei Jahrzehnten nicht mehr. Auch den vor Amrum lebenden Kegelrobben scheint es besser zu gehen, ihr Bestand beträgt derzeit aber nur etwa ein Zehntel der Seehunde.

Das Ziel des Erhalts des Ökosystems Wattenmeer kollidiert natürlich mit seiner wirtschaftlichen Nutzung durch Fischerei, Ölbohrungen und Tourismus. Deshalb wurden im und am Meer zahlreiche Schutzzonen eingerichtet, in denen unterschiedlich strenge Nutzungsverbote gelten; bitte beachten Sie die Verbotsschilder. Sie tragen damit dazu bei, die hoch sensiblen Naturräume zu schützen.

Seit die UNESCO 2009 das Wattenmeer als **Weltnaturerbe** anerkannt hat, steht die einzigartige Landschaft nun auf einer Stufe mit dem Grand Canyon und dem australischen Great Barrier Reef (www.wattenmeer-weltnaturerbe.de). Das Gebiet um die Bohrinsel „Mittelplate" 7 km vor Friedrichskoog, wo seit 1986 das größte deutsche Erdölvorkommen von RWE Dea ausgebeutet wird, wurde einfach ausgeklammert. Zu der Bohrung kam es aufgrund alter Konzessionsrechte aus den 1940er-Jahren. Seit 1996 sucht man in der Umgebung mittels seismischer Untersuchungen nach weiteren Ölvorkommen. Die Auswirkungen der Sprengungen auf das Ökosystem sind unbekannt. Filmische Verarbeitung fanden diese Sprengarbeiten unter dem Meeresgrund in „Tsunami – Terror in der Nordsee", in dem geheime seismische Erkundungen zu einem Tsunami in der Nordsee führen, der Sylt überspült. Die vorgesehene Sendung des Films an Weihnachten 2004 musste wegen des realen Weltgeschehens, dem Tsunami in Südostasien, kurzfristig gestrichen werden …

Ökologisch problematisch ist der Öltransport per Schiff durch die stark befahrenen Küstengewässer nach Brunsbüttel. Seit 2000 verläuft von der Bohrstelle zudem eine 8 km lange Schrägleitung zum Festland, durch die das Öl direkt aus der Tiefe an Land transportiert wird.

Die fünf bewohnten Halligen Langeneß, Oland, Hooge, Nordstrandischmoor und Gröde gehören seit 2005 zum **Biosphärenreservat Schleswig-Holsteinisches Wattenmeer und Halligen** und sind damit eine Modellregion der UNESCO für umweltschonende Naturnutzung (www.halligen.de). Die Halligen waren übrigens Vorreiter der Naturschutzbewegung an der Nordsee: Bereits 1909 kaufte ein Naturschutz-Verein die *Hallig Norderoog*, die dann 1939 unter Naturschutz gestellt wurde. Bis heute darf diese Hallig, auf der sich eine von zwei schleswig-holsteinischen Brandschwalbenkolonien befindet, nur von Vogelwarten betreten werden, die im Sommer dort in einem Pfahlbau wohnen. Auf *Hallig Hooge* wurde 1963 die „Schutzstation Wattenmeer" gegründet. Bis heute sind die Halligen von der Nordsee bedroht. Mit großem finanziellen Aufwand werden die unbedeichten Inselchen bewohnbar gehalten. Doch der Erhalt der Halligen ist nicht nur aus Naturschutz- und kulturhistorischen Gründen sinnvoll: Die kleinen Inseln vor der Westküste dienen als Wellenbrecher und haben damit große Bedeutung für den Schutz des Landes vor Sturmfluten.

• *Information* Wer mehr über das Ökosystem Wattenmeer erfahren möchte, ist im **Multimar Wattforum in Tönning** richtig sowie im Sommerhalbjahr vor allem bei den von Nationalpark-Rangern geführten **Wattwanderungen** (Infos dazu in den Ortskapiteln). In kleinerem Rahmen informieren die Infozentren der Naturschutz-Organisation **Schutzstation Wattenmeer e. V.** in Friedrichskoog, St. Peter-Ording, Husum, Nordstrand, Pellworm, Hallig Hooge, Langeneß, Amrum und Sylt. Der Verein bietet auch Watt- und Schlickwanderungen, Inselerkundungen, Schiffstouren usw. an, besonders auch für Kinder (www.schutzstation-wattenmeer.de).
Wer seinen Urlaub naturschonend verbringen möchte, findet unter **www.national park-partner.de/sh** touristische Betriebe, die von der Nationalparkverwaltung als besonders umweltfreundlich ausgezeichnet wurden.

Klimawandel

Problematisch ist der Klimawandel mit steigenden Wassertemperaturen, die fremden Arten das Überleben in die Nordsee ermöglichen. In den letzten Jahren stieg die Durchschnittstemperatur der Nordsee auch in tieferen Wasserschichten deutlich – an den Badestellen wurde die 20-Grad-Marke oft bereits im Juli erreicht. So finden sich seit einigen Jahren Sardinen, australische Seepocken und japanischer Knötchentang in der Nordsee. Diese Arten wurden entweder im Ballastwasser von

An der Nordseeküste standen die ersten Windkraftanlagen Deutschlands

Schiffen hierher verschleppt oder wanderten mit steigenden Wassertemperaturen ein. Sie verdrängen heimische Pflanzen und Tiere, die damit vom Aussterben bedroht sind; zudem verschwinden Tierarten wie der Kabeljau, dem das Wasser der Nordsee bereits heute zu warm ist.

Eine Bedrohung nicht nur einzelner Arten, sondern des gesamten Ökosystems Wattenmeer ist der prognostizierte Anstieg des Meeresspiegels, der viel mehr Fläche dauerhaft überfluten wird. Dadurch werden zahllose Vögel, die heute bei Ebbe Tiere aus dem Watt picken, ihre wichtigsten Futterplätze verlieren. Auch eine verstärkte Wellenbildung und damit steigende Bedrohung der Küsten wird erwartet. Um all diese Phänomene zu erforschen, wurde 2007 der „Nordwest-Verbund Meeresforschung" gegründet, in dem Wissenschaftler von neun Forschungseinrichtungen zusammenarbeiten. Wer sich mit dem Klimawandel und seinen Auswirkungen auf die Nordseeküste näher beschäftigen möchte, kann im Internet unterschiedliche Klimaszenarien bis zum Ende des 21. Jahrhunderts durchspielen (interaktiver Klimaatlas des GKSS-Forschungszentrums Geesthacht unter www.norddeutscher-klimaatlas.de).

Wirtschaft

Plinius d. Ä. berichtete vor fast 2000 Jahren, dass an der Nordsee wegen der Gezeiten weder Jagd noch Ackerbau oder Viehzucht möglich waren. Die Küstenbewohner lebten damals ausschließlich vom Fischfang. Dies hat sich bis heute fast umgekehrt: Wegen der Überfischung der Meere steht die Berufsfischerei in Küstennähe vor dem Aus, wohingegen die Landwirtschaft an Bedeutung gewonnen hat: Auf den Grünflächen hinter den Deichen weiden ganzjährig zahllose Schafe.

Im Sommer sind auf vielen Koppeln Kühe zu sehen, vereinzelt auch Ziegen. Doch ist nicht die Landwirtschaft der bedeutendste Wirtschaftszweig, sondern der Tourismus, von dem die ganze Region lebt: Jedes Jahr besuchen über zwei Millionen Urlauber die Westküste Schleswig-Holsteins. Im Süden des Gebiets wurde Erdöl verarbeitende Industrie angesiedelt, vor allem in Hemmingstedt bei Heide und in Brunsbüttel, wo 1977 ein seit 2007 wegen einer anhaltenden Pannenserie fast durchgehend abgeschaltetes Atomkraftwerk errichtet wurde. Doch die Bedeutung der Atomkraft für die Region sinkt: In Schleswig-Holstein stammte 2006 über die Hälfte der im Land erzeugten elektrischen Energie aus **Windkraft**. Die sog. Windparks stehen heute überwiegend auf dem Festland oder in Küstennähe auf dem Meeresgrund. Für die Zukunft sind mehrere Offshore-Windparks projektiert, die mindestens so umstritten sind wie die bestehenden Anlagen. Die Gegner der riesigen Windräder beklagen die Landschaftsverschandelung, die niederfrequenten Geräusche und die Gefährdung der Vögel durch die schnell rotierenden Flügel.

Übrigens standen die ersten Versuchsanlagen 1978 im Kaiser-Wilhelm-Koog in Dithmarschen, der heute ein Windenergiepark ist. Der erste „Growian" (Groß-windanlage) wurde 1983 in Brunsbüttel installiert – allerdings schon nach wenigen Hundert Betriebsstunden wieder abgebaut. Inzwischen ist die Technik ausgereift, und so drehen sich allerorten an der windreichen Küste riesige Rotorblätter.

Klima und Reisezeit

Atlantisches Klima mit milden Wintern und nur mäßig warmen Sommern bei reichlichem Niederschlag herrscht an der Westküste vor. Grund dafür ist die See, deren Wassermassen im Sommer kühlend, im Winter wärmend wirken.

Man kann es nicht deutlich genug sagen: Das Klima an der Westküste ist rau, und zwar das ganze Jahr hindurch. Fast immer weht ein kräftiger (West-)Wind, der da-für sorgt, dass sich die meerfeuchte Luft oft wesentlich kälter anfühlt als sie ohne-hin ist (sog. Windchill). Laue Sommerabende sind daher so gut wie unbekannt. Der Frühling kommt durch die kühlende See später als im Binnenland, oft ist der Som-mer schon Mitte August vorbei. Nur in Ausnahmesommern erwärmt sich die Nordsee über 20 °C. Und trotzdem: Die Küste hat viele Fans, und es werden immer mehr. Was sie anzieht, ist die ungezähmte Natur, die hier zu spüren ist; die Stille, die man ein paar Kilometer von den trubeligen Touristen-Hochburgen entfernt so-gar in der Hochsaison genießen kann, dazu die immer frische Luft mit dem feinen Meer-Aroma und die Weite der Landschaft ... All das ist Balsam für die Seelen ge-stresster und überreizter Großstädter, die hier totale Entspannung finden – auch schon an einem verlängerten Wochenende.

Saison ist an der Nordsee von Ende März bis Anfang November sowie in den Weihnachtsferien. Außerhalb dieser Zeit sind viele touristische Einrichtungen ge-schlossen und die Übernachtungspreise im Keller. Wer Einsamkeit sucht und sich von früh einbrechenden Nächten, feuchter Kälte und ausgedünnten Schiffs- und Busfahrplänen nicht abschrecken lässt, kann im Winter an der Westküste sehr preisgünstig „entschleunigen". Immer mehr Zimmer- und Ferienwohnungs-Ver-mieter stellen sich auf Wintergäste ein und bieten Sauna, Hallenbad und/oder Ka-minfeuer an. Die meisten Gäste kommen natürlich in den Sommermonaten. Ohne frühzeitige Reservierung ist dann kein küstennahes Quartier zu bekommen. Zu-dem bevölkern bei schönem Wetter an den Wochenenden Kurzurlauber aus Ham-burg und Kiel die Strände – dann kann es schwer werden, einen Parkplatz in Strandnähe oder einen Platz im Café zu finden.

Geschichte

Die Geschichte der Nordseeküste Schleswig-Holsteins ist neben der politi-schen Geschichte immer auch eine Geschichte der Naturgewalten, die das menschliche Leben hier stark beeinflussen. Bis heute kämpfen die Men-schen gegen die Nordsee, die immer wieder Land überflutet oder abträgt. Doch die See ist nicht nur Feind, sie war und ist die wirtschaftliche Grundla-ge der Küstenbewohner.

Vor rund 10.000 Jahren war das noch anders: Damals, am Ende der letzten Eiszeit, waren weite Teile der heutigen Nordsee festes Land, und man konnte trockenen Fußes bis ins heutige England gehen: Bis vor etwa 8000 Jahren existierte eine durchgehende Landbrücke von England bis Dänemark und Deutschland; die Themse war zu dieser Zeit ein Nebenfluss des Rheins! Zeugnis davon legen u. a. knöcherne Harpunenspitzen steinzeitlicher Jäger ab, die man auf dem Grund der Nordsee gefunden hat. An der schleswig-holsteinischen Küste sind aus dieser Zeit keine Spuren menschlichen Lebens überliefert; sollte es sie gegeben haben, wurden sie längst ins Meer geschwemmt.

Erste Besiedlung

In den folgenden Jahrtausenden, als der Meeresspiegel allmählich anstieg, hat sich der Küstensaum nie besonders als Siedlungsraum angeboten. So beschränken sich die Überreste steinzeitlicher Besiedlung auf wenige höher gelegene Plätze. Bronzezeitliche Funde wurden vor allem auf den Nordfriesischen Inseln gemacht. Sie zeugen von relativem Wohlstand der damaligen Bevölkerung, der in der folgenden Eisenzeit wieder schwand. Grund dafür war eine Klimaverschlechterung mit sehr hohem Meeresspiegel und deshalb riesigen Überschwemmungen. Diese Überschwemmungen hinterließen fruchtbaren Marschenboden, auf dem sich bei sinkendem Nordseestand ab dem 1. Jh. n. Chr. in Dithmarschen Menschen ansiedelten. Ab dem 8. Jh. n. Chr. wanderten Sachsen, Friesen, Slawen und Jüten nach Dithmarschen ein, ab Mitte des 9. Jh. erreichten friesische Siedler Nordfriesland und stießen dort auf vereinzelte Piratennester der Wikinger. Zu dieser Zeit war der Meeresspiegel wieder gestiegen, sodass zunächst der höher gelegene Geest-Rand besiedelt wurde, den die Flut nicht erreichte. Die nächsten Einwanderer mussten sich mit der tiefer gelegenen Marsch begnügen, wo sie auf **Warften,** künstlich geschaffenen Hügeln, siedelten, die sie zusätzlich mit Deichen schützten.

Auf jeder Warft legten sie einen **Fething** an, einen künstlichen Teich, in dem das rare Süßwasser als Trinkwasser für Vieh und Mensch gesammelt wurde. Später trennte man die Wasserversorgung; für den menschlichen Bedarf fing man Regenwasser von den Dächern auf und leitete es über Tonrinnen in Zisternen, die sog.

In höher gelegenen Gebieten finden sich steinzeitliche Gräber

Größtes Küstenschutz-Bauwerk ist das Eidersperrwerk

Soden oder Nosten. Regelmäßig überflutete die Nordsee im Winter das gesamte Gebiet bis auf die Warften, die wie kleine Inseln aus dem Meer ragten. Um das Jahr 1000 n. Chr. wurden erste niedrige und kurze Deiche angelegt, gefolgt von sog. **Sommerdeichen** aus Schlick, die nur das sommerliche Hochwasser abhalten sollten, damit die Ernte eingebracht werden konnte. Mit dem Bau der großen **Winterdeiche** entlang der Küstenlinie wurde erst in der Neuzeit begonnen (→ S. 16).

Sturmfluten

Wo Meer ist und wo festes Land – und damit die Möglichkeit zu siedeln –, hängt an der Küste trotz aller Schutzmaßnahmen bis heute von den Sturmfluten ab, die in den letzten Jahrhunderten die Landschaft gewaltig verändert haben. Die früheste bekannte Sturmflut ist die „Große Kimbrische Sintflut" von 340 v. Chr., Einzelheiten über diese Katastrophe sind nicht überliefert. Etwas mehr weiß man über die verheerenden Fluten der Jahre 1216, 1219 und 1230 n. Chr., die als grauenvolle Ereignisse mit Zehntausenden von Ertrunkenen geschildert werden. Aber nicht immer zog sich das Meer nach einer Sturmflut spurlos zurück, oft schwemmte es riesige Gebiete fort. So riss die Sturmflut des 16. Januar 1362 fast die Hälfte der Husum vorgelagerten Halbinsel Strand mit sich; damit ging auch das sagenumwobene Rungholt unter. Überlebende nannten die Sturmflut, deren Folgen kaum vorstellbar sind, „de **Grote Mandränke**" (das große Menschen-Ertränken). Allein 30 Kirchen fielen ihr zum Opfer, die Zahl der Toten wird in zeitgenössischen Quellen mit 200.000 angegeben, ist aber wohl zu hoch gegriffen. 1436 wurde die verbliebene Halbinsel Strand in zwei Teile gespalten, deren westlicher, hufeisenförmiger Teil vom Festland abgetrennt wurde. Aus ihm entstanden 200 Jahre später die Hamburger Hallig, Hallig Nordstrandischmoor und Pellworm.

1532 ertrinken 1500 Menschen bei einer Überschwemmung des östlichen Teils der Insel Strand (= Alt-Nordstrand). 1634 wird Strand abermals überflutet, 6000 Menschen sterben, 1300 Häuser und Höfe werden weggespült, es entstehen Pellworm, Nordstrand und Nordstrandischmoor etwa in ihrer heutigen Form. Diese verheerende Flut nannten die Überlebenden „Zweite Grote Mandränke". 1792 trifft es die inzwischen eingedeichte Insel Pellworm, 1825 kommen alle Bewohner der Hallig Südfall ums Leben. Auch die wegen der tragischen Ereignisse in Hamburg bekannte Sturmflut von 1962 richtet große Schäden an. Zunächst sah es sogar so aus, als ob die Halligen komplett von der Landkarte verschwänden: Die Flut drückte Mauern ein und zerstörte ganze Höfe. Dennoch entschied man sich für den Wiederaufbau mit verstärkten Wänden und den Bau einer modernen Strom- und Trinkwasserversorgung. Der schweren Flut von 1976 hielten die neuen Schutzanlagen stand.

Wirtschaftsgeschichte

Über Jahrhunderte lebten die Nordsee-Anrainer, die keine Bauern waren, vom Meer: Sie fuhren zur See, plünderten gestrandete Schiffe und fischten. Die organisierte Heringsfischerei ist seit dem 14. Jh. historisch belegt. Kaum bekannt ist, dass vor allem im 18. Jh. viele Bewohner der Nordseeküste auf **Walfang**schiffen monatelang im arktischen Meer unterwegs waren. Neben Walen, die wegen des Trans erlegt wurden, jagte man damals auch Robben und Seehunde. Weiterhin fuhren die Küstenfischer ihre täglichen bzw. nächtlichen Fangtouren. Frachtschiffe transportierten Güter aus dem Binnenland in die Küstenstädte und umgekehrt, denn so lange es kein gut ausgebautes Straßen- und Eisenbahnnetz gab, konnten weite Strecken nur auf dem Seeweg zurückgelegt werden. Über die Jahrhunderte sanken Tausende von Schiffen im Wattenmeer, denn die Sandbänke verlagern sich hier so rasch, dass die Seekarten oft schon bei ihrer Veröffentlichung veraltet waren. Auch die vor allem im Winterhalbjahr tobenden Stürme ließen zahlreiche Schiffe kentern. Bis heute gibt der Meeresboden immer wieder Wracks frei, manchmal werden auch regelrechte Schätze gefunden.

Ein weiterer wesentlicher Wirtschaftszweig früherer Zeiten war die **Salzgewinnung** aus den Hochmooren in Küstennähe. Diese Moore waren nach dem Anstieg des Meeresspiegels von der Nordsee überschwemmt worden, sodass über lange Zeit Salzwasser in ihnen versickerte. Über die Jahrhunderte setzten sich damit große Salzmengen in den Torfschichten ab. Den Torf verbrannte man seit dem Mittelalter zu Asche, die anschließend in Meerwasser aufgelöst wurde. Diese Mischung kochte man, bis das Wasser verdampft war und nur noch Salzkristalle in den Siedepfannen lagen. Wegen seiner mineralischen Beimischungen war dieses Salz grau und bitter, bildete aber dennoch ein wertvolles Handelsgut, das sogar exportiert wurde: Die skandinavische Fischindustrie benötigte große Mengen Salz zur Herstellung des Stockfischs.

Im 19. und frühen 20. Jh. wanderten viele verarmte Einwohner Nordfrieslands und Eiderstedts über Hamburg oder Bremerhaven nach Amerika aus. Dithmarschen hingegen erlebte durch seine Getreideexporte zu dieser Zeit eine wirtschaftliche Blüte. Erst spät erfolgte der Bau der Eisenbahn in der Küstenregion, der den Tourismus wesentlich vorantrieb. Seit dem Zweiten Weltkrieg ist er der bedeutendste Wirtschaftszweig in der Region.

Politische Geschichte

Jahrhundertelang bildete die Eider die nördliche Grenze des Heiligen Römischen Reichs Deutscher Nation. Später war der Fluss dann die Grenze zwischen Dänemark im Norden und Preußen-Österreich im Süden. Amrum und der westliche Teil Föhrs, das sog. Westerlandföhr, gehörten von etwa 1000 n. Chr. bis ins 19. Jh. zum Königreich Dänemark. 1864 erklärten Österreich und Preußen dem Großdänischen Reich, das zuvor versucht hatte, sich den Landesteil Schleswig komplett einzuverleiben, den Krieg. Nach dem Sieg der österreichisch-preußischen Koalition erfolgte 1867 der Anschluss Schleswigs an Preußen, das 1871 im Deutschen Reich aufging. Nach dem Ersten Weltkrieg wurden die Einwohner des dänisch-deutschen Grenzgebiets in einer Volksabstimmung befragt, zu welchem Staat sie gehören wollen; ein Teil Nordschleswigs fiel daraufhin an Dänemark.

Dem **Nationalsozialismus**, der es verstand, die Liebe zur ländlichen Heimat für seine Zwecke zu nutzen, standen die Nordseeanwohner überwiegend positiv gegenüber. In Dithmarschen erhielt die NSDAP bei den letzten freien Wahlen 1932 und 1933 in vielen Orten über 60 % der Stimmen. Die Region blieb in den Kriegsjahren von Kampfhandlungen und Bombenangriffen weitgehend verschont, sodass die Flüchtlingswelle nach dem Zweiten Weltkrieg vielerorts stärker im Gedächtnis blieb als der Krieg selbst: In Schleswig-Holstein wurden fast eine Million Flüchtlinge und Vertriebene angesiedelt und schließlich auch integriert, eine Aufgabe, die viele Jahre im Mittelpunkt der Aufmerksamkeit stand. Die Konzentrations- und Kriegsgefangenenlager sowie die Massengräber der Nationalsozialisten, die es zum Beispiel in Dithmarschen (Gudendorf) und Nordfriesland (Schwesing bei Husum und Ladelund nordöstlich von Niebüll) gab, sowie die Zwangsarbeiter, die fast auf jedem Hof mitarbeiten mussten, vergaß man darüber nur zu gern. Ebenso wenig erinnerte man sich bis vor wenigen Jahren an die einst große jüdische Gemeinde in Friedrichstadt.

Nach Kriegsende gehörte das Gebiet zur englischen Besatzungszone, die sog. Entnazifizierung ging hier vergleichsweise rasch vonstatten. 1949 wurde das Bundesland **Schleswig-Holstein** gegründet, das jahrzehntelang von der CDU regiert wurde. In den letzten Jahren kam es immer wieder zu gewaltigen Regierungskrisen; bis heute ist die Barschel-Affäre von 1987/88 im Gedächtnis. Mehrfach kam es zu Landtags-Auflösungen und Neuwahlen, zuletzt im September 2009, nachdem Ministerpräsident Carstensen (CDU) im Sommer zuvor die Vertrauensfrage stellen musste. Im Kieler Landtag regiert seitdem mit ganz knapper Mehrheit die CDU mit der FDP, kleinste Fraktionen sind Die Linke und der Südschleswigsche Wählerverband (SSW).

Seit Jahren wird über die Gründung eines Nordstaats aus mehreren Bundesländern diskutiert. Von der Zusammenlegung Schleswig-Holsteins mit Hamburg und eventuell Mecklenburg-Vorpommern erhofft man sich erhebliche Einsparungen, die die drohende Zahlungsunfähigkeit des nördlichsten Bundeslandes abwenden könnten.

Architektur

Urlaubsgästen fallen als Erstes die allgegenwärtigen Backsteinbauten und die seit einigen Jahren wieder häufiger anzutreffenden Reetdächer auf. Alles in allem ist die Architektur im westlichen Schleswig-Holstein von nordischer Schlichtheit geprägt, akzentuiert durch reich verzierte und bunt gestrichene Haustüren.

Die traditionelle Architektur ist den extremen Wetterverhältnissen an der Küste angepasst, und auch die Wahl des Bauplatzes folgte in früheren Jahrhunderten den natürlichen Gegebenheiten. So baute man sein Haus an erhöhten Stellen, und wenn es die nicht gab, legte man sie künstlich in Form der sog. **Warften** an (auch Warfen, Wierden oder Wurten genannt), wie sie bis heute vor allem auf den Halligen zu sehen sind. Häufig sind die Häuser eng von Bäumen umstanden, die den Wind abhalten. Die ältesten erhaltenen Gebäude wurden aus Natursteinen gemauert, da es an der Westküste keine Wälder und damit auch kein Bauholz gab. Später verwendete man meist Ziegelsteine, die häufig unverputzt blieben (sog. Rotklinker). Das Dach konstruierte man sturmflutsicher, indem man es nicht auf die tragenden Wände auflegte, sondern auf (importierte) Holzpfähle stellte. So konnte die Flut zwar die Mauern eindrücken, das davon unabhängig konstruierte Dach aber blieb stehen. Zudem wurden diese Häuser zweigeschossig gebaut, wobei das obere

*Traditioneller Hof wohlhabender Bauern auf Eiderstedt –
Haubarg in Westerhever*

Geschoss nur mit der Dachkonstruktion verbunden war. So konnten sich die Menschen bei einer Sturmflut mit ihren Vorräten, manchmal sogar mitsamt ihren Tieren nach oben retten.

Der klassische **nordfriesische Bauernhof** ist ein lang gestreckter, reetgedeckter, rechteckiger Bau ohne Seitenflügel, in dem der Wohnbereich an den Stallbereich grenzt. Über der Haustür liegt immer ein zusätzlicher kleiner Dachgiebel, der quer zum Hauptgiebel verläuft. Damit wird bei einem Brand verhindert, dass brennendes Reet vor die Haustür rutscht und sie blockiert. Die Stallseite des Gehöfts ist immer gegen den Wind (also nach Westen) ausgerichtet, um Heizkosten zu sparen. Südlich von Bredstedt sind häufig auch Gehöfte mit mehreren Gebäudeflügeln oder abgetrennten Stall- und Scheunengebäuden anzutreffen. Ein besonderer Haustyp sind die **Haubarge,** riesige Gehöfte reicher Bauern, die bis zu 16 Meter hoch sein können und fast nur auf der Halbinsel Eiderstedt errichtet wurden. Zentrum der Konstruktion ist ein bis zu 100 m² großes Geviert aus vier bis zehn importierten mächtigen Eichenbalken, die das Dach tragen. Dieser zentrale Raum zwischen den Holzständern gab der Hausform seinen Namen: Hier wurde das Heu (friesisch „Hau") gelagert, also geborgen. Um den zentralen Scheunenraum gruppierten sich Wohnräume, Pferdestall, Kuhstall und Tenne. Die kompakte Bauform erlaubte ein maximales Volumen des Baukörpers bei minimalem Einsatz des kostbaren Bauholzes. Der bekannteste der etwa 60 noch erhaltenen Haubarge ist der öffentlich zugängliche „Rote Haubarg" bei Witzwort (→ S. 97f).

Eine architektonische Besonderheit ist **Friedrichstadt,** das im frühen 17. Jh. von niederländischen Glaubensflüchtlingen in holländischem Stil erbaut wurde. Friesische **Kapitänshäuser** aus dem 18. und 19. Jh. sind in Keitum auf Sylt erhalten. Im 19. und frühen 20. Jh. errichtete man in den neu entstehenden Seebädern Westerland und St. Peter-Ording repräsentative Bauten im Stil der **Bäderarchitektur,** die auch an der Ostsee verbreitet ist. Nur wenig davon hat die Abrisswut der Nachkriegszeit überlebt.

Heute besinnt man sich angesichts der Bausünden der 1930er bis 1980er Jahre vielerorts wieder auf die traditionelle friesische Architektur. So wurden in jüngster Zeit z. B. auf Sylt und in St. Peter-Ording zahlreiche historisierende Backsteinbauten mit Reetdach neu errichtet. **Reet** wächst am Rand flacher Süßwasserteiche wie der Wehlen und wurde traditionell zum Dachdecken verwendet. Geerntet wird es im Winter. Heute importieren die Dachdecker das Material überwiegend aus China.

Noch stehen sie fast alle, die teils Jahrhunderte alten maritimen Seezeichen, die jeden Besucher faszinieren – die **Leuchttürme**. Um den Kapitänen eine eindeutige Positionsbestimmung zu ermöglichen, sieht jeder Leuchtturm anders aus. Auch ihre Leuchtfeuer blinken in einem individuellen Takt, der – wie die Farbgebung der Türme – auf den Seekarten verzeichnet ist. Leuchttürme, die das Fahrwasser kennzeichnen, heißen Leitfeuer. Untergeordnete Leuchttürme werden Sektorenfeuer genannt, und Quermarkenfeuer heißen die Türme, die auf die Einmündung eines weiteren Fahrwassers hinweisen.

In Zeiten von GPS wird allerdings darüber nachgedacht, die Leuchttürme außer Betrieb zu nehmen und dort, wo die Erhaltung zu teuer erscheint, abzureißen. Dieses Schicksal ereilte bereits den Leuchtturm Großer Vogelsand zwischen Cuxhaven und Helgoland, von dem nur noch der Stumpf steht.

Herrschaftliche Architektur gibt es an der Westküste außer dem Husumer Schloss nicht, die Rathäuser der kleinen Städtchen sind meist unscheinbar. Auf Inseln und Festland stehen aber eine Vielzahl uralter **Kirchen**, auf deren Friedhöfen teilweise noch Grabsteine aus der Zeit des Walfangs erhalten sind. Für Liebhaber historischer Sakralbauten ist die Halbinsel Eiderstedt mit ihren 18 historischen Kirchen besonders interessant.

Anreise

Mit der Bahn

Spektakulär ist die Anreise per Bahn, wenn es auf der 1920 eröffneten, 42 m hohen und über 2 km langen stählernen Brücke bei Hochdonn ganz langsam über den Nord-Ostseekanal geht.

Von Hamburg Hbf. über Heide, Husum und Niebüll nach Sylt: Neben der *Deutschen Bahn*, die auf dieser Strecke täglich max. 5 IC-Paare fahren lässt, verkehren auch langsamere RE-Züge (Regionalexpress). Sie halten in vielen kleinen Orten, ebenso wie die private *Nord-Ostsee-Bahn (NOB)*, die moderne Züge mit geräumigen Fahrradabteilen einsetzt (insgesamt über 20 Zugpaare täglich).

Einziger Wermutstropfen: Die NOB startet am Bahnhof Hamburg-Altona, nicht am Hauptbahnhof! Infos zu den Angeboten der NOB gibt es unter ✆ 0180-1018011 (Ortstarif) sowie unter www.nord-ostsee-bahn.de.

Zwischen Heide und Büsum verkehrt die private *Schleswig-Holstein-Bahn (SHB)*, deren Fahrplan auf den der NOB abgestimmt ist (✆ 04191-933933, www.sh-bahn.de). Sie hält auch in einigen kleinen Orten auf der kurzen Strecke. Für den in Heide erforderlichen Bahnsteigwechsel am beschrankten Bahnübergang ist immer genug Zeit. Wer eine aktuelle SHB-Fahrkarte hat, bekommt in vielen touristischen Einrichtungen entlang der Strecke Ermäßigungen.

Husum–St. Peter-Ording: Die *Nord-Ostsee-Bahn* (s. o.) befährt diese Strecke im Stundentakt mit einem Dieseltriebwagen. Fahrscheine können an Bord gekauft werden, an den Haltepunkten auf der Strecke gibt es keine Fahrkartenautomaten. Für den Halt an den kleinsten Stationen muss man – wie in öffentlichen Bussen – auf einen Stop-Knopf drücken. Ab 2011 wird voraussichtlich die Regionalbahntochter der Deutschen Bahn diese Strecke bedienen.

Föhr und Amrum: Wer auf diese Inseln reist, muss in Niebüll aus dem Bahnhof hinausgehen und etwa 100 m entfernt in die Privatbahn *Norddeutsche Eisenbahn-Gesellschaft Niebüll (NEG)* umsteigen, die in 20 Min. direkt zum Fähranleger Dagebüll fährt (☎ 04661-98088-90, www.neg-niebuell.de). Das Fährticket kann man schon im NEG-Zug kaufen, sofern man keinen DB-Fahrschein bis Föhr oder Amrum gelöst hat. Special: Im Sommer gibt es in IC-Zügen von Berlin, Dortmund und Nürnberg täglich 1 bis 2 umsteigefreie Kurswagen nach Dagebüll Mole.

Sylt: Nach Sylt geht es nur per Schiff oder Bahn; den Gepäcktransport vom Bahnhof Westerland ins Urlaubsquartier übernimmt Veloquick (☎ 04651-21506, www. veloquick.de). Wer partout sein Auto mit auf die Insel nehmen möchte, lässt es in Niebüll auf den *DB-Autozug* verladen. Die riesige Verladestation ist nicht zu übersehen. Eine Reservierung ist nicht möglich; auf die Doppelstockwaggons geht es strikt in der Reihenfolge der Ankunft. Bei Sturm werden große Wohnmobile, Camping-Anhänger und leere Lkw nicht verladen, weil dann die Gefahr besteht, dass sie vom Zug geweht werden.

Schweres Gepäck können Reisende vorab an den Urlaubsort schicken lassen – z. B. mit der DHL-Paketmarke der Post (☎ 01805-3452255) oder dem Hermes-Reisegepäck-Service (☎ 01805-236723, www.bahn.de/gepaeck). Bei Reisen mit Kindern oder mehrfachem Umsteigen und vor allem, wenn man vom Zug auf die Fähre umsteigen muss, ist das durchaus üblich. In einigen Insel-Kapiteln finden Sie auch lokale Anbieter, die den Gepäcktransport von Haus zu Haus organisieren. Gern geben Ihnen die Vermieter Ihrer Urlaubsunterkunft Informationen zur Anreise mit öffentlichen Verkehrsmitteln und komfortablem Gepäcktransport, einige holen Gäste mit Gepäck auch vom Bahnhof oder Fähranleger ab.

Mit Auto und Motorrad

An der Westküste verläuft größtenteils keine Autobahn. Die A 23, die bei Itzehoe noch kurz unterbrochen ist, endet in Heide; von hier geht es gemächlich auf der unfallträchtigen B 5 weiter. Wer in den nördlichen Bereich der Küste möchte, etwa zur Autoverladestation Niebüll, fährt schneller über die A 7 bis Flensburg und von dort auf der B 199 nach Westen. Allerdings ist die A 7 wesentlich staugefährdeter, vor allem in der Hauptsaison zu Ferienbeginn und -ende sowie an Schönwetter-Wochenenden. **Nach Sylt** geht es von Deutschland aus nur per Bahn. Wer sein Auto mit auf die Insel nehmen möchte, lässt es in Niebüll auf den Autozug verladen (s. o.). Wer auf **Autogas** angewiesen ist, wird an den Bundesstraßen fündig. Eine etwas versteckt gelegene 24-h-Gastankstelle ist Meyenburg in Hemmingstedt, Carl-Friedrich-Benz-Str. 1. **Motorradfahrer**, die mit Gleichgesinnten durch Schleswig-Holstein brausen wollen, finden Kontakte über www.bockfahrer.sh.

Mit dem Flugzeug

Einziger ziviler Flughafen an der Westküste ist **Westerland auf Sylt**, er wird von Air Berlin, Tuifly, Lufthansa sowie regionalen Fluggesellschaften angeflogen. Allerdings leiden Anwohner und Urlauber unter dem zunehmenden Fluglärm, sodass man sich diese Möglichkeit reiflich überlegen sollte. Infos unter www.flughafen-sylt.de. Bei weiter Anreise kommt evtl. ein Flug nach **Hamburg** infrage. Vom Flughafen geht es neuerdings via S-Bahn in 20 Min. zum Hauptbahnhof, von dort weiter mit der DB oder der S-Bahn nach Hamburg-Altona, wo die Züge der NOB abfahren (→ Anreise/Mit der Bahn).

Mit der Fähre

Zu den Inseln und Halligen, die nicht durch einen Damm mit dem Festland verbunden sind, halten Fähren die Verbindung aufrecht. Auf einige Inseln kann man das Auto mitnehmen, auf andere geht es nur zu Fuß. Die Fährverbindungen der jeweiligen Reedereien finden Sie in den Kapiteln zu den Inselkapiteln.

Übernachten

Wer spontan reist oder nur kurz an einem Ort bleiben möchte, ist in Hotel oder Pension am besten aufgehoben. Für den längeren Aufenthalt oder Familienurlaub empfehlen sich Campingplätze und Ferienwohnungen, die in der Hauptsaison oft bereits lange im Voraus ausgebucht sind. In den letzten Jahren entstanden viele schöne Appartements sowie in allen touristisch wichtigen Orten moderne Hotel-Neubauten – oder Gebäude aus der Nachkriegszeit wurden zeitgemäß umgebaut.

Das Preisspektrum ist weit: In der Hauptsaison sind für ein Doppelzimmer mit Meerblick im Fünf-Sterne-**Hotel** auf Sylt mindestens 300 € fällig, zur gleichen Zeit kostet das Zimmer im Drei-Sterne-Haus auf dem Festland nur 50–70 €. Allgemein gilt, dass es kaum mehr feste Hotelpreise gibt, sondern Buchungslage und Aufenthaltsdauer den Preis wesentlich bestimmen. Der durchschnittliche Hotelstandard ist trotz der oben erwähnten jüngsten Entwicklung vielerorts in den 1980er-Jahren stehen geblieben. Dass man damit keine neuen Nordseefans gewinnt, ist den Verantwortlichen inzwischen klar, und so wird sich das Niveau in den kommenden Jahren sicher weiter nach oben bewegen.

Bei **Pensionen** und **Ferienwohnungen** sieht es ähnlich aus: Überwiegend sind sie nach wie vor mit dunklen Teppichböden, rustikalen Möbeln und Spitzengardinen ausgestattet, doch es gibt auch friesisch Schlichtes mit hellem Holz und klarem Blau. Für ein einfaches Pensionszimmer – oft mit den Vermietern unter einem Dach – ist je nach Saison und Ausstattung mit 20 bis 70 € pro Nacht zu rechnen. Die Preise für Wohnungen, die man im Sommer meist für mindestens eine Woche buchen muss, liegen je nach Reiseziel, Wohnungsgröße, Ausstattung und Saison meist zwischen 30 und 150 € pro Tag. Generell muss man in Ferienwohnungen Bettwäsche und Handtücher mitbringen, oft kann man sie aber auch vor Ort mieten („Wäschepaket"); die Endreinigung wird meist separat berechnet. Der Stromverbrauch ist in aller Regel inklusive. Diese Details, die den Preis durchaus beeinflussen, sollte man vorab klären.

Ferien auf dem Bauernhof bieten viele Höfe in Küstennähe und im Landesinneren an. Vereinzelt werden hier Zimmer, meist aber Ferienwohnungen angeboten. Oft besteht die Möglichkeit, ein eigenes Pferd unterzustellen.

Für Radwanderer bieten sich neben Hotels und Pensionen **Jugendherbergen** an, die als radlerfreundlich ausgewiesen sind. Auch **Heuherbergen** sind bei Radwanderern, vor allem bei Gruppen, beliebt, denn hier geht es ganz ungezwungen zu.

Eine gute Übernachtungs-Suchmaschine für Hotels, Pensionen, Ferienwohnungen und Bauernhof-Urlaub in der gesamten Region betreibt die Tourismus-Agentur Schleswig-Holstein GmbH unter **www.sh-buchen.de;** telefonisch ist die Agentur unter ✆ 01805-600604 (12 Ct./Min.) zu erreichen. Steht Ihr Urlaubsziel bereits fest, können Sie sich an die regionalen bzw. örtlichen **Tourist-Informationen** wenden, die eine große Zahl von Übernachtungsmöglichkeiten vermitteln. Die Adressen finden Sie unter dem Stichwort „Information" in den Orts- und Inselkapiteln des Buchs; hier beschreiben wir auch ausgewählte Übernachtungsmöglichkeiten für alle Kategorien im Detail. Für die Hauptsaison empfiehlt sich generell eine frühzeitige Buchung.

Essen und Trinken

Viele Gäste aus dem Binnenland hegen die romantische Vorstellung, dass im Nordseeurlaub Fisch auf den Tisch kommt, der am selben Tag ein paar Kilometer entfernt ins Netz gegangen ist. Diese Vorstellung geht an der Wirklichkeit weit vorbei, denn die Küstengewässer sind nahezu leer gefischt und der Fischfang findet auf riesigen Kühlschiffen weit vor der Küste statt.

An Bord wird der Fang sofort sortiert und gekühlt, zum Teil sogar filetiert und tiefgefroren. Mit Ausnahme einiger Fischarten wie des Angeldorschs und der Meeresfrüchte wie Miesmuscheln, Austern und Krabben kommt das Seegetier an der Küste also nicht frischer in die Geschäfte als in Bayern oder Sachsen. Nur sind die Nachfrage und die Sachkenntnis an der Küste größer, sodass man im Laden kaum alten Fisch angeboten bekommt. Die meisten Restaurants greifen auf Tiefkühlware zurück, die qualitativ in der Regel hochwertig ist. Wer Fisch direkt vom Kutter kaufen möchte, wird nur noch an wenigen Orten fündig; der größte Fischereihafen der Westküste ist Büsum.

Auf den Restaurant-Teller kommt – wie die Touristen es erwarten – viel Fisch. Falls im Angebot, sollte man unbedingt die **Fischsuppe** probieren, die meist sehr delikat ist. Ein Standard, den auch Imbissbuden und einfache Gaststätten gut zubereiten können, ist Brot mit Rührei und Krabben. Beim großzügigen Portionieren der Krabben lässt sich kaum einer lumpen. Gern gegessen werden in Norddeutschland

An der Küste ganz frisch zu haben: Nordseekrabben

Bratkartoffeln, die in Kombination mit gebratenem Fisch oft sehr fettreiche Gerichte ergeben. Im Winterhalbjahr ist **Grünkohl** populär, der gern mit kleinen, in Butter mit Zucker (!) gebratenen Kartoffeln serviert wird. Dazu gibt es **Geräuchertes** wie Schweinebacke, Kasseler oder fette Wurst, was wesentlich besser schmeckt als es klingt. Zugreifen sollte man, wenn **Salzwiesenlamm** auf der Karte steht; angeblich geben die Gräser dem Fleisch einen besonderen Geschmack – auf jeden Fall handelt es sich um heimisches Lammfleisch und nicht um Importware aus Neuseeland.

Vegetarische Gerichte erobern erst seit einiger Zeit die Speisekarten, sie galten früher als Arme-Leute-Kost. Dabei ist wie bei vielen Gerichten mit Fisch und Fleisch die Kombination von süß und salzig beliebt, eine Besonderheit der norddeutschen Küche. Wer skeptisch ist, sollte sich vorsichtig herantasten – viele norddeutsche Gerichte munden weitaus besser als man es sich beim Lesen der Zutaten auf der Karte vorstellt.

Allgegenwärtiges Dessert ist **Rote Grütze,** leider meist lieblos als Fertigprodukt gekauft und mit Vanillesoße aus der Flasche serviert. Unbedingt probieren sollte man zum Kaffee oder Tee ein Stück **Friesentorte,** eine gehaltvolle Kombination von dünnen Teigschichten, Pflaumenmus und reichlich Schlagsahne. Mindestens genauso beliebt sind frisch gebackene **Waffeln,** die warm mit Sauerkirschen und Schlagsahne serviert werden.

Dazu wird in Friesland traditionell **Tee** gereicht, den man hier angeblich ausschließlich mit Sahne und Kandis trinkt. Diese Zubereitungsart ist auf jeden Fall lecker, und auch die angebotenen Teesorten gehen im Regelfall weit über das schnöde Glas heißen Wassers mit Schwarzteebeutel hinaus. Oft bekommt man eine Kanne mit Stövchen, dazu frische Sahne oder Milch und mehrere Sorten Zucker und Honig. Eine Spezialität des Nordens, die kaum eine Getränkekarte erwähnt, ist der „Schietwettertee“. Dabei handelt es sich um eine auch für Kinder geeignete Kräuterteemischung mit Anis und/oder Fenchel, die in zahllosen Variationen hergestellt wird – etwas ganz Typisches für die Ferienwohnung oder als Mitbringsel.

Als **typische friesische Getränke** werden häufig die alkoholisierten Tee- und Kakao-Spezialitäten „Pharisäer“ und „Tote Tante“ genannt. Dabei handelt es sich aber um ein Angebot für Touristen, die allermeisten Einheimischen bevorzugen Bier und klare Schnäpse, wenn es um Alkohol geht.

Wissenswertes von A bis Z

Baden

Das Wasser an den über 300 Badestellen im nördlichsten Bundesland ist generell sauber; aktuelle Infos unter www.badewasserqualitaet.schleswig-holstein.de. Im Lauf des Sommers nimmt die Wasserqualität oft ab. Vorsicht ist dann v. a. an den Stränden von Nieblum (Föhr), Hörn (Pellworm), Lundenbergsand (Eiderstedt) und Hedwigenkoog geboten.

Auch gute Schwimmer haben schon erfolglos gegen die starken Strömungen der Nordsee angekämpft. Hier sollte man sich nicht überschätzen, nicht zu weit hinaus schwimmen und an bewachten Badestränden unbedingt die Baderegeln befolgen. Generell gilt, dass man nur bei auflaufendem Wasser – d. h. einsetzender Flut – weiter hinausschwimmen sollte. Ist das Meer auf dem Rückzug, zieht es auch gute Schwimmer hinaus. An nicht zum Ba-

den ausgewiesenen Sandstränden herr-
schen meist gefährliche Strömungen!
Ebenfalls gefährlich ist ablandiger Wind;
dazu auf die Fahnen am Strand achten!

Behinderte

Viele Tourismusorganisationen geben
Broschüren und Unterkunftsverzeich-
nisse für den barrierefreien Urlaub heraus, die man teilweise auch aus dem Internet herunterladen kann (z. B. unter
www.foehr.de). Spezielle Rollstühle mit
Ballonreifen für den Sandstrand und
das Watt kann man in den größeren
Orten ausleihen (ggf. reservieren!). Sie
müssen von Hand angetrieben werden.
Für einen Rollstuhl-Urlaub besonders
geeignet ist die Insel Pellworm mit rollstuhlgerechten öffentlichen Toiletten
und vielen Rampen.

Einkaufen

Inzwischen gibt es auch auf den Inseln
ein umfangreiches Lebensmittelangebot
mit frischem Fleisch, Obst und Gemüse
– jedoch zu etwas höheren Inselpreisen.
Achtung: Fast jedes Geschäft im ländlichen Schleswig-Holstein hat, zumindest außerhalb der Hauptsaison, über
Mittag geschlossen!
In allen Badeorten sind viele Läden mit
touristischem Bedarf (wozu auch Supermärkte und die kleinen Kaufhäuser
gehören) am Sonntag geöffnet, in der
Hochsaison sogar bis zum späteren
Abend. Einkaufs-Mekka ist nach wie
vor die zoll- und mehrwertsteuerfreie
Insel Helgoland.

Ermäßigungen

Ermäßigungen gibt es häufig für Inhaber einer Kur- bzw. Gästekarte (→ Kurabgabe), mancherorts werden auch die
Kurkarten anderer Gemeinden anerkannt. Schüler, Studierende, Schwerbe-
hinderte, Rentner usw. erhalten ebenfalls häufig Ermäßigungen. Für Familien lohnen sich oft Familienkarten, die
touristisch interessante Einrichtungen,

*Gern beruft man sich auf
die Seefahrt-Tradition*

Bus- und Fährlinien usw. anbieten.
Auch einige Campingplätze offerieren
Familien günstige Pauschalen. Rabatte
gibt es z. B. bei Museen, Schiffslinien
und Strandbädern für alle, die eine aktuelle Fahrkarte der Privatbahnlinie SHB
vorweisen können (→ Anreise, Bahn).

Feste und Veranstaltungen

Zahlreiche weitere Termine unter www.
michael-mueller-verlag.de, Reise-News.
Biikebrennen: jährlich am 21. Februar an
der friesischen Küste (vor allem in St. Peter-
Ording und Simonsberg) sowie auf den Inseln und Halligen. Der Ursprung des Festes
ist umstritten; vermutlich geht es auf heid-
nische Opfertraditionen zurück. Im 17. und
18. Jh. wurde es als Abschiedsfest für die
Wal- und Robbenfänger gefeiert, die um
diese Zeit ins Polarmeer aufbrachen. Heute
ist es vor allem ein Spektakel für Touristen,
bei dem ab Einbruch der Dunkelheit die alten Weihnachtsbäume sowie Abfallholz

verbrannt werden. Oben auf dem brennenden Holzstoß sitzt der „Pider", eine Strohpuppe. Anschließend geht es in die nahe gelegenen Gaststätten zum Grünkohl Essen (frühzeitig reservieren!). Aktuelle Infos unter www.biike.de.

Karneval in Marne: Am Rosenmontag sind hier die Narren los – eine Besonderheit in Norddeutschland. Über 1000 Marner bilden den Karnevalszug, mehrere Zehntausend Besucher feiern mit und fangen Süßigkeiten auf. www.marnholfast.de.

Krokusblüte in Husum: Ende März/Anfang April bedeckt ein lilafarbener Teppich einer spät blühenden Krokussorte den gesamten Husumer Schlosspark.

Osterfeuer: am Ostersamstag an vielen Stränden, z. B. in St. Peter-Ording und Hörnum (Sylt).

Ringelganstage: Im April und Mai kann man die Zugvögel beim Weiden auf den Halligen beobachten, besonders auf Hooge und Langeneß. Dazu gibt es in der zweiten Aprilhälfte eine Woche lang ein buntes Programm. Amt Pellworm: ☎ 04861-61636; www.ringelganstage.de.

Watt'n Golf: Golfturnier im Wattenmeer zwischen Amrum und Föhr, seit 2006 am Wochenende nach dem 1. Mai. Das Eisen schwingen geladene Profis. Für kälteresistente Zuschauer ist es ein derber Spaß, denn es spritzt und matscht ganz gewaltig.

Nordseewoche: Hochseeregatta an Pfingsten in der Deutschen Bucht vor Helgoland; über 100 Segeljachten legen auf der Insel an. 2009 fand das europäische Spitzenereignis zum 75. Mal statt. ☎ 040-28052079, www.nordseewoche.org.

Lammtage: von Mitte Mai bis Ende Juli in ganz Nordfriesland allerorten Veranstaltungen zum Thema Schaf, viele Restaurants bieten dann eine spezielle Lammkarte. Aktuelle Infos im Programmheft und unter www.lammtage.de.

Brahms-Wochen: Konzerte mit Werken von Johannes Brahms und anderen Komponisten, Mai–September an verschiedenen Orten in Schleswig-Holstein, überwiegend in Dithmarschen. ☎ 0481-6837162, www.brahms-sh.de.

Helgoländer Lummentage: Von Mitte bis Ende Juni springen die jungen Lummen von den Klippen ins Meer, ein einzigartiges Naturschauspiel, das sich allerdings nachts abspielt und daher kaum zu verfolgen ist.

Kitesurf Worldcup: im Juni am Brandenburger Strand von Westerland (Sylt), das

nächste Mal 22.–27. Juni 2010. www.kitesurf-trophy.de.

Sommersonnenwende: großes Fest am 21. Juni, besonders gefeiert auf Amrum (Kniepsand bei Nebel).

Internationale Sommerkonzerte: im Juli/August im Meldorfer Dom; voraussichtlich wieder ab 2010 nach der Renovierung des Gotteshauses. ☎ 04832-6740, www.kirche-meldorf.de.

Büsumer Sommer Open-Air: Juli/Aug. jeden Di ab 19 Uhr Livemusik am Hauptstrand.

Schleswig-Holstein Musik Festival (SHMF): Den einst von Justus Frantz begründeten Konzert-Marathon an verschiedensten Orten im nördlichsten Bundesland haben mittlerweile viele in ihrem Kalender vermerkt. Von Mitte Juli bis Ende August gibt es Konzerte mit wechselnden Länder-Schwerpunkten, für 2010 ist es Polen. Rechtzeitig um Karten kümmern! ☎ 0431-570470, www.shmf.de.

Friedrichstädter Rosenträume: am 1. Juli-Wochenende Attraktionen aller Art rund um die Königin der Blumen.

Husumer Kulturnacht: 2010 ist zum achten Mal in einer Julinacht von Samstag auf Sonntag ganz Husum auf den Beinen. Alle Kultureinrichtungen haben bis Mitternacht geöffnet, überall wird gespielt, getanzt und musiziert, die Museen bieten ein attraktives Live-Programm. Eintritt inkl. Shuttlebus 5 €; Jugendliche die Hälfte, Kinder frei. Infos über die örtliche Tourist-Information.

Gegen-den-Wind-Triathlon in St. Peter-Ording: in der ersten Juli-Hälfte, gleichzeitig findet ein Halbmarathon statt. ☎ 04863-2613, www.gegendenwind.com.

German Polo Masters: riesiges Polo-Event Ende Juli in Keitum (Sylt).

Pellwormer Krabbenfest: an einem Samstag Ende Juli ab Mittag im Alten Hafen – Kutterbesichtigung, Krabben-Wettpulen, Netze flicken etc.

Jazz goes Föhr: Seit 1998 gibt es Ende Juli eine knappe Woche lang hochkarätigen Jazz auf der Insel, 2008 spielten u. a. Quadro Nuevo. 2010 findet das Festival 21.–25. Juli statt. ☎ 04681-8606, www.jazz-goes-foehr.de.

Krabbenkutter-Regatten: in Büsum und Friedrichskoog Ende Juli/Anfang August.

Wattolümpiade in Brunsbüttel: seit 2003 zwischen Juni und August, nur für Freunde von Matsch und Schlick: Die Fußball-, Handball- und Volleyballmatches werden im Watt ausgetragen, dazu Wettbewerbe in Aalstaffellauf, Gummistiefel-Weitwurf etc. Wer sauber bleiben will, schaut einfach zu. Am Vorabend findet das **Open-Air-Konzert Wattstock** statt, 2010 am 6.6.. ☎ 04855-891820, www.wattoluempia.de.

Pellwormer Hafenfest: am 1. So im August. Buntes Programm für Groß und Klein.

Gardinger Rosenfest: am 1. So im August.

Hafenfest in Föhr: zwei Tage Anfang August. Festmeile mit großem Feuerwerk „Föhr on Fire" am Wyker Hafen.

Tönner Peermarkt im Schlosspark Tönning: am 3. So im August. Pferdemarkt mit Tanz und Tierdarbietungen sowie traditionellem Ringreiten; am Vorabend um 22 Uhr Feuerwerk. Das 1825 begründete Ereignis wurde nach langer Pause 1991 wiederbelebt und ist heute sehr beliebt.

Dithmarscher RockFestival in Marne: 3 Tage im August, 2009 mit Revolverheld, Extrabreit, Jennifer Rostock etc. www. dithmarscher-rockfestival.de.

Kunstgriff Dithmarschen: zwei Wochen Ende Aug./Anfang Sept. präsentieren Dithmarscher Künstler ihre Werke in der Region. ☎ 0481-971407, www.kunstgriff-dithmarschen.de.

Internationales Figurentheater in Husum: Poppenspäler-Tage im September. ☎ 04841-63242, www.pole-poppenspaeler.de.

Dithmarscher Kohltage: Eine Woche Mitte Sept. dreht sich zwischen Sylt und Hamburg alles um das unpopuläre, aber gesunde Gemüse. ☎ 0481-2122555, www. kohltage-dithmarschen.de.

Windsurfing World Cup: am Strand von Westerland (Sylt), eine Woche Ende Sept./ Anfang Okt.; das „Wimbledon der Surfer" zieht etwa 200.000 Besucher an.

Husumer Filmtage: von der örtlichen Volkshochschule veranstaltete Filmschau ohne Wettbewerbscharakter mit jährlich wechselndem Schwerpunktthema; seit 1986 alljährlich im Sept./Okt. ☎ 04841-8359-0, www. husumer-filmtage.de.

Weihnachtsmarkt in Tönning: überdachter Markt im Packhaus am Hafen an allen Advents-Wochenenden.

Fahrrad

Seit einigen Jahren ist der schleswig-holsteinische Fahrrad-Tourismus im Aufwind. Immer mehr Fern-Radwege sowie regionale Rundwege wurden gebaut und hervorragend beschildert. In diesem Buch finden Sie einige auch für Kinder interessante Radrouten zu lohnenden Zielen. Beim Planen einer Radtour sollte man immer an den Wind denken, der die Fahrzeit erheblich verlängern kann. Leicht unterschätzt man ihn, wenn man mit Rückenwind gut vorankommt – und gerät dann auf dem Rückweg erschöpft in die Dunkelheit. Vor allem mit Kindern sollte man keine zu weiten Touren machen, denn auch plötzliche Wetterwechsel sind an der Küste nicht selten.

Feldwege, wie man sie aus Gebieten mit Ackerbau kennt, gibt es kaum, auch Wälder und damit Waldwege fehlen in

An Hinweisschildern herrscht kein Mangel

Beliebtes Ziel für Fahrrad-Touristen: der Leuchtturm Westerheversand

Küstennähe fast komplett. Feld- und Waldwege wird aber kaum ein Wanderer oder Radfahrer vermissen, denn an und auf den Deichen ziehen sich die Wege ohne Steigungen über viele Kilometer entlang, allerdings immer wieder von Gattern unterbrochen, die nach der Durchfahrt unbedingt wieder zu schließen sind.

Fernradwege in der Region sind der über 6000 km lange Nordseeküsten-Radweg (www.nordseekuestenrad weg.de, www.northsea-cycle.com), der 325 km lange Nord-Ostsee-Kanal-Weg (www.nok-route.de), der 240 km lange Eider-Treene-Sorge-Radweg (www.eider-treene-sorge.de) und der 2007 eröffnete, 180 km lange Wikinger-Friesen-Weg von St. Peter-Ording zur Ostsee. www.wikinger-friesen-weg.de. Weitere Infos: ✆ 01805-066077 (12 Cent/Min.) Überblick unter: www.sh-radfahren.de/pages/radfernwege.htm.

FKK

Überall, wo viel Platz ist, sind FKK-Strände ausgewiesen. Auf Amrum gibt es sogar einen FKK-Campingplatz in den Dünen.

Gästekarte → Kurabgabe

Gesundheit

Seit die Krankenkassen mit der Finanzierung von Kuren sehr sparsam geworden sind, orientieren sich die traditionellen Kurorte in Richtung Gesundheits- und Wellness-Urlaub. Die Krankenkassen bezahlen immerhin einen hohen Zuschuss zu den medizinischen Kosten, wenn man im Urlaub an mindestens einem Präventionskurs teilnimmt.

An der Westküste und auf den Inseln ist die ärztliche Versorgung sichergestellt, auch wenn es kaum Krankenhäuser gibt – die größte Klinik der Region befindet sich in Heide. Niedergelassene Ärzte gibt es in den größeren Orten und auf den Inseln, die Adressen finden Sie in den Ortskapiteln.

Der **Ärztliche Notdienst** Schleswig-Holstein ist unter 01805-119292 (14 Ct./Min.) zu erreichen, für lebensbedrohliche Probleme gilt der bundesweite **Notruf** ✆ **112**. Für die dünn besiedelte Halbinsel Eiderstedt gibt es zusätzlich eine Mobilnummer des ärztlichen Notdienstes: ✆ 0175-3003636.

Gezeiten

Überall an der Nordsee sind Ebbe und Flut stark zu spüren und mit großen Gefahren verbunden. Der normale Gezeitenunterschied (Tidenhub), also die Differenz zwischen Niedrigwasser und Hochwasser, liegt an der Westküste bei zwei bis drei Metern. Wer bei der Wattwanderung auf eigene Faust vom gar nicht seltenen Nebel überrascht wird, die Orientierung verliert und dann von der Flut eingeholt wird, kann nur hoffen, dass er gerettet wird.

Die Gezeiten entstehen durch die Anziehungskraft des Mondes auf die Wassermassen des Meeres. Kommt der Mond der Erde näher, steigt der Meeresspiegel. Entfernt er sich wieder, sinkt der Wasserstand. Dies passiert zweimal innerhalb von 24 Std. und 50 Min., deshalb wechseln die Zeiten von Ebbe und Flut jeden Tag, sie differieren auch von Ort zu Ort. Örtliche Gezeitenkalender, die bei der Planung von Badeausflügen und vor allem Wattwanderungen sehr hilfreich sind, sind in allen Tourist-Informationen erhältlich und können von manchen Websites der Tourismusorganisationen heruntergeladen werden.

Langfristig nicht vorhersagbar sind die teils gewaltigen Änderungen der Gezeiten durch starken Wind oder außergewöhnliche Wettersituationen. Voraussehbar sind die verstärkten Fluten kurz nach Vollmond und nach Neumond (Springtide), die jeweils etwa 50 cm höher als normal ausfallen. Kommen dann starker Nordwestwind sowie ein Tiefdruckgebiet über Skandinavien bei gleichzeitigem Azorenhoch hinzu, ist eine Sturmflut so gut wie sicher – vor allem im Winterhalbjahr. Das Gegenteil der Springtide tritt bei Halbmond ein: Dann läuft das Hochwasser niedriger als gewöhnlich auf (Nipptide).

Heiraten

Seit einigen Jahren sind Trauungen auf Leuchttürmen, Schiffen oder Seehundbänken beliebt. Wer diese Art der Eheschließung plant, sollte sich frühzeitig um einen Termin kümmern. Infos in den örtlichen Tourismus-Büros.

*Mühsam rang man früher der Nordsee eine Mahlzeit ab –
Brunnenfiguren in St. Peter-Dorf*

Hunde

Außerhalb der ausgewiesenen **Hundestrände** herrscht wegen des Natur-
schutzes fast überall Leinenzwang.
Dort, wo die Strände sehr lang sind, wie
auf *Sylt* und *Föhr,* gibt es Strandabschnitte, an denen Hunde ohne Leine
toben können; auf *Amrum* gilt aus
Gründen des Vogelschutzes von April
bis Oktober Leinenzwang. In *St. Peter-
Ording* gibt es keinen ausgewiesenen
Hundestrand, jedoch am gesamten
Strand Leinenzwang. An allen anderen
Stränden werden Hunde – auch ange-
leint – nicht geduldet!
Bei der Anreise mit der **Nord-Ostsee-
Bahn** braucht jeder Hund eine Fahr-
karte zum Ermäßigungstarif, eine Leine
und einen Maulkorb – fehlt er, werden
Herr und Tier gnadenlos am nächsten
Bahnhof an die Luft gesetzt. Im DB-Au-
tozug nach Sylt können Hunde im Auto
bleiben; bei warmem Sommerwetter
den Wassernapf nicht vergessen!
Bei Buchung der **Unterkunft** sollte man
gleich den Hund erwähnen. Viele Hotels, Pensionen und Ferienwohnungs-
Vermieter haben sich auf Gäste mit
Vierbeinern eingestellt, manchmal zahlt
man wenige Euro pro Nacht für das
Tier. Größere Orte haben Verzeichnisse
tierfreundlicher Vermieter.
Auf den Ausflugsschiffen können Hunde gegen geringe Gebühr mitreisen
(z. B. bei den Adler-Schiffen 2,50 € für
Hin-/Rückfahrt, bei Rahder von Büsum
nach Helgoland 5 €). Bei Bus-Rundfahr-
ten und im Linienverkehr der Orts- und
Inselbusse fahren Hunde meist kostenlos mit.
Einige Fahrradvermieter vermieten
auch spezielle Hundeanhänger. In der
Hauptsaison besser vorbestellen! Für
den Mietwagen sollte man eine alte De-
cke o. ä. mitbringen, damit keine Hun-
dehaare auf den Sitzen zurückbleiben.
Für Notfälle stehen auf den größeren
Inseln und in einigen Orten **Tierärzte**
bereit; Adressen finden Sie im jeweiligen Orts- oder Inselkapitel (s. Register).

Information

Alle touristisch relevanten Orte unter-
halten eigene Informationsbüros, die
Urlauber mit Infos von Anreise über
Übernachtung bis Veranstaltungstipps
versorgen. Die Adressen finden Sie in
den Ortskapiteln.

Eine übergeordnete Informationsstelle: Nordsee-Tourismus-Service, Zingel 5, 25813 Husum. ✆ 04841-897575. www.nordseetourismus.de.

Internet

Internetzugang bieten so gut wie alle größeren Hotels, oft auch mit WLAN-Verbindung. Internetcafés sind selten und werden in den jeweiligen Orts- und Inselkapiteln aufgeführt. Inzwischen wächst auch an der Westküste die Zahl der WLAN-Hotspots.

Kinder → S. 10f.

Kurabgabe

Übernachtungsgäste zahlen eine je nach Ort und Saison unterschiedlich hohe Abgabe für die touristische Infrastruktur. Sie wird auf den Zimmer- oder FeWo-Preis aufgeschlagen. Meist sind es für Erwachsene 2–3 €/Tag, Kinder zahlen weniger oder nichts. Oft erhalten Inhaber der sog. Kurkarte, die mancherorts auch Gästekarte heißt, hohe Ermäßigungen bei Eintrittspreisen. In St. Peter-Ording ist beispielsweise die Benutzung der örtlichen Buslinien damit gratis.

Tagesgäste werden in der Saison an den Strandzugängen zur Kasse gebeten und müssen dort die Kurabgabe entrichten. Manche Orte erkennen Kurkarten anderer Gemeinden an, also bei Ausflügen mitnehmen!

Landkarten

Das Angebot an Landkarten und Stadtplänen für die Region ist riesig. Detaillierte *Wanderkarten* bietet der Kompass-Verlag, eine vielfach erprobte *Fahrradkarte* der Bielefelder Verlag (ADFC-Radtourenkarte, Blatt 1, Nordfriesland-Schleswig). Kostenlos oder für einen niedrigen Preis sind aktuelle Karten und Pläne in Touristen-Informationsbüros erhältlich, die sie oft schon vor Urlaubsbeginn per Post zusenden.

Literatur

Sachbücher

Barelds, Wolfgang und Idunha: **Deutschland: Nordseeküstenradweg.** Der Weg ist das Ziel, Bd. 180. Conrad Stein Verlag 2006. Nach einer knappen Einleitung zu Land und Leuten kommt das Autoren-Ehepaar zum Wesentlichen, der Beschreibung des gut 900 km langen Abschnitts des Fernradweges von der niederländischen bis zur dänischen Grenze. Zahlreiche praktische Tipps.

Dahle, Wendula (Hg.): **Helgoland.** Das Reise- und Lesebuch für die Insel. Edition Temmen, Bremen, 2000. Ungewöhnlich ist die Entstehungsgeschichte dieses älteren, aber nach wie vor lesenswerten Sammelbandes zu Deutschlands einziger Felseninsel; er wurde überwiegend von Bremer Studierenden im Rahmen eines germanistischen Seminars verfasst. Versammelt sind unterschiedlich flüssig geschriebene Beiträge zu allen Facetten der Insel, aufgelockert durch viele, auch historische Abbildungen.

Draeger, Heinz-Joachim: **Schleswig-Holstein anschaulich.** Streifzüge durch das Land und seine Geschichte. Convent Verlag, 2008. Humorvolle farbige Zeichnungen erläutern Historisches, Architektur und Landschaften, die ergänzend in knappen Texten beschrieben werden.

Falk, Gregor C., Dirk Lehmann (Hg.): **Nordseeküste.** Exkursionen zwischen Sylt und Elbmündung. Klett-Perthes, Gotha und Stuttgart, 2002. Teils schon etwas veraltetes, typisch geografisches Werk, das das Gebiet von der Landesnatur bis zu historischen und kulturellen Besonderheiten beschreibt. Ein Schwerpunkt liegt auf der Geologie. Mit einigen Karten und Fotos.

Habbe, Dietrich u. a.: **Nord-Ostsee-Kanal.** Begegnungen. Wachholtz Verlag, Neumünster, 2009. Schöner Bildband mit knappen Texten zu Deutschlands wichtigster Wasserstraße.

Kappel, Waldemar: **Auf Entdeckungstour im Marschenland von Friedrichstadt bis Ripen.** Ein Natur- und Kulturführer. Husum Druck- und Verlagsgesellschaft, 2001. Nordfriesland und das südliche Dänemark werden in kundigen Texten anschaulich beschrieben. Zahlreiche Farbfotos.

Kremer, Bruno P. u. a.: **Der große Kosmos Naturführer Strand und Küste.** Nord- und

Ostsee. Franck-Kosmos, Stuttgart, 2005. Anhand zahlreicher Zeichnungen und Fotos wird die Küste erklärt – von den Gezeiten über die Landschaftsentstehung bis zu Pflanzen und Tieren im und am Wasser. Der Klassiker zum Thema.

Landeck, Horst-Dieter: **Steine, Gräber, Kultplätze.** Ein Reisebegleiter zu mystischen Orten im nördlichen Schleswig-Holstein. Boyens Verlag, Heide, 2003. Farbfotos illustrieren das informative Büchlein, das heilige Stätten aus alter Zeit erklärt; allerdings gleitet der Autor ein ums andere Mal stark ins Esoterische ab.

Meier, Dirk: **Die Nordseeküste.** Geschichte einer Landschaft. Boyens Verlag, Heide, 2006. Der Autor ist Ur- und Frühhistoriker, was man seinem mit vielen Fotos und Skizzen illustrierten Buch anmerkt. Mit (populär-)wissenschaftlichem Anspruch fasst es den aktuellen Forschungsstand der Besiedlungsgeschichte zusammen.

Newig, Karl, Hans Theede (Hg.): **Sturmflut.** Gefährdetes Land an der Nordseeküste. Ellert & Richter, Hamburg, 2000. Mehrere Autoren nähern sich aus verschiedenen Perspektiven dem Thema. In Wort und Bild und anhand alter Landkarten zeichnen sie die historischen Sturmfluten und deren Folgen für das menschliche Leben an der Küste nach.

Belletristik

Brack, Robert: **Und das Meer gab seine Toten wieder.** Edition Nautilus, Hamburg, 2008. Auf historischen Tatsachen basiert dieser Krimi, der 1931 auf Pellworm spielt. Nach einem Sommersturm werden zwei Hamburger Kriminal-Beamtinnen, die einen dubiosen Abschiedsbrief hinterlassen haben, tot am Strand angespült. Wie sie zu Tode kamen, wurde nie eindeutig geklärt. Brack recherchierte monatelang in Archiven, befragte ältere Pellwormer und ließ anschließend auch seine Fantasie spielen – daraus wurde ein spannender Kriminalroman.

Krüss, James: **Der Leuchtturm auf den Hummerklippen.** Carlsen Taschenbuch, 2006. Der Jugendbuch-Klassiker von 1955 für alle ab 9 Jahren ist ein Muss für Helgoland-Urlauber, denn Krüss lässt den Leuchtturm-wärter Johann Geschichten erzählen, die nur hier spielen können. 2008 von Till Demtröder in gekürzter Fassung als Hörbuch eingelesen (Hörbuch Verlag Hamburg), eine schöne Einstimmung auf die Reise.

Lenz, Siegfried: **Deutschstunde.** Hoffmann und Campe, 1968; dtv-Taschenbuch. Beim Maler Nansen, dem der Ich-Erzähler als Kind im Dritten Reich begegnet, handelt es sich ganz offensichtlich um Emil Nolde. In kunstvoll verwobenen Erzählsträngen, die im äußersten Norden Nordfrieslands und auf der Hamburger Gefängnisinsel Hahnö-fersand spielen, schildert Lenz die Denkungsart obrigkeitshöriger friesischer Bürger, die Weltkriegsereignisse in der Provinz und den Jugendstrafvollzug in den 50er Jahren. Ein nach wie vor sehr lesenswerter Klassiker, für dessen viele Seiten sich im Nordseeurlaub vielleicht endlich die Zeit findet.

Nikel, Johannes, Stano Kochan: **Die einzig wahre Geschichte von der wunderbaren Verwandlung der zauberhaften Meeres-göttin Sylte.** Verlag Bücher & Nachrichten, Bad Homburg, 2008. Ein bereits in den 1970er-Jahren geschriebenes, erst jetzt publiziertes Sylt-Märchen für Erwachsene, zauberhaft illustriert von Stano Kochan.

Nygaard, Hannes: **Tod am Kanal.** Emons Verlag, 2008. Ein Hinterm-Deich-Krimi: Die Husumer Kripo ermittelt im Mordfall an einer Lehrerin, deren Leiche in Friedrichstadt gefunden wurde.

Pauly, Gisela: **Die Tote am Watt.** Piper, München, 2007. Die umbrische Schwiegermutter des Sylter Kommissars ermittelt in zwei reichlich schlüpfrigen Mordfällen. Etwas seicht und vorhersehbar, aber durch das kenntnisreich geschilderte Lokalkolorit eine passable Lektüre für den Strandkorb.

Storm, Theodor: **Der Schimmelreiter.** Fischer Taschenbuch, Frankfurt/M. Der Klassiker von 1888 ist in bewusst altertümlicher Sprache geschrieben, die für Heutige schwer lesbar ist. Doch wer sich durchbeißt, kann Gefallen an den Schilderungen der Charaktere und Verhaltensweisen der Protagonisten finden. Die Dramatik des Geschehens um Deichbau und Sturmflut wirkt heute konstruiert und kaum mehr mitreißend; überraschend hingegen die liebevolle Darstellung der behinderten Tochter des Deichvogts Hauke Haien.

Sonne

Nicht unterschätzen sollte man die Sonnenstrahlung. Sogar im Winter ist an Sonnentagen Sonnenschutz erforderlich, denn die saubere Seeluft lässt mehr Strahlung durch als die Luft im Binnen-

Vieles ist zweisprachig beschildert

land. Zudem reflektieren Meer und Sand die Strahlen, und durch den kühlenden Wind merkt man Hautverbrennungen erst spät. Sonnenmilch mit hohem Lichtschutzfaktor ist also unabdingbar, wenn man länger draußen bleiben möchte.

Sport → S. 11

Sprache

„Sprache" ist eigentlich schon zu kurz gegriffen, denn in Schleswig-Holstein werden fünf verschiedene Sprachen gesprochen! Neben Hochdeutsch und Dänisch sind das Niederdeutsch, Friesisch und Jütisch. Die drei letztgenannten Sprachen werden dazu noch in mehreren regionalen Dialekten gesprochen, die aber meist nur einige Hundert Einheimische beherrschen. In das norddeutsch geprägte Hochdeutsch, das die meisten Besucher zu hören bekommen, werden gern Ausdrücke aus den Regionalsprachen gemischt. So ist der Gruß „Moin" oder „Moin moin" allgegenwärtig. Er bedeutet keineswegs immer „guten Morgen", sondern je nach Tageszeit „guten Morgen", „guten Tag" oder „guten Abend" – das plattdeutsche Wort „moi" steht für „gut". Man wünscht Ihnen also wörtlich „einen Guten" und lässt den Rest des Grußes stimmsparend weg. Sogar süddeutsche Nordsee-Besucher ertappen sich nach einigen Tagen dabei, beim Betreten eines Ladens oder Cafés mit „Moin" zu grüßen. Als Auswärtiger wird man natürlich trotzdem sofort erkannt.

Seit einigen Jahren wird an den Schulen Friesisch gelehrt, damit die Sprache nicht ausstirbt. Zudem sind Orts- und Bahnhofsschilder in Nordfriesland zweisprachig gehalten (Husum – Hüsem etc.).

Veranstaltungen → Fest

▲ Galerie Gröne Eck (Nieblum/Föhr)

Unterwegs in Schleswig-Holstein

Brunsbüttel hat auch malerische Ecken

Dithmarschen

Deutschlands ältester Landkreis reicht von der Elbmündung im Süden bis zur Eider, dem mit 188 Kilometern längsten Fluss Schleswig-Holsteins. Die Küstenlinie ist geprägt von der Meldorfer Bucht, die das Gebiet in Süder- und Nordermarsch unterteilt. Mit gut 1400 Quadratkilometern Fläche und knapp 140.000 Einwohnern ist der Landkreis sehr dünn besiedelt. Bis heute ist er von der Landwirtschaft geprägt, von touristischem Interesse sind vor allem die Küstenorte Büsum und Friedrichskoog, aber auch die alten Landstädtchen wie Burg, Meldorf oder Wesselburen sind einen Besuch wert.

Dithmarschen reicht von der Nordsee bis zum Nord-Ostsee-Kanal und von der Elbmündung bis zur Eider. Sandstrände sucht man hier mit Ausnahme des Mini-Strandes vor Büsum vergebens. Dennoch ist der Landstrich durchaus als Urlaubsziel geeignet, bietet er doch neben schönen Landschaften und Ruhe sehenswerte historische und prähistorische Hinterlassenschaften. Als Erholungsgebiet noch fast unentdeckt sind die Ufer des *Nord-Ostsee-Kanals,* über den man an vielen Stellen mit Fähren übersetzen kann. Hässlich sind die Industrieansiedlungen von Brunsbüttel und Heide, trotzdem haben auch diese Städte einiges zu bieten.

Dithmarschen ist das größte Kohl-Anbaugebiet Europas, was man hier jeden Spätsommer mit den Kohltagen feiert, anlässlich derer viele Gaststätten abwechslungsreiche Kohlgerichte anbieten. Durch die Region führt die „Deutsche Kohlstraße", die sich von Brunsbüttel über Marne, Meldorf, Wöhrden und Wesselburen nach Büsum zieht.

Schon seit dem frühen 20. Jh. wird in Dithmarschen der Wind zur Stromerzeugung genutzt, da die Verlegung von Stromleitungen in dem dünn besiedelten Gebiet lange Zeit zu aufwendig war. So behalfen sich die Bauern entlegener Gehöfte mit sog. Langsamläufern, die in ländlichen Gebieten der USA bis heute gebräuchlich sind. Heute drehen sich über der brettebenen Agrarlandschaft Dithmarschens Hunderte moderner Windrotoren.

Geschichte

Da es sich bei der Region überwiegend um etwas höher liegendes Geestland handelt, verwundert die frühe Besiedlung nicht. Schon in der Jungsteinzeit scheint das heutige Dithmarschen flächendeckend bewohnt gewesen zu sein, in der Eisenzeit verdichtete sich die Besiedlung weiter. Die unwegsamen Gebiete schützten die frühen Bewohner vor Angriffen fremder Völker. Im 9. Jh. wird Dithmarschen als sächsischer Gau erstmals urkundlich erwähnt. Um diese Zeit begann auch die Besiedlung der tiefer gelegenen Marschflächen mit dem Bau von Wurten und ersten Deichen (→ Geografie).

Bis heute sind viele Dithmarscher stolz auf ihre ganz spezielle Geschichte, denn an der Dithmarscher Westküste schafften es die Bauern im Mittelalter, sich jegliche weltliche oder geistliche Macht vom Hals zu halten. Und das kam so: Über viele Generationen waren Bauernfamilien die treibende Kraft der Marschenbesiedlung; diese sog. Geschlechterverbände entwässerten über Jahrhunderte Moore und hielten mit Deichen die Nordsee im Zaum. Auf den fetten Marschböden wuchsen Getreide und Gras, das Vieh wurde fett und die Bauern reich. So gründeten sie um die Mitte des 13. Jahrhunderts eine Bauernrepublik ohne Großgrundbesitz und Leibeigenschaft, in der statt Adeliger oder Klosterherren 48 sog. Regenten das Sagen hatten. Wöchentlich traten diese 48 Vertreter der Bauerngeschlechter zu einer Sitzung zusammen, zunächst in Meldorf, ab 1434 in Heide. Von der Bauernrepublik zeugen bis heute der Dithmarscher Dom in Meldorf, der Marktplatz in Heide sowie die überdimensionierten Gräber auf dem Geschlechterfriedhof in Lunden. Den bäuerlichen Reichtum wollte die dänische Krone an sich reißen und führte mehrere Feldzüge gegen die Dithmarscher, die sich zunächst tapfer schlugen, sich aber 1559 dem zahlenmäßig weit stärkeren dänischen Heer geschlagen geben mussten.

Information **Dithmarschen-Tourismus**, Markt 10, 25746 Heide, ✆ 0481-2122-555, www.dithmarschen-tourismus.de.

Brunsbüttel (14.000 Einwohner)

Die Stadt ist von den in den Siebzigerjahren entstandenen Hafen- und Industrieanlagen geprägt. Damals spülte man auf 2000 Hektar Marschenland Sand auf, um darauf in zeittypischer Gigantomanie Industriebetriebe mit 20.000 Arbeitsplätzen zu errichten. Das damals gegen heftige Proteste gebaute Atomkraftwerk stand in den letzten Jahren still, von den geplanten Industrieanlagen wurde nur ein kleiner Teil realisiert.

Über all dem gerät leicht in Vergessenheit, dass Brunsbüttel eine alte Siedlung ist. 1286 wurde sie erstmals erwähnt, und zwar im Zusammenhang mit Piraten, die von hier aus in der Elbmündung gestrandete Schiffe ausraubten. Deshalb geriet Brunsbüttel wiederholt in kriegerische Verwicklungen mit Hamburg. 1674 riss die Elbe in einer Sturmflut den gesamten Ort mit sich, der weiter landeinwärts um einen riesigen rechteckigen Marktplatz herum wieder aufgebaut wurde. Einziges erhaltenes Gebäude aus dieser Zeit ist die 1679 fertiggestellte Jakobuskirche mit ihrem historischen Friedhof jenseits der Straße. Stadtrecht erhielt Brunsbüttel erst 1970 im Zuge der Eingemeindung mehrerer Nachbarorte; damals träumte man vom Entstehen einer neuen Großstadt. Dieser Traum war nicht einmal neu, schon 1895 zur Eröffnung des Nord-Ostsee-Kanals wurde ein völlig überdimensionierter Plan für eine 100.000-Einwohner-Stadt entworfen.

Hauptsehenswürdigkeit Brunsbüttels ist der parallel zum Flüsschen Braake verlaufende *Nord-Ostsee-Kanal* mit seinem Schleusenbauwerk zur Elbe. Hier starten auch die Ausflugsschiffe, stehen Imbiss- und Souvenirbuden, und auch die Tourist-Information hat hier ihr Büro. Die Überfahrt über den *Nord-Ostsee-Kanal* bzw. den Binnenhafen mit den Fähren ist übrigens kostenfrei.

Ein Kanal von der Nordsee zur Ostsee

Vorläufer des heutigen Nord-Ostsee-Kanals war der alte *Eiderkanal*, für den es schon im 16. Jh. erste Planungen gegeben hatte. 1787 wurde die künstliche Schifffahrtsstraße, die den Weg zur Ostsee extrem verkürzte, eröffnet. Der Eiderkanal verband den Oberlauf der Eider mit mehreren Seen und der Kieler Förde, war also wesentlich kürzer als der heutige Kanal. Den größten Teil der Strecke musste man damals auf der gewundenen Eider zurücklegen, die bis heute auf 110 km Länge schiffbar ist. Der Eiderkanal war für Treidelschiffe konzipiert, kleine, flache Segler, die bei ungünstigem Wind von Pferden oder sogar von Menschen auf Treidelpfaden vom Ufer aus gezogen werden mussten. Diese bescheidene Schifffahrt hatte zu Zeiten der Hochindustrialisierung keine Zukunft mehr, im letzten Drittel des 19. Jh. plante man in größerem Stil. In einem gewaltigen Kraftakt mussten 9000 Arbeiter aus Deutschland, Polen, Russland, Italien und Österreich binnen acht Jahren die Fahrrinne per Hand ausschaufeln. Doch schon kurze Zeit nach der Eröffnung erwies sich der Kanal als zu eng und zu flach für die immer größeren Schiffe und musste erweitert werden.

Heute können Schiffe mit einem maximalen Tiefgang von 9,5 m den Nord-Ostsee-Kanal durchfahren. Das ist den Betreibern des Hamburger Hafens zu wenig, und so fordern sie derzeit einen weiteren Ausbau: Sollte der Kanal nicht vertieft werden, würde man wichtige Schiffe an einfacher erreichbare Häfen wie Rotterdam verlieren. Dessen ungeachtet ist der Nord-Ostsee-Kanal bis heute die meistbefahrene künstliche Wasserstraße der Welt. Seit langem muss er vom Staat subventioniert werden, denn die Gebühren decken die Kosten bei Weitem nicht.

Neun Schleusen werden bis zur Ostsee passiert, nur wenige Brücken überqueren den Kanal. Will man auf die andere Seite, kann man aber eine der vielen kostenlosen (Auto-)Fähren nutzen, die nach Bedarf verkehren.

Den besten Blick auf die Einfahrtsschleuse hat man von der Brunsbütteler Aussichtsplattform, an der sich auch eine interessante Ausstellung über die Geschichte des Kanals befindet. Von Mai bis September fahren mehrmals wöchentlich Kreuzfahrtschiffe durch den Kanal, die immer viele Schaulustige anziehen; aktuelle Daten und Uhrzeiten: ☎ 04852-885122 oder www.kielkanal.de.

Der sehenswerte alte *Stadtkern* mit der *Jakobuskirche* und einigen Gebäuden aus dem 18. und 19. Jh. liegt weit nördlich des heutigen *Stadtzentrums*, das in Schleusennähe am Nordufer des Kanals beginnt. Direkt an der Schleuse zum Kanal endet die Einkaufsstraße des Städtchens, die *Koogstraße*. Das Industriegebiet wurde südlich des Kanals angesiedelt. Hier ist derzeit ein riesiges Kohlekraftwerk in Planung, in Zeiten der Klimaschutzdebatte wohl nicht die richtige Entscheidung, gegen die auch überregional bereits Proteste laut werden.

Brunsbüttel liegt am Schnittpunkt dreier gut ausgeschilderter Fern-Radwanderwege, des Nordseeküstenradwegs, des Elbe-Radwegs und des Nord-Ostsee-Kanal-Radwegs. Daher ist man auf Gäste eingerichtet, die nur eine Nacht bleiben und dafür kein Vermögen ausgeben wollen. Stolz sind die Brunsbütteler auf das Elbeforum mit Veranstaltungssälen und der Stadtgalerie mit sehenswerten Ausstellungen.

Information/Aktivitäten/Kultur (siehe Karte S. 48/49)

● *Information* **Tourist-Information**, Gustav-Meyer-Platz 2, ✆ 04852-836799, www.brunsbuettel.de. Öffnungszeiten saisonal wechselnd.

● *Verbindungen* **Busse** der NOB fahren 6-mal tägl. ab ZOB zum Bhf. Glückstadt und zurück (4,50 €).

● *Aktivitäten* **Ausflugsfahrten**: auf dem Nord-Ostsee-Kanal oder auf der Elbe, angeboten von MS Nordstern oder MS Germania; Anleger Kreystraße. Personen-Schifffahrt Brunsbüttel ✆ 04823-92610, www.psb-brandt.de.

Braake Bootsverleih am Hallenbad LUV, mit Kanu, Kajak oder Tretboot das Flüsschen Braake befahren. 30 Min. ab 3,50 €. Mai–Sept. tägl. 12–18 Uhr, an der Kasse des Freizeitbads melden.

Freibad Ulitzhörn, vom Wasser oder der Liegewiese auf dem Elbdeich die großen Pötte beobachten. Bei Wind verzieht man sich in den Strandkorb. Mai–Sept. tägl. ab 9 Uhr, Juli/Aug. bis 21 Uhr, sonst bis 19 Uhr. Eintritt 3 €, bis 18 J. 1 €; Familienkarte 5 €. Ulitzhörn, ✆ 04852-2208, www.ffu-online.de.

Hallenbad LUV, komplett modernisiertes Bad am Flüsschen Braake, mit 25-m-Becken, Kinderbecken und Spiellandschaft. Bei jedem Wetter geht's raus ins Außenbecken mit 34 °C warmem Wasser. Entspannen in Whirlpool, Saunalandschaft (Di nur Frauen) und Dampfbad. Bistro. Mo 10–21 Uhr, Di–Sa 7–21 Uhr, So 10–19 Uhr. 2 Std. 3,90 €, Kind 2 €, günstige Familien- und Gruppentarife. Am Freizeitbad, ✆ 04852-940450, www.freizeitbad-brunsbuettel.de.

Nordic-Walking-Park: zwei ausgeschilderte Rundkurse von 7 bzw. 17 km Länge starten und enden am Hallenbad LUV.

● *Einkaufen* **Pralinenfabrik Wagner (3)**, mit Werksverkauf. Die Erzeugnisse versüßen seit über 100 Jahren den Brunsbüttelern das Leben und schaffen auch den Weg auf die Kreuzfahrtschiffe. Mo–Do 7.30–14.30 Uhr, Fr nur sporadisch geöffnet. Gutenbergring 1–3, ✆ 04852-54900, www.wagner-pralinen.com.
Wochenmarkt: Dienstagvormittag.

● *Kultur* **Elbeforum**, teilweise hochkarätige Theater-Gastspiele, Konzerte etc. im modernen Veranstaltungszentrum. Von-Humboldt-Platz 5, ✆ 04852-540054, www.elbeforum.de.
Kino Metropol, Posadowskystr. 2, ✆ 04852-9344, www.metropol-theater.de.

Heimatmuseum im historischen Marktgeviert

Übernachten/Essen & Trinken/Nachtleben

• *Übernachten/Essen & Trinken* **Hotel zur Traube (5)**, 19-Zimmer-Hotel mit gutbürgerlichem Restaurant im Marktgeviert gegenüber der Jakobuskirche. Die Zimmer mit Du/WC und Kabelfernsehen sind ordentlich; EZ je nach Saison 58–62 €, DZ 78–82 € inkl. Frühstück. Für Gruppen Rabatte, Parken kostenlos. Markt 9, ☎ 04852-54610, www.zur-traube-brunsbuettel.de.

*** Ferienwohnung am alten Markt (6), 80 m² große, neu möblierte Wohnung im 1. Stock in sehr malerischer Lage, Terrasse mit Gartenhaus. Für max. 6 Pers., je nach Saison 25–45 €. Jürgen Schümann, Markt 3, ☎ 04852-533694, www.fewo-schuemann.de.

Hüttendorf am Hallenbad LUV (2), 2007 eröffnet, 8 Holzhütten für 4–6 Pers. (Doppelstockbetten); auch für Schulklassen, Gruppen und Radwanderer; Fahrrad-Unterstellmöglichkeit vorhanden. Man benutzt die Sanitäreinrichtungen des Freizeitbades. Hütte für die 1. Pers. 20 €, jede weitere Pers. 10 €, Kind 5–16 J. 5 €, eigenen Schlafsack mitbringen! Decken, Kissen und Bettwäsche 5 €. Frühstück buchbar, Gruppen können auch Vollverpflegung erhalten. Geöffnet April–Okt., Buchung über LUV (s.o.).

Campingplatz am Elbdeich (7), kleiner, schattenloser Rasenplatz direkt hinter dem Deich mit nur 40 Stellplätzen für Touristen. Stellplatz inkl. 2 Pers. 13 €. Geöffnet April–Okt. Deichstr. 71, ☎ 04852-839553.

Wohnmobil-Stellplätze (1) gibt's am Hallenbad LUV, dessen Sanitäreinrichtungen benutzt werden können.

Café-Restaurant Strandhalle (8), 1907 vom Brunsbütteler Badeverein erbautes Haus mit großer Terrasse und neuem Wintergarten. Man sitzt in erhöhter Lage auf dem Deich am alten Hafen, mit grandiosem Elbblick. Solide, fleischlastige Küche zu angemessenen Preisen. Feb.–Dez. tägl. 11–23 Uhr, im Winter Mo Ruhetag. Deichstr. 75, ☎ 04852-6600, www.strandhalle-brunsbuettel.de.

Denker's Landcafé, Bauernhof direkt am Elbe-Radweg am Deich, ca. 4 km westlich der Stadtgrenze; idyllische Terrasse am Gartenteich. Serviert werden leckere, selbst gebackene Kuchen und belegte Brote. Für die Kleinen gibt's einen Spielplatz, nach Anmeldung auch Kutschfahrten. Ostern bis Okt. Fr–So 13.30–18 Uhr. Groden 14, ☎ 04852-6437.

• *Nachtleben* **Rössl (4)**, ein Vierteljahrhundert ist der Musikclub nun alt, eine echte Brunsbütteler Institution. Ab und zu gibt's Livemusik, immer im Angebot sind preiswerte Cocktails, Biere und Softdrinks. Rauchen erlaubt! Tägl. abends geöffnet. Kautzstr. 14, ☎ 04852-2619, www.roessl-brunsbuettel.de.

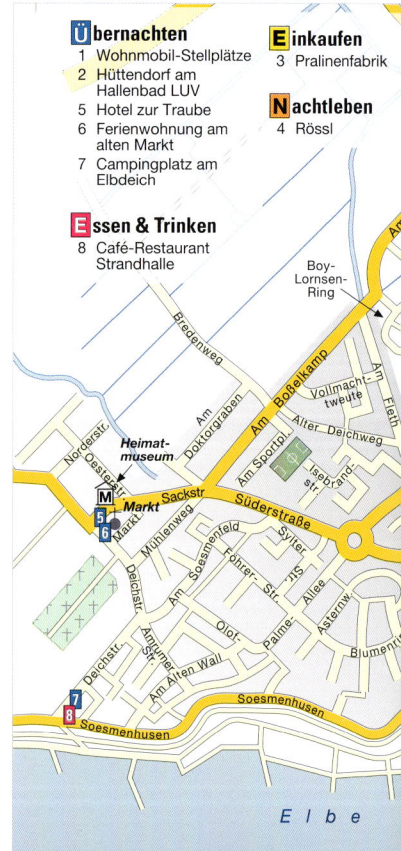

Übernachten
1 Wohnmobil-Stellplätze
2 Hüttendorf am Hallenbad LUV
5 Hotel zur Traube
6 Ferienwohnung am alten Markt
7 Campingplatz am Elbdeich

Essen & Trinken
8 Café-Restaurant Strandhalle

Einkaufen
3 Pralinenfabrik

Nachtleben
4 Rössl

Sehenswertes

Atrium: Ausstellung zum Nord-Ostsee-Kanal auf dem Schleusengelände, mit Schiffsmodellen, Schautafeln usw. Historische Ausstellungsstücke wie Schiffsausrüstung oder ein alter Taucherhelm und Videofilme veranschaulichen die Geschichte des Kanals. Mitte März bis Mitte Nov. tägl. 10.30–17 Uhr. Eintritt 2 € (Kind 0,50 €), Gruppenführungen nach Voranmeldung. Gustav-Meyer-Platz, ✆ 04852-885-213, www.wsa-brunsbuettel.de.

Heimatmuseum: Ein besonders für Kinder interessantes, nett gemachtes kleines Museum mit Schuhmacherwerkstatt, Klassenzimmer und einer Küche um 1900, einer Ausstellung zum Bootsbau und maritimen Exponaten. Im Sommer Di–So 14–17 Uhr, Mi auch vormittags; im Winter nur Di–Fr. Markt 4, ✆ 04852-7212, www.museum-brunsbuettel.de.

Stadtgalerie im Elbeforum: 1992 mit einer Beuys-Ausstellung eröffnet, blieb der Schwerpunkt auf moderner Kunst bis heute erhalten. Wechselnde Ausstellungen, vormittags gelegentlich museumspädagogische Angebote für Kinder ab 5 Jahren. Mi–Sa 15–18 Uhr, So 11–18 Uhr. Eintritt frei, Spenden erwünscht. Von-Humboldt-Platz 5, ✆ 04852-540017, www.stadtgalerie-brunsbuettel.de.

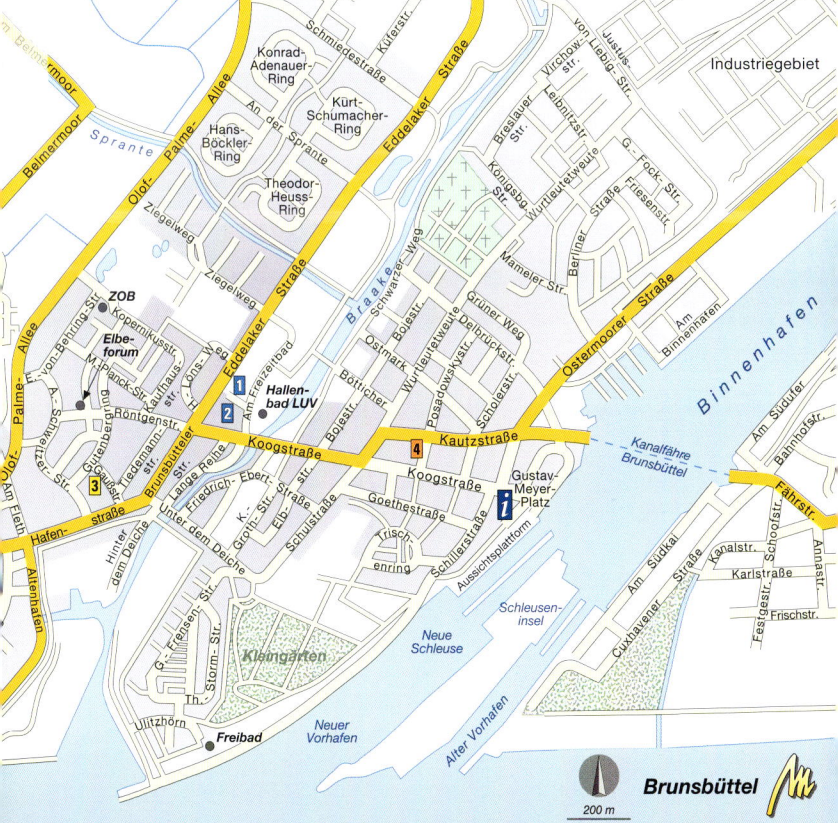

Fahrradtour 1: Von Brunsbüttel nach Burg, zur tiefsten Landstelle Deutschlands bei Neuendorf und zurück

Die Tour führt vom LUV Brunsbüttel zunächst auf dem Radweg an der Braake entlang, dann durch die Feldflur nach Eddelak und Kuden. Von dort zur Burger Au, nach kurzem Anstieg durch den Wald nach Buchholz und Burg. Weiter geht es am anderen Kanalufer mit einem Abstecher nach Neuendorf zurück nach Brunsbüttel. Der Großteil der Strecke verläuft auf Radwegen, meist abseits der Straßen, und ist fast schattenlos. An beiden Ufern des Nord-Ostsee-Kanals gibt es einen Fernradweg, der mal auf der Südseite, mal auf der Nordseite attraktiver ist und auf dem die Tour ab Burg beliebig verlängerbar ist. Überfahrten mit den Fähren sind kostenlos, man kann die Seiten problemlos wechseln. Radverleih in Brunsbüttel: Fahrrad Köster, Koogstr. 93, ℡ 04852-837574, kostenloser Hol- und Bringservice.

Länge/Dauer: ca. 40 km, reine Fahrzeit ca. 3–4 Std.

Einkehr: Eddelak: Wochenmarkt (Fr 14–16 Uhr); Kuden: Bauernhof-Café „Dithmarscher Schatulle" (Sa/So 14–19 Uhr, Norderende 14, ✆ 04855-8132); Burg: diverse Einkehr- und Einkaufsmöglichkeiten (→ Burg), an der Fähre das Burger Fährhaus (Hafenstr. 48, ✆ 04825-2417); an der tiefsten Landstelle bei Neuendorf etwas lauter Picknickplatz.

Start/Parken: Parkplatz am Freizeitbad LUV.

Vom Freizeitbad LUV geht es auf dem Radweg an der Braake in nördliche Richtung. Wir folgen dem Weg, bis er auf die Westerbütteler Straße stößt. In die Straße biegen wir rechts ein und fahren nach etwa 100 m links in den beschilderten Radweg nach Eddelak, überqueren auf einer Brücke eine vielbefahrene Landstraße und ignorieren den beschilderten Radweg-Abzweig (links).

Vorbei geht es an den Einzelhäusern des ländlichen Weilers **Westerbüttel**, im Örtchen auf der kaum befahrenen einzigen Straße scharf rechts und dann geradeaus, bis wir auf die Landstraße stoßen. Hier fahren wir auf dem straßenparallel verlaufenden Radweg links in nördliche Richtung nach Eddelak, dessen **Windmühle** von hier aus schon zu sehen ist. Die historische Windmühle „Gott mit uns", die bis 1985 in Betrieb war (Besichtigung n. Vereinb., ✆ 04855-8058) passieren wir und folgen dem Radweg an der Hauptstraße bis zur Eddelaker Kirche, vor der wir rechts in die Straße nach Kuden einbiegen.

Am Ortsausgang des properen Ortes **Eddelak** nehmen wir am Kreisverkehr die zweite Ausfahrt und folgen dem Radweg mit Beschilderung „Burg" in nordöstliche Richtung. Bald erreichen wir **Kuden**, wo wir kurz hinter dem Ortseingang rechts in das Sträßchen Richtung Buchholzermoor einbiegen (ausgeschildert; auf der linken Straßenseite großes Silo mit Autoreifen). Dieses stille Kudener Wohnsträßchen verläuft parallel zu einem Geest-Rücken, auf dem ein Aussichtspunkt eingerichtet ist. Nach wenigen 100 m weist ein Schild auf die Treppe hin, die auf der linken Straßenseite hinaufführt. Nach dem Ortsende fahren wir auf ein einzeln stehendes Haus mit großem Gewächshaus zu. Kurz vor diesem Haus biegen wir rechts in den abwärts führenden Radweg ein, der nach wenigen 100 m das Flüsschen **Burger Au** auf einer Brücke überquert. Hier starten die Spreewaldkähne (→ Burg) und es gibt ein kleines Schutzhäuschen, in dem man einen Regenschauer abwarten kann.

Denkmal an der Schleuse Brunsbüttel

Dithmarschen

Wir biegen unmittelbar hinter der Brücke links ab und fahren an der Burger Au entlang auf dem mit dem Ziel „Burg" beschilderten Radweg nach **Buchholzermoor**, wo wir links eine kleine Brücke überqueren und dem Radweg R 22 folgen. Nun geht es in einen Laubwald und hier einige 100 m recht steil bergan. Oben stoßen wir auf eine Straße, in die wir rechts einbiegen und der wir bis **Buchholz** folgen.

In Buchholz biegen wir links ab und fahren bis zur Hauptstraße, in die wir rechts einbiegen. Auf dem Radweg an der Straße Richtung Nordosten geht es durch ein Waldgebiet in den sehenswerten Ort **Burg**. In Burg gibt es mehrere Einkehrmöglichkeiten; einen Blick wert sind die Bökelnburg und das Waldmuseum (→ Burg).

Von Burg geht es auf gut ausgeschilderten Wegen Richtung Nord-Ostsee-Kanal knapp 1,5 km nach Süden zur Fähre über den Kanal. Wir setzen mit der nach Bedarf verkehrenden Fähre (klingeln!) über und folgen der Radrouten-Beschilderung nach **Aebtissinwisch**. Von hier ist ein Abstecher zur tiefsten Landstelle Deutschlands kurz vor Neuendorf (etwa 3,5 m unter Meeresspiegel) möglich; leider verläuft die einfach knapp 2 km lange Strecke auf der Landstraße. Von der tiefsten Landstelle geht es auf demselben Weg zurück nach Aebtissinwisch, wo wir links abbiegen und der beschilderten Radroute im Zickzack durch eine malerische Agrarlandschaft bis **Kudensee** folgen, das wir durchqueren.

An der Fähre Kudensee setzen wir wieder über den Kanal und fahren am nördlichen Ufer weiter. Am Nordufer folgen wir dem Betriebsweg direkt am Wasser etwa 3 km bis **Ostermoor**. Von hier geht es auf dem Radweg an der Straße durch ein Industriegebiet zurück nach Brunsbüttel.

Umgebung von Brunsbüttel

Neufeld

Hinter den Deich duckt sich das unscheinbare Örtchen mit seinem kleinen Sportboothafen an der Elbmündung, auf die man von der Gaststätte „Op'n Diek" einen schönen Blick hat. In der Elbe verläuft hinter dem ans Ufer grenzende Neufelder Watt die Medemrinne, die im Zuge der geplanten Elbvertiefung mit ausgebaggertem Sand aus der Fahrrinne verfüllt werden soll. Die Anwohner des niedersächsischen Elbufers befürchten, dass dadurch bei Sturmfluten der Deich brechen könnte, weil Fließgeschwindigkeit und Pegelstand im verengten Flussbett stark steigen werden.

● *Essen & Trinken* **Op'n Diek**, Spezialität des mit vielen Schildern und jahreszeitlich wechselnder Dekoration „verzierten" Speiselokals ist im Winterhalbjahr der Elbstint, ein winziger Verwandter des Lachses. Er wird in Roggenmehl gewendet und in Butter und Speck gebraten. Auch Cafébetrieb und bei gutem Wetter Biergarten. Ganzjährig Di–So 11–23 Uhr, warme Küche 11.30–14 und 17–21 Uhr. Op'n Diek 3, 25724 Neufeld, ☏ 04851-1840.

Kaiser-Wilhelm-Koog

Der Windenergiepark Kaiser-Wilhelm-Koog profitiert vom so gut wie immer wehenden Wind an der Elbmündung. Über allem drehen sich unablässig die riesigen Flügel der Windkraftanlagen. Darunter liegen vereinzelte Gehöfte wie der der Familie Brandt. Neben Möhrenanbau und -verarbeitung im großen Stil bietet der nah am Deich gelegene Hof auch Ferienunterkünfte.

● *Übernachten* **Ferienhof Brandt**, 2 Vier-Sterne-Ferienwohnungen für max. 4 bzw. 6 Pers., 35–55 €. Zudem 1 DZ mit Duschbad, 30 € (inkl. Frühstück). Schulstr. 4, 25709 Kaiser-Wilhelm-Koog, ☏ 04856-321, www.ferienhof-brandt-nordsee.de.

**** Ferienwohnung Kruse-Hof, 2 geräumige FeWo für 6–7 Pers., im Sommer kann man im kleinen, aber überdachten Pool planschen. Tiere vorhanden, auch Ponyrei-ten, Spielscheune, Tischtennis, Bolzplatz etc. 40–75 €. Süderstr. 2–4, ✆ 04856-340, www.ferienhof-kruse-nordsee.de.

Dieksanderkoog

1934 wurde mit der Eindeichung der Dieksander Bucht begonnen, das gewonnene Neuland nannte man Adolf-Hitler-Koog. Ideologisch wurde die Neulandgewinnung – wie in Tümlauer Koog auf Eiderstedt – mit dem Landbedarf deutscher Bauern begründet. In Wirklichkeit diente der Deichbau als gewaltige Arbeitsbeschaffungs-maßnahme. Zentrum der Siedlung, in der parteitreue Neubauern angesiedelt wurden, war die Neulandhalle, die bis heute erhalten und aus allen Richtungen gut ausgeschildert ist.

● *Übernachten* **Ferienwohnung auf Hof Wittmaack**, 3 Wohnungen für max. 4 bzw. 6 Pers. auf dem kinderfreundlichen Bauernhof mit Spielscheune, Pool, Ponyreiten, Trampolin, Kettcars etc. Ältere entspannen sich in der Sauna, beim Angeln oder Grillen. Je nach Wohnungsgröße und Saison 30–110 €. Franzosensand 5, 25718 Dieksanderkoog, ✆ 04856-218, www.nordseetraumurlaub.de.

Friedrichskoog

Bekannt ist Friedrichskoog vor allem durch seine *Seehund-Aufzuchtstation*, die 2006 modern umgestaltet wurde. Hier werden jedes Jahr 50–70 Heuler aufgepäppelt, junge Seehunde, die ihre Mutter verloren haben. Zu sehen bekommt man die Jungtiere als Besucher nicht, dafür eine Gruppe erwachsener Seehunde und Kegelrobben, die in einem System von Meerwasserbecken lebt. Doch in dem aus den Siedlungsteilen „Ort" und „Spitze" bestehenden Nordsee-Heilbad auf jungem, erst vor etwa 150 Jahren durch Deichbaumaßnahmen geschaffenen Land ist noch mehr zu entdecken. Der flüchtige Betrachter meint, nahe der Seehundstation einen gestrandeten Wal zu erblicken – in Wirklichkeit handelt es sich um einen neuen Indoor-Spielplatz. Auch für die Fischerei ist Friedrichskoog von Bedeutung: Der durch ein modernes Sperrwerk gesicherte Hafen beherbergt die größte Krabbenfangflotte der Westküste.

Am etwa 5 km nördlich gelegenen Ortsteil **Friedrichskoog Spitze** zieht sich der *Trischendamm* weit ins Meer. Er sollte einmal bis zur (nicht zugäng-

Einst war der heutige Aussichtsturm eine Rettungsbake

Neue Kinderattraktion: der Indoor-Spielpark in Form eines Wals

lichen) Vogelschutzinsel Trischen weiter gebaut werden, um die Strömung abzulenken, die den Deich gefährdete. Doch das Ziel war bereits nach 2,5 km erreicht, sodass man den weiteren Dammbau 1936 stoppte. Heute dient der Damm vor allem als Spazierweg ins Wattenmeer, auf dem man keine schlickigen Füße bekommt.

Bei Friedrichskoog Spitze liegt auch der knapp 2 km lange Badestrand mit Hunde-, FKK-, Familien- und Sportstrand, bei schönem Wetter natürlich die Hauptattraktion. Ist das Wetter nicht so gut, kann man mit dem Nationalpark-Ranger ins Watt gehen oder das Nationalpark-Infozentrum besuchen (→ Adressen). Für Kinder und Jugendliche gibt es ein umfangreiches Freizeitprogramm von meereskundlicher Entdeckungstour über Bernstein schleifen, Ponyreiten, Toben auf Outdoor- und Indoor-Spielplätzen bis Kettcar-Vermietung.

Ein großes Angebot an Ferienwohnungen und -häusern im Ortsteil Spitze, in dem es keinerlei Durchgangsverkehr gibt, garantiert einen erholsamen Familienurlaub. Urlaub auf dem Bauernhof wird in „Ort" und in der näheren Umgebung angeboten; Prospekte und Auskünfte über den Tourismus-Service.

Information/Adressen/Aktivitäten

• *Information* **Tourismus-Service Friedrichskoog**, Haus des Kurgastes, Koogstr. 141, 25718 Friedrichskoog-Spitze. In der Saison Mo–Fr 10–18 Uhr, Sa 10–13/15–1 Uhr, So 10–1 Uhr. ✆ 04854-90494-0, kostenl. Hotline: ✆ 0800-2020060, www.friedrichskoog.de.

• *Adressen* **Ärzte**: Allgemeinmedizin-Gemeinschaftspraxis Dr. Riesenkapff, Dr. Muthmann; Kur- und Wellnesszentrum Fontamar, Schulstr. West 14, ✆ 04854-90010.

Apotheke: Krabbenapotheke, Koogstr. 64, ✆ 04854-90090.

Bücherei: Im Haus des Kurgastes (→ Information) kann man mit Kurkarte an Wochentagen vormittags kostenlos Bücher und Spiele ausleihen.

Polizei: ✆ 04854-90237, Notruf 110.

• *Aktivitäten* **Angeln**: Angelkarte (nur mit gültigem Fischereischein) beim Tourismus-Service erhältlich.

Bernstein schleifen: im lüttjen Laden von Anton Köllmann, Hafenstr. 64a oder Hoogen 12, ✆ 04854-90223 oder -399, koellmann.anton @t-online.de.

Fahrrad-Vermietung: Räder und Zubehör für Erwachsene und Kinder, Tretroller, Inlineskates und Bollerwagen. Fahrrad-Claßen, Friedrichskoog-Spitze, Hoogen 12, ✆ 04854-1738, sowie Koogstr. 72, ✆ 04854-235.

Indoor-Spielpark: Seit 2008 gibt es den überdachten Spielplatz in Form des riesigen Wals Willi, der nur auf Socken bespielt werden darf. Labyrinth, Kletterwand, Riesenrutsche etc., und wer genug von wilder Action hat, kann bei Billard oder Dart entspannen. Übrigens sollte man zur vollen Stunde einmal draußen aufs Dach schauen, dann gibt der Wal nämlich ein Lebenszeichen von sich … Mo–Fr 14–19 Uhr, Sa/So sowie in den schleswig-holsteinischen Schulferien 10–19 Uhr. Eintritt 6 €, für Erw. inklusive einem Kaffee oder Tee im angeschlossenen Bistro (reichhaltiges Leseangebot). Am Hafen, ✆ 04854-90494-0, www. wal-friedrichskoog.de.

Kettcar-/Gokart-Vermietung: in Martins Strandboutique im Haus Windrose. Friedrichskoog-Spitze, Koogstr. 134, ✆ 04854-1643, www.nordsee-friedrichskoog-spitze.de.

Meerwasser-Thermalbad: frisch saniertes Hallenbad mit 32 °C warmem Wasser, Wasserfall, Dampfbad, Solarien, Fitnessraum und Terrasse. Mo–Fr 10–20 Uhr, Sa/So 10–16 Uhr. Kur- und Wellnesszentrum Fontamar, Schulstr. West 14, ✆ 04854-90020, www.fontamar.de.

Minigolf: April–Okt. bei trockenem Wetter tägl. ab 14 Uhr, in der Hochsaison ab 13 Uhr. Friedrichskoog-Spitze, Koogstr. 138, ✆ 04854-1073.

Nationalpark-Infozentrum der Schutzstation Wattenmeer: Ausstellung mit Aquarien, interessanten Infos zum Lebensraum Wattenmeer sowie geführte Wattwanderungen. Wechselnde Öffnungszeiten. Am Hafen (hinter dem Wal), ✆ 04854-1648, www.schutzstation-wattenmeer.de.

Nordic-Walking-Park: drei ausgeschilderte Rundkurse von 7,5 bis 30 (!) km starten und enden am Strandweg in Friedrichskoog-Spitze. Kurse am Do; Info und Anmeldung ✆ 04854-90020.

Ponyreiten, ohne Anmeldung ganzjährig Do ab 15 Uhr bei *Lahrsen/Dau*, Tjarksweg 9 (Reithalle!) sowie April bis Okt. Di ab 16 Uhr bei Beckmann, Koogstr. 32; weitere Termine nach Vereinbarung unter ✆ 04854-1389 bzw. -1617.

Ganzjährig nach Anmeldung bei *Mohr/Meiburg*, Reithalle, auch Unterricht; Koogstr. 18, ✆ 04854-289.

Seehundstation Friedrichskoog e. V., auf die Becken und die Umgebung hat man vom Aussichtsturm, der ehemaligen Rettungsbake der Vogelschutzinsel Trischen, einen guten Blick. Hauptattraktion ist die Fütterung der Tiere, die man beobachten darf. Ebenfalls sehr interessant ist der Unterwasserbereich, der Blicke auf die tauchenden Tiere bietet. Zudem gibt es reichlich Informationen über Seehunde und Robben, in einem Aktiv-Bereich auch für Kinder. März–Okt. tägl. 9–18 Uhr, Fütterung 10.30, 14 und 17.30 Uhr. Im Winter tägl. 10–16 Uhr, Fütterung 10.30 und 14 Uhr. Eintritt 5 €, erm. 3,50 €, Familie 13,50 €. Keine Hunde! An der Seeschleuse 4, ✆ 04854-1372, www.seehundstation-friedrichskoog.de.

Wattwanderungen: aktuelle Termine und Infos auf Flyern des Tourismus-Service sowie auf der gemeinsamen Website der Dithmarscher Wattführer www.watterleben.de.

• *Einkaufen* **Wochenmarkt**: April–Sept. Do 8–12 Uhr.

Übernachten/Essen & Trinken

• *Übernachten* **Hotel-Restaurant Mövenbieker**, Gisela Daedler nennt ihr kürzlich renoviertes Hotel direkt am Deich Familienhotel. Ausschließlich Nichtraucherzimmer, darunter einige Familienzimmer mit Extra-Schlafraum für die Kinder. EZ ab 50 €, DZ ab 95 €, Familienzimmer ab 115 € inkl. Frühstück, HP empfehlenswert. Strandweg 6, ✆ 04854-904987-0, www.moewen-kieker.de.

Friedrichskooger Hof, traditionsreicher Landgasthof mit 6 DZ und 2 EZ unter junger Leitung, das heißt: geschmackvoll möblierte Zimmer mit Dusche/WC, Internetzugang und gehobene Küche. Bei schönem Wetter wird auf der Terrasse mit traumhaftem Blick auf die Pferdekoppeln serviert. EZ 35–45 €, DZ 60–80 €, jeweils inkl. Frühstück. Auf Wunsch Abholung vom Bahnhof St. Michaelisdonn. Koogstr. 96, ✆ 04854-1000, www.friedrichskoogerhof.de.

***** Ferienhäuser, 21 nagelneue Luxus-Holzhäuser im dänischen Stil direkt hinterm Deich in Friedrichskoog-Spitze. Bis zu 12 Pers. finden hier Platz, Buchung über Tourismus-Service Friedrichskoog (Bilder und Grundrisse unter www.strandpark-friedrichskoog-spitze.de).

***** Ferienwohnung Queller 19, 2 FeWo mit allem Komfort für je 2–5 Pers. 35–66 €. Queller 19, ✆ 02304-73070, www.nordseeferien-queller19.de.

*** Ferienwohnung auf dem Bauernhof, 2 Wohnungen mit eigenem Eingang (max. 4 Pers.) auf dem kinderfreundlichen Vollerwerbshof mit Katzen, Hunden und Ponies; 33–48 €. Mitteldeich 6, ✆ 04854-904070, www.ferienhof-mehlert.de.

Weitere Urlaubsquartiere vermittelt der Fremdenverkehrsverein Friedrichskoog e.V., Koogstr. 60 c, ✆ 04854-90202, www.fvv-nordsee.de.

Über 100 Ferienwohnungen und Häuser vermittelt **Ingrid Lauritsen**, Koogstr. 132, ✆ 04854-1441, www.ingrid-lauritsen.de.

Campingplatz Swienskopp, kleiner, schattenloser Rasenplatz direkt am Deich in Friedrichskoog-Spitze; fast nur Wohnwagen und -mobile. Pers. 2,50 €, Kind 2 €, Pkw

1,50 €, Zelt 3,50 €. Geöffnet April–Okt. Süderdeich 1, ✆ 04854-854, www.campingplatz-swienskopp.de.

• *Essen & Trinken* **Seehundstuv**, das Café-Restaurant liegt neben der Seehundstation direkt hinterm Deich und bietet regionale Spezialitäten, leckere hausgebackene Kuchen und Torten sowie Eisbecher und nette Kleinigkeiten zu fairen Preisen. Windgeschützte Terrasse. Sept.–Juni Fr–Mi ab 11 Uhr, Juli/Aug. tägl. ab 11 Uhr, warme Küche bis ca. 21 Uhr. ✆ 04854-1552, www.seehundstuv.de.

Krabben und Fischdelikatessen Urthel, im an das Ladengeschäft angeschlossenen Bistro gibt es Gerichte mit maschinengepulten Krabben ohne Konservierungsstoffe (!) sowie Frisch- und Räucherfisch in bester Qualität. Vorsicht: Suchtgefahr! Notfalls versendet der Laden die Leckereien binnen 24 Std. innerhalb Deutschlands. Besichti-gung der Krabbenschälmaschine und angeleitetes Krabbenpulen per Hand nach tel. Anmeldung. Laden Di–Sa 9–19 Uhr, So 10–19 Uhr, Bistro bis 20.30 Uhr. Hafenstr. 71, ✆ 04854-291, www.urthel.de.

Fischhaus Stührk, Krabben und Räucherfisch aus eigener Herstellung in Imbiss-Atmosphäre direkt am Hafen. Tägl. 9–18 Uhr. ✆ 04854-217.

Landschlachterei und Bistro Mewes, wer keinen Fisch mag, ist hier richtig. Preiswerter, täglich wechselnder Mittagstisch. Bistro Mo–Fr 11–20 Uhr, Sa 11–13.30 und 17.30–20 Uhr. Hafenstr. 117, ✆ 04854-298.

Charlottes Tee- und Kaffeestübchen, auf dem Tjarkshof gibt es einen Streichelzoo, eine Reithalle und eine Spieltenne. Dazu selbst gebackenen Kuchen mit Kaffee oder Friesentee. Do–Fr und So–Di ab 14 Uhr. Hafenstr. 118, ✆ 04854-1565.

Krabben – das rosa Gold von Friedrichskoog und Büsum

Hauptfangzeiten für die Krabbenfischer sind das Frühjahr und die Monate August bis Dezember. Um diese Zeit halten sich die Kleingarnelen, die man landläufig „Krabben" nennt, im Wattenmeer auf und können bequem mit Schleppnetzen gefischt werden. Um die Preise nicht zu verderben, passen die Krabbenfischer die Fangmengen immer der Nachfrage an. Derzeit werden in Deutschland jährlich etwa 20.000 Tonnen Krabben gefischt. Bis heute wird ein Teil des Fangs zu Hühnerfutter verarbeitet, der größte Teil aber für den menschlichen Verzehr sofort an Bord in Meerwasser gekocht. Verkauft werden die Krabben zum selber Pulen in den Häfen von Friedrichskoog und Büsum, und so schmecken sie auch am besten: direkt aus der Hand in den Mund. Wer das nicht sofort beherrscht, dem hilft ein Pul-Kundiger sicher gern. Das gewerbliche Krabbenpulen erledigten bis in die 1980er-Jahre meist Frauen aus Husum und Umgebung in Heimarbeit. Eine gute Krabbenpulerin verarbeitete bis zu 5 kg pro Stunde, wobei sie den Geruch wohl nie mehr von den Händen herunterbekam. Diese Art der Lebensmittelverarbeitung ist nach den heutigen Hygienerichtlinien nicht mehr zulässig. Vorgeschrieben sind gekühlte und gekachelte oder mit abwaschbarer Farbe gestrichene Arbeitsräume. Eine derartige Aufrüstung der Pulerinnen-Küchen lohnte bei den niedrigen Stundenlöhnen nicht, sodass die Krabben seit fast 30 Jahren quer durch Europa bis Marokko gekarrt, dort ausgepult und wieder zurücktransportiert werden.

Um diesen Transportwahnsinn zu beenden, wurde vor einigen Jahren die Krabbenpulmaschine erfunden, die nach zahlreichen Verbesserungen mittlerweile gute Ergebnisse erzielt. In Cuxhaven entstand Deutschlands erstes maschinelles Krabbenschäl-Zentrum, und auch in Friedrichskoog wird eine der Maschinen eingesetzt, die am Tag 250 kg Krabben verarbeiten können. Nach telefonischer Anmeldung kann sie auch besichtigt werden (→ Essen & Trinken).

Marne

Überregional bekannt ist das im Zentrum rund um die Maria-Magdalenen-Kirche durchaus attraktive Städtchen für sein Bier und seinen Karneval. Wer noch ein bisschen besser Bescheid weiß, dem fällt die Marschenbahn ein, auf der heute nur noch Draisinen bewegt werden (→ St. Michaelisdonn). Marne ist der einzige Ort in Schleswig-Holstein, in dem es einen nennenswerten Karnevalszug gibt: Über 1000 Marner bilden den Karnevalszug, mehrere Zehntausend Besucher feiern mit und fangen Süßigkeiten auf. Seit 1775 wird in der Stadt das Dithmarscher Pilsener gebraut, ein bis heute in der Region sehr beliebtes Bier. Es wird in „Beugelbuddeln" verkauft, also in Flaschen mit Bügelverschluss und Porzellankappe mit Gummiring – der sorgt für das charakteristische „Plopp" beim Öffnen. Samstags kann die Brauerei nach rechtzeitiger telefonischer Voranmeldung besichtigt werden, dienstags manchmal auch spontan (neben der Kirche, ✆ 04851-9620, www.dithmarscher.de).

Durch den Hexengang geht`s zur Kirche

Übrigens lag Marne bis ins 18. Jh. direkt am Meer, durch den Bau neuer Deiche verlor es seine Funktion als Hafen. Fisch wird in Marne aber bis heute verarbeitet, und zwar von der Firma Friesenkrone, die Matjes-Spezialitäten herstellt.

*I*nformation/*A*ktivitäten/*K*ultur

● *Information*   **Touristik-Info Marne-Marschenland**, Deichstr. 2, 25709 Marne. Nur tel. und schriftliche Auskünfte. ✆ 04851-9576-86, www.urlaubandernordsee.de.

● *Aktivitäten*   **Fahrradvermietung**: Zweirad Lamberty, Süderstr. 23, ✆ 04851-597.

Schwimmhalle Marne, Hallenbad mit Saunen, Solarium und Liegewiese für Sommertage. Kinderbecken, Nichtschwimmer- und Schwimmerbereich. Di–Fr ab 15 Uhr, Sa 13-18 Uhr, So 9–13 Uhr. Wilhelmstr. 35, ✆ 04851-4644.

Stadtführungen: Juni–Sept. einmal wöchentlich. Termine und Infos unter ✆ 04851-957686.

Wochenmarkt: Mi 8–12 Uhr.

● *Kultur*   **Heimatmuseum Marner Skatclub**, den kuriosen Namen hat das 1905 gegründete Museum tatsächlich von einer Skatrunde, die die meisten Ausstellungsstücke zusammengetragen hat. Dabei handelt es sich überwiegend um Möbel und Hausrat aus dem 18. und 19. Jh. Erweitert wurde die Sammlung durch vor- und frühgeschichtliche Funde, die seit den 70er-Jahren hier gezeigt werden. Di–Fr 15–17 Uhr, So 10–12 Uhr, Gruppen nach Vereinbarung. Eintritt 2 €, Kind/Jugendl. 0,50 €. Museumsstr. 2, ✆ 04851-3518.

Verzehrkino Capitol, nettes historisches Mini-Kino mit zwei Sälen. In die Vorstellung darf man Popcorn und Getränke mitnehmen, daher der Name. Ab und zu finden hier auch Rock-Konzerte statt. Norderstr. 2, ✆ 04851-3210, www.capitol-marne.de.

• *Übernachten* **Am alten Bahnhof**, Hotel mit saisonaler und regionaler Küche im frisch renovierten Restaurant, darunter immer einige vegetarische Gerichte. Im 1. Stock einige schlichte Fremdenzimmer (Preis auf Anfrage). Bahnhofstr. 32, ✆ 04851-3451, www.am-alten-bahnhof.de.

Wohnmobil-Stellplatz, hinter dem Hallenbad, Infos über die Touristik-Info.

• *Essen & Trinken* **Stadtcafé Kremer**, zentral gelegen und baulich keine Schönheit. Das wird aber wettgemacht durch die ausgezeichneten Torten und Kuchen aus eigener Backstube. Teetrinker haben die Wahl zwischen 150 Sorten, die bei schönem Wetter auch im Freien serviert werden. Mo–Sa 8–18 Uhr, So 10–18 Uhr. Tortenherstellung zum Zuschauen in der „gläsernen Konditorei" Mo–Sa 12–14 Uhr. Königstr. 8–10, ✆ 04851-3092, www.stadtcafe-kremer-marne.de.

Nazargrill Kebabhaus, wer an der Nordsee Appetit auf's vertraute Döner bekommt, ist hier richtig. Königstr. 15, ✆ 04851-954906.

Sankt Michaelisdonn

St. Michaelisdonn, kurz auch „St. Michel" genannt, ist Wohnort für Berufspendler, die in Brunsbüttel arbeiten. Der Namensbestandteil „-donn" weist auf Dünensand hin, der im Marschenland den einzigen festen Baugrund abgibt. Daher verläuft die Eisenbahnlinie in weiten Schwüngen etwa parallel zur Küstenlinie auf ehemaligem Sandstrand. Auch der Ort St. Michaelisdonn liegt auf einer alten Düne.

In der Nähe des kleinen Flugplatzes an der Eisenbahnlinie fällt ein Höhenzug auf, der einst direkt am Meer lag. Das bis zu 40 m hohe fossile Kliff bildet heute den Kern des **Naturschutzgebiets Klev**. Unter Schutz steht das Klev wegen seiner Trockenrasenvegetation und der Eichenkrattwälder, einer Krüppelwaldform, die durch intensive Holznutzung in der frühen Neuzeit entstand. Damals wurden die Stämme immer wieder heruntergesägt, was zu unzähligen Verzweigungen führte. Am Klevhang liegt ein kleines *Freibad* mit beheiztem Wasser (in Norddeutschland nicht unbedingt Standard!), an warmen Sommertagen ein nettes Ziel.

Touristisch ist St. Michaelisdonn kaum von Bedeutung, einen Besuch wert ist jedoch das **Freimaurer-Museum** in der Meldorfer Straße 2. Auf 400 m² bekommt man Einblicke in die geheimnisumwitterte Tradition der Freimaurerei; gezeigt werden rituelle Gegenstände wie Logenhammer, Schurze und Pokale. Für Gruppen nach Vereinbarung geöffnet (✆ 04853-562). Außerdem sehenswert ist die *Windmühle Edda*, die letzte der einst zahlreichen Mühlen. Anziehungspunkt für Familien und kleine Gruppen ist die stillgelegte *Marschenbahn-Strecke nach Marne*, auf der man 8 km mit einer Draisine schweißtreibend strampeln kann. Weht der Wind günstig, wird das Treten durch ein Segel unterstützt – ein einmaliger Spaß.

• *Verbindungen* **Bahn**: St. Michaelisdonn liegt an der Bahnstrecke Hamburg – Westerland (Sylt). Hier halten Züge der *Nord-Ostsee-Bahn (NOB)* ab Hamburg-Altona (teils mit Umsteigen in Itzehoe) 18-mal am Tag. Fahrzeit ab Hamburg 80 Min.

• *Information* **Tourist-Info St. Michaelisdonn**, Bahnhofstr. 26, 25693 St. Michaelisdonn ✆ 04853-807305, www.fvv-st-michel.de.

• *Aktivitäten* **Draisinenfahrt**: auf der Marschenbahn-Strecke, Mai–Okt.; rechtzeitige Anmeldung bei der Touristik-Info Eddelak-St. Michaelisdonn oder Marne (s. o.) ratsam. Hin- und Rückfahrt pro Gruppe 22,50 €, Familie 21 €. Bahnhofstr. 26, 25693 St. Michaelisdonn, ✆ 04853-807305, www.marschenbahn-draisine.de.

Golfclub am Donner Kleve, teilweise an der Bahnstrecke gelegener öffentlicher Golfplatz mit 9 Bahnen und einem 4-Loch-Kurzplatz. ✆ 04853-880909, www.golf-am-donner-kleve.de. **Wochenmarkt**: Do 8–12 Uhr.

• *Übernachten* **Ringhotel Landhaus Gardels**, modernes Seminarhotel in schöner Lage mit 50 gediegen möbilierten Zimmern und einigen Studios (auch für Familien mit max. 2 Kindern). Sauna- und Fitnessbereich. Das ambitionierte Restaurant im Haus hat für die Gegend stolze Preise. Hauptgerichte um 20 €. EZ 83–100 €, DZ 104–124 €, Studio 144 €, jeweils inkl. Frühstück. Westerstr. 15–19, ℘ 04853-8030, www.landhaus-gardels.de. **Haus am Klev**, die ehemalige Jugendherberge ist seit 2009 ein schlichtes Familien hotel. DZ 48 €, auch 3-5-Bettzimmer. Am Sport-platz 1, ℘ 04853-923, www.haus-am-klev.de. • *Essen & Trinken* **Café Creativ**, Grit Nirrn-heim hat augenscheinlich ein Deko-Gen, das sich in ihrem Café ungehindert austo-ben darf. Überschüsse werden sogar ver-kauft. Dazu gibt es täglich hausgebackene Kuchen und Torten. Mo–Sa 9–12 und 14–18 Uhr, So 14–18 Uhr. Burger Str. 7, ℘ 04853-650, www.cafe-creativ.de.

Burg

Sehenswert in dem Luftkurort in außergewöhnlich hügeliger Lage sind der gut erhaltene historische Ortskern, dessen Friedhof der mächtige Wall einer Ringburg aus der Karolingerzeit umschließt: Die *Bökelnburg* diente bei Angriffen der Wikinger als Fluchtburg für die Bevölkerung der Umgebung. Von dieser Burg rührt auch der Ortsname her.

Das seit 2003 in einer ehemaligen Sattlerei untergebrachte *Burger Museum* zeigt neben einer Sattlerwerkstatt u. a. eine alte Zahnarztpraxis, eine Landapotheke und einen Kaufmannsladen aus früheren Tagen – vor allem für Kinder sehenswert. Glanzlicht für historisch Interessierte ist die Ausstellung zur einstigen Burger Schifffahrt. Neuerdings ist ein Museumscafé angeschlossen.

Am höchsten Punkt des Burger Erholungswaldes steht auf dem 66 m hohen Wulfsboom, einer für Norddeutschland beachtlichen Erhebung, ein Aussichtsturm. In den Turm ist ein für das waldarme Schleswig-Holstein reichlich ungewöhnliches Museum integriert, das *Waldmuseum,* das in naher Zukunft erheblich erweitert wird. Für Erwachsene vielleicht interessanter als die von örtlichen Schülern maßgeblich mitgestaltete Ausstellung zu Fauna und Flora ist der Aufstieg auf den *Aussichtsturm,* der bei klarem Wetter einen weiten Blick bis zur Elbmündung ermöglicht. Action für Kinder verspricht ein Besuch auf dem Abenteuerspielplatz in der Nähe des Waldmuseums oder im *Erlebnisfreibad.*

Spreewaldkahn auf der Burger Au

Dithmarschen

Auf der Burger Au, einem stillen Flüsschen, das bis ins 19. Jh. ein wichtiger Verkehrsweg war, wird man in originalen *Spreewald-Kähnen* gestakt – die wiesenreiche Umgebung sieht freilich ganz anders aus als der Spreewald (Kudener Hafen südwestlich von Buchholzermoor). Mai bis Sept. nur Sa, Karten-Vorbestellung ratsam, Gruppentermine nach Vereinbarung, ✆ 04825-903588 oder mobil ✆ 01520-1795869, www.dithmarscher-kahnfahrten.de).

● *Verbindungen*   **Bahn**: Burg liegt an der Bahnstrecke Hamburg – Westerland (Sylt). Hier halten Züge der *Nord-Ostsee-Bahn (NOB)* ab Hamburg-Altona (teils mit Umsteigen in Itzehoe) 18-mal am Tag. Fahrzeit ab Hamburg ca. 75 Min.

● *Information*   **Touristikbüro Burg und Umgebung**, Mo–Do 8–12/14–16 Uhr, Fr 8–12 Uhr). Holzmarkt 7, 25712 Burg, ✆ 04825-9305-18, www.burg-dithmarschen.de. Special: Außerhalb der Öffnungszeiten werden freie Quartiere innerhalb von 5 Min. per SMS aufs Handy gesendet, nachdem man es unter ✆ 04825-923014 ein-, zweimal klingeln ließ – vorausgesetzt natürlich, dass das Handy die eigene Rufnummer sendet.

● *Aktivitäten*   **Erlebnisfreibad**, mit Riesenrutsche, Wildwasserkanal, Sprungturm, Massagedüsen etc. Eintritt 3 €, 5–18 J. 1,50 €. Am Sportplatz, ✆ 04825-8857.

Burger Museum, Mai–Okt. Di und Fr–So 14.30–16.30 Uhr, sonst nur So 14.30–16.30 Uhr; Weihnachten bis Ostersamstag geschlossen (Gruppen nach Vereinbarung). Eintritt inkl. Führung 2,50 €, Schüler 1 €.

Große Mühlenstr. 6, ✆ 04825-902200, www.burger-museum.de.

Waldmuseum, April–Okt. Di–So 10–12/14–17 Uhr, Eintritt 2 €, Schüler 1 €; am Ende der Waldstraße, ✆ 04825-2985, www.waldmuseum.de.

● *Übernachten/Essen & Trinken*   **Ferienwohnung bei Helga Schnepel**, 80 m² für 2–5 Pers. in historischem Reetdach-Haus im Ortszentrum. Markt 9, ✆ 04825-8129, www.otto-schnepel.de.

Wohnmobil-Stellplatz, nur für 1–2 Nächte, Parkplatz am Schwimmbad.

Café-Restaurant Hacienda, das Ambiente ist für Kitsch-Empfindliche wenig attraktiv, dafür entschädigen das gute Preis-Leistungs-Verhältnis und die längsten Öffnungszeiten am Ort. Los geht es mit großem Frühstücksbuffet, mittags kalt-warmes Buffet (6,90 €), abends Hauptgerichte 9–16 €. Neben Fleisch- und Fischgerichten auch viel Vegetarisches; einige Kindergerichte. Der Name täuscht, die Speisen sind gutbürgerlich-deutsch. Terrasse zur Straße. Tägl. 8.30–23 Uhr. Holzmarkt 6, ✆ 04825-902095.

Büsum (5000 Einwohner)

Das Zentrum der schleswig-holsteinischen Krabbenfischerei bietet viele Wassersport-Möglichkeiten und eine mehr als ausreichende touristische Infrastruktur. Jedes Jahr wird hinter einer Asphalt-Böschung künstlich etwas Sandstrand aufgespült, Strandkörbe stehen auf dem mit Gras bewachsenen Deich. Vom Büsumer Hafen starten Ausflugsschiffe zu diversen Zielen, und auch bei schlechtem Wetter lässt sich hier einiges unternehmen.

Wer den Ort zum ersten Mal besucht, ist zunächst etwas enttäuscht, denn Büsum entspricht so gar nicht dem Idealbild eines Nordsee-Hafenorts. Wie an anderen traditionsreichen Badeorten an den westdeutschen Küsten ist der Bauboom nach dem Zweiten Weltkrieg auch an Büsum nicht spurlos vorbeigegangen. Der Ort scheint aus in die Jahre gekommenen Hotels, Ferienwohnungen und Pensionen zu bestehen – immerhin gibt es hier 13.000 Gästebetten. Besonders irritiert das Hochhaus an der Perlebucht, das aber inzwischen als Büsums Wahrzeichen gilt. Wer mit Muße schaut, wird einige Spuren der Vergangenheit entdecken. Die bunte *Krabbenkutter-Flotte*, der *Leuchtturm* und die Schiffe im *Museumshafen* entsprechen auf jeden Fall dem Nordsee-Klischee. Büsum versucht, sein etwas angestaubtes Image zu polieren: Mit der Mitmach-Ausstellung *Sturmflutenwelt „Blanker Hans"* ist

Büsum ist das touristische Zentrum Dithmarschens

Dithmarschen

kürzlich die Moderne eingezogen, und derzeit ist in der Nähe der beiden Camping-plätze ein modernes Appartement-Hotel im Bau. Für die nahe Zukunft ist in Büsum übrigens eine gewaltige Deicherhöhung geplant; Baubeginn aber wohl nicht vor 2012.

Sehr trubelig ist die *Alleestraße,* die Fußgängerzone, parallel dazu verläuft die ruhigere *Hafenstraße,* die „Fressgasse". Wenn bei Sommerwetter die mäßig ansprechende *Perlebucht* mit dem kinderfreundlichen, aufgeschütteten Sandstrand überfüllt ist, weicht man besser an den 0,5 km langen „Grünstrand" mit seinen 3000 Strand-körben aus. Wetterunabhängiger Meerwasserspaß ist im modernen und ansprechenden *Erlebnisbad „PiratenMeer"* direkt am Deich garantiert.

Doch Büsum setzt nicht ausschließlich auf den Tourismus: Der Ort möchte sich zum internationalen Zentrum der „Blauen Biotechnologie" entwickeln, der Erforschung der Organismen und Prozesse im Meer. Das beginnt mit mariner Aquakultur, also der Zucht von Meerwasserfischen, und reicht bis zur Entwicklung neuer biotechnologischer Verfahren. Mit *Ecomares* befasst sich bei Büsum bereits ein Unternehmen mit der Zucht von Wolfsbarsch, Steinbutt & Co. Im neu erbauten Gründerzentrum *mariCUBE* am Hafentörn soll hinter der lilafarbenen Fassade auch Grundlagenforschung betrieben werden, die vielleicht einmal zu innovativen Medizinprodukten, Kosmetika oder Lebensmitteln führen wird, die ihren Ursprung im Meer haben.

Geschichte: 1140 wurde Büsum erstmals urkundlich erwähnt, und zwar als Insel „Biusne" mit drei Ortschaften. 1362 und 1436 rissen Sturmfluten Teile dieser Insel und mit ihnen die beiden Orte Süderdorp und Middeldorp weg, das vormalige Norddorp wird seitdem Büsum genannt. Die Fluten verschlangen aber nicht nur Land, sie lagerten an anderer Stelle auch Sand ab. Dieser Sand ermöglichte es, 1585 einen schmalen Damm zum Festland zu bauen; 1609 verband man Büsum dann breiter mit dem Festland. Durch die ständige Veränderung der Küstenlinie musste der Hafen mehrfach verlegt werden. Der heutige Hafen stammt aus der Mitte des 19. Jh. und diente zunächst als Handelshafen für den Warenverkehr mit Hamburg und Bremen. Seit 1939 verfügt er über eine Sturmflutschleuse, die ihn von der Nordsee abschottet. Heute liegen im Hafen nur noch Krabbenkutter, Fähren und Ausflugsschiffe vor Anker.

Der Glockenturm von St. Clemens beherbergt auch eine kleine Gedenkstätte

Die ersten Badegäste tauchten bereits 1817 in Büsum auf. Sie wurden damals noch mit Badekarren in das salzige Nass gefahren. 1837 wurde die erste Badeanstalt gebaut, Büsum nannte sich nun Seebad. Als 1883 der Anschluss ans Eisenbahnnetz erfolgte, begann der Tourismus zu boomen. Seit dieser Zeit werden hier bei warmer Witterung Wattwanderungen mit Musikbegleitung angeboten.

Information/Adressen/Aktivitäten (siehe Karte S. 64/65)

● *Information* **Kur- und Tourismus-Service**, Mo–Fr 8–16 Uhr, Sa/So 9–13 Uhr. Südstrand 11, 25761 Büsum. ✆ 04834-909-0, www.buesum.de. Zentrale Zimmervermittlung 0800-9090-112 (gebührenfrei).

> „Büsum spontan": In der Saison täglich erscheinendes kostenloses Info-Blatt mit allen Veranstaltungen des Tages. Dazu aktueller Wetterbericht mit Angaben zu den Windverhältnissen und eine Gezeiten-Tabelle. Liegt in Geschäften, Tourist-Info, Hallenbad etc. aus, im Internet unter www.buesum-spontan.de.

● *Verbindungen* **Bahn**: Büsum wird ab Neumünster und Heide im Stundentakt von der Regionalbahn SHB angefahren; vom Bahnhof ins Zentrum etwa 1 km.
Bus: Am ZOB starten die Busse zu Zielen in näherer und weiterer Umgebung, z. B. über Westerdeichstrich, Warwerort, Wöhrden nach Heide (Mo–Fr 8-mal tägl.) oder nach Wesselburen (Mo–Fr 5-mal tägl.); mehr unter ✆ 0431-666-0, www.autokraft.de.
Büsumer Kleinbahn „Krabbenexpress": Das Bähnchen fährt März–Okt. auf drei Linien durch die Straßen Büsums, nach Büsumer Deichhausen sowie zu den Helgoland-Fähren. Fahrpläne an den Haltestellen, auf Flyern, unter ✆ 04834-4732 und www.krabben-express.de.
Taxi: Taxi-Zentrale Büsum, ✆ 04834-8888.
● *Adressen* **Ärztlicher Notdienst**: Anlaufpraxis ist Mai–Okt. das Ärztehaus in der Westerstr. 30, sonst das Westküstenklinikum Heide. Zentrale Rufnummer für Schleswig-Holstein: ✆ 01805-119292 (14 Ct./Min.).
Apotheken: Anker Apotheke, Am Brunnenplatz, ✆ 04834-95900 oder ✆ 0800-9590150 (gebührenfrei), www.apotheke-buesum.de. Delphin Apotheke, Alleestr. 10, ✆ 04834-9060.

Tertius Apotheke, Westerstr. 39, ☎ 04834-9239. Alle Apotheken verleihen Hilfsmittel wie einfache Falt-Rollstühle (reservieren!).

Polizei: ☎ 04834-95200, Notruf 110.

Tierärztlicher Notdienst: ☎ 0700-88221100.

Zahnärztlicher Notdienst: ☎ 0481-8556789.

● *Aktivitäten* **Angeln**: Angelkarten im Shop von Reinhard Hartmann, Friedrich-Paulsen-Str. 18, ☎ 04834-1378.

Ausflugsfahrten: etwa Mitte April bis Mitte Okt. tägl. zu den Seehundbänken, ins Wattenmeer oder nach Helgoland mit den Schiffen der Reederei Rahder (☎ 04834-3612, www.rahder.de) bzw. Cassen Eils (☎ 04834-938220, www.helgolandreisen.de).
Zur Ablegestelle fährt die Linie 3 des „Krabbenexpress" (s. o.; mit Schiffsticket, das man auch in der Kleinbahn lösen kann, ist die Bahnfahrt kostenlos). Fahrplan im Flyer der Reedereien und an den Haltestellen. Nach Helgoland mit Cassen Eils 36 €, Kind 4–15 J. 27 €, Familienkarte 84 € (nur Barzahlung!). Die Reederei Rahder ist etwas günstiger, dafür aber langsamer.

Bernstein schleifen: An einer speziellen Schleifmaschine oder traditionell mit der Hand – schon größere Kinder können im Büsumer Bernstein Kontor ihr Schmuckstück selbst herstellen. In der Saison tägl. 14–17 Uhr, sonst nach Voranmeldung. Kostenbeitrag für ein Schmuckstück inkl. Bernstein und Lederband 6 €. Schmiedestr. 5, ☎ 04834-2354, www.bernsteinschleifer.de.

Boule: im Kurpark.

Fahrradvermietung: etwa 10 Anbieter; zentral gelegen sind z. B. Fahrradverleih Röhe, Alleestr. 50a, ☎ 04834-2378; oder Fahrradverleih Büsum, Bahnhofstr. 14, ☎ 04834-3687.

Gäste- und Veranstaltungszentrum (GVZ), tagsüber lockt der Lesesaal, abends gibt es Veranstaltungen wie Theater-Aufführungen der örtlichen „Büsumer Speeldeel", Konzerte sowie Gastspiele. Nachmittags Kinderprogramm. Tägl. 10–20 Uhr. Südstrand 11, ☎ 04834-909-114.

Hochseeangeln: Juni–Aug. tägl. um 7 Uhr Abfahrt mit MS Kehrheim II am Kutterhafen; Infos und (möglichst frühzeitige!) Buchung unter ☎ 04834-424690, www.kehrheim2.de.

Kerzen ziehen: in der Lysdeel, Kirchenstr 8, ☎ 04834-960556.

Nordic-Walking-Park: vier ausgeschilderte Rundkurse von 5 bis 10 km Länge starten und enden in Büsum.

Outdoor-Kartbahn: Direkt am Meer liegt der Nordseering, ein 900 m langer Freiluft-Rundkurs, der auch für offizielle Kart-Rennen zugelassen ist. Neben 9-PS-Karts für Erwachsene (12 €/Fahrt) gibt es auch schwächere Karts für Kinder ab 6 J. (8 €). Helmpflicht, darunter ist eine Sturmhaube zu tragen, die auf der Bahn preiswert erworben werden kann. Juli/Aug. tägl. 10–22 Uhr, zwischen März und Nov. kürzer. Segeltörn 1, ☎ 04834-95550, www.nordseering.de.

Neu angelegt ist die verkehrsberuhigte Fläche am Museumshafen

PiratenMeer, 2004 eröffnetes Meerwasser-Erlebnisbad mit Wellen-Erzeugung, Saunalandschaft, Warmwasser-Becken, Riesenrutsche etc. Mini-Außenbecken mit Meerblick. April–Okt. Mo–Di und Do–Sa 9.30–22 Uhr, Mi 14–22 Uhr, So 10–19 Uhr. Nov.–März Mo–Fr 14–22 Uhr, Sa 10–22 Uhr, So 10–19 Uhr. April–Okt. stundengenaue Abrechnung, im Winter Einheitspreise ab 6 €, Kind ab 3,30 €. Südstrand 9, ℘ 04834-909-133, www.piratenmeer.de.

Teddys nähen: 3-stündiger Nähkurs für Kinder und Erwachsene, in dem im Teddyhuus (Hirtenstaller Weg) unter fachkundiger Anleitung von Gisela Michaelsen auch einfachere Plüschtiere angefertigt werden können. 6 € (Kind 3 €) zzgl. Material. Teilnahme nach Voranmeldung unter ℘ 04834-965861.

Vitamaris, modernes Wellness- und Gesundheitszentrum am Südstrand, von Massagen über Schlick-Behandlungen bis zu Inhalation. Für Behandlungen muss ein Termin vereinbart werden. ℘ 04834-909124, vitamaris@buesum.de, www.vitamaris-buesum.de.

Wassersportschule: neben Wind- und Kitesurfen kann man hier auch Segeln lernen (Kinder auf den nicht kippenden Optimisten), auch Segelboot- und Kajakvermietung. Mai–Sept. tägl. 10–18 Uhr. Am Sandstrand, ℘ 0172-6727087, www.wassersport-buesum.de.

Watt-Rollstühle: für 1,50 €/Std. Mobilität im Schlick; die von einer Begleitperson zu schiebenden Gefährte gibt es an der Tourist-Information direkt am Südstrand. Reservierung unter ℘ 04834-909-114 empfehlenswert.

Wattwanderungen: mit und ohne Musik; aktuelle Termine und Infos in Flyern, auf der Website der Dithmarscher Wattführer www.watterleben.de oder unter ℘ 04834-3605, www.buesum-fuehrungen.de.

● *Einkaufen*   **Buchhandlung Boyens (9)**, tägl. geöffnet. Alleestr. 20, ℘ 04834-8111.

Fisch-Spezialitäten Beckmann (15), vom eigenen Kutter und immer begehrt – frischer kann Fisch kaum sein. Ladengeschäft mit Imbiss; Fischsuppe 3,50 €, Fischgerichte 4,80–11,50 €. Wer keinen Platz findet,

kann die Speisen auch mitnehmen. Tägl. geöffnet. Alleestr. 35, ℘ 04834-2570.

Kaufhaus Stolz (3), anderswo kränkeln die Kaufhäuser, aber Stolz besteht nun schon über 150 Jahre. Tägl. geöffnet. Hafentörn 4, www.kaufhaus-stolz.com.

Wochenmarkt: beim ZOB; Fr 8–12 Uhr, im Sommer auch Di 8–14 Uhr.

Übernachten/Essen & Trinken/Nachtleben

● *Übernachten*   **** **Hotel Friesenhof (4)**, Büsums bestes Hotel steht in der ersten Reihe, nahe an der Perlebucht mit aufgeschüttetem Sandstrand. Alle Zimmer mit Balkon, ab dem 2. Stock direkter Meerblick, aus den unteren Geschossen schaut man

Ü̈bernachten

1 Campingplatz
   Zur Perle
2 Camping Nordsee
4 Hotel Friesenhof
5 Hotel garni Seeluft
6 Appartementhaus Alt-Büsum
8 Jugendherberge
10 Hotel Hafen Büsum
11 Zur Alten Post
19 Hotel Nordseehalle

Essen & Trinken

11 Zur Alten Post
13 Restaurant Kalesche
14 Restaurant Blanker Hans
15 Fisch-Spezialitäten Beckmann
16 Büsumer Pesel
20 Kolles Alter Muschelsaal

Büsum

150 m

auf den Deich. EZ 56–86 €, DZ 112–169 €, Suite 155–195 €, jeweils inkl. Frühstück. Nordseestr. 66, ☎ 04834-955120, www.friesenhof-buesum.de.

Restaurant-Hotel Zur Alten Post (11), die ehemalige Poststation auf der Kirchwarft im alten Ortskern ist seit dem Anschluss Büsums ans Eisenbahnnetz im Besitz der Familie Ohlen. Nach dem Zweiten Weltkrieg kamen mehrere Gebäude mit Hotelzimmern dazu, die teils noch auf dem Stand der 60er Jahre sind. Das alte Postgebäude beherbergt die Gaststube, die mit nachgemachten Butzenscheiben und Holzbalken ein bisschen zu sehr auf alt ge-

trimmt ist. Hat man sich daran gewöhnt, lässt es sich hier aber sehr gut einkehren. Berühmt sind die Krabbengerichte, die auch die Einheimischen locken. Aber auch wer nichts Fischiges oder Regionales mag, wird auf der großen Karte fündig. Die Zimmer sind trotz der zentralen Lage ruhig und unterscheiden sich in Größe, Ausstattung und Erhaltungszustand stark, entsprechend variierende Preise: EZ ab 45 €, DZ ab 86 €, jeweils inkl. Frühstücksbuffet. Hafenstr. 2, ☎ 04834-95100, www.zur-alten-post-buesum.de.

*** Hotel Hafen Büsum (10), einer der allgegenwärtigen 1960er-Jahre-Kästen, früher unter dem Namen „Stadt Hamburg" bekannt und 2008 runderneuert wiedereröffnet. Geräumige Zimmer (einige behindertengerecht), alle mit Balkon oder Terrasse und modernen Bädern, leckeres Frühstück (für Langschläfer bis 12 Uhr). EZ 45–62 €, DZ 70–116 €, jeweils inkl. Frühstücksbuffet. Interessante Pauschal-Angebote. Österstr. 19, ✆ 04834-965300-0, www.hotel-hafen-buesum.de.

Hotel Nordseehalle (19), traditionsreiches Hotel in der Bäderarchitektur des vorletzten Jahrhunderts, leider durch Umbauten der letzten Jahrzehnte stark entstellt. Die Lage in der ersten Reihe am Museumshafen könnte nicht besser sein. EZ 50–75 €, DZ 84–106 €, 3-Bett-Zi. 96–120 €, inkl. Frühstück. Am Hafen 2, ✆ 04834-98636, www.hotel-nordseehalle.de.

** Hotel garni Seeluft (5), recht nah am Sandstrand und zu Füßen des Hochhauses gelegenes 12-Zimmer-Hotel mit etwas altbackener Einrichtung. Parkplatz am Haus, alle Zimmer mit Balkon oder Terrasse. Zudem Aufenthaltsraum mit Kühlschrank. Nur DZ, 40–64 € inkl. Frühstück, Zustellbett für ein Kind von 2–12 J. 10 €. Krabbengrund 6, ✆ 04834-9700, www.buesum-seeluft.de.

*** Appartementhaus Alt-Büsum (6), 8 FeWo mit 2–3 modern und geschmackvoll eingerichteten Zimmern (Wäsche inkl.), alle mit Balkon oder Terrasse. 45–75 € für 2 bzw. 4 Pers., für jede weitere Pers. 3 €/Nacht. Wilhelm-Külper-Str. 38; buchbar über Klaus-Pidder Mewe, ✆ 04834-9680, www.alt-buesum.de.

Jugendherberge (8), der von außen abstoßende Bau in Nazi-Ästhetik bietet 206 Betten, überwiegend in 2–4-Bett-Zimmern, fast alle mit eigenem Waschbecken. Radlerfreundlich. Separater Familienbereich mit Aufenthaltsraum und Ausstattung für Kleinkinder, Familienzimmer z. T. mit eigenem Duschbad. Ü/F ab 18,70 €/Pers. Rechtzeitig buchen! Im Winter ist die JH zeitweise geschlossen. Dr.-Martin-Bahr-Str. 1, ✆ 04834-93371, jh-buesum@djh.de.

***** Camping Zur Perle (1), direkt hinterm Deich in Sandstrand-Nähe; noch fast schattenloser Platz, auf dem auch einige FeWo vermietet werden. In der Hauptsaison Kinderanimation. Viele Dauercamper! Der langgestreckte Platz mit vorbildlichen Sanitäranlagen (Behindertenbad, Kinderbad sowie Waschplatz mit Wärmelampe für Babys) wurde mehrfach ausgezeichnet. Nach Saison etc. gestaffelte Preise: Erw. ab 5,70 €, Kind ab 2,10 €, Zelt ab 3,80 €, Wohnwagen ab 8,50 €, Wohnmobil ab 6,80 €.

FeWo 48–70 € (2 Erw., 2 Kinder). Geöffnet April–Okt. Dithmarscher Str. 43, ✆ 04834-60137, www.campingplatz-zur-perle.de.

**** Camping Nordsee (2), luxuriös ausgestatteter, aber sehr vollgestellter Zelt- und Wohnmobilplatz unmittelbar neben dem Platz „Zur Perle". Einige Bäume spenden auf dem Rasenplatz Schatten und dienen als Windschutz. Supermarkt und Restaurant mit Biergarten, in der Saison Kinderprogramm. Pers. 6 €, Kind 3 €, Zelt ab 3,50 €, Pkw mit Wohnwagen ab 7 €, Wohnmobil ab 7 €; in der Vor- und Nachsaison 15 % weniger. Auch Miet-Wohnwagen für max. 6 Pers., bis 4 Pers. 31–58 €, weitere Pers. tägl. 6 bzw. 3 €. Geöffnet März–Okt. Nordseestr. 90, ✆ 04834-2515, www.camping-nordsee.de.

Wohnmobil-Stellplätze, am Segeltörn. ✆ 04834-99453.

● *Essen & Trinken* **Kolles Alter Muschelsaal (20)**, einzigartig ist die 100 Jahre alte Wandgestaltung mit Mosaiken aus Muschelschalen. Das allein ist unbedingt sehenswert, und so werden ganze Busladungen von Reisegruppen hier verköstigt. Gehobenes Restaurant mit Menüs für 20–40 €, Hauptgericht (viel Fisch und Meeresfrüchte) um 20 €; für Kinder ist der fragile Muschelsaal kaum geeignet. Ganzjährig tägl. 12–14 und 17–22 Uhr. Hafenstr. 27, ✆ 04834-2440, www.kolles-alter-muschelsaal.de.

Büsumer Pesel (16), herrlichen Meerblick gewähren die Panoramafenster des Restaurants im Obergeschoss des Gäste- und Veranstaltungszentrums, besonders bei Sonnenuntergang. Bei schönem Wetter wird auf der riesigen Terrasse serviert. Den Blick muss man beim Essen natürlich mitbezahlen, die Qualität der maritimen Gerichte (7–15 €) ist das aber wert. Auch einige vegetarische Leckereien unter 10 €. Die Kinderkarte bietet Kleinigkeiten wie Bratwurst, Pommes, kleine Schnitzel und Fischfilets (alles unter 5 €), tägl. wechselnder Mittagstisch für ca. 7 €. Rollstuhlfahrer erreichen den erhöht gelegenen Gastraum von der Deichkrone; bei schönem Wetter wird abends auf der umlaufenden Terrasse gegrillt. Di–So ab 10 Uhr, warme Küche 11.30–21 Uhr. Südstraat 15, ✆ 04834-1040, www.buesumer-pesel.de.

Blanker Hans (14), neues, kinderfreundliches Restaurant im Gebäude der gleichnamigen Ausstellung (→ Sehenswertes). Bei gutem Wetter kann man draußen sitzen und den Nachwuchs auf dem Spielplatz im Auge behalten. Moderates Preisniveau. Geöffnet wie die Ausstellung. Dr.-Martin-Bahr-Str. 7, ✆ 04834-909137, www.blanker-hans.de.

Restaurant Kalesche (13), Familie Speck serviert seit Jahrzehnten hervorragende Küche in rustikalem Ambiente. Der Schwerpunkt liegt auf Fisch sowie regionalen Kohl- und Lammkreationen, auch einige internationale Standardgerichte. Mittleres Preisniveau. Tägl. geöffnet, im Winter Betriebsferien. Hafenstr. 21, ✆ 04834-2522, www.buesums-restaurant-kalesche.de.

Orchideen-Café (17), direkt neben Kalesche, wird von derselben Familie geführt (gemeinsame Terrassen-Nutzung). Moderne Einrichtung, umfangreiche Frühstückskarte und nachmittags ein Torten- und Kuchen-Angebot, das keinen Wunsch offen lässt. Ganzjährig geöffnet. Hafenstr. 23, ✆ 04834-2522, www.buesums-orchideen-cafe.de.

Café Knüppel (18), seit 1969 bestehendes Café in der ersten Reihe am Meer mit Blick auf Leuchtturm und Museumshafen; seitdem wurde es kontinuierlich erweitert, denn hier sitzt man einfach traumhaft – bei schönem Wetter auch auf einer der beiden Dachterrassen. Auch die süßen Leckereien und die kleinen salzigen Gerichte sind nicht von schlechten Eltern, dazu gibt es Kaffeespezialitäten von Darboven Gourmet. Tägl. bis zum frühen Abend. Am Hafen 4, ✆ 04834-903-0, www.knueppel-buesum.de.

● *Nachtleben* **Bar** im Restaurant Kalesche, s. o.

Jolly Joker (7), 2009 als Pub eröffnete Ex-Diskothek im alten Ortskern. Hier wird allabendlich ab 20 Uhr kräftig eingeheizt. Kirchenstr. 3, ✆ 04834-2771, www.pub-jolly-joker.de.

Zur Sackgasse (12), Kneipe mit „Caipi-" oder „Wodka-Lemon"-Abenden. Tägl. ab 17 Uhr. Hohenzollernstr. 4, ✆ 04834-8787.

Sehenswertes

Leuchtturm: Optischer Lichtblick im arg verbauten Ferienort ist der Büsumer Leuchtturm auf dem Deich. Sein Vorläufer aus dem Jahr 1878 war eine bessere Öllampe, die den Fischern nachts zur Orientierung diente; naturgemäß war sie nicht sehr weit zu sehen, und so ersann der Düsseldorfer Ingenieur Max Gehre 1900 ein elektrisches Lichtsignal an einem 30 m hohen Stahlgerüst. Der Strom für das nächtliche Licht sollte übrigens – ganz modern – mit einem Windrad erzeugt werden, das ebenfalls an dem Mast montiert sein sollte. Diesen Entwurf lehnten die Stadtväter ab und entschieden sich für einen klassischen gusseisernen Leuchtturm, der dann 1912/13 auf einem mit 41 Holzpfählen im schlickigen Grund verankerten Fundament errichtet wurde. Heute wird das elektrische Leuchtfeuer, das über 30 km weit zu sehen ist, fernüberwacht – einen Leuchtturmwärter gibt es schon seit 1976 nicht mehr. Leider kann der Leuchtturm nicht von innen besichtigt werden.

Museumshafen: Am Fischerkai 2 liegen die alten Gaffelkutter „Margaretha" und „Fahrewohl von Büsum", ein 1911 gebauter Krabbenkutter und das Rettungsboot „Rickmer Bock". An Land steht ein alter Gepäckwagen, der ein wenig historisches Flair zaubern soll. Wer sich aus erster Hand über die altehrwürdigen Schiffe informieren will, sollte sich ins „Alte Molenfeuer" neben dem Leuchtturm (s. o.) begeben und dort fragen, ob einer der alten Seeleute vor Ort ist.

Schön ist der Ortskern um die Kirche St. Clemens

St. Clemens: Die Kirche aus dem 15. oder 16. Jh. ist dem heiligen Clemens, dem Schutzheiligen der Schiffer, geweiht, daher auch ihr volkstümlicher Name „Schifferkirche". Das für diese Art von Kirchen charakteristische Votivschiff, das an der Holzbalkendecke hängt, ist ein schönes Dreimaster-Modell. Im Sommer wird die Marcussen-Orgel im Rahmen der Veranstaltungsreihe „Sommermusiken" bespielt. Die Kirche markiert die Mitte des niedlichen historischen Ortszentrums, das man bei einem kurzen Besuch leicht übersieht.

Kirchenstr. 13, Führungen nach Anmeldung unter ☎ 04834-93410, www.kirche-buesum.de.

Büsumer Meereswelten: Aus 34 Becken mit insgesamt über 60.000 Litern Meerwasser besteht das Aquarium, in dem sich nicht nur Nordseefische tummeln. Auch Piranhas, Fledermausfische und viele andere Süß- und Salzwasser-Exoten sind hier zu sehen.

In der Saison tägl. 11–17 Uhr, Juli/Aug. 10–18 Uhr. 3,50 €, Kind 3–15 J. 2 €. Am Südstrand 9, im Untergeschoss, ☎ 0173-8625377, www.buesumer-meereswelten.de.

Schutzstation Wattenmeer: Das ehrenamtlich betriebene Haus in Hafennähe zeigt Satellitenbilder vom Nationalpark Wattenmeer und informiert über die Tier- und Pflanzenwelt. Anhand von Modellen und Schaubildern erfährt man, wie Austernfischer und Seehunde leben. Zudem diverse wechselnde Veranstaltungen und Workshops.

Wechselnde Öffnungszeiten lt. Aushang. Eintritt frei. Am Fischereihafen 5, ☎ 04834-8730, www.schutzstation-wattenmeer.de.

Museum am Meer: Das moderne Heimatmuseum zeigt Ausstellungsstücke, die den Alltag der Krabbenfischer und -verarbeiter lebendig werden lassen. Das Spektrum reicht von traditionellen Schiebenetzen bis zur modernen Krabbensiebanlage. Auch die Geschichte des Nordseetourismus ist ein Thema der gut gemachten Ausstellung. Kurzfilme vertiefen einige maritime Themen, es gibt einen Ruhebereich und für Kinder ein Spielzimmer.

März–Okt. und 26.12.–4.1. So und Di–Fr 11–17 Uhr, Sa 13–17 Uhr. An Vollmondabenden zusätzlich 20–22 Uhr. Eintritt 2,50 €, Kind 1 €, Jugendl. 1,50 €; Familie 5 €. Am Fischereihafen 19, ☎ 04834-6734, www.museum-am-meer.de.

Neuer Touristenmagnet: die Sturmflutenwelt „Blanker Hans"

Sturmflutenwelt „Blanker Hans": Das 2006 eröffnete Museum zum Thema Sturmflut ist als Erlebnisausstellung gestaltet. Im Gebäude, das einer riesigen Welle nachempfunden ist, empfangen Schauspieler jährlich 100.000 Besucher im Ambiente einer Dorfschänke von 1962, in der man sich in Gruppen in einer Rettungskapsel auf Zeitreise begibt. Mehr soll an dieser Stelle nicht verraten werden, lassen Sie sich überraschen! Zudem gibt es zu den Themen Klima(wandel) und Gezeiten eine Mitmachausstellung, die auch für ältere Kinder interessant ist. Vertiefen kann man sein Wissen im Archiv, das historische Zeitungen, Filme und Zeitzeugenberichte bereithält. Abends von Zeit zu Zeit interessante Vorträge zum Thema Klimawandel und Wettergeschehen. Ein Restaurant und ein Spielplatz mit Ereignisbereich runden das familienfreundliche Angebot ab, das sehr gut angenommen wird: In der Saison – vor allem bei schlechtem Wetter, am Nachmittag und am Wochenende – oft Warteschlangen.

April–Juni und Sept./Okt. tägl. 10–18 Uhr, Juli/Aug. tägl. 10–19 Uhr. Eintritt 10 €, Kind 4–15 J. 6 €, Familie 28 € (Ermäßigung mit Kurkarte). Zudem Kombitickets für die Ausstellung und diverse Schiffstouren der Reederei Rahder. Dr.-Martin-Bahr-Str. 7, ☎ 04834-909135, www.blanker-hans.de.

Umgebung von Büsum

Büsumer Deichhausen

Unspektakulär ist das Örtchen direkt am Deich. Hier macht Urlaub, wer auf Animation verzichten will und einfach Ruhe sucht. Erste Anlaufstelle ist das moderne *Strandhaus mit Tourist-Info*, Bücherei, Strandkorbvermietung, Wickelraum etc. Im Hofcafé der *Schäferei Rolfs*, einem typischen Dithmarscher Bauernhofcafé, werden hausgebackene Kuchen und Torten serviert; wer Salziges bevorzugt, kann zwischen Suppe und belegten Broten wählen. Der angeschlossene Hofladen verkauft Schäferei-Produkte.

• *Information* **Tourist-Info im Strandhaus**, Mai–Sept. tägl. 9–15 Uhr. 25761 Büsumer Deichhausen, ☎ 04834-3868, www.buesumer-deichhausen.de.

• *Aktivitäten* **Wattwanderungen**: aktuelle Termine und Infos auf Flyern und der gemeinsamen Website der Dithmarscher Wattführer www.watterleben.de.

• *Übernachten/Essen & Trinken* **Schäferei Rolfs**, April–Okt. tägl. 10–17 Uhr, sonst Sa/So 14–17 Uhr. Zudem tägl. 8–11 Uhr Frühstück, nur nach Voranmeldung. Kinder bis 12 J. können Ponyreiten, Wolle filzen etc. Familie Rolfs vermietet auch ein Ferienhaus (60–92 €) und zwei schöne FeWo (40–65 €). Marschenweg 26, ☎ 04834-6545, www.schaeferei-rolfs.de.

Warwerort

Kleiner, 4 km östlich von Büsum gelegener ruhiger Ort mit Golfplatz und kostenfreier Badestelle (Strandkorb-Vermietung), an der auch Wattwanderungen starten. Wer einmal komplett abschalten möchte, ist hier zu jeder Jahreszeit richtig. Der asphaltierte Weg am Deich ist bei Radlern und Inlineskatern beliebt.

• *Aktivitäten* **Golfclub Dithmarschen**, bestehend seit 1984, 18-Loch-Platz in der ehemaligen Wattenlandschaft, Greenfee mit Trolley 5 €/Tag, mit Elektro-Cart 25 €/Tag. Das Café-Bistro steht auch Nicht-Golfern offen (im Winter nur So Nachmittag). Zwischen den Deichen, 25761 Warwerort, ☎ 04834-960460, www.gc-dithmarschen.de.

Wattwanderungen: aktuelle Termine und Infos auf Flyern und der gemeinsamen Website der Dithmarscher Wattführer www.watterleben.de.

• *Übernachten* ****** Golf- und Landhotel Am alten Deich**, über 100 Jahre hat das frisch sanierte Haus auf dem Buckel, in dem sich 13 individuell möblierte Zimmer und 2 Suiten mit höchstem Komfort verbergen. Balkone gibt es nicht, dafür einen Wellness-Bereich. Dorfstr. 32, ☎ 04834-96200, www.hotel-am-alten-deich.de.

Camping Seeschwalbe, recht kleiner, schattenloser Wiesenplatz hinter dem Deich. Viele Dauercamper, einfache Sanitäranlagen. Geöffnet April bis Mitte Okt. Mühlenweg 25, ☎ 04834-8438.

Wöhrden

In dem 1281 erstmals urkundlich erwähnten Ort an der Deutschen Kohlstraße, auf halber Strecke zwischen Büsum und Heide abseits der Bundesstraße, lässt sich gut einkehren. Auch für einen Familienurlaub ist das Örtchen geeignet, den Weg zum Meer (ca. 5 km) schaffen schon größere Kinder mit dem Fahrrad. Übrigens hat Wöhrden seinen Namen von der höchsten Wurt (= Warft) Dithmarschens, auf der die Kirche *St. Nicolai* steht. Sie zählt zu den schönsten Barockkirchen Schleswig-Holsteins, ihre Orgel aus dem Jahr 1593 ist für ihren Klang berühmt. Das *Materialienhaus* in der Hafenstraße, ein schön restauriertes Gebäude mit originalem Giebel von 1519, ist das älteste Haus Dithmarschens. Der Straßenname verweist darauf, dass Wöhrden einst ein recht bedeutender Hafenort war, und auch die heute als Wohnhaus genutzte *Windmühle Germania* am Ortsrand erinnert an bewegtere Zeiten.

• *Adressen* **Schmuck- & Textilmanufaktur**, Goldschmiede und Textildesign-Werkstatt unter einem Dach; hier wird auf Kundenwunsch nach Maß gefertigt. Neben teuren Objekten gibt es auch nette Kleinigkeiten, die sich als Souvenir oder originelle Mitbringsel eignen. Di und So geschlossen. Chausseestr. 3, 25797 Wöhrden, ☎ 04839-953613.

Tierarzt: Dr. Schmitt, Chausseestr. 41, ☎ 04839-9090.

• *Übernachten* **Hotel Handelshof**, wie so viele Beherbergungsbetriebe der Region von außen nicht übermäßig attraktive Gaststätte mit 7 frisch renovierten DZ mit Dusche/WC. Hunde erlaubt, Leihfahrräder. Im Restaurant, das auch als Dorfkrug dient, sonntags Frühschoppen, unter der Woche Skatabende. Chausseestr. 27, ☎ 04839-372, www.handelshof-woehrden.de.

*** Ferienwohnungen unter Reet, 2 gut und geschmackvoll ausgestattete 85 m²-Wohnungen mit Küche, Duschbad und WC in einem renovierten Reetdachhaus für jeweils max. 6 Pers. Waschmaschine, Trockner und Kinderbett vorhanden, Nordic-Walking-Stöcke und Fahrräder ausleihbar. Große Wiese mit Grillplatz und Terrasse. 48–64 €, bei Kurzaufenthalt Preisaufschlag. Dr. Reinhard Kruse, ☎ 04839-600, reinhardkruse@t-online.de.

Dänisches Holzhaus, im 60 m² großen Ferienhaus des Mittelfranken Reiner Heumann können max. 6 Pers. einen idyllischen Urlaub verleben. 2 Pkw-Stellplätze, große Wiese mit Terrasse und Kinderschaukel, Sandkasten, Grill. 4 Pers. 35–48 €, weitere Pers. 5 €/Nacht. ☎ 09131-56363, rfheumann@t-online.de.

Ferienhof Töwe, 2 FeWo für 2–6 Pers. mit separater Küche (34 bzw. 45 €) sowie 1 DZ (30 €) auf einem Bauernhof mit Tieren. Ponyreiten, Angelteich, Aufenthaltsraum. Neuenwisch 2, ☎ 04839-534, www.ferienhof-toewe.de.

• *Essen & Trinken* **Café Bunte Kuh**, Kirsten Matthiessen serviert in ihrem Bauernhof-Café selbst gebackene Torten und Kuchen. Für die Kleinen gibt es ein Spielzimmer, das Café ist für Rollstuhlfahrer zugänglich. Juli/Aug. täglich, Mai–Okt. nur Mi–So; Feb.–April sowie Nov./Dez. nur Fr–So jeweils 14–18 Uhr Wackenhusen 9, ☎ 04839-953599.

Gasthof Oldenwöhrden, gehobene Küche auf dem platten Land bietet das Hotel-Restaurant, das 2010 nach umfangreicher Sanierung wieder geöffnet wird. Große Str. 17, ☎ 04839-95310, www.oldenwoehrden.de.

Reinsbüttel

An der Bahnstrecke nach Büsum gelegener Ort ohne besonderes Flair, der Dorfgasthof hat sich der gehobenen Küche verschrieben. Reinsbüttel versucht sich mit gemäßigten Unterkunftspreisen als Urlaubsort für Familien zu etablieren. Bis zum Meer sind es von hier knapp 8 km.

• *Übernachten/Essen & Trinken* **Gasthof Leesch**, nostalgisch-edles Restaurant mit Feinschmecker-Anspruch und entsprechenden Preisen; Gästehaus mit schlichten EZ ab 35 €, DZ ab 55 € (ohne Frühstück). Dorf-str. 14, 25764 Reinsbüttel, ℡ 04833-2289, www.leesch.reinsbuettel.de.
Weitere Übernachtungsadressen unter www.reinsbuettel.de.

Westerdeichstrich

Bekannt ist der junge 900-Einwohner-Ort vor allem wegen des FKK-Badestrandes Stinteck wenige Kilometer seewärts („Grünstrand"!). Sein Wahrzeichen ist die Windmühle „Margaretha", die heute in ein Hotel-Restaurant integriert ist. Die touristische Infrastruktur ist überwiegend auf sportlich Interessierte ausgerichtet: Beach-Volleyball, Surfen, Tennis, Angeln, Reiten etc.

• *Information* **Gäste-Service**, Dorfstr. 20, 25761 Westerdeichstrich, ℡ 04834-962256, www.westerdeichstrich.de.
• *Aktivitäten* **Reiterhof Hennings**, der Ferienhof mit Breitensport-Reitschule direkt an der See bietet Reiterferien für allein reisende Kinder und Jugendliche an, aber auch Erwachsene können hier reiten lernen (1 Woche ca. 300 €). Wer genug von Pferden hat, kann baden gehen: Auf dem Reitgelände gibt es einen Badesee. Stinteck 57, ℡ 04834-93125, www.reiterhof-hennings.de.
• *Übernachten* ******* Camping in Lee**, schmaler, ebener Rasenplatz mit Sträuchern und Bäumen hinter dem Deich inmitten von Weideflächen. 330 Stellplätze, davon 120 Dauercamper. Sehr gute Ausstattung, Spielplätze, Kinderanimation, Tennisplatz. Erw. 6,50 €, Kind 3–15 J. 3 €, Zelt 6 €. Geöffnet Mitte März bis Ende Okt. Stinteck 37, ℡ 04834-8197, www.nordsee-campingplatz-in-lee.de.

Camping an de Waterkant, ebener Wiesenplatz hinter dem Deich mit vielen Dauercampern, nur 50 Plätze für Gäste. Stellplatz inkl. 2 Erw. & 1 Kind 20 €. Geöffnet April–Okt. Neuenkoog 8–9, ℡ 04834-8269, www.vcsh.de.
• *Essen & Trinken* **Restaurant-Café Wiesengrund**, nettes Ausflugscafé mit Reetdach direkt am Deich, große Sonnenterrasse. Auch einige Zimmer und FeWo. März–Dez. tägl. 11.30–23 Uhr. Stinteck 16, ℡ 04834-2147, www.nordsee-wiesengrund.de.

Hedwigenkoog

Ganz einsam zwischen riesigen Windrädern liegt die kleine Streusiedlung, die sich als Etappenziel für Radwanderer etabliert hat. Ein kleiner Natur-Badestrand (ohne Sand) im benachbarten Westerkoog bietet bei Flut kostenfreie Erfrischung, bei Ebbe starten hier Wattwanderungen. Einkaufsmöglichkeiten gibt es nicht, Urlauber können sich aber morgens Brötchen liefern lassen.

• *Aktivitäten* **Wattwanderungen**: aktuelle Termine und Infos auf Flyern und der gemeinsamen Website der Dithmarscher Wattführer www.watterleben.de.
Quad- und Roller-Vermietung: Hirtenstall 20, ℡ 04834-964993, www.crazy-quad.de.
• *Übernachten* **Camping Am alten Seedeich**, Miniplatz mit 6 Stellplätzen, kleinem Sanitärgebäude, Waschmaschine und kleinem Spielplatz. Stellplatz 5 €, Person 2,50 €. Mitte April bis Mitte Okt. Westerkoog 19, 25761 Hedwigenkoog, ℡ 04834-937238, www.alterseedeich.de.
Ferienhof mit Bauernhof-Camping Folger, Haus direkt am Meer mit 3 FeWo (50–110 m²) für jeweils 4–5 Pers., Kinderbetten können dazugestellt werden. Attraktionen für Kinder sind die Tiere, ein Trampolin, Tischtennis und Gokart. 30–70 € für max. 4 Pers., weitere Pers. 5 €. Westerkoog 14, ℡ 04834-9270, www.bauernhofferien-nordsee.de.
• *Essen & Trinken* **Café am Windpark**, das Ehepaar Brandt serviert auf seinem Bauernhof selbst gebackenen Kuchen aus ökologischen Zutaten, im schon vormittags geöffneten Hofladen wird selbst Angebautes verkauft. April–Okt. Do–Di 13–17.30 Uhr. Koogchaussee 3, ℡ 04834-2242, www.cafeamwindpark.de.
Alternative ist der traditionsreiche Gasthof **Conventhaus**, der in der Saison tägl. ab 11 Uhr durchgehend warme Küche anbietet.

Bei schönem Wetter wird im neu gestalteten Garten serviert. Von Ostern bis Ende Okt. jeden Di ab 19 Uhr Buffet „Alles vom Schwein" für 9,90 €/Pers.; Do ab 19 Uhr Fischtafel satt für 11,50 €/Pers.; So 11.30–14 Uhr Dithmarscher Buffet für 11,50 €/Pers. Vorab anmelden! Koogchaussee 19, ✆ 04833-636, www.conventhaus.com.

Wesselburen

Die ovale Bebauungsstruktur im Zentrum des 1231 erstmals urkundlich erwähnten Wurtendorfs (→ Geografie/Wurten) ist bis heute erhalten. Wahrzeichen ist die barocke *St.-Bartholomäus-Kirche* mit ihrem charakteristischen Zwiebelturm im Zentrum des Ortskerns. Sie stammt aus der Zeit nach dem großen Brand von 1736, geht aber auf einen romanischen Vorgängerbau zurück. Der Stumpf eines uralten Rundturms hat im Kirchenbau überlebt, auch ein sehr alter Taufstein ist erhalten. Wegen seiner guten Akustik finden in dem geräumigen Kirchenschiff häufig klassische Konzerte statt.

Der Ort mit seinen gut 3000 Einwohnern besitzt seit 1899 das Stadtrecht. Berühmtester Sohn des Städtchens ist der Dramatiker Friedrich Hebbel, der 1813 hier geboren wurde, berühmteste Tochter ist die 1943 hier geborene Heidemarie Jiline Sander, besser bekannt als Jil Sander. Einst lag Wesselburen am Meer; damals hausten Piraten im heutigen Haus Ekenesch, das heute zwei FeWo beherbergt (Ekenesch 5, ✆ 04833-1644, www.haus-ekenesch.de).

*I*nformation/*A*dressen/*A*ktivitäten

• *Information* **Tourismusverein**, Mo–Fr 9–12 Uhr, in der Saison länger. Am Markt 5, 25764 Wesselburen. ✆ 04833-4101, www.nordseebucht.de.

• *Verbindungen* **Bahn**: Wesselburen wird von den Zügen der SHB ab Heide bzw. Büsum im Stundentakt angefahren; Fahrräder können mitgenommen werden.

Busse: mehrmals tägl. nur an Wochentagen; u. a. von und nach Büsum (siehe dort), Westerdeichstrich, Hedwigenkoog, Wesselburener Deichhausen, Wöhrden, Heide, Schülp und Wesselburenerkoog. ✆ 0431-666-0, www.autokraft.de, ✆ 01803-121999 (12 Ct./Min.), www.heiderstadtverkehr.de.

Taxi: Taxi Thiessen, auch Großraumtaxi mit Rollstuhl-Hebebühne sowie Fahrradtransporte. Dohrnstr. 8, ✆ 04833-669.

• *Adressen* **Apotheken**: Dithmarscher Apotheke, Am Markt 10, ✆ 04833-2204, www.dithmarscher-apotheke.de. Hebbel-Apotheke, Dohrnstr. 12 a, ✆ 04833-1700.

Arzt: Mehrere Allgemeinärzte, z. B. Praxis Dr. Ziggert/Dr. Vogt, Dohrnstr. 11, ✆ 04833-45678. Notdienst außerhalb der Sprechzeit wird telefonisch angesagt.

Zahnarzt-Notdienst: Info unter ✆ 04832-1009.

• *Aktivitäten* **Angeln**: Wer einen Jahresfischereischein hat, kann hier Angelkarten (Tag 4 €) für die umliegenden Gewässer erwerben: Tabakshop im Sky-Supermarkt, Schülper Chaussee 1, ✆ 04833-424697.

Fahrradvermietung: Krüger-Rad, Wulf-Isebrand-Str. 15 a, ✆ 04833-2948.

Freibad: Das beheizte Wasser lockt Mai–Sept.; Planschbecken, Nichtschwimmer- und Schwimmerbereich. Große Liegewiese, Sport- und Spielflächen mit Spielgeräten. Ein klassisches Freibad ohne Schnickschnack. Alte Schützenwiese, ✆ 04833-42280.

Reiten: Westernreiten nach Anleitung in der Sunny Ranch. Schwarzer Weg 7, ✆ 04833-756, www.sunny-ranch.de.

Stadt- und Kirchenführung: Mai–Sept. jeden 2. Dienstag 17 Uhr. Terminvereinbarung: ✆ 04833-8372.

• *Einkaufen* **Bild und Buch**: Tapfer behauptet sich der Laden von Brigitte und Uwe Voß im kleinen Wesselburen; neben neuen und antiquarischen Büchern bekommt man hier auch Spielzeug und Schreibwaren, zudem Fotoservice. Österstr. 9–11, ✆ 04833-2429.

Schlachterei Lüth: Fleisch von Rindern aus eigenem Bestand und täglich frisch hergestellte Wurst – ein traditioneller Landschlachter, wie es ihn nur noch selten gibt. Regionaltypisch ist das große Angebot an Lammfleisch-Produkten. Süderstr. 10, ✆ 04833-2218, www.schlachterei-lueth.de.

Wochenmarkt, Mi und Sa 8–12 Uhr.

*Ü*bernachten/*E*ssen & *T*rinken

• *Übernachten* **Haus im Park**, die am Ortsrand etwas zurückgesetzt von der Durchgangsstraße hinter einem niedrigen Wall gelegene ehemalige Villa der Zuckerfabrikanten von Wesselburen beherbergt heute 3 feine FeWo für 2–5 Pers. Kinderbett und Hochstuhl sind vorhanden, Kinder bis 12 J. übernachten kostenlos. Von den Zimmern blickt man in den riesigen, etwas unordentlichen Park mit altem Baumbestand. Je nach Wohnung und Saison für max. 4 Pers. 32–56 € zzgl. Endreinigung und Wäschepaket. Buchung über Angela und Stephan Witt, Bahnhofstr. 24, ℡ 04833-425589, www.nordsee-herrenhaus.de.

 ** **Motel & Camping Seeluft**, 6 DZ sowie 4 3-Bett-Zimmer im wahrscheinlich einzigen Motel Dithmarschens. Auf dem Gelände darf ganzjährig gecampt werden! Indoor-Spielplatz für Kinder ist vorhanden. DZ als EZ 20–30 €, DZ 32–60 €, 3-Bett-Zi 40–62 €, jeweils inkl. Frühstück. Am Ortsrand von Wesselburen neben dem Freibad: Neuenkirchener Weg 1, ℡ 04833-765, www.motel-seeluft.de.

• *Essen & Trinken* **Restaurant-Café Stadt Hamburg**, frisch umgebautes Restaurant des Ehepaars Voß neben dem prächtigen ehemaligen Stadt-Hamburg-Gebäude. Tägl. wechselnder Mittagstisch, nachmittags regionale Kuchen- und Tortenspezialitäten. Hofgarten. Fr–Mi 11.30–14 und 17–21 Uhr. Schülper Str. 5, ℡ 04833-429390, www.stadthamburg-wesselburen.de.

Restaurante Tripoli, direkt an der Kirche; bei gutem Wetter sitzt man draußen und genießt die italienischen Spezialitäten oder ein saftiges Steak. Di und Mi kosten Pizza und Pasta nur 5 €, Do ist Steaktag – mit 11 € ist man dabei. Im Winter Mo Ruhetag. Am Markt 15, ℡ 04833-424211.

Schlemmerpfanne, ein Schnellrestaurant mit preiswertem Mittagstisch. Tägl. 11–13.30 und 16–22 Uhr. Lollfuß 16, ℡ 04833-42206, www.schlemmerpfanne.net.

Stadt-Café, Backwaren aus Friedrichstadt werden im Laden verkauft und können nebenan im kleinen, etwas altmodischen Café verzehrt werden. Tägl. geöffnet. Am Markt 6, ℡ 04833-559.

Eiscafé Italia, hier kann man sich hausgemachtes italienisches Eis schmecken lassen. Tägl. geöffnet. Am Markt 17, ℡ 04833-1411.

Ole Dischlerie, nostalgisch-plüschig ausgestattete Gaststätte; feucht-fröhliche Aktivität ist jeden Di, Mi, Do und So ab 15 Uhr das Eiergrog-Seminar, in dem die friesische Spezialität hergestellt wird. Der Name des Hauses stammt vom früheren Nutzer des Gebäudes, einer Tischlerei, an die einige Dekorationsstücke in den Gasträumen erinnern. Der umtriebige Inhaber Bruno Bahnsen unterhält seine Gäste nebenbei auch mit reichlich Döntjes (witzigen Geschichten). Di–Do und So ab 15 Uhr. Dohrnstr. 26, ℡ 04833-429744, www.eiergrogseminar.de.

Gartencafé Süderdeich, noch ziemlich neues Café von Frauke Köster in der südlich an Wesselburen anschließenden Streusiedlung. Wie der Name schon sagt, sitzt man bei gutem Wetter im Garten. Do–Mo 13–18 Uhr, Juli–Aug. tägl. 13–18 Uhr. Hauptstr. 34–36, ℡ 04833-425999, www.gartencafe.info.

Bereits von weitem zu sehen: St. Bartholomäus mit dem charakteristischen Zwiebelturm

Die sanierte Vogtei beherbergt das Hebbel-Museum

Sehenswertes

Kohlosseum: In der ehemaligen Sauerkrautfabrik des Kohl-Anbaugebiets eröffnete Hubert Nickels mit seiner Krautwerkstatt eine Touristenattraktion. Hier kann man aus der Nähe zusehen, wie aus Kohlköpfen Sauerkraut wird – eine recht einfache Angelegenheit, wie es scheint. Doch dabei ist auf so einiges zu achten, was nicht nur für Kinder interessant ist. Anschließend kann man Wesselburener Sauerkraut im Glas kaufen, eine echte Delikatesse. Im selben Gebäude befinden sich ein interessantes Kohlmuseum (Maschinen, historische Bilder zum Thema Kohlanbau und -verarbeitung sowie aktuelle Exponate zur ökologischen Landwirtschaft), ein Bauernmarkt und ein Café, sodass man hier problemlos einige Stunden verbringen kann.
Krautwerkstatt ganzjährig Di–Do 14–17 Uhr, Eintritt 1,50 €; mit Museum 2,50 €. Kinder und Jugendliche frei. Schauvorführung zu jeder vollen Stunde. Bahnhofstr. 22a, ☏ 04833-45890, www.kohlosseum.de.

Hebbel-Museum: Neuerdings ist die Sammlung in der 1736 erbauten Kirchspielvogtei untergebracht, in der der Dichter acht Jahre lang als Schreiber tätig war. Geboren wurde Christian Friedrich Hebbel 1813 in Wesselburen. Heute sind seine dramatischen Werke nur noch Experten und Älteren bekannt, die sie in der Schule als Pflichtlektüre lesen mussten. Dennoch ist das Museum für historisch Interessierte eindrucksvoll, denn es zeichnet die Lebensumstände des gebildeten Dichters aus armen Verhältnissen nach, wie sie heute kaum mehr vorstellbar sind. Neben Original-Manuskripten und Briefen aus Hebbels Nachlass sind auch Bilder von Willy Graba (1894–1973) zu sehen. Zudem liegen Büttenpapier, Federkiel und Tintenfass für alle bereit, die versuchen wollen, einmal zu schreiben wie vor hundert Jahren.
Mai–Okt. Di–Fr 10–12/14–17 Uhr, Sa/So 10–12/15–17 Uhr, Nov.–April Di, Do 14–17 Uhr und n. Vereinb. Eintritt 2 €, erm. 1 €. Österstr. 6, ☏ 04833-4190, www.hebbel-museum.de.

Wesselburenerkoog

Autofahrer fahren leicht durch den Mini-Ort, ohne ihn richtig wahrzunehmen. Dabei ist er mit seinem Hofcafé, einem Hofladen und einem Reiterhof ein gutes Etappenziel. Für längere Aufenthalte bietet sich die neue *Ferienhaussiedlung* „Nordseedeich 2000" mit Holzhäusern im skandinavischen Stil an. Kostenlos ins Watt oder in die Nordsee geht es vom örtlichen „Grünstrand" mit Duschen, Spielplatz und Kiosk. Hier starten auch geführte Wattwanderungen; Infos dazu beim Tourismusverein Wesselburen, unter www.watterleben.de oder www.nordseebucht.de.

• *Adressen* **Hofladen Wilkens**, viele Blumen, aber auch Obst, Gemüse, Wurst und Käse aus regionaler Produktion. Tägl. 9–18 Uhr. Dammstr. 18, 25764 Wesselburenerkoog. **Reitstall Katrin Schmielau**, Reitunterricht für Kinder und Erwachsene, Ponyreiten und Voltigieren für Kinder ab 3 J. Dammstr. 16, ✆ 04833-425730, www.reitstall-schmielau.de.
• *Übernachten* **Ferienhaussiedlung**, einige Eigentümer vermieten ihre Häuser am Eiderentenring; z. B. H. Christian, ✆ 04846-1870, www.christian-ferienhaus.de. Fam. Stahmer, ✆ 04848-269, www.stahmer-nf.de.

Antje Schmielau, ✆ 04833-2632. Ca. 90 €/Tag.
• *Essen & Trinken* **Koog-Café**, Berit Wilkens hat ihr 2007 eröffnetes Selbstbedienungs-Café in einer entkernten historischen Schmiede zu einem Schmuckstück gemacht. Selbst gebackene Blechkuchen, Brownies und Torten werden bei gutem Wetter draußen verzehrt, die Einheimischen kaufen die Leckereien am Sonntagnachmittag zum Mitnehmen. Leckere Frühstücksangebote. Mo–Fr 14–18 Uhr, Sa/So 10–18 Uhr. Dammstr. 20, ✆ 04833-425885.

Schülp

Der winzige Ort ist bekannt für seine riesigen Begonienfelder, die von Juli bis Oktober in allen Farben leuchten. Die Knollen sind ein nettes Souvenir und Mitbringsel aus dem Winter- oder Frühjahrs-Urlaub.

• *Einkaufen* **Gärtnerei H. Diener Sohn**, im Mai/Juni gibt es Begonien und Kohlpflanzen unter freiem Himmel, ab Jan. werden auch Begonienknollen verschickt, Feb.–Mai Jungpflanzen. Schülper Chaussee 10, 25764 Schülp, ✆ 04833-45040, www.diener-jung pflanzen.de.
• *Übernachten* ***** Ferienwohnung Birte**, 2 kuschelige, ca. 50 m² große und gut ausgestattete FeWo unter dickem Reetdach vermietet Frau Fründt. Für max. 4 Pers. 30–45 €, kleiner Aufschlag bei Kurzaufenthalt; zusätzliches Kinderbett kann aufgestellt werden. Schülper Chaussee 12, ✆ 04833-1646, www.nordseeurlaub-unterm-reetdach.de.

Oesterwurth

Der riesige Parkplatz östlich von Wesselburen lässt ahnen, dass sich hier eine Touristenattraktion befindet – und so ist es: Seit Jahren strömen Familien in den **Land-und-Leute-Erlebnispark,** um bei jedem Wetter etwas gemeinsam zu erleben. Das Angebot reicht von Autoscooter über Tretboot und Trampolin bis Ponyreiten und Streichelzoo. Freiluft- und zwei Hallen-Spielplätze laden zum Toben ein. Ein etwas steriler und kommerzieller Spaß, aber im Vergleich zu anderen Erlebnisparks noch recht familiär.

• *Öffnungszeiten/Eintritt* Sonntag vor Ostern bis Ende Okt. tägl. 10–18 Uhr. Eintritt 9 €, Kind 8 €; Erm. für Fahrgäste der SHB (kombiticket an SHB-Fahrkartenautomaten im Zug; aussteigen am Bedarfshalt Jarrenwisch, vor dem man wie im Bus auf einen „Stop"-Knopf drücken muss). Wehren 1, ✆ 04833-2929 oder -2386, www.land-und-

leute-erlebnispark.de.
• *Übernachten* **Hof Heuwisch**, in der Nähe des Oesterwurther Freizeitparks kann man in einer Heuherberge im Hofgebäude der Familie Wieczorek rustikal übernachten, für Kinder ein großer Spaß. 30 Plätze in heugefüllten Schlafkojen, Selbstversorgung ist erlaubt. Abends wird ein Lagerfeuer entzündet,

tagsüber finden die Kinder Spielmöglich-keiten auf dem Bolz- und Spielplatz. Auch verschiedene Tiere leben hier, was vor allem kleinere Kinder entzückt. Schlafsack und Taschenlampe mitbringen! Im eigenen Schlafsack 13 € (inkl. Frühstück), Kinder bis 10 J. 10 €. Heuwisch 1, 25792 Neuenkirchen, ℡ 04837-902967.

Heide
(21.000 Einwohner)

Außerhalb des Zentrums ist das Städtchen keine Schönheit. Heide wartet aber mit einer hübschen historischen Innenstadt rund um den größten Marktplatz Deutschlands auf. Seit 1970 ist Heide Kreisstadt, seit 1994 Sitz einer Fachhochschule für Wirtschaft und Technik.

Das *Westküstenklinikum Heide* ist das Zentrum der Krankenversorgung eines riesigen Gebiets. Auch für die kulturelle Versorgung eines weiten Umlands ist die Kreisstadt zuständig, die seit 2004 sogar über eine sog. Museumsinsel verfügt. Die Suche nach Gewässern in der Nähe der Museumsbauten läuft aber ins Leere, der Name wurde gewählt, da das *Klaus-Groth-Museum,* das *Heimatmuseum* und das *Brahms-Haus* eng beisammen liegen.

Im Juli und August bietet die Stadt ein großes Open-Air-Kulturangebot: Täglich treten Künstler der Region auf dem Südermarkt auf, bei freiem Eintritt! Das bescheidene Heider Nachtleben spielt sich ganz überwiegend in der Straße Schuhmacherort ab.

Die kleine, aber feine *Fachhochschule Westküste (FHW)* hat sich bereits nach 15 Jahren so etabliert, dass 2008/09 nicht einmal jeder vierte Bewerber angenommen werden konnte. In Heide kann man neben Betriebswirtschaft und Elektrotechnik u. a. internationales Tourismus-Management studieren.

Erst 1870 erhielt Heide das Stadtrecht, obwohl der Ort seit Jahrhunderten das politische Zentrum Dithmarschens war (→ S. 45). Wegen seiner verkehrsgünstigen Lage am Kreuzungspunkt zweier Fernhandelswege löste Heide 1434 Meldorf als allsamstäglichen Versammlungsort der 48 Dithmarscher Bauernvertreter („Regenten") ab. Die Versammlungen wurden bis 1559 im Freien abgehalten, auf einem Gelände, das später auch als Gerichtsstätte und Marktplatz genutzt wurde. Heute findet hier jeden Samstag ein überregional bekannter Wochenmarkt statt, gelegentlich auch ein sehr beliebter Flohmarkt. Im 19. Jh. entstand südlich des alten Stadtkerns ein Villenviertel. Beide Stadtteile verbindet der einstige Lustgarten „Neue Anlage" mit seinen hohen Bäumen und dem Märchenbrunnen aus den 1950er Jahren.

*I*nformation/*A*dressen/*A*ktivitäten

● *Information* **Tourist-Information Heiderundum**, im sehenswerten Alten Pastorat. Mo–Do 8.30–16 Uhr, Fr 8.30–14 Uhr. Markt 28, 25746 Heide, ℡ 0481-2122-160, www.heide.de.

● *Verbindungen* **Bahn**: In Heide halten die Züge von DB, NOB und SHB. Derzeit wird für 24 Mio. Euro ein neuer Bahnhof gebaut, der mit einem neuen Busbahnhof kombiniert wird. Details → Anreise S. 28.

Stadtbusse erschließen das Stadtgebiet und fahren ab dem ZOB (Bahnhofstr.) nur wochentags 3- bis 6-mal tägl. in die umlie-genden Orte wie Hemmingstedt, Albersdorf, Friedrichskoog, Wöhrden, Wesselburen, Marne etc. ℡ 01803-121999 (12 Ct./Min.), www.heiderstadtverkehr.de.

● *Adressen* **Ärztliche Versorgung**: Schwerpunktversorgung an der Westküste im Westküstenklinikum mit Kardiologie, Stroke Unit, Dialyse etc. Esmarchstr. 50, ℡ 0481-785-0, www.wwk-online.de.

Tierärzte, Dr. Gruber, Heistedter Str. 19, ℡ 0481-8556650. Dr. Schuster, Lüttenheid 54, ℡ 0481-68495-0. Dr. Treusch, Husumer Str.

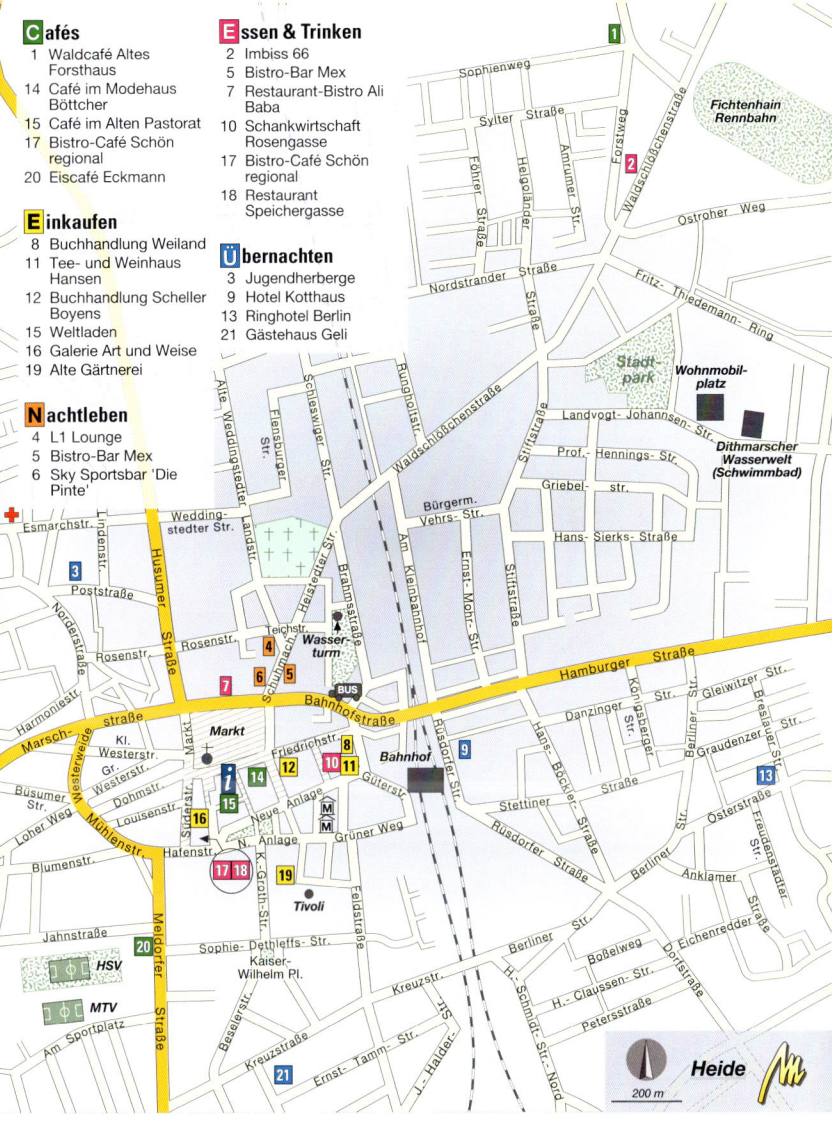

Cafés

1 Waldcafé Altes Forsthaus
14 Café im Modehaus Böttcher
15 Café im Alten Pastorat
17 Bistro-Café Schön regional
20 Eiscafé Eckmann

Einkaufen

8 Buchhandlung Weiland
11 Tee- und Weinhaus Hansen
12 Buchhandlung Scheller Boyens
15 Weltladen
16 Galerie Art und Weise
19 Alte Gärtnerei

Nachtleben

4 L1 Lounge
5 Bistro-Bar Mex
6 Sky Sportsbar 'Die Pinte'

Essen & Trinken

2 Imbiss 66
5 Bistro-Bar Mex
7 Restaurant-Bistro Ali Baba
10 Schankwirtschaft Rosengasse
17 Bistro-Café Schön regional
18 Restaurant Speichergasse

Übernachten

3 Jugendherberge
9 Hotel Kotthaus
13 Ringhotel Berlin
21 Gästehaus Geli

28, ☎ 0481-7871-0.
Zahnärztlicher Notdienst, ☎ 0481-8556789 (Wochenenddienst ab Fr 14 Uhr).

● *Aktivitäten* **Bowlingcenter**, Mo–Do 17–22 Uhr, Fr/Sa ab 15 Uhr (open end), So 15–22 Uhr. Ziegelhofweg 2, ☎ 0481-7876579.

Dithmarscher Wasserwelt, kombiniertes Hallen- und Freibad mit mehreren Becken und Saunen. 50-m-Becken zum sportlichen Schwimmen, 32 °C warmes Thermalsole-Becken im Hallenbad, durch eine Schleuse schwimmt man ins Außenbecken mit Strömungskanal; Sprudelliegen und Massagedüsen im auch im Winter 30 °C warmen Wasser. Im Außenbereich Liegewiesen, Riesenrutsche und geräumiges Nichtschwimmerbecken. Eintritt 6 €, Kinder/Jugendl. 3 €, bis 4 J. frei. Tägl. 8.30–21 Uhr.

Landvogt-Johannsen-Str. 61, ℰ 0481-906-300, www.dithmarscher-wasserwelt.de.

Minigolf, im Stadtpark, Landvogt-Johannsen-Str. April–Okt. tägl. 13–20 Uhr.

Pferderennbahn, Trabrennen mit buntem Rahmenprogramm einmal jährlich auf der Fichtenhain-Rennbahn, 2010 am 8. Okt. Waldschlössschenstr. 128, www.ditmarsia.de.

Stadtführungen, in der Saison Do 11 Uhr, ℰ 0481-86671, www.sh-regionsfuehrer.de.

● *Einkaufen* **Alte Gärtnerei (19)**, Garten-Accessoires, seltene Kräuter und diverse Stauden verkaufen Judith und Dirk Österreich auf 5000 m² in ihrem äußerst liebevoll gestalteten Garten- und Landschaftsbaubetrieb mit Gewächshaus. Besonders sehenswert ist die große Kräuterspirale mit 27 m Länge! Spezielle Aktionen und Gartenseminare, ab und zu sogar Konzerte. März–Okt. Mi 15–18 Uhr, Do/Fr 10–13/15–18 Uhr, Sa 10–13 Uhr. Tivolistr. 22, ℰ 0481-67537, www.garten-oesterreich.de.

Buchhandlung Scheller Boyens (12), ambitionierte, moderne Buchhandlung, ab und zu auch Lesungen. Mo–Fr 9–18.30 Uhr, Sa 9–16 Uhr. Friedrichstr. 4, ℰ 0481-72303. www.buchhandlung-scheller.de.

Buchhandlung Weiland (8), ehem. Emil Sund, die seit 1917 bestehende Traditions-Buchhandlung hat reichlich Urlaubslektüre und Regionales vorrätig. Mo–Fr 9–18, Sa 9.30–16 Uhr. Friedrichstr. 24–26, ℰ 0481-68474-0, www.weiland.de.

Galerie Art and Weise (16), wechselnde Kunstausstellungen, dazu käufliche Bilder, Bücher, CDs und kleine Geschenke in schöner Atmosphäre. Mo–Fr 10–12/14–18 Uhr, Sa 10–14 Uhr. Speichergasse 6, ℰ 0481-6835625, www.art-und-weise.de.

Tee- und Weinhaus Hansen (11), umfangreiches Sortiment. Wulf-Isebrand-Platz 8, ℰ 04816835638-.

Weltladen (15), fair gehandelter Kaffee, Tee und Honig, Wein und Bananen. Kunsthandwerk aus der sog. Dritten Welt rundet das Angebot ab. Mo–Fr 9–18 Uhr, Sa 10–14 Uhr. Markt 28 (Hinterhaus), ℰ 0481-689165, www.weltladen-heide.de.

Wochenmarkt, im Sommerhalbjahr Sa 7–13 Uhr; mehrmals am Sonntag **Flohmarkt**.

Übernachten/Essen & Trinken (siehe Karte S. 77)

● *Übernachten* ****** Ringhotel Berlin (13)**, am Stadtrand; Neubau mit Wellnessbereich inkl. Außenpool und Restaurant „Österegg". EZ 58–65 €, DZ 115–129 € (Frühstück 10 € extra!); interessante Arrangements wie „Rosenträume" oder „Zeit zu zweit". Österstr. 18, ℰ 0481-8545-0, www.hotel-berlin.com.

*** Hotel Kotthaus (9), das mittelgroße Hotel in unmittelbarer Bahnhofsnähe scheint im Umbruch zu sein. Da voraussichtlich 2010 die Bauarbeiten am Bahnhof beginnen, sollte man mit einer Buchung derzeit vorsichtig sein. EZ 55 €, DZ 90 €, jeweils inkl. Frühstück. Rüsdorfer Str. 3, ℰ 0481-85098-0, www.hotel-kotthaus.de.

Gästehaus Geli (21), Angelika Pohl beherbergt seit 1994 Touristen in ihren ebenerdig gelegenen Zimmern, die sie mit Liebe zum Detail gestaltet hat. Auch den kleinen Außenbereich hat sie mit vielen Blumen zu einem Schmuckstück gemacht. 2 EZ, 4 DZ, ab 30 €/Pers. (inkl. Frühstück im netten Aufenthaltsraum), Kinder ermäßigt. Vereinsstr. 7, ℰ 0481-683083, klaus.p.pohl@t-online.de.

Jugendherberge (3), grauer Bau aus den 1950er-Jahren mit nur 81 Betten, überwiegend 4-Bett-Zimmer. Ü/F ab 17,20 €/Pers. Poststr. 4, ℰ 0481-71575, jh-heide@djh.de.

Wohnmobil-Stellplatz, Landvogt-Johannsen-Straße, ℰ 0481-6850640, www.heide-nordsee.de.

● *Essen & Trinken* **Schankwirtschaft Rosengasse (10)**, Dithmarscher Gerichte in historischem Ambiente in einem schmalen Durchgang zwischen den Straßen Lüttenheid und Friedrichstraße. Kurios sind die Volieren, in denen exotische Vögel leben, kurios ist auch, dass der Weg-Abkürzer den Gästen, die draußen sitzen, direkt auf die Teller schaut. Kein Ruhetag. Friedrichstr. 30 bzw. Lüttenheid 24, ℰ 0481-62331.

Speichergasse (18), kleines Restaurant mit französischer Karte in saniertem Altstadthaus. Tägl. 11.30–14.30/17.30–22.30 Uhr. Süderstr. 19, ℰ 0481-4212895.

Restaurant-Bistro Ali Baba (7), anatolische Spezialitäten mit viel Gemüse. Daneben gibt es auch den unvermeidlichen Döner, aber hier sollte man ruhig experimentierfreudig sein. Mo–Sa 11–23 Uhr, So ab 12 Uhr. Markt 65, ℰ 0481-2056.

Imbiss 66 (2), halbe Hähnchen und Grillhaxen von Schlachter Bertschis, zudem vom Chef persönlich zubereitete wechselnde Mittagsgerichte. Tägl. 11–21 Uhr. Waldschlössschenstr. 93, ℰ 0481-81793, www.imbiss66.de.

Dithmarschen

St. Jürgen auf Deutschlands größtem Marktplatz

Bistro-Café Schön regional (17), 2008 eröffnete das Café, in dem es auch Leckeres wie Lammwurst, Käse und Obstbrände aus regionaler Herstellung zu kaufen gibt. Zum Kaffee werden salzige und süße Köstlichkeiten gereicht. Di–Fr 10–19 Uhr, Sa 9–16 Uhr. Süderstr. 27, ☎ 0481-4216716, www.schoen-regional.de.

Café-Restaurant im Alten Pastorat (15), im historischen Pfarrhaus am Markt beginnt der Tag mit einer großen Frühstückskarte. Preisgünstig ist das Tagesgericht am Mittag, nachmittags läuft das Café zur Hochform auf, dann werden hausgemachte Torten und Kuchen serviert. Nachdem es zu Jahresbeginn 2009 überraschend schloss, ist das Café seit Mitte Juni 2009 wieder geöffnet. Tägl. 8.30–24 Uhr. Markt 28, ☎ 0481-4214248.

Café im Modehaus Böttcher (14), stylischer Rastplatz mit kalten und heißen Getränken, Kuchen und Mittagstisch; auch ein Frühstücksbuffet wird täglich aufgebaut. Mo–Fr 8.30–18 Uhr, Sa 8.30–16 Uhr. Markt 14, ☎ 0481-68600.

Eiscafé Eckmann (20), der Klassiker für schöne Sommertage. Täglich bis zu 40 Sorten Eis zum Mitnehmen oder im Café genießen. Einige Tische draußen unter Sonnenschirmen. Feb.–Okt. tägl. 10–20 Uhr, in der Hochsaison bis 22 Uhr. Meldorfer Str. 36, ☎ 0481-62466.

Waldcafé Altes Forsthaus (1), in idyllischer Lage wie in alter Zeit Kaffee trinken ist hier angesagt. Hier gibt's noch Kännchen! Di–Sa ab 14 Uhr, So ab 11 Uhr. Forstweg 150, ☎ 0481-8557954, www.altesforsthaus.biz.

*K*ultur & *N*achtleben (siehe *K*arte *S.* 77)

• *Kultur* **Stadttheater Heide**, Eigenproduktionen des Volkshochschul-Theaters, Gastspiele, Kabarett, Lesungen etc. im schönen Theatersaal, den man auch für private Anlässe buchen kann. Karten-Vorverkauf über die Tourist-Information. Rosenstr. 17, ☎ 0481-7750758, www.stadttheater-heide.de.

Tivoli, 1891 wurde das mächtige Konzert- und Ballhaus erbaut, das für Heide reichlich überdimensioniert wirkt. Schon von außen ist es sehenswert, geöffnet ist es nur abends zu Veranstaltungen. Hier finden u. a. Konzerte des Schleswig-Holstein-Musikfestivals sowie Theater-Gastspiele statt. Auch das Tivoli kann für private Feiern gebucht werden. Turnstr. 2, ☎ 0481-62122 (ab 11 Uhr), www.tivoli-heide.de.

Filmtheater Lichtblick, vier moderne Säle hinter historischer Fassade, nachmittags Kinderfilme; Di Kinotag. Süderstr. 24, ☎ 0481-686811, www.kino-heide.de.

● *Nachtleben* **L1 Lounge (4)**, modisch gestylte Restaurant-Lounge mit Cocktailbar
und Tanzfläche; für Heide gehobenes Preisniveau. Fußball-Spitzenspiele werden auf
mehreren Bildschirmen gezeigt. Mo–Sa ab
19 Uhr. Schuhmacherort 26, ✆ 0481-4213999,
www.l1-heide.de.

Sky-Sportsbar Die Pinte (6), Mo–Fr ab
18 Uhr, Sa ab 13 Uhr, So ab 17 Uhr. Schuhmacherort 10–12, ✆ 0481-88141.

Bistro-Bar Mex (5), Texmex-Restaurant-
Kneipe, in der freitags der Stammtisch der
Jungen Union stattfindet. Nur abends ge-
öffnet. Schuhmacherort 15, ✆ 0481-1320.

Sehenswertes

St. Jürgen: Die heutige Kirche am Marktplatz wurde um 1560 erbaut und Ende des
17. Jh. um ein ungewöhnlich schmales Querhaus erweitert. Das Interieur erscheint
zusammengewürfelt, der spätgotische Schnitzaltar wird von einem Barockaltar aus
dem Jahr 1699 flankiert, das ältere Taufbecken aus Sandstein stammt aus dem
15. Jh., das jüngere aus Holz von 1641. Den Innenraum schmückt auch ein origina-
les Sandsteinrelief mit auferstehendem Christus (um 1500), das an seinem ursprünglichen Platz an der Fassade durch eine Replik ersetzt wurde. Kurios ist der

Dachreiter, ein 1717 zusätzlich zum
Kirchturm errichtetes kleines Türm-
chen, das mitten auf dem Kirchendach
sitzt. In der Kirche finden neben Gottesdiensten auch Konzerte und Festveran-
staltungen statt.
Zu besichtigen ist die Kirche Mai–Okt.
Mo–Fr 11–17, Sa 10–17 Uhr und zu Veranstaltungen.

Klaus-Groth-Museum: An den nieder-
deutschen Dichter (1819–1899) erinnert die Ausstellung in seinem Geburtshaus, das mit Möbeln aus dem 19. Jh.
eingerichtet ist. 1912 wurde das Haus
vor dem Abriss bewahrt und schon
1914 eine Groth-Ausstellung darin eröffnet. Heute sind hier wesentliche Teile
des dichterischen Nachlasses zu sehen,
zudem wurde eine niederdeutsche Bibliothek eingerichtet. Den Besuchern
wird Klaus Groth durch einen kurzen
Film nahe gebracht.
Di–Do und So 11.30–17 Uhr, Fr 11.30–14 Uhr,
Sa 14–17 Uhr. Eintritt 2,50 €, erm. 1,50 €. Lüttenheid 48, ✆ 0481-63742.

Heute ist der alte Wasserturm bewohnt

Heimatmuseum: Schon das Museums-
gebäude ist sehenswert – es ist das
ehemalige Stallgebäude eines Großbauern, das Jahrzehnte lang als Schmiede genutzt wurde. Im Inneren überzeugt ein modernes Museumskonzept, das die Funde stadtarchäologischer Grabungen fast dramatisch in Szene setzt; altbacken-
museal wirkt hier aber auch gar nichts. Vergrößerte historische Fotografien
verdeutlichen eindringlich die Veränderungen der Stadt in der Zeit 1860–1930.
Auch für Kinder interessant ist der Ausstellungsteil im alten Pferdestall, der sich

mit traditionellen Handwerken befasst. Neben der Dauerausstellung werden sporadisch wechselnde Sonderausstellungen gezeigt (dann sind die großformatigen Fotos nicht zu sehen), ab und zu finden kulturelle Veranstaltungen statt.

Di–Do, So 11.30–17 Uhr, Fr 11.30–14 Uhr, Sa 14–17 Uhr. Eintritt 2,50 €, Schüler/Stud. 1 €, Familie 4,50 €. Lüttenheid 48, ☎ 0481-63742.

Brahms-Haus: Auch wenn der 1833 in Hamburg geborene Komponist Johannes Brahms hier niemals lebte, hat das historische Gebäude echten Brahms-Bezug, ist es doch das Stammhaus der Familie des berühmten Komponisten. Von 1819 bis 1887 war es im Besitz der Familie Brahms, worauf der umtriebige Pianist und Dirigent Justus Frantz vor über 20 Jahren hinwies. Ihm ist auch zu verdanken, dass die Brahms-Gesellschaft gegründet wurde, die heute in Heide ihren Sitz hat. 1988 erwarb die Gesellschaft das Haus, das sich nach seiner Eröffnung im Jahr 1990 mit Konzerten, Lesungen und Vorträgen schnell einen überregionalen Ruf erwarb. Dazu trug auch die Dauerausstellung „Johannes Brahms – Norddeutsche Wurzeln und Bindungen" bei, die hier zu sehen ist.

Johannes Brahms' Familie stammt aus Heide

Nur April–Okt. Di, Do, Fr 14.30–16.30 Uhr, Sa 10.30–12.30 Uhr; Juni–Sept. zusätzl. Di, Do, Fr 10.30–12.30 Uhr. Eintritt 2 €, erm. 1 €. Lüttenheid 34, ☎ 0481-663186, www.brahms-sh.de.

Wasserturm: Der 1903 nach einer Cholera-Epidemie errichtete 46 m hohe Turm hat sich von einer Versorgungseinrichtung zum Wahrzeichen von Heide gemausert. Bis 1985 wurde hier Trinkwasser für die Heider Bevölkerung gespeichert, seitdem ist er trocken und beherbergt einige Wohnungen. Zu Füßen des Turms liegt ein Teich, der Ostpool. Er erstreckt sich auf einer ehemaligen Gemeinschaftsweide der Heider Bauern und entstand dadurch, dass hier Sand abgebaut wurde.

60-minütige Turmführung in der Saison Do 17 Uhr, ☎ 0481-86671, www.sh-regionsfuehrer.de.

Umgebung von Heide

Hemmingstedt

Sehenswert ist die mit zahlreichen Geschlechterwappen aus dem ausgehenden 16. Jh. geschmückte *Marienkirche,* die im 14. Jh. aus Feld- und Ziegelsteinen gebaut wurde. Altar und Kanzel stammen aus dem Jahr 1560.

Traditionsbewussten Dithmarschern ist Hemmingstedt vor allem wegen der **Hemmingstedter Schlacht** vom 17. Februar 1500 ein Begriff, in der 6000 Dithmarscher Bauern das doppelt so große dänische Heer vernichtend schlugen. Die Dänen hatten kurz zuvor Meldorf erobert und dort ein furchtbares Blutbad angerichtet. Daraufhin errichteten die Bauern südlich von Hemmingstedt quer zur Landstraße

Dithmarschen

blitzschnell eine Schanze und öffneten die Deiche. Die Nordsee schwappte herein und verwandelte das Gebiet in einen unwegsamen Morast, in dem die Dithmarscher leichtes Spiel gegen die überraschten Dänen hatten. Diese Schlacht gilt bis heute als Symbol des Zusammenhalts der Dithmarscher Bauern gegen die dänische Krone; ein mächtiger Gedenkstein auf der Dusenddüwelswarf zwischen Hemmingstedt und Meldorf erinnert daran. In der Nähe steht ein Info-Pavillon mit einem Modell der Schlacht.

Ein ganz anderes historisches Ereignis war die weltweit erste **Erdölbohrung**, die Ludwig Meyn 1856 in Hemmingstedt versuchte. Allerdings war sie nicht sehr erfolgreich, da Meyn nicht tief genug gebohrt hatte. 1935 wurde dann in 400 m Tiefe eine Öl führende Schicht erschlossen, an die eine historische Förderpumpe erinnert, die an der B 203 nahe der Abzweigung Richtung Lieth steht. Diese Pumpe war bis 1989 im Ölfeld Heide in Betrieb; eine Tafel neben der Pumpe informiert darüber. Bis heute wird in Hemmingstedt Erdöl in der einzigen Raffinerie Schleswig-Holsteins verarbeitet, auch wenn das lokale Erdölvorkommen längst erschöpft ist – heute kommt das Rohöl durch eine Pipeline von Brunsbüttel. 2009 wurde bekannt, dass die Shell-Raffinerie in naher Zukunft verkauft werden soll. Insider spekulieren über eine Schließung, die dem Tourismus sicherlich neue Chancen eröffnen würde.

● *Aktivitäten* Das direkt an der Bahnlinie gelegene **Freibad** ist ein Anziehungspunkt für Badegäste aus der Umgebung, denn es ist mit 28–30 °C Wassertemperatur das wärmste Freibad Dithmarschens – es wird mit der Abwärme der Shell-Raffinerie beheizt. Neue Anlage 27, ✆ 0481-64610.

● *Essen & Trinken/Einkaufen* Rustikal Einkehren kann man nahe dem Freibad im **Hofcafé Fünf Linden** von Familie Pankonin. Bei schönem Wetter wird man tatsächlich unter Linden bewirtet, bei schlechterem in der geräumigen Diele (Deel). Für Kinder gibt es eine Spielecke, im alten Getreidespeicher kann man schöne Geschenkartikel kaufen. Im Sommer Di–So ab 14 Uhr, im Winter Do–So 14–18 Uhr. Jan. bis Mitte Feb. geschlossen. Dorfstr. 49, 25770 Hemmingstedt, ✆ 0481-64941, www.hofcafe-fuenf-linden.de.

Meldorf

Aufregend klingt das nicht: In Meldorf wird ein Großteil des in der Region geernteten Weißkohls zu Sauerkraut verarbeitet, und über der Meldorfer Bucht erprobt die Bundeswehr Flugkörper. Und doch bietet das Städtchen mit seiner langen Geschichte etliches an Sehenswertem. Schon Anfang des 9. Jh. ließ der Bremer Bischof in Meldorf, das damals noch direkt an der Nordsee lag und einen Hafen hatte, die erste Kirche am Ort errichten, die bis ins 11. Jh. die einzige Taufkirche Nordelbiens blieb. Meldorf war also rund 200 Jahre lang das Zentrum der Christianisierung des Gebiets nördlich der Elbe.

Ende des 13. Jh. erbauten die Dithmarscher Bauern (→ S. 45) an der Stelle der Vorgängerkirche die frühgotische dreischiffige Gewölbebasilika **St. Johannis**, besser bekannt als *Dithmarscher Dom,* die als bedeutendster Kirchenbau an der Westküste gilt. Einzigartig in Norddeutschland ist die Deckenmalerei aus dem 13. Jh. im nördlichen Querhausgewölbe, die in den 90er-Jahren restauriert wurde. Sie stellt in konzentrischen Kreisen Szenen aus dem Alten und Neuen Testament dar, wobei die Personen mittelalterliche Kleider tragen. Ebenfalls sehenswert sind die bronzene Taufschale aus dem 13. Jh. und der geschnitzte Passionsaltar von 1520. Die moderne Orgel stammt von einem dänischen Orgelbauer. Die Kirche überragt die angenehm belebte historische Innenstadt Meldorfs, das bereits vom 13. Jh. bis 1434 das Stadtrecht hatte, es dann verlor und erst 1870 wieder verliehen bekam.

Zwei Museen beherbergt das Städtchen, das damit ein gutes Ausflugsziel für Schlechtwettertage ist:

Dithmarscher Landesmuseum: Das größte und älteste Museum im Landkreis zeigt Exponate zur bäuerlichen Geschichte, Alltagskultur und frühen Industrie in Dithmarschen. Natürlich wird auch die Geschichte der „Dithmarscher Bauernrepublik" dokumentiert. Die historische Handweberei wird im Rahmen des „aktiven Museums" auch vorgeführt; für Kinder interessant sind auch die Einrichtungen eines alten Postamts, einer alten Schule, eines historischen Friseursalons und eines Tante-Emma-Ladens. Zudem wechselnde Sonderausstellungen mit oft künstlerischen Themen.
März–Okt. Di–Fr 9–16.30 Uhr, Sa/So 11–16; Nov.–Feb. Di–Sa 9–16 Uhr. Eintritt 3 €, Kinder/Jugendl. 6–18 J. 1 €, Familie 4,50 €. Bütjestr. 2–4, ☎ 04832-60006-0, www.museumslandschaft-dithmarschen.de.

Schleswig-Holsteinisches Landwirtschaftsmuseum: Die Entwicklung von Ackerbau und Viehzucht im vergangenen Jahrhundert ist das zentrale Thema des 1986 eröffneten Museums. Auf dem Gelände befindet sich auch ein *Garten* mit regionalen historischen Rosen, für Gartenfreunde vor allem in der Blütezeit Juni/Juli die größere Attraktion. Nebenan steht das 1906 von Osterrade hierher versetzte „Dithmarscher Bauernhaus". Auf dem Außengelände findet seit 2006 am ersten Mai-Wochenende der *Töpfer- und Webermarkt* statt, auf dem es viel zu sehen und zu kaufen gibt: Die alten Handwerke werden hier vorgeführt, und wer sich gern die Hände schmutzig macht, kann sich an der Töpferscheibe versuchen.
April–Okt. Di–Fr 9–17 Uhr, Sa/So 11–17 Uhr. Nov.–März Di–Fr 9–17 Uhr, So 11–17 Uhr. 3 €, Kind/Jugendl. 6–18 J. 1 €, Familie 4,50 €. Jungfernstieg 4, ☎ 04832-97939-0, www.landwirtschaftsmuseum-schleswig-holstein.de.

• *Information* **Tourist- und Service-Center**, im Angebot sind Stadtführungen, auch spezielle für Kinder (Juli/Aug. Mi 10.30 Uhr). Mo–Fr 9–12/14–17 Uhr, Juli–Sept. auch Sa 10–13 Uhr. Nordermarkt 10, 25704 Meldorf. ☎ 04832-97800, www.meldorf.de.

• *Verbindungen* **Bahn**, Meldorf liegt an der Bahnstrecke Hamburg – Westerland (Sylt). Hier halten Züge der *Nord-Ostsee-Bahn (NOB)* ab Hamburg-Altona (teils mit Umsteigen in Itzehoe) 18-mal am Tag. Fahrzeit ab Hamburg ca. 90 Min.

• *Adressen* **Apotheken**: Öster-Apotheke, Österstr. 27. Stadt-Apotheke, Südermarkt 8, ☎ 04832-1463, www.meldorf-apo.de. Zingel-Apotheke, Zingelstr. 43, ☎ 04832-9581-0, www.zingelapotheke.de.
Taxi, Taxen-Union, ☎ 04832-7676; Taxi 4000, ☎ 04832-4000 oder 9600.

• *Aktivitäten* **Bernstein schleifen** im „Bernstein-Zimmer", einem schönen Schmuckladen in einem historischen Häuschen; jeden Mi/Do findet in den Sommermonaten um 16.30 Uhr ein Kurs für Kinder statt (tel. Anmeldung nötig, Teilnahme ab 4 €). Zudem gibt es ausgefallenen Bernsteinschmuck, der absolut nichts Altbackenes hat. Mo–Fr 10–18, Sa 10–12.30 Uhr. Zingelstr. 09, ☎ 04832-5240, www.nordschmuck.de.
Ditmarsia, Veranstaltungsort für Konzerte und diverse Gastspiele. Süderstr. 16.
Kino, Süderstr. 14, ☎ 04832-4343, www.kino-meldorf.de.

• *Einkaufen* **Buchladen Peter Panter**, sehr netter und ambitionierter Laden, der schon Literaturstars wie Birgit Vanderbeke oder Judith Herrmann in das Provinzstädtchen geholt hat. Mo–Fr 9–18 Uhr, Sa 9–13 Uhr. Zingelstr. 12, ☎ 04832-4104, www.peter-panter.de.
Domgoldschmiede, Spezialität des traditionsreichen Meisterbetriebs ist nordischer Filigranschmuck; im Keller sind Mineralien zu besichtigen. Mo–Fr 9–12/14–18 Uhr, Sa 9–12 Uhr. Nordermarkt 9, ☎ 04832-1329, www.domgoldschmiede.de.
Tee-Speicher, neben fast 200 Sorten Tee gibt es hier das kultige Geschirr von Hedwig Bollhagen und Wagner-Pralinen aus Brunsbüttel. Mo–Fr 9–18, Sa 9–13 Uhr. Zingelstr. 4, ☎ 04832-5292, www.tee-speicher.de.
Viva Naturwaren, der Meldorfer Bioladen. Mo–Fr 8.30–18 Uhr, Sa 8.30–12.30 Uhr. Zingelstr. 21, ☎ 04832-4154.
Wochenmarkt, Fr 8–13 Uhr.

● *Übernachten/Essen & Trinken*   **Hotel-Restaurant Zur Linde**, im Restaurant des historischen Gebäudes im Stadtzentrum werden typische Gerichte der Region serviert, z. B. Mehlbüdel, ein gedämpfter Mehlkloß mit Trockenobst, zu dem Fruchtsoße mit Zimt und Zucker oder gepökelte Schweinebacke, Salzkartoffeln und Senfsoße gereicht werden. Schmeckt weit besser als es klingt! Auch Kindergerichte. Sehr geschätzt wird das 4-Gänge-Silvestermenü; rechtzeitig reservieren! Wer danach nicht mehr weit kommt, kann gleich im Haus übernachten: EZ ab 52 €, DZ ab 78 €. Südermarkt 1, ✆ 04832-95950, www.linde-meldorf.de.

Brasserie & Restaurant V, seit 2004 gibt es das angenehm edle Lokal, in dem gelegentlich auch kulturelle Veranstaltungen stattfinden. Mittagstisch 5 €, Aktionswochen mit günstigen Menüs und jahreszeitliche Angebote wie Spargelwochen, Kohlbuffet etc. Tägl. ab 11.30 Uhr. Klosterstr. 4, ✆ 04832-601480, www.restaurant-v.de.

Südermühle, anspruchsvolle, moderne Küche im alten Mühlengemäuer, bei schönem Wetter auch davor. Do–Sa ab 18 Uhr. Süderstr. 64, ✆ 04832-4149, www.suedermuehle.de.

Colmorgen Bistro, neues Fleischerei-Bistro mit gutem und günstigem Mittagstisch. Neben Fleischgerichten auch Salate und sogar Frühstück. Mo–Do 6–13/14.30–18 Uhr, Fr 6–18 Uhr, Sa 6–12 Uhr. Zingelstr. 20, ✆ 04832-1488, www.fleischerei-colmorgen.de.

Eiscafé Böthern, seit 1938 stellt die Familie Böthern leckerstes Speiseeis aus natürlichen Rohstoffen her. Einige Sitzplätze draußen in der Fußgängerzone. Feb.–Okt. tägl. 10–22 Uhr, Nov./Dez. tägl. 10–18 Uhr. Süderstr. 14, www.eis-show.de.

Meldorfer Speicherkoog

Zwischen Meldorf und Büsum erstreckt sich ein *Binnensee*, ein wahres Surf- und Kitesurf-Paradies (Unterrichts-Infos unter ✆ 05036-988119). Im Feuchtgebiet am Ufer sind oft große Vogelschwärme zu beobachten, und wer viel Glück hat, bekommt sogar Wildpferde, die sog. Koniks, zu Gesicht. Es gibt auch einen *Nordic-Walking-Park*: Zwei ausgeschilderte Rundkurse starten und enden am Meldorfer Hafen (Schleuse) und führen z. T. auf der Deichkrone entlang. Der asphaltierte Deichweg ist auch bei Inlineskatern beliebt.

Krumstedt

Eine Attraktion vor allem für Kinder ist der *Arche-Hof Gruner,* auf dem alte Tierrassen gezüchtet werden. Die Tiere dienen aber nicht nur als Schau- und Streichelobjekte für Stadtkinder, sie werden auch geschlachtet und zu Bioprodukten verarbeitet, die man im Hofladen kaufen kann.

● *Essen & Trinken* **Arche-Hof Gruner**, Hofführungen Di, Fr/Sa 10 und 15.30 Uhr. Hofladen Di, Fr 9–12/15–18 Uhr. 25727 Krumstedt, Vierthweg 3, ✆ 04830-350.

In Frau Schnepels **Rad-Café** rasten Fahrradfahrer, aber auch automobile Touristen. Es gibt selbst gebackene Kuchen zu für ein Hofcafé ungewöhnlich langen Öffnungszeiten: Mo–Fr 6–12 und 14–19 Uhr, Sa/So 9.30–19 Uhr. Dorfstr. 15, ✆ 04830-589, www.schnepels-radcafe.de.

Eselhof-Café, das Café von Familie Kristen findet sich auf einem einsam gelegenen Hof mit Streichelzoo (Esel, Ziegen, Schafe, Katzen, Meerschweinchen). Die Esel werden zu Kutschfahrten eingespannt, danach gibt es selbst gebackenen Kuchen. Zudem Hofladen. Ostern bis Okt. Di–So ab 13 Uhr. Vierthweg 1, 25727 Krumstedt-Feld, ✆ 04830-950146, www.eselhof-kristen.de.

Sarzbüttel

Die letzte Molkereigenossenschaft der Gegend ist die 1888 gegründete Sarzbütteler Feinkäserei, in der regionale Spezialitäten mit handwerklicher Sorgfalt hergestellt werden, darunter der Biikesäis, ein in kaltem Buchenrauch geräucherter Käse, sowie der Gewölbe-Käse, der sein Aroma durch mehrwöchige Lagerung im kühlen Kellergewölbe bekommt. Unter dem Label „Gut von Holstein" werden die Sarzbütteler Käse zusammen mit den Produkten von neun weiteren Molkereien bundesweit vertrieben, der eine oder andere hat sie vielleicht schon im Kühlregal gesehen. Hier können sie im Meiereiladen frisch und vergleichsweise preiswert vom Hersteller erworben werden.

• *Einkaufen* **Käserei Sarzbüttel**, Mo–Fr 8–12 und 14–18 Uhr, Sa 8–12 Uhr. Hauptstr. 43, 25785 Sarzbüttel, ℡ 04806-328, www.kaeserei-sarzbuettel.de.

• *Essen & Trinken* **Zum Lindenhof**, rustikale Gaststätte mit Aktionen wie Schnitzeltag und Steaktag. Gut besucht – reservieren! Di–Sa ab 17 Uhr, So 10–14/17–21 Uhr. Österstr. 7, ℡ 04806-901553.

Schafstedt

Wer es zum Urlaubsziel noch weit hat, kann kurz hinter dem Nord-Ostsee-Kanal an der Autobahn-Ausfahrt Schafstedt abfahren und nach ca. 1 km an einem netten Ort Rast machen, dem *Schafstedter Kerzenhof*. Vor allem mit Kindern bietet sich hier eine Pause an, aber auch längere Aufenthalte sind – vor allem für Pferdebegeisterte – zu empfehlen.

• *Aktivitäten* **Kerzenhof**, bietet Aktivitäten wie Kerzen ziehen, ein Heimatmuseum und ein Café. Mitte April bis Okt. Di–So 11–19 Uhr, sonst nur 14–18 Uhr. Judenstr. 10, 25725 Schafstedt, ℡ 04805-335.
Ferienclub Popcorn, Kinder-Amüsement beim Reiten, Lagerfeuer-Machen, Beachvolleyball etc. Töpferberg 1, ℡ 04805-227.
Pony- und Erlebnishof Claußen, Reiten lernen in der Halle oder auf dem Reitplatz; wer's schon kann, darf ausreiten. Für die

Kleinsten gibt es eine Stroh-Spielscheune, Streicheltiere etc. Familie Schreiber-Claußen, Hochfeld 3, ℡ 04805-365, www.pony hofclaussen.de.
Die Ponyfarm, Reiterferien für bis zu 50 Kinder ab 6 J. bei Uschi Danes. Reitunterricht auf Ponies, Ausritte und Kutschfahrten. Auch Kindergeburtstage und Klassenfahrten werden organisiert. Hohenhörnerstr. 6, ℡ 04805-1254, www.die-ponyfarm.de.

Albersdorf

In und um Albersdorf wurden unter künstlichen Erdhügeln gewaltige steinzeitliche Gräber entdeckt, die Großstein- (oder Megalith-)Gräber. So nah wie hier liegen diese Gräber sonst nirgendwo beieinander, und so nennt man die Gegend „klassische Quadratmeile der Archäologie". Auch für Kinder interessant ist der gut erschlossene *Steinzeitpark Archäologisch-Ökologisches Zentrum Albersdorf* (AÖZA), der kostenlos zugänglich ist. Mehrere Spazierwege erschließen die Bodenfunde im offenen Land und im Wald, auf zwei kleinen Feldern werden historische Kulturpflanzen wie der Weizen-Vorläufer Emmer angebaut; die steinzeitlichen Lebensbedingungen werden damit anschaulich.
Der Eintritt für das nachgebaute *Steinzeitdorf* ist bereits am Parkplatz zu ent-

Im Steinzeitpark werden längst vergangene Zeiten lebendig

richten; am Sonntag kann man hier versuchen, wie die Steinzeitmenschen Feuer zu machen, mit Pfeil und Bogen umzugehen etc.

Im *Museum für Archäologie und Ökologie* gibt es neben originalen Ausstellungsstücken aus der Steinzeit wie einer 5000 Jahre alten Amazonen-Axt auch einen Mitmachbereich und Computerspiele für Kinder. Einen guten Blick über das gesamte Gelände bietet der Aussichtsplatz Königshügel, von dem das benachbarte *Megalithgrab Brutkamp* zu sehen ist. Das etwa 5200 Jahre alte Kammergrab ist von einem 25 Tonnen schweren Deckstein bekrönt – niemand weiß, wie die steinzeitlichen Menschen diesen riesigen Fels nach oben gehievt haben.

Am AÖZA beginnt ein *Walderlebnispfad*, der Groß und Klein die vielfältige Natur nahe bringt. In Albersdorf steht übrigens die letzte funktionsfähige Wassermühle Dithmarschens.

• *Information* **Tourist-Info**, Bahnhofstr. 23, 25767 Albersdorf. ✆ 04835-9797-13, www.albersdorf.de.
Im Ort: **Tourist-Info am ZOB**, Mo–Fr 8.30–13.30/15–18 Uhr, Sa 8.30–13.30 Uhr. Bürgermeister-Golz-Platz, ✆ 04835-971430, www.shop-am-zob.de/tourist-info.html.

• *Aktivitäten* **Freizeitbad** mit gut geheiztem Becken, Wasserrutsche, Wildwasserkanal usw. Mai–Sept. Mo 13.30–20 Uhr, Di–Fr 9.30–20 Uhr, Sa/So 10.30–19 Uhr, Eintritt 3,10 €, erm. 1,50 €. Weg zur Badeanstalt 20, ✆ 04835-972502, www.freizeitbad-albersdorf.de.
Kutschfahrten, von der Rundfahrt durch den Steinzeitpark für 2 €/Pers. bis zur 90-Minuten-Tour im Ein- oder Zweispänner reicht das Angebot der Schweizerin Susan Ahlheid. Auch Hochzeiten und Events richtet ihre „Swiss Coaching Company" aus. Weg zur Badeanstalt 10, ✆ 04835-972673, www.swisscoaching-aktiv.de.
Museum für Archäologie und Ökologie, ganzjährig Di–Fr 10.30–17 Uhr, So 11–17 Uhr, Gruppen nach Vereinbarung. Eintritt 2 €, erm. 1 €, Kombikarte mit Steinzeitdorf 3,50/ 2 €. Bahnhofstr. 29, ✆ 04835-971974, www.museum-albersdorf.de.

Steinzeitdorf, April–Okt. Di–Fr 11–17 Uhr, So 14–17 Uhr, Eintritt 1,50 €, erm. 0,50 €, Familie 3 €. Teilnahme an Steinzeit-Aktionen wie Bogenschießen, Feuerstein-Schleifen etc. sowie an den Führungen am So kosten extra. Für Kinder ab 8 J. gibt es eine Steinzeitrallye, die anhand schriftlicher Aufgaben selbstständig durchgeführt wird. Bahnhofstr. 23, ✆ 04835-950293, www.aoeza.de.

• *Einkaufen* **Wochenmarkt**, Fr 8–12 Uhr.

• *Übernachten* **Hotel Ohlen**, saniertes Gründerzeithaus, eingerichtet im Stil der frühen 1990er Jahre. Schöner, großer Garten mit sonniger Restaurantterrasse. EZ 55,10 €, DZ 99,90 € (inkl. Frühstück). Weg zur Badeanstalt 1, ✆ 04835-971470, www.hotel-ohlen.de.
Jugendherberge, rosa getünchter, rollstuhlgerechter 60er-Jahre-Bau mit 119 Betten, die meisten in 1- bis 4-Bett-Zimmern. Ü/F ab 17,20 €/Pers. Bahnhofstr. 19, ✆ 04835-642, jh-albersdorf@djh.de.
Wohnmobil-Stellplätze, am Weg zur Badeanstalt, die Sanitäreinrichtungen des Freizeitbades dürfen genutzt werden.

Bunsoh

Am westlichen Ortsrand an der Straße von Albersdorf liegt gut ausgeschildert ein vollständig erhaltenes *Großsteingrab* aus der Jungsteinzeit. Als es zu Beginn des 20. Jh. entdeckt wurde, waren sogar noch die Grabbeigaben darin, Gegenstände aus Keramik und Feuerstein. Interessant ist einer der Decksteine dieses Grabes, der sog. *Schalenstein.* Er hat seinen Namen von den vielen schalenförmigen Vertiefungen, deren Bedeutung ungeklärt ist – vielleicht legten die Steinzeitmenschen Opfergaben für die Götter hinein. Neben Schalen sind auch Sonnenräder in den Stein geritzt, die vermutlich mit einem Sonnenkult in Verbindung stehen. Informationstafeln am Grab geben Auskunft über die Details; weitere Infos im Albersdorfer Museum.

Nordhastedt

Den Wettbewerb „Unser Dorf soll schöner werden" hat Nordhastedt schon mehrfach gewonnen – und der Ort mit seiner alten Katharinenkirche, dem Mühlenteich und der schönen Umgebung ist wirklich ein Bilderbuchdorf.

Die Gegend um Nordhastedt wird das „grüne Herz Dithmarschens" genannt, denn hier, im Süden des Dorfs, liegt mit dem *Riesewohld* (Riesenwald) das größte geschlossene Waldgebiet des Landkreises. Uralte Laubbäume locken hier zu ausgedehnten Spaziergängen, der berühmteste Baum ist die Fünffingerlinde am Nordrand des Waldes.

Tellingstedt

Uralt ist die Tellingstedter Feldsteinkirche; sie stammt wohl aus dem 12. Jh.; ihre Barockorgel wurde im Jahr 1642 gebaut und ist damit die älteste noch bespielbare Orgel Schleswig-Holsteins. Von Tellingstedt kann man den gut ausgeschilderten *Klaus-Groth-Wanderweg* zum Klaus-Groth-Museum nach Heide begehen, der einige historische und prähistorische Stätten passiert. Die ca. 15 km lange Strecke führt an der Gaststätte Waldesruh vorbei, über den Bahndamm der einstigen Kleinbahn nach Gaushorn und über Bennewohld und Süderholm auf die Heider Museumsinsel. Übrigens verunglückte 1969 auf dem Gemeindegebiet die Schlagersängerin Alexandra („Sehnsucht [das Lied der Taiga]") tödlich. Um den Autounfall ranken sich bis heute Selbstmord- und Mordgerüchte, seit 2006 erinnert ein Gedenkstein im Ort an das Unglück.

● *Aktivitäten* **Fest mit Open-Air-Jazz-Konzert** Ende Juli im Freibad (Teichstr. 8 a, ✆ 04838-657), das sich Kultstatus erarbeitet hat. Infos beim Amt Eider, ✆ 04838-78690, www.amt-eider.de.
Wochenmarkt, Do 8–12 Uhr.
● *Übernachten* **Hotel Wilhelmshof,** ehemaliger Bauernhof mit rustikaler Gaststätte (So Ruhetag). Appartements (max. 4 Pers.) 55–115 € und Zimmer – ideal für Reiter (Gastbo-

xen!). DZ 70 €, EZ 45 € (inkl. Frühstück), bei längerem Aufenthalt günstiger. Heider Str. 29, 25782 Tellingstedt, ✆ 04838-920, www.wilhelmshof-hotel.de.
Campingplatz, kleiner, mit einigen Bäumen bestandener Platz (10 Dauer-, 50 Gästeplätze), recht spartanische Ausstattung. 2 Erw., 1 Kind und Stellplatz unter 20 €/Nacht. Geöffnet Mitte Mai bis Mitte Sept. Teichstr. 1, ✆ 04838-78690.

Tielenhemme

Der Ort ist für seine kleine Eiderfähre bekannt, die nach Bedarf verkehrt (✆ 04335-93510). Zwischen Eider und Dellstedter Moor reibt sich so mancher die Augen beim Anblick der schwarzen, gehörnten Tiere: Auf dem einsam gelegenen Eiderhof der Familie Schröder werden Wasserbüffel gezüchtet! Die Tiere sind optimal für das nasskalte Wetter und die feuchten Böden an der Eider geeignet. Fleisch- und Wurstwaren vom Wasserbüffel sowie weitere naturreine Produkte aus eigener Herstellung gibt es im Hofladen (Schüttingdeich 33, ✆ 04803-650449, www.eiderhof.de).

Delve

Im Norden des Dörfchens Delve erstreckt sich über 190 Hektar das Naturschutzgebiet „Delver Koog", ein Niederungsmoor in einer Flussschleife der Eider. Hierher haben sich zahlreiche Vogelarten wie Schilfrohrsänger, Rohrschwirl und die seltene Rohrweihe zurückgezogen und können beobachtet werden. Von historischer Bedeutung ist die Kirche St. Marien in Delve.

In Schwienhusen (bei Delve) gibt es eine kinderfreundliche Badestelle, in der Nähe setzt von Mai bis September an den Wochenenden eine kleine Fähre Personen und Fahrräder über den Fluss (nach Bargen). Unvergesslich bleibt eine kombinierte Schiffs- und Fahrradtour auf und an der Eider, auch Paddler kommen hier auf ihre Kosten. Detaillierte Infos bei Kanustation Delve (s. u.).

• *Verbindungen* **Bargener Fähre**, Mai–Sept. Fr 15–18 Uhr, Sa/So 10–20 Uhr, Sept. nur bis 19 Uhr; nur für Fußgänger, Rollstuhlfahrer und Radler. ✆ 04333-273, www.bargener-faehre.de.

• *Bootstouren* **Kanu-/Kajakstation Delve**, Angebote von stundenweiser Bootsvermietung bis zu mehrtägigen Familien- und Klassenfahrten inkl. Ausrüstung, Karten und Bootstransport. Auch Paddelkurse und kombinierte Rad- und Bootstouren. Hans-Jürgen Fricke, Eiderstr. 7. 25788 Delve, ✆ 048003-601505, www.erlebnispur.de.

• *Übernachten* **Camping Eidertal**, Wiesenplatz mit einigen Bäumen und Sträuchern, hinter dem Eiderdamm. Viele Dauercamper, einfache Sanitärausstattung. Ganzjährig geöffnet. Eiderstr. 20, ✆ 048003-1058, www.delve.de.

Hennstedt

Im benachbarten Örtchen Horst, das von Hennstedt über eine Stichstraße zu erreichen ist, liegt einer der Badeplätze an der Eider. Am Dienstagvormittag findet am Hennstedter Feuerwehr-Gerätehaus ein Wochenmarkt statt.

Anziehungspunkt für ein anspruchsvolles Publikum ist das *Golfhotel Gut Apeldör,* das seit 1996 auf über 100 Hektar typischer Geest- und Knicklandschaft einen Golfplatz betreibt; öffentlicher 9-Loch-Platz (nur mit Greencard) und 18-Loch-Meisterschaftsplatz.

• *Übernachten* **Golfhotel Gut Apeldör**, 88-Betten-Hotel mit tollem Saunabereich in einem alten Silo; gutes Restaurant. EZ 50–75 €, DZ 75–110 €. Sa 10–12 Uhr Golf-Schnupperkurs (24 €). Interessante Pauschalangebote für Golfer. Apeldör 2, 25779 Hennstedt, ✆ 04836-9960-0, www.apeldoer.de.

Camping-Ferienpark Eider, in der Flussschleife der Eider gelegener Platz, überwiegend Dauercamper. Akzeptable Ausstattung. Geöffnet April bis Mitte Okt. 25779 Hennstedt-Horst, ✆ 04836-611, cfp-eider@t-online.de.

Ostrohe

Im nordöstlichen Nachbarort von Heide gibt es ein für die ganze Familie interessantes Museum, die *Deutsche Zweiradsammlung.* Landwirt Walter Thede war ein Hardcore-Sammler, und das kommt den Besuchern zugute: Seine älteste Errungenschaft ist ein Hochrad von 1880. Neben Fahrrädern hat Thede über 200 motorisierte Zweiräder zusammengetragen, die hier im ehemaligen Stallgebäude aufgestellt sind. Der eine oder andere ältere Besucher wird sich in seine Jugend zurückversetzt fühlen, wenn er hier eine Horex oder DKW-Maschine entdeckt.

Geöffnet nach Absprache. Eintritt frei, Spenden sehr erwünscht. Kringelkrug 14, ✆ 0481-5428.

Weddingstedt

Gut erhalten ist der Ringwall der mittelalterlichen Stellerburg westlich von Weddingstedt, der nördlichsten Ringwallburg sächsischen Typs. Sie diente der Sicherung des Landweges von der Eidermündung in die Dithmarscher Geest und wurde in den Jahren 1932–1939 ausgegraben. Dendrochronologische Untersuchungen ergaben, dass die Burg aus dem 8. und 9. Jh. n. Chr. stammt; um das Jahr 1000 wurde sie aufgegeben.

Der 850 Jahre alte Ort Weddingstedt hat seinen Namen sicher nicht vom englischen Wort für „Hochzeit", dennoch ist die hiesige *Windmühle Aurora* auch als Hochzeitsmühle bekannt (www.hochzeitsmuehle-aurora.de). Wesentlich älter als die Mühle aus dem 19. Jh. ist die *St.-Andreas-Kirche*. Sie stammt aus dem 12. Jh., ihre Glocke ist die älteste in Dithmarschen. In der Entscheidungsschlacht zwischen Dänen und Dithmarschern 1559 (→ S. 45) diente sie als Rückzugsort der Dithmarscher, wurde dann aber von den Dänen komplett zerstört und erst Jahre später wieder aufgebaut. Zwischen Weddingstedt und Ostrohe erstreckt sich ein Naherholungsgebiet mit verzweigtem Wegesystem, das von Walkern und Joggern geschätzt wird.

Übernachten/Essen & Trinken **Koll's Gasthof**, im Saal für max. 200 Pers. wird gutbürgerliche Küche mit regionalen Einflüssen serviert. Auch Fremdenzimmer. 25795 Weddingstedt, an der B 5, Haus Nr. 11, ☎ 0481-850520, www.kolls-gasthof.de.

Lunden

1140 wurde der kleine Luftkurort erstmals urkundlich erwähnt – übrigens mit dem Versprechen der Bewohner, die Überfälle auf Hamburger Kaufleute einzustellen. Zu dieser Zeit stand auf dem einzigen Hügel über der brettebenen Landschaft bereits eine Kirche. Damit war Lunden Jahrhunderte lang die nördlichste Bastion des Heiligen Römischen Reichs deutscher Nation, das bis zur Eider reichte.

Die *St.-Laurentius-Kirche* bekam 1471 durch den Anbau eines Chors an der Ostseite ihre eigentümliche, lang gestreckte Form. Die frühere Innenausstattung fiel Bränden im 16. und 19. Jh. zum Opfer, nur ein 40-armiger Kronleuchter von 1774 blieb erhalten. Hauptsehenswürdigkeit von Lunden ist der *Geschlechterfriedhof* auf dem Kirchhügel mit seinen einzigartigen Grabsteinen aus dem 15. und 16. Jh. Jeder Grabhügel, unter dem sich eine Gruft befindet, gehörte einem „Geschlecht", also einer Bauernfamilie, die der Dithmarscher Regierung (→ S. 45) angehörte, und wurde über die Jahrhunderte weiter vererbt. Die Grüfte, von denen eine 1974 geöffnet wurde und heute öffentlich zugänglich ist, bestehen aus einem Keller mit Tonnengewölbe, dessen Zugang mit einer schweren Steinplatte verschlossen ist. Die steinernen Grabplatten konnten nur von Pferden beiseite gezogen werden – an mindestens einer Platte sind die Eisenringe, an denen sie angespannt wurden, noch erhalten. Neben den uralten Platten sind auch einige steinerne Stelen erhalten.

Ganz neuen Datums ist das *NaTourCentrum mit Heimatmuseum*, eine moderne Ausstellungswelt zur Natur und Geschichte des Ortes. Das Heimatmuseum zeigt eine alte Landarztpraxis, einen Tante-Emma-Laden und eine historische Druckerei. Der Naturerlebnisraum wendet sich vor allem an die jüngsten Besucher, die hier z. B. auf einer Wackelbrücke ihren Gleichgewichtssinn unter Beweis stellen und einem Naturlehrpfad folgen können.

● *Information* **Tourist-Information**. Mitte Juni bis Mitte Sept. Mo–Fr 9.30–12.30/13.30–16.30 Uhr, sonst Mo–Fr 9–12 Uhr. Tannenweg 2, 25774 Lunden. ☎ 04882-6101-0, www.touristinfo-lunden.de.

● *Verbindungen* **Bahn**, Lunden liegt an der Bahnstrecke Hamburg – Westerland (Sylt). Hier halten Züge der *Nord-Ostsee-Bahn (NOB)* ab Hamburg-Altona 18-mal am Tag. Fahrzeit ab Hamburg knapp 2 Std.

● *Aktivitäten* **Freibad**, Brunnenstr. 68, je nach Witterung geöffnet. ☎ 04882-59812.

NaTourCentrum mit Heimatmuseum: Do 14–16 Uhr, Mai–Aug. auch Di, Mi, Sa 14–

16 Uhr. Eintritt 3 €, erm. 1 €. Wilhelmstr. 18, ☎ 04882-1425, www.natourcentrum-lunden.de.

● *Übernachten/Essen & Trinken* **Hotel Lindenhof**, im renovierten Gründerzeitgebäude kommt täglich preiswerter Mittagstisch in familiärem Ambiente auf den Teller, abends Restaurantbetrieb mit regionaler Küche, ab und zu Aktionen wie Wild-Buffet oder Krimiabende; Hauptgerichte 7–15 €. Einige ruhige Zimmer, EZ 30 €, DZ 60 €. Friedrichstr. 39, ☎ 04882-407, www.lindenhoflunden.de.

Wohnmobil-Stellplatz, nur für 1–2 Nächte, gegenüber dem Freibad.

Die brettebene Halbinsel Eiderstedt wird überwiegend landwirtschaftlich genutzt

Eiderstedt

Die knapp 340 km² große Halbinsel, die Schleswig-Holsteins längster Fluss, die Eider, von Dithmarschen trennt, ist dünn besiedelt. Hier leben nur 20.000 Menschen – und es werden immer weniger, stellenweise ist die Infrastruktur bereits ziemlich ausgedünnt. Der westliche Rand der Halbinsel mit ihren Bilderbuchlandschaften ist von Sandbänken umschlossen und deshalb das Zentrum des Tourismus auf Eiderstedt, dessen historische Städtchen zu Ausflügen locken.

Eiderstedt ist bis heute von der Landwirtschaft geprägt, Industrie gibt es so gut wie keine. Ausbildungs- und Arbeitsplätze sind außer im Tourismus und in den Kurkliniken von Bad St. Peter-Ording rar, daher wandern die meisten jungen Leute nach der Schule ab. Ein Drittel aller schleswig-holsteinischen Köge (→ Geografie, Koog) liegen auf Eiderstedt, das erst von etwa 1000 n. Chr. bis 1613 durch Eindeichungen und Landgewinnung aus den Inseln Eiderstede, Everschop und Utholm (den sog. Dreilanden) gebildet wurde. Bis heute erinnern die drei Schiffe auf dem Eiderstedter Wappen an die einstigen Inseln. Bis weit ins 19. Jh. waren die Wege im Winter so matschig, dass viele Eiderstedter in ihren Wohnorten quasi gefangen waren. Als Ersatz für die unpassierbaren Wege boten sich Wasserstraßen an, und so baute man im 17. Jh. zwei Kanäle, die Süder- und die Norderbootfahrt, die heute noch teilweise erhalten sind.

Altes Land und schon seit etwa 100 n. Chr. besiedelt ist nur der mittlere und südliche Teil von Eiderstedt. Hier stehen die berühmten *18 historischen Kirchen*, die im flachen Land weithin sichtbar sind. Die prunkvoll ausgestatteten Gotteshäuser zeugen vom einstigen Wohlstand der Gegend, die von der Rinderhaltung lebte. Heute werden hier vor allem Schafe gehalten – Felle, Wollprodukte, Seifen und Würste sind beliebte Souvenirs. Mehr wirtschaftliche Bedeutung als die Wolle hat die Schafsmilch, die überwiegend zu Käse verarbeitet wird. So wundert es nicht, dass die schleswig-holsteinische „Käsestraße" über Eiderstedt führt.

Unter den hohen Himmel der menschenarmen Halbinsel zog es viele *Künstler*, und so findet man auf dem platten Land etliche Galerien. Einige Künstler öffnen ihre Ateliers sogar für neugierige Besucher, und im *Alten Rathaus von Garding* (Staller-haus) gibt es ständig wechselnde Ausstellungen regionaler Künstler.

Zum *Radfahren* ist die Halbinsel perfekt geeignet, acht nummerierte und gut be-schilderte Routen führen von einer historischen Kirche zur anderen. Aber auch kürzere Radtouren auf den kaum befahrenen Straßen machen Spaß – in den alten Orten mit ihren gut erhaltenen historischen Kernen ist einiges zu entdecken.

Tourismus-Zentrale Eiderstedt mit Zimmervermittlung. Tägl. 8–20 Uhr. Markt 26, 25836 Garding, ✆ 04862-469, www.tz-eiderstedt.de.

Tönning (5000 Einwohner)

Das malerisch am Mündungstrichter der Eider und rund um den 1613 ge-grabenen Eiderhafen angelegte Städtchen mit seinem historischen Kern lohnt auf jeden Fall einen Tagesausflug. Auch für längere Aufenthalte bietet sich der sympathisch verschlafene Ort an, der seit 1964 staatlich anerkann-ter Luftkurort ist.

Restaurants, Hotels, kleine Läden und Handwerksbetriebe in bis zu 400 Jahre alten Giebelhäuschen prägen das Stadtzentrum zwischen Bahnhof, Eiderhafen und Marktplatz. Die Nordwand der *St.-Laurentius-Kirche* am Markt, der schon 1595 erstmals gepflastert wurde, stammt teilweise aus der Zeit vor 1186 und ist damit das älteste Mauerwerk auf Eiderstedt. Das heutige Erscheinungsbild der Kirche stammt aus dem Barock. An den *Markt*, den ein Sandsteinbrunnen von 1613 schmückt, grenzt der winzige *Schlosspark*. Das zugehörige Schloss, das 1580 gebaut worden war, wurde 1735 abgebrochen. Nur einige Wälle und Sandsteinfiguren zeu-gen noch von der Existenz des Schlosses – ein kleines Modell im Park zeigt, wie es ausgesehen hat.

Im historischen *Eiderhafen* liegen immer einige alte Schiffe vor Anker. Er ist bis heute Heimathafen der wenigen verbliebenen Tönninger Krabbenkutter, deren Fänge in der Alten Fischereigenossenschaft verkauft werden. Als Kulisse für die historischen Schiffe dient das *Packhaus* von 1783, das seit Jahren eine 45-Cent-Briefmarke ziert und in der Vorweihnachtszeit zum längsten Adventskalender der Welt umfunktioniert wird, wie das „Guinness-Buch der Rekorde" vermeldet. An den Wochenenden findet dann hier ein Weihnachtsmarkt mit Kinderprogramm statt. An der *Weißen Brücke* baut und repariert eine winzige Werft seit 1740 Holz-schiffe, heute meist Nachbildungen historischer Schiffe.

Wer in Tönning aufmerksam auf den Boden schaut, wird immer wieder auf den As-phalt gemalte Plattfische entdecken: Die Schollen gehören zum Fußgängerleitsys-tem „Auf den Spuren Störtebekers"; in der Tourist-Information kann man dazu den Audioguide für eine halbstündige oder einstündige Tour ausleihen. Das Ganze eig-net sich für Kinder ab dem Grundschulalter, die begeistert die nächste Scholle suchen.

Tönnings Packhaus – der längste Adventkalender der Welt

Geschichte: Erstmals urkundlich erwähnt wurde die Tönninger Kirche bereits 1186; 1590 erhielt Tönning vom Schleswiger Herzog Johann Adolph das Stadtrecht. Zuvor musste die Stadt neu aufgebaut werden, denn 1414 war sie während einer Fehde zwischen Eiderstedtern und Dithmarschern vollständig niedergebrannt. Ab 1644 wurde Tönning zur schleswigschen Festung ausgebaut, die die Dänen 1700 nicht einnehmen konnten. Im Nordischen Krieg verschanzten sich hier die schwedischen Truppen, die als Verbündete Schleswigs kämpften, sich 1713 aber den Dänen ergeben mussten. In der Folgezeit fungierte der dänische König auch als Herzog von Schleswig und ließ die Festungsanlagen schleifen; heute erinnert nur noch ein Gedenkstein in der Nähe des Bahnhofs daran. Im 18. Jh. entwickelte sich Tönning zu einem wichtigen Hafenort. Hauptexportprodukt war zunächst Getreide, das vor dem Verschiffen im Packhaus gelagert wurde. Im 19. Jh. war Tönning dann noch vor Husum der bedeutendste Rinder-Exporthafen der Westküste.

Information/Aktivitäten/Einkaufen (siehe Karte S. 95)

- *Information* **Tourist-Information**, Mo–Do 9–12/14–16 Uhr, Fr 9–12 Uhr. Am Markt 1, 25832 Tönning. ✆ 04861-61420, www.toenning.de.
- *Adressen* **Hilfsmittel-Vermietung**: Rollstühle (auch für den Strand), Haltegriffe, Gehhilfen etc. im Sanitätshaus Krämer, Neustr. 10, ✆ 04861-6540, www.medic-rent.de.
- *Aktivitäten* **Badestrand mit Planschbecken**, bei gutem Wetter vergnügt sich ganz Tönning am Ufer der Eider. Ein bisschen Sandstrand, Gras mit Strandkörben (Tageskarte 4 €), Beach-Volleyball und Spielplatz. Jenseits des Deichs am Schwimmbad. Eintritt frei.

Malkurse, Urte Westphal-Kolb bietet in ihrer Atelier-Galerie auch Kurse für Urlaubsgäste an. Johann-Adolf-Str. 29, ✆ 04861-426, www.auf-norwegen.de.

Meerwasser-Freibad direkt an der Eider mit solar beheiztem Salzwasser aus der Nordsee und finnischer Sauna für die vielen kühleren Tage. Sportliches Schwimmen im 50-m-Becken, Sprungturm, Kinderbecken und Wasserrutsche. Eintritt 4 €, Kind 3 € (mit Gästekarte jeweils 50% Ermäßigung), Sauna 7,20 €. Ende Mai bis Anfang Sept. tägl. 10–19.30 Uhr. ✆ 04861-5688.

Schiffsfahrten auf der Eider: ab Tönninger Eiderkaje (→ Plan) nach Friedrichstadt oder vorbei am Katinger Watt zum Eidersperrwerk (Seetierfang in Begleitung von Nationalpark-Rangern oder NABU-Mitarbeitern) sowie zu den Seehundbänken an der Eider. (Die Seehunde sind nur bei Ebbe zu sehen; bei Flut schwimmen sie in der Eider oder tauchen unter den Sperrwerk-Toren hindurch ins Meer.) Erw. 16,50 bzw. 14 €, Kind bis 14 J. frei. Im Sommer jeden Do um 15 Uhr Piratenfahrt für Kinder. Schiffsfahrten Juni–Okt. Reederei Adler-Schiffe, ✆ 04861-617710, www.adler-schiffe.de.

- *Einkaufen* **Alte Fischereigenossenschaft (10)**, Groß- und Einzelhandel für Krabben und Fisch, fangfrisch oder vor Ort geräuchert. Probieren kann man im Bistro. April–Okt. Mo–Fr 8–18 Uhr, Sa 8–12 Uhr, Nov.–März je nach Wetterlage. Am Eiderdeich 12, ✆ 04861-96160, www.krabbenundfisch.de.

Eiderstedter Markt (4), kleines Geschäft mit regionalen Produkten von Schafsmilch-Seife bis Wollsocken. Mittags geschlossen. Am Markt 13 a.

Flohmarkt am Hafen, an einigen Sonntagen im Frühjahr und Sommer.

Galerie am Hafen (5), Denise de Boer zeigt und verkauft Kunsthandwerk, Schmuck, Bilder und Skulpturen von Künstlern aus Tönning und Umgebung sowie von internationalen Künstlern mit Schwerpunkt Karibik. Wechselnde Öffnungszeiten. Am Hafen 1, ℘ 04861-610878.

Tönninger Töpferei (11), handgearbeitete Zier- und Gebrauchskeramik in friesischer Farb- und Formgebung, die durchaus für den täglichen Einsatz gedacht ist. Gute Beratung. Mo–Fr 10–12.30 und 14–18 Uhr, Sa 10–13 Uhr. Deichstr. 15, ℘ 04861-5765.

Weihnachtsmarkt im Packhaus, an den Advents-Wochenenden gibt es hier Hochwertiges aus der Region. Auf die Qualität der angebotenen Waren, darunter viel Kunsthandwerk, wird streng geachtet. Am Hafen.

Wochenmarkt, Mo 7–13 Uhr; Verkauf regionaler Produkte; oft beginnt der Abbau der Stände schon gegen 12 Uhr.

Übernachten/Essen & Trinken (siehe Karte S. 95)

• *Übernachten*   ****** Hotel Miramar (8)**, neues, sehr sauberes, aber etwas steril wirkendes Hotel am Bahnhof. Im Erdgeschoss residiert das *Restaurant Windrose* mit gehobener Küche, die Zimmer im OG sind mit dem Aufzug bequem erreichbar. Interessante Arrangements, auch mit Wellness- und Beauty-Anwendungen. EZ 65–90 €, DZ 85–125 €, Dreibett 130–150 €, jeweils inkl. Frühstück. Westerstr. 21, ℘ 04861-9090, www.miramar-net.de.

Strandhotel Fernsicht (15), den schönen Blick auf die Eider genießen nicht nur Hotelgäste, sondern alle, die bei gutem Wetter die Restaurant-Terrasse bevölkern. Zimmer mit Stilmöbeln, EZ 42–60 €, DZ 68–89 €, Dreibett 85–115 €, jeweils inkl. Frühstück. Sonderpreise für Gruppen. Strandweg 3, ℘ 04861-475, www.strandhotel-fernsicht.de.

*** Romantik-Hotel Godewind (6), liebevoll möbliertes, über 200 Jahre altes Haus in Top-Lage am Binnenhafen. Das Frühstück wird im Wintergarten serviert. Bei schönem Wetter ist ein Traum die sonnige Terrasse des *Café-Restaurants* im Haus. 4 DZ ab 79 € inkl. Frühstück, Preise der beiden Suiten auf Anfrage. Am Hafen 23, ℘ 04861-6600, www.hotel-godewind.info.

Ferienwohnung Eiderblick (9), in dem direkt neben dem Packhaus gelegenen netten alten Haus vermietet Christa Wiederich eine FeWo für max. 6 Pers. Aus dem Wohnzimmer schaut man tatsächlich auf die Eider. Je nach Saison 4 Pers. um 50 €, weitere Pers. 5 €/Tag. Am Eiderdeich 16, ℘ 04861-5839, eiderblick@t-online.de.

Ferienwohnung Hafenflair (1), 4 neu und sehr geschmackvoll ausgestattete Wohnungen in historischem Klinkerhaus am Hafen. 50–95 €. Neustadt 46, ℘ 04861-617844, www.hafenflair.de.

Ferienwohnung Urte Westphal-Kolb, die Künstlerin vermietet im Nebengebäude ihrer Atelier-Galerie eine stilvoll möblierte Altbau-FeWo für 2–3 Pers. (43–63 €). Johann-Adolf-Str. 29, ℘ 04861-426, www.auf-norwegen.de.

Jugendherberge (13), das Ende der 80er-Jahre gebaute, ansprechende 208-Betten-Haus mit 8000 Gästen pro Jahr ist Nationalpark-Partner. Hier kann man unter Anleitung einer Umweltpädagogin am Wattführungen teilnehmen oder im hauseigenen Wasserlabor forschen. Auch ein Aquarium ist vorhanden. Riesiges Außengelände mit reichlich Sport-Angeboten. In der Küche werden Bio-Lebensmittel verwendet, darunter viele regionale Produkte. Nur 1- bis 4-Bett-Zimmer, Ü/F ab 18,70 €/Pers. Badallee 28, ℘ 04861-1280, jh-toenning@djh.de.

***** Comfort-Camp Eider (12), 2006 eröffneter, hervorragend und familiengerecht ausgestatteter Platz auf einer Wiese am Fluss zwischen Meerwasser-Freibad und Bahnhof. WLAN, Kinderanimation und Sportprogramm, kleiner Streichelzoo etc. Stellplatz um 10 €, Erw. 5 €, Kind 3,50 €; auch Mietwohnwagen ohne Fernseher (40–50 €), Blockhütten und FeWo (ab 30 €). Ganzjährig geöffnet. Am Freizeitpark 1a, ℘ 04861-610994, www.campingplatz-toenning.de.

Wohnmobil-Stellplätze, ganzjährig (kostenlos) auf dem Parkplatz P3, Entsorgungsmöglichkeit auf benachbartem Campingplatz.

• *Essen & Trinken*   **Zum Goldenen Anker (2)**, Hotel-Restaurant in traumhafter Lage mit einigen etwas kleinen und niedrigen Gästezimmern sowie eigenem Hallenbad. Dass an schönen Tagen die Qualität der aufgetischten Speisen manchmal etwas zu kurz kommt, ist bei dem dann herrschenden Andrang verständlich. Nov.–März wochentags erst ab 17 Uhr, sonst immer offen außer 23. 12. und 24. 12. Am Hafen 31–32, ☎ 04861-218, www.hotel-goldener-anker.de.

Ristorante-Pizzeria Sommercafé (14), Pizza aus dem Steinofen, diverse Fleisch- und Fischgerichte sowie Nudeln in allen Variationen. Mo und Di Abend preiswertes Pasta- und Pizza-Angebot (reservieren!), ansonsten gehobene Preise. In der Saison tägl. 11.30–23 Uhr. Strandweg 3, direkt am Meerwasser-Schwimmbad, ☎ 04861-5633.

Café Hafenblick (3), hausgemachte Torten, Kuchen sowie diverse Kaffee- und Teespezialitäten serviert Nina Korsilack. Außerdem einige **FeWo** und **Gästezimmer** im historischen Nachbarhaus am Binnenhafen. Okt.–März Mo Ruhetag, sonst tägl. 10–21 Uhr. Am Hafen 38, ☎ 04861-96080, www.hafenblick.de.

Hafen & Meer (7), modernes Café mit Strandbar. Je nach Witterung geöffnet. Am Hafen 41, ☎ 04861-617961.

Sehenswertes

St. Laurentius: Weithin sichtbar ist der hohe Turm, der über die Jahrhunderte mehrfach aufgestockt wurde; seine heutige Gestalt erhielt er im Jahr 1706. Der ursprüngliche Kirchenbau stammt aus dem 12. Jh. und wurde mehrfach erweitert und verändert – vom Ursprungsbau ist nur noch die romanische Nordfassade erhalten. Die Orgel, die größte Nordfrieslands, wird für hochkarätige Konzerte genutzt, meist für klassische Musik. 2008 war Startrompeter Ludwig Güttler hier zu Gast, ab und zu stehen aber auch rockige Orgeltöne oder Gospels auf dem Programm. Die Altarbilder von unbekannter Hand stammen aus der Übergangszeit von Renaissance zu Barock, die geschnitzte Kanzel aus dem Barock. Die Deckenmalereien im Tonnengewölbe schuf der in Tönning beigesetzte Hamburger Künstler Berthold Conrad. Gegenüber der Eingangstür fällt ein prunkvoll vergoldeter Bilderrahmen auf, der ein Tafelbild, zwei ovale Porträts sowie ein Erinnerungsbild für eine bedeutende Familie einfasst. Alle drei Gemälde, neben der christlichen Szene auch das Selbstporträt oben links und das Bild seiner Ehefrau oben rechts, stammen vom Rembrandt-Schüler Jürgen Ovens, der auf der Schrifttafel latinisiert „Georgius" genannt wird. Übrigens wurde die Kirche im Nordischen Krieg stark beschossen; einige Kanonenkugeln stecken bis heute in den Wänden, z. B. im Innenraum an der Seite der Kanzel. Geöffnet ist das Gotteshaus tägl. von 9 bis 18 Uhr.

Multimar Wattforum: Das 1999 gegründete Informationszentrum des Nationalparks Wattenmeer informiert auf unterhaltsame Weise, wie Ebbe und Flut zustande kommen, wo welche Tierarten leben und was das Watt so einzigartig macht. 2008 eröffnete der schleswig-holsteinische Ministerpräsident Carstensen einen neuen Bauabschnitt von über 3000 m² mit 38 Süß-, Brack- und Meerwasseraquarien, die einen Querschnitt durch Flora und Fauna des Wasserlandes Schleswig-Holstein zeigen. Das größte ist ein 250.000-Liter-Meerwasser-Aquarium, in dem sich Haie, Riesendorsche und Fischschwärme tummeln. In einem separaten Raum ist das Skelett eines 18 Meter langen, an der Westküste gestrandeten Pottwals zu sehen, die Filmvorführungen und zahlreichen interaktiven Angebote richten sich vor allem an Kinder im Schulalter. Sogar ein „Streichelaquarium" gibt es, in dem die Mutigen Krebse, Schnecken etc. berühren können. Weniger empfehlenswert ist das gastronomische Angebot im Multimar, die gebotenen Snacks und Getränke sind schlicht zu teuer; sehenswert jedoch ist das Großaquarium in der Mitte der Cafeteria.

April–Okt. tägl. 9–19 Uhr, Nov.–März tägl. 10–17 Uhr. Eintritt 8 €, Kind 4–15 J. 5,50 €, Familie 24 €. Am Robbenberg, ☎ 04861-96200, www.multimar-wattforum.de.

Packhaus: Im Packhaus, wo einst die Waren bis zu ihrem Abtransport gelagert wurden, zeigt die Gesellschaft für Tönninger Stadtgeschichte in der Saison eine

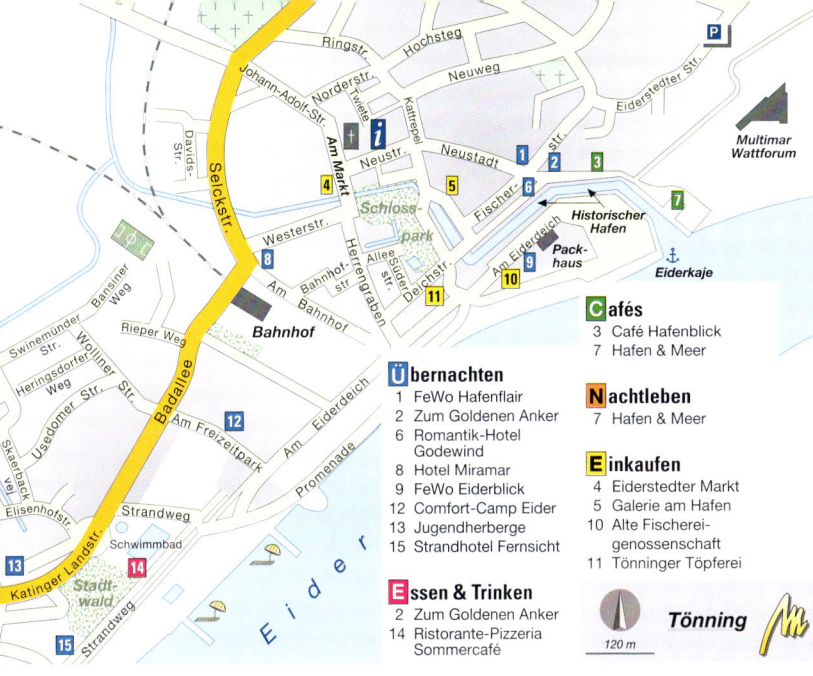

Ausstellung zur Geschichte von Stadt und Hafen. Zu seinen besten Zeiten wurden hier 30.000 Tonnen Getreide aus der Umgebung gelagert, das auf die Verschiffung wartete. Sporadisch finden im Packhaus Floh- und Antikmärkte statt; von Zeit zu Zeit kann man hier unter Anleitung das Krabbenpulen erlernen.

Mai–Sept. Di–So 14.30–17.30 Uhr. Am Hafen, ☎ 04861-5497, www.packhaus-toenning.de.

Umgebung von Tönning

Eidersperrwerk

Bis 1973 war Tönning bei Sturmfluten Jahrhunderte lang der Gefahr von Über-schwemmungen durch die Eider ausgesetzt. Am städtischen Packhaus markieren zwei Tafeln die erschreckend hohen Wasserstände von 1825 und 1962, auf der an-deren Hafenseite steht eine Säule mit weiteren Flutmarken. Deiche an Eider und Hafenrändern sollten die Stadt schützen, was jedoch nicht immer gelang. Um die ständig drohende Gefahr zu bannen, beschloss man nach dem verheerenden Hoch-wasser von 1962, die Mündung der Eider gegen die Nordsee mit einem Sperrwerk abzuschließen, aber Schiffen die Durchfahrt zu ermöglichen. 1967 wurde etwa 7 km südwestlich der Stadt mit dem Bau einer 5 km langen und 8,5 m hohen Betonsperr-anlage mit fünf 40 m breiten Stahltoren begonnen, die in der Lage ist, Fluten bis 7 m über dem normalen Hochwasser abzuhalten; zudem verhindert sie das Versan-den des Tönninger Hafens. Allerdings war dieser Versuch, die Natur zu zähmen, nicht lange erfolgreich: Bereits nach etwa 15 Jahren hatte die Nordsee vor der Schleuse ein 30 m tiefes Loch in den Meeresgrund gegraben, das mit 20.000 Sand-säcken verfüllt werden musste.

Oben auf dem Sperrwerk verläuft ein Fußgängersteg, sodass man sich das gewaltige Bauwerk ganz aus der Nähe ansehen kann. Sind die Tore gehoben, rauscht einem das Wasser in Massen unter den Füßen durch. *Achtung Autofahrer*: Werden größere Schiffe zwischen Nordsee und Eider geschleust, wird die Klappbrücke über der separaten Schleusenkammer an der Nordseite des Sperrwerks gehoben. Dann ist eine Überfahrt nicht möglich, längere Wartezeit einplanen! (Führungen über das Sperrwerk veranstaltet der Tourismusverein Wesselburen, ℡ 04833-4101, www.nordseebucht.de).

Kating

Am früheren Eiderhafen Katingsiel gibt es einen Zugang zum Feuchtgebiet *Katinger Watt*, einem recht jungen Naturschutzgebiet. Durch den Bau des Eidersperrwerks fielen rund 1200 Hektar Wattgebiet trocken, da es nun kaum noch von den Gezeiten beeinflusst wurde. Im Lauf der Jahre sank auch der Salzgehalt. Heute steht die Hälfte dieser Fläche unter Naturschutz; ein Viertel wurde aufgeforstet, das restliche Viertel wird landwirtschaftlich genutzt.

Das Katinger Watt ist ein idealer Rückzugsort für seltene Vögel, die man von einem Aussichtsturm beobachten kann. Im Frühjahr und Herbst rasten Tausende von Zugvögeln im Watt, wo sie reichlich Nahrung finden. Am Watt betreibt der NABU das *Naturzentrum Lina-Hähnle-Haus*. Während die Eltern sich auf dem Picknickplatz erholen oder in der Bibliothek stöbern, können die Kinder im Haus experimentieren. Hier gibt es viel zu erleben, auch bei diversen Führungen und Veranstaltungen. Wer allein auf Tierbeobachtung gehen möchte, kann sich dafür ein Fernglas oder Spektiv ausleihen.

• *Aktivitäten* **Naturzentrum Lina-Hähnle-Haus**, April–Okt. tägl. 10–18 Uhr. Katingsiel 14, 25832 Tönning, ℡ 04862-8004, www.nabu-katinger-watt.de.
Windsurf-Kurse, im Surf- und Badesee im Erlebnispark Katinger Watt kann man überall im Wasser stehen, es gibt weder Wellen noch Gezeiten – ideale Bedingungen für Anfänger. Schnupperkurse So und Di 12 Uhr (jeweils 3 Std.). Diese und weitergehende Kurse können gebucht werden bei der Surf-Akademie St. Peter-Ording, ℡ 04863-950773 oder ℡ 0172-4528034, www.surfakademie.de.

• *Essen & Trinken* **Schankwirtschaft Wilhelm Andresen**, 300 Jahre altes, reetgedecktes Haus im Tönninger Ortsteil Katingsiel am Katinger Watt. Der fast 80-jährige Wirt ist ein norddeutsches Original, seine Kneipe eine Institution. In der denkmalgeschützten gekachelten Stube gibt es kleine Gerichte wie Matjes, Schinken- und Krabbenbrote (ab 2,80 €). Ein touristisches Muss ist der Eiergrog; wer ihn probieren möchte, tut das am besten hier. Mai–Okt. tägl. 12–23 Uhr, Nov.–April tägl. 14–23 Uhr. Kating, Nr. 4. ℡ 04862-370, www.schankwirt.de.

Kotzenbüll

Im 15. Jh. war der Ort Sitz des Stallers, also des herzoglichen Repräsentanten auf Eiderstedt, wovon das sog. *Schloss Axendorf* zeugt. Die prächtig ausgestattete Backsteinkirche *St. Nikolai* liegt auf einer von Wassergräben umgebenen Warft. Ihre ältesten Teile stammen aus dem 15. Jh., ihre Tür ist die älteste Kirchentür in Schleswig-Holstein. Fünf Altäre schmücken die Kirche; auf dem Flügelaltar sind 13 Pferde verewigt, Zugeständnis des Malers an die bäuerlichen Gläubigen (April bis Okt. tägl. 9–18 Uhr, sonst Schlüssel bei Frau Wolff, Dorfstr. 13). Auf dem Kirchhof sind noch zahlreiche Grabsteine aus dem 16. und 17. Jh. erhalten.

• *Aktivitäten* **Mars-Skipper-Hof**, rund um den historischen Haubarg liegt ein sog. Erfahrungsfeld nach Hugo Kükelhaus mit Naturerlebnisraum, Klanginstallationen etc.; geeignet für Kinder und Erwachsene mit und ohne Behinderung. Picknickplatz und

Grill. Eintritt 5 €, Kind bis 6 J. 3 €, ab 7 J. 4 €, Familie 12 €. In der warmen Jahreszeit Di–Fr 14–19 Uhr, Sa/So 11–19 Uhr, im Winter nur an Wochenenden. Gardinger Chaussee 3, ☎ 04861-617480, www.eingartenfuerdiesinne.de.

• *Essen & Trinken* **Café Altes Küsterhaus**, das 2002 komplett sanierte, denkmalge-schützte Reetdachhaus gegenüber der Kirche beherbergt heute ein nur an einigen Wochenenden April–Nov. (13–18 Uhr) geöffnetes Kirchencafé mit günstigen Preisen; auch eine interessante Kirchenführung wird angeboten. ☎ 04861-5737 oder 1453, www.kirche-eiderstedt.de.

Warmhörn

Seit 2007 einen Stopp wert ist das Museum und Café in einer denkmalgeschützten Dorfschule, die die reichen Bauern der Umgebung 1874 für ihre Kinder bauen ließen. Im ehemaligen Klassenzimmer, dessen Exponate angefasst werden dürfen, schmecken – je nach Wochentag – Bienenstich, Bratapfel oder die „Sturmbeutel" genannten Riesen-Windbeutel. Bei gutem Sommerwetter sitzt man besonders schön im Garten mit seinen verschiedenen gelb-orangen Taglilien, die die Besitzerin sammelt.

April–Okt. Di–So 14–19 Uhr, Nov.–April nach Vereinbarung. Warmhörner Deich 21, ☎ 04864-1000820, www.cafealteschule.de.

Oldenswort

Mit 1300 Einwohnern ist Oldenswort das größte Dorf auf Eiderstedt – und es ist sehr alt: 1949–52 wurde zwischen Oldenswort und Kotzenbüll die alte *Wurt von Tofting* ausgegraben, eine etwa 2000 Jahre alte germanische Siedlung; sie liegt mitten in der Feldflur an der Straße „Tofting", die von der Kotzenbüller Chaussee (L 311) zwischen Oldenswort und Kotzenbüll in Richtung Süden abzweigt; nach knapp 800 m weist ein Schild „Archäologisches Denkmal" auf die Grabungsstätte hin Einen Blick wert ist die *St.-Pankratius-Kirche* (geöffnet tägl. 9–18 Uhr), deren 45 m hoher Turm nach Anmeldung bestiegen werden kann. Zudem kann man im Dorf zwei *Künstler-Ateliers* besichtigen. Berühmtester Sohn von Oldenswort ist der Begründer der Soziologie in Deutschland, Ferdinand Tönnies. Frühaufstehertipp: Ab 5 Uhr morgens (!) gibt es in der örtlichen Bäckerei-Konditorei (Dorfstr. 29) frisches Sauerteigbrot und Brötchen.

• *Information* **Tourist-Information** im Treffpunkt Oldenswort. Mi–Mo 14–18 Uhr, in der Saison bis 20 Uhr. Dorfstr. 31, 25870 Oldenswort, ☎ 04864-2717044. **Zimmervermittlung**: ☎ 04864-274, www.tourismusverein-oldenswort.de.

• *Kunst* **Atelier Ulla Knütel und Raimund Behrend**, von außen ein unscheinbarer Neubau, zeigt sich das Atelier des Malers Behrend und der Collagistin Knütel innen unverkennbar künstlerisch. Geöffnet nur nach Voranmeldung. Ottenschöl 7, ☎ 04864-10300.

Kleines Atelier, auch die Malerin Geraldine Liedtke freut sich über (tel. angemeldete) Besucher. Kirchenfenne 25, ☎ 04864-743.

Witzwort

Der 1647/48 errichtete Rote Haubarg zwischen Witzwort und Simonsberg (ab Bundesstraße ausgeschildert) ist einer der größten erhaltenen Haubarge (→ Architektur). Seinen Namen hat er von einer früheren Dach-Eindeckung, heute ist er wieder ganz traditionell mit Reet gedeckt. Die ehemaligen Wohnräume beherbergen ein stilvoll möbliertes Café-Restaurant, aus dem alten Pferdestall wurde ein Gastraum mit 70 Plätzen. Auch ein interessantes kleines Museum gibt es: Hier kann man das Leben im Haubarg in früherer Zeit nachempfinden und die gewaltige hölzerne Ständerkonstruktion dieses einzigartigen Haustyps bewundern.

Eiderstedt

Museum: Di–So 11–21 Uhr. Eintritt frei. Gruppenführungen auf Anfrage.

Café-Restaurant: gehobenes Angebot zu entsprechenden Preisen, auch fantasievolle vegetarische und Kindergerichte wie gefüllte Pfannkuchen. Leckere regionale Spezialitäten wie Fisch und nordfriesisches Lamm; wenn möglich, sollte man noch etwas Platz für eines der köstlichen Desserts lassen. Zum Kaffee gibt es grandiose hausgebackene Kuchen und Torten; sonntags meist voll (reservieren!). Durchgehend warme Küche. Sand 5, ✆ 04864-845, www.roterhaubarg.de.

Sehenswert ist auch die Witzworter *St.-Marien-Kirche* aus dem 15. Jh. mit ihrem dreiteiligen Figurenaltar, der der Brüggemann-Schule zugeschrieben wird, sowie einer prachtvollen, hölzernen Kanzel (Ostern bis Erntedank tägl. 10–16 Uhr). Weniger bekannt ist die 1985 gegründete Künstlerdruckwerkstatt *Die Quetsche – Verlag für Buchkunst.* Hier werden Bücher mit Originalgrafiken in ganz kleinen Auflagen komplett per Hand hergestellt; beim Satz, Druck und dem handwerklichen Binden kann man zusehen. Etwa 200 € kostet eines der wertvollen Werke, für den kleinen Geldbeutel gibt es Lesezeichen à 2 €.

Die Quetsche: geöffnet nach Vereinbarung. Riesbülldeich 2, ✆ 04864-660, www.quetsche-witzwort.de.

Warum der Rote Haubarg nie fertig wurde

Vor langer, langer Zeit verliebte sich ein Knecht aus der Umgebung in die schöne Nachbarstochter, doch war er zu arm, ihr den Hof zu machen. Er meinte, er könne um ihre Hand nur dann anhalten, wenn er einen Haubarg besäße. Für diesen unbescheidenen Immobilientraum schloss der Knecht einen Pakt mit dem Teufel. Der versprach dem Knecht, in einer einzigen Nacht noch vor dem ersten Hahnenschrei einen riesigen Haubarg mit 100 Fenstern ins Land zu setzen. Gelänge ihm das, sollte die Seele des Knechts ihm gehören. Der Knecht willigte in das Geschäft ein. So ließ der Teufel in der vereinbarten Nacht in Windeseile Dach und Mauern emporwachsen – und der Knecht bekam es mit der Angst zu tun. Verzweifelt weckte er die Mutter der Angebeteten, die sofort in den Stall eilte, um den Hahn zu wecken. Als der zu krähen begann, war der Herr der Unterwelt eben dabei, das 99. Fenster einzusetzen – und entschwand unverrichteter Dinge durch das noch glaslose Fenster, in das bis heute niemand eine Scheibe einsetzen konnte …

Simonsberg

In den vergangenen Jahrhunderten wurde das unscheinbare Örtchen im Nordosten von Eiderstedt wiederholt von der Nordsee zerstört, die Kirche mehrfach wieder aufgebaut und dabei immer ein Stück weiter ins Landesinnere verlegt – der heutige Bau stammt von 1829. Übrigens kommt die Glocke aus einer Vorgänger-Kirche – sie wurde in einer Wehle (→ Geografie) gefunden.

Der heutige Seedeich entstand erst Ende des 20. Jh., bis zur verheerenden Sturmflut von 1962 lag der Simonsberg viel näher am Meer. Auf dem alten Deich, hinter dem sich teilweise uralte Reetdachhäuser ducken, verläuft heute die Dorfstraße. Am Ende der Stichstraße von Simonsberg zum Meer liegt an einem Siel die nur bedingt attraktive *Badestelle Lundenbergsand*, die nur bei Flut genutzt werden kann (winziger Sandstrand und DLRG-Container); bei Ebbe badet man im benachbarten Meerwasser-Badesee (Kiosk, Beach-Volleyball).

Die *Wester-Spätinge,* ein 27 Hektar großes Feuchtgebiet zwischen Simonsberg und Uelvesbüll, steht seit 1978 unter Naturschutz. In der Naturstation des NABU sind Tier- und Pflanzen-Bestimmungsbücher, Infomaterial und Leihferngläser erhältlich; der NABU bietet auch Führungen durch das Gebiet und Wattführungen an (✆ 04841-65614 bzw. -4415).

• *Aktivitäten* **Naturstation Wester-Spätinge**, Dorfstr. 153 (Wendeplatz am Simonsberger Seedeich, hier hält auch ein Bus von Husum). Öffnungszeiten lt. Aushang. ✆ 04841-4099, www.nabu-sh.de.

• *Übernachten/Essen & Trinken* ****** Lundenbergsand Hotel**, neben einer kleinen Neubausiedlung ganz einsam direkt am Deich zum Wattenmeer gelegenes 23-Zimmer-Hotel mit Reetdach, etwas für Ruhesuchende. Ein kleiner Tagungsraum ist vorhanden, der Tagungsbetrieb prägt das Hotel aber nicht. Neuer Wellnessbereich „Watt'n Spa" mit Pool, Terrasse mit Abendsonne, Sauna, Schlick-Dampfbad etc. Das angenehm schlicht gestaltete „Watt'n Spa" ist auch für Nicht-Hotelgäste offen (10 € zzgl. Behandlung wie Kosmetik oder Massage, falls gewünscht), die natürlich auch das hauseigene Restaurant besuchen können. In friesisch-nostalgischem Ambiente werden hier feine Gerichte aus frischen regionalen Zutaten serviert, Hauptgericht 10–18 €. Alle Zimmer sind Nichtraucher-Räume! EZ 58–68 €, DZ 85–115 €, Suiten 118–155 €, jeweils inkl. köstlichem Frühstück, HP 19 €, interessante Arrangements. Lundenbergweg 3, 25813 Simonsberg, ✆ 04841-83930, www.hotel-lundenbergsand.de.

Nordseecamping Zum Seehund, hervorragend ausgestatteter, überschaubarer Rasenplatz mit einigen Bäumen und Sträuchern direkt hinterm Deich, nahe dem Badesee und der Nordsee-Badestelle. Einige FeWo, Laden und Restaurant; schöner Spielplatz. Geöffnet März–Okt. Lundenbergweg 4, ✆ 04841-3999, www.nordseecamping.de.

Uelvesbüll

Mehrfach wurde der 300-Einwohner-Ort von schweren Sturmfluten heimgesucht, alte Häuser sind daher kaum erhalten. Auch die Kirche zählt nur gut 150 Jahre; das Inventar konnte aber aus den Vorgängerbauten gerettet werden; so ist hier das einzige hölzerne Epitaph Eiderstedts zu bewundern (Kirchenschlüssel im Küsterhaus gegenüber). In der Nähe der Kirche fallen mehrere Wasserlöcher auf, bei denen es sich um Süßwasserteiche, sog. Wehlen (→ Geografie) handelt.

Auch in Uelvesbüll haben sich einige Künstler niedergelassen. Ein ganz besonderes Feriendomizil ist die etwa 2 km außerhalb des Ortes an der Landstraße nach Witzwort stehende alte Windmühle mit umlaufender Terrasse.

• *Kunst* **Atelierhaus Uelvesbüll**, Karl-Heinz Max Höppner freut sich über Besuche in seinem Atelier, in dem er auch Kreativitäts- training und Aquarell-Workshops anbietet. Porrendeich 27, 25889 Uelvesbüll, ✆ 04864-1006026, www.www.hoeppnerdesign.de.

• *Übernachten* **Mühle Catharina**, 190 m² großer Ferienwohnsitz mit ganz besonderem Ambiente an der wenig befahrenen Landstraße zwischen Witzwort und Simonsberg (Bushaltestelle direkt davor). Rechte Winkel gibt es in der 1786 erbauten und 1995 komplett sanierten Holländermüh-le so gut wie nicht, dafür einmalige Einblicke in die Konstruktion einer alten Windmühle. FeWo auf 3 Etagen für max. 6 Pers., 95–130 €/Nacht. Vermietung über Silvia Heep-Renfranz, Osterende 59, 25870 Oldenswort, ✆ 04864-966, www.eiderstedt.de/muehle.

Garding   (2600 Einwohner)

Das auf den ersten Blick unscheinbar wirkende Garding liegt auf einer kleinen Erhebung der einstigen Insel Everschop. Die gotische Kirche *St. Christian* aus dem 12. Jh. bildet den Mittelpunkt der Altstadt, der Kirchturm ist der höchste Punkt Eiderstedts. Wie Tönning erhielt auch Garding 1590 das Stadtrecht und lebte weitgehend vom Seehandel, der teilweise bis England reichte. Ab dem 17. Jh. gab es am Norderbootfahrt genannten Kanal einen Hafen, der erst durch die 1849 gebaute Chaussee nach Tönning und die 1892 eröffnete Eisenbahnlinie überflüssig wurde;

Ein Denkmal vor St. Christian erinnert an Theodor Mommsen

1910 wurde er zugeschüttet. Heute ist Garding Verwaltungszentrum des 16 Gemeinden umfassenden Amts Eiderstedt.

Rund um den Marktplatz, auf dem an einem Sonntag Ende Juli ein traditionsreicher Spezialitätenmarkt von Landfrauen der Umgebung stattfindet, sind einige uralte Häuser erhalten. Ein Bummel durch die Kopfsteinpflastersträßchen lohnt sich. An den berühmtesten Sohn der Stadt, den Historiker Theodor Mommsen, erinnern ein Denkmal an der Kirche und rostige Stelen mit seinem Profil. Anziehungspunkt für kulturell Interessierte ist das *Alte Rathaus*, das als Stallerhaus erbaut wurde und heute ein modernes Kulturzentrum ist. Der Staller, der Vorsitzende der Landesversammlung, war übrigens der Repräsentant des Herzogs auf Eiderstedt. Prominentester heutiger Einwohner des Städtchens ist der Musiker Knut Kiesewetter, der hier ab und zu Konzerte gibt.

*I*nformation/*A*dressen/*A*ktivitäten

• *Information* **Tourismusverein**, Mo–Fr 8–17 Uhr, Sa 10–12 Uhr. Markt 26, 25836 Garding. ✆ 04862-469, www.garding-nordsee.de.

• *Adressen* **Ärzte**: mehrere Allgemein- und Zahnärzte, ein Kinderarzt.

Apotheken, Everschop-Apotheke, Fischer-str. 8, ✆ 04862-8067. Löwen-Apotheke, Osterstr. 18, ✆ 04862-215.

Polizei ✆ 04862-102310. Notruf: 110.

• *Aktivitäten* **Minigolf**, Norderring/Ecke Hahneburg.

Musikantenbörse:im Juli/Aug. jeden Di

Abend Livemusik auf mehreren Bühnen, open air und im Stallerhaus (Eintritt frei), www.musik-fuer-garding.de.

Puppentheater: Seit über 15 Jahren erfreut Marianne Vocke-Bircher mit ihren selbst gefertigten Stabpuppen Kinder ab drei. Bei gutem Wetter können bis zu 50 Zuschauer im Garten Platz nehmen, bei Regen wird drinnen vor höchstens 25 Gästen gespielt. Mückenberg 6, ✆ 04862-17186.

Stadtführungen: im Juli/Aug. Di 10 Uhr, Treffpunkt Tourismusverein.

● *Einkaufen*. **Dit & Dat, von allns wat**: Le-

ckereien aus der Region von Apfel bis Ziegenkäse, teils aus eigenem Anbau; dazu Schaffelle, selbst gemachte Marmeladen, Liköre und Frischfleisch von persönlich bekannten Züchtern. Im Sommer Mo–Sa 9–19 Uhr, So 11–19 Uhr, im Winter Mo–Sa 10–17 Uhr. Tatinger Str. 1, ✆ 04862-1554.

Kinnerkrom, ein Spielwarenladen mit allem, was dem Nachwuchs im Urlaub möglicherweise fehlt; auch Kinderbücher. Enge Str. 7, ✆ 04862-1658.

Wochenmarkt, Produkte aus der Region, Di 7–12 Uhr.

Übernachten/Essen & Trinken

● *Übernachten* **Hotel Gardinger Hof**, der modernisierte ehemalige Kirchspielkrug bietet akzeptable Zimmer mit TV und Duschbad, EZ 45 €, DZ 75 €. Süderstr. 52, ✆ 04862-257, www.gardinger-hof.de.

Bed & Breakfast, Renate Götze vermietet in einem ruhig gelegenen, 2006 komplett renovierten Haus von 1820 zwei stilvolle, gut ausgestattete DZ mit eigenem Duschbad (jeweils 85 € inkl. Frühstück, das im Sommer unter alten Obstbäumen serviert wird). Die Gäste dürfen auch das Wohnzimmer mit Kamin nutzen. Gartenstr. 21, ✆ 04862-201040, www.bb-eiderstedt.de.

Ferienwohnungen Korndeichhof, 9 familienfreundliche FeWo in verschiedenen Gebäuden, 31–63 €. Fam. Dau, Korndeich 4, ✆ 04862-568, www.eiderstedt.de/korndeichhof.

● *Essen & Trinken* **Kaffee-Kränzchen und Pannkoken-Hus**, gemütliches kleines Café,

in dem es hausgebackene Torten und natürlich Pfannkuchen gibt. Im Sommer serviert Karola Schulze auch Eis. Tägl. 9–18 Uhr, Mi und So erst ab 14 Uhr. Enge Str. 3, ✆ 04862-8560.

Café Seegartengalerie, modern gestaltetes Café in Reetdachhaus mit großzügigem Außenbereich am alten Deich. April–Sept. tägl. ab 14 Uhr, sonst Fr–So ab 14 Uhr. Alter Gardinger Deich 9, ✆ 04862-2019850.

Chill out, das neue, modisch gestylte Restaurant in der Dreilandenhalle serviert neben mediterraner Cross-Over-Küche auch Handfestes wie Schnitzel und Currywurst. Preiswerter Mittagstisch. Graureiherweg 11, ✆ 04862-1041762, www.chillout-garding.de.

Musikkneipe Lütt Matten, hier gibt es das späteste Bier Gardings und gelegentlich Livemusik. Do–Di ab 17 Uhr. Enge Str. 15, ✆ 04862-1200, www.luettmatten-garding.de.

Sehenswertes

Experimenta: eine Mitmach-Ausstellung mit Physik-Experimenten; hier kann man physikalische Phänomene hautnah erfahren – ein Erlebnis für die ganze Familie. Jeder darf mitmachen, und auch Erwachsene staunen über ihren gefrorenen Schatten oder die Riesen-Seifenblase, in der sie komplett verschwinden.

Juli/Aug. tägl. 10–18 Uhr, sonst nur Mo–Sa, zeitweise nur bis 16 Uhr. Jan./Feb. Do–Sa 10–16 Uhr. Eintritt 5,50 €, Kinder ab 5 J. 4,50 €. Letzter Einlass 1 Std. vor Schließung. Tatinger Str. 1, ✆ 04862-1046122, www.experimenta-nordsee.de.

Stallerhaus: Neben Veranstaltungen wie Lesungen und Vorträgen gib es hier ständig Ausstellungen der Künstlervereinigung „Kunst-Klima". In dieser Initiative haben sich rund 50 Eiderstedter Künstler zusammengeschlossen, um Bewohnern und Besuchern der Halbinsel das reiche kreative Schaffen der Region zu präsentieren.

Juli/Aug. Di 10–12/15–17 Uhr, Mi–Sa 15–17 Uhr. April–Juni und Sept./Okt. Di 10–12 Uhr, Do–Sa 15–17 Uhr. Enge Str. 5, ✆ 04862-103040, www.kunstkultur-nf.de.

St.-Christian-Kirche: Ab 1102 entstand diese gotische Kirche am höchsten Punkt von Eiderstedt. Sie wurde auf einer elf Meter hohen Warft erbaut und ist die einzige

Eiderstedt

zweischiffige Hallenkirche Norddeutschlands. Die heutige Form der Kirche stammt aus dem Jahr 1488.

Ganzjährig tägl. 9–17 Uhr, Führungen finden im Sommer Di um 10 Uhr statt.

Theodor-Mommsen-Haus: Hier in Mommsens Geburtshaus ist die Ausstellung „Der Historiker und Nobelpreisträger im Spiegel seiner Zeit" zu sehen. Das Gebäude stammt aus dem 16. Jh.

Juni–Aug. Di–Fr 8.30–11.30 Uhr und nach Vereinbarung, Sept.–Mai Di–Fr 15–17 Uhr. Markt 5, ✆ 04862-17267.

Umgebung von Garding

Poppenbüll

Schon Anfang des 12. Jh. wurde der Vorgängerbau der heutigen Kirche im ersten Eiderstedter Koog, dem St. Johanniskoog, erbaut. Damals war die Nordsee hier noch eine gewaltige Gefahr, war der Deich um den Ringkoog doch nur eineinhalb Meter hoch. Im Innenraum von *St.-Johannis* sind die Kanzel von 1579 und das Bronze-Taufbecken von 1590 sehenswert. Gegenüber der Kirche steht ein nachgebauter *Vierruten-Barg*, ein Vorläufer der riesigen Haubarge. Sein Dach konnte mit einer ausgeklügelten Hebevorrichtung der jeweiligen Heumenge angepasst werden.

• *Übernachten* **Eulenhof**, Feriendomizil für max. 8 Pers. in 160 m² großem, gut und geschmackvoll ausgestattetem Reetdachhaus von 1843; je nach Saison 85–130 €. Möhlendiek 8, 25836 Poppenbüll, ✆ 04865-901560, www.nordsee-reetdachhaus.de.

• *Essen & Trinken* **Bauernhofcafé/Restaurant De Kohstall im Seerosenhof**, samstags gibt es regionale Spezialitäten, an die man sich ruhig einmal heranwagen sollte. Seinen Namen hat der Seerosenhof von dem nebenan liegenden Seerosenteich, der während der Öffnungszeiten des Cafés zu besichtigen ist. März bis Mitte Nov. Mi–Mo ab 11.30 Uhr, Küche bis 20 Uhr. St.-Johanniskoog-Ring 14, ✆ 04862-102840, www.de-kohstall.de.

Osterhever

St. Martin steht erhöht auf der Kirchwarft, auf der es auch einen Picknickplatz für Radwanderer gibt. Verpflegung kann man im örtlichen Lädchen kaufen, das auch als Gaststätte dient. Im Juli und August findet im Ort das traditionelle Klootstockspringen statt (→ Kasten).

In Osterhever haben sich zwei Künstlerinnen niedergelassen, deren Ateliers für Besucher geöffnet sind.

• *Übernachten* **Ferienwohnung auf dem Bauernhof**, fünf gut ausgestattete, geräumige FeWo für 2–6 Pers. auf dem Hof der Familie Clausen, auf dem auch Kühe, Schweine und Ponies leben. Spiel- und Grillplatz, Baby- und Kleinkinder-Ausstattung, 35–88 €/Nacht inkl. Wäschepaket. Norderheverkoogstr. 25, 25836 Osterhever, ✆ 04865-633, www.bauernhof-am-wattenmeer.de. **Ferienwohnung auf dem Bauernhof**, vier gut ausgestattete FeWo für 4–6 Pers. auf dem Hof von Familie Gertz-Petersen; Ponies und Streicheltiere, Frühstück auf Wunsch. 42–65 €. Norderheverkoogstr. 15, ✆ 04865-9186, www.ferienhof-gertz.de. **Ferienwohnung Hus opn Diek**, 80 m² große Haushälfte unter Reet in Alleinlage mit sehr guter Ausstattung für max. 5 Pers., 40–60 €. Schockenbüll 4; Vermietung durch die Düsseldorfer Fam. May (✆ 0211-327926), www.reethaus-idylle.de.

• *Kultur* **Helga Hoppe Biller un Böker**, die Galerie mit angeschlossener Bücherstube ist das kulturelle Zentrum Osterhevers. Wer sich hier länger aufhält, kann einen Malkurs buchen. April–Okt. Di–So 14–18 Uhr, Nov.–März Mi–Sa 14–17 Uhr. Dörpstraat 16, ✆ 04865-879, www.galerie-biller-un-boeker.de. **Sigrid Nolte-Schefold**, Atelier und Galerie mit wechselnden Ausstellungen, auch Workshops im Angebot. Besuche nach tel. Vereinbarung. Dörpstraat 9, ✆ 04865-901910, www.art-nolteschefold.de.

Friesische Sportarten

Boßeln und Klootstockspringen sind traditionelle friesische Sportarten, die bis zum heutigen Tag ausgeübt werden. Im Sommer wird neben dem Klootstockspringen auch das Ringreiten praktiziert; Boßeln kann man eigentlich nur im Winter. Und wie funktioniert das – Boßeln, Klootstockspringen und Ringreiten?

Feldboßeln wird in Schleswig-Holstein mindestens seit 1585 ausgeübt und von zwei Mannschaften (traditionell die Vertreter zweier Dörfer) auf gefrorenem Marschboden gespielt. Dabei wird die Boßel, eine 500 g schwere Kugel, die entfernt einer Kegelkugel ähnelt, von einem Spieler nach dem anderen möglichst weit geschleudert. Die Mannschaft, die insgesamt die weitere Strecke geschafft hat, hat gewonnen.

Klootstockspringen wird inzwischen eher als Touristen-Belustigung betrieben. Seinen Ursprung soll es als Fortbewegungsart in der nassen Jahreszeit haben. Dabei springt man mit einem langen Stab, dem Klootstock, mit ordentlichem Anlauf über die Gräben in der feuchten Marschlandschaft: Der Stock wird in die Mitte des Grabens gerammt und der Springer schwingt sich hinüber, was natürlich nicht immer gelingt.

Das *Ringreiten* hat keine bäuerliche, sondern eine militärische Tradition. Der galoppierende Reiter versucht dabei mit einer Lanze einen an einer Schnur aufgehängten Ring aufzuspießen. Gewonnen hat der Reiter, den der Ring mit dem kleinsten Durchmesser, den Königsring, dreimal heruntergeholt hat.
Aktuelle Termine, wo welche Sportarten zu sehen sind, in den Veranstaltungsheften der Tourist-Informationen und Gemeinden.

Eiderstedt

Tetenbüll

Der Ort ist ein nettes Ausflugsziel für Familien mit Kindern ab dem Grundschulalter; Hauptattraktion ist das *Haus Peters* mit dem komplett erhaltenen Krämerladen von 1820, das im Ortszentrum auf einem alten Deich steht und heute ein Museum ist. Erbaut wurde das Haus, in dem die Familie Peters über 200 Jahre wohnte, 1765. Neben der original erhaltenen Biedermeier-Ladeneinrichtung, in der drei Generationen der Familie bis 1924 alles Lebensnotwendige verkauft haben, sind auch die Wohn- und Schlafstube sowie die Küche der Familie zu besichtigen. Ebenfalls sehenswert ist *St. Anna;* ihr Kirchenschiff hat eine Holzdecke, der mächtige Turm markiert die Ortsmitte.

Relativ wenig besuchte Badestellen („Grünstrände") liegen am Sportboothafen ca. 5 km nördlich des Orts, dort gibt es auch einen Parkplatz und einen Kiosk mit Café. Sehenswert ist der einsam auf einer Warft gelegene und von einem uralten Wassergraben umgebene, über 100 Jahre alte *Schafhof Volquardsen* (etwa 1 km nördlich des Ortszentrums, gut beschildert). In dem romantischen Anwesen werden Schafkäse-Spezialitäten in Bio-Qualität hergestellt, die man im Hofladen kaufen kann. Wer sich für die Herstellungsweise interessiert, kann sich einer ca. 1½ Std. dauernden Führung anschließen.

● *Information* **Tourismusverein**, Marschchaussee 6, 25882 Tetenbüll. ☏ 04862-375.

● *Adressen* **Kaufmannsladen Haus Peters**, Museum, Galerie und Kunsthandwerks-Laden. Gartenfreunde begeistert der Bauerngarten mit regionaltypischen Pflanzen und historischen Rosen. März bis Mitte Jan. Di–So 14–18 Uhr, Juni–Sept. bereits ab 11 Uhr. Eintritt frei, Führungen nach Vereinbarung. Dörpstraat 16, ✆ 04862-681.

Galerie Wasserkoog 25, in einem schönen, reetgedeckten Haus 5 km nördlich des Orts Tetenbüll empfangen Susanne Wendt und Tom Kosbab ihre Besucher. Zu sehen ist gegenständliche und abstrakte Malerei. Di–So 10–18.30 Uhr und nach Vereinbarung. Wasserkooger Str. 25, ✆ 04865-612, www.galerie-wasserkoog-25.de.

Schafhof Volquardsen, Hofladen Mo–Sa 8–12/14–18 Uhr. Führungen Mai–Okt. Di und Fr; im Juli/Aug. zusätzlich Do – jeweils um 15 Uhr. Kirchdeich 8, ✆ 04862-348, www.friesische-schafskäserei.de.

• *Übernachten* **Ferienhaus Die Kate**, nobel ausgestattete, 2002 komplett sanierte, reetgedeckte Kate, eines der ältesten Häuser auf Eiderstedt – etwas erhöht auf einem alten Deich, 2 km östlich des Ortszentrums. Riesiges Wohnzimmer mit offener Küche und Panoramafenster, zwei Schlafzimmer für je zwei Pers. im Dachgeschoss (mit Schrägen). Im Winter sorgt der Kachelofen für Gemütlichkeit. 75 €/Nacht. Osterkoogsdeich 17. Vermietung durch Telse Ronneburger, Am Sand 2, 25889 Uelvesbüll, ✆ 04864-1324, www.ferienzentrum.de/die-kate.

**** Ferienwohnung auf dem Haubarg Marienhof, im sehr schön gestalteten zweistöckigen Dachstudio des allein stehenden, denkmalgeschützten Haubargs (kaum Fenster!) können max. 6 Pers. Urlaub machen. 55–95 €. Kaltenhörner Deich 9, ✆ 04864-10184, www.haubarg-marienhof.de.

Ferienwohnung auf dem Haubarg Peters, max. 4 Pers. wohnen in der FeWo auf dem traditionellen Haubarg-Hof zusammen mit vielen Tieren; Ponyreiten, Spielgarten, Kinderbetten etc. 40–55 €. Sieversflether Str. 8, ✆ 04865-9130, www.haubarg-peters.de.

• *Essen & Trinken* **Kirchspielkrug**, Familie Claussen serviert gutbürgerliche Küche, darunter auch Regionaltypisches wie Mehlbüdel und Saure Rolle. Di–So warme Küche 12–14 und 18–20 Uhr. Karkenstraat 1, ✆ 04862-8096.

Katharinenheerd

Die *St.-Katharinen-Kirche*, von der der Ort seinen Namen hat, wurde im 12. Jh. erstmals urkundlich erwähnt. Ihr hölzerner Glockenturm aus dem 17. Jh. steht separat neben der Kirche, was an der Nordseeküste recht häufig ist. Das kostbar ausgestattete Gotteshaus schmücken ein sehenswerter Altar und eine prächtige Kanzel. Außen erinnert ein Sandsteinrelief an die kleine Martje Flohr, die Anfang des 18. Jh. während der schwedischen Besetzung Eiderstedts ein geflügeltes friesisches Wort geprägt haben soll. Von betrunkenen Soldaten aufgefordert, einen Trinkspruch zum Besten zu geben, sagte die Zehnjährige: „Et gah uns wohl op unse olen Dage" – Möge es uns auf unsere alten Tage wohl ergehen. (Kirche Ostern bis Erntedank tägl. 8–18 Uhr.)

Auch winzige Orte wie Katharinenheerd haben prächtig ausgestattete historische Kirchen

Welt

Von Juni bis September ist die *St.-Michael-Kirche* auch ein Kulturzentrum, in dem mehrmals wöchentlich abends unter dem Titel „Sommerkirche" Veranstaltungen aller Art stattfinden. Neben Konzerten gibt es hier Vorträge zu Gesundheitsthemen oder Historischem, Kabarett und Zaubershows.

● *Adressen* **Atelierhaus Rungholt**, tägl. ab 14 Uhr öffnet Maler Wolfgang Groß-Freytag neugierigen Besuchern sein Atelier. Rungholter Weg 4, 25836 Welt, ☏ 04862-1044904.

Bioland-Hofladen Pauls, Fleisch, Wurst, Eier, Milchprodukte, Obst und Gemüse aus biologischem Landbau. Markenkoog, ☏ 04862-949.

● *Übernachten/Essen & Trinken* **Haus Weltblick**, 1996 erbautes 120 m²-Haus für max. 6 Pers. und 1 Kleinkind; schöne Aussicht, gute Ausstattung. 58–85 €. Pastoratsweg 14. Vermietung über Frau Ripp (Leipzig), ☏ 0341-2305295, www.weltferienhaus.de.

Ferienwohnung im Haubarg Windschuur, etwas außerhalb in Alleinlage; 10 rustikal eingerichtete FeWo für max. 5 Pers., 37–82 €. Löhn 2, Vermietung durch Fam. Seitz (Hamburg), ☏ 040-206159, www.reet-und-meer.de.

Kirchspielskrug im Möllner Hof, gute Küche in historischem Gemäuer; besonders empfehlenswert das Eiderstedter Spezialitäten-Buffet am Freitag ab 18 Uhr. Do Ruhetag. Dorfstr. 3, ☏ 04862-1077-0, www.kirchspielskrug-welt.de.

Landgasthof Marienhöh, Fisch- und Krabbengerichte in einem über 100 Jahre alten, von hohen Bäumen umgebenen ehemaligen Bauernhaus. Im Sommer wird draußen serviert; Spielplatz. In der Saison tägl. ab 12 Uhr. Eiderdammstr. 1, ☏ 04862-8100, www.marienhoeh.de.

Vollerwiek

In der *St.-Martin-Kirche* erinnert eine prächtige Kanzel aus der Renaissance daran, wie reich Eiderstedt in früheren Jahrhunderten war. Heute haben sich in dem Örtchen hinterm Deich mehrere Künstler niedergelassen, deren Ateliers von Zeit zu Zeit auch Besuchern offen stehen. Auch eine Töpferin arbeitet hier. Fürs leibliche Wohl sorgt der *Hofladen der Familie Jürgens*, auf deren Feldern man im Sommer Beeren pflücken kann.

Östlich des Ortes gibt es eine bewachte *Badestelle* mit Duschen, Toiletten und Strandkörben, die vor allem von Gardingern besucht wird. Bequeme Stufen führen nur bei Flut ins Wasser. Bei Ebbe starten am DLRG-Container am Deich bei der Badestelle von April bis Oktober von Nationalpark-Mitarbeitern geführte Wattwanderungen (Infos unter ☏ 04833-539 oder 04884-356).

● *Kunst/Einkaufen* **Atelier-Galerie Fred Bandekow**, hier stellen auch andere Künstler aus. In der Saison Di–So 14–18 Uhr und nach Vereinbarung. Altendeich 12, 25836 Vollerwiek, ☏ 04862-104711.

Galerie und Atelier Karin Dreyer, maritim inspirierte Aquarelle; wer ein bisschen mehr ausgeben kann, findet hier einzigartige Souvenirs. Im Sommer mehrtägige Aquarellkurse für Fortgeschrittene. Mitte März bis Ende Okt. Fr/Sa 16–18 Uhr, Juli/Aug. Di–Sa 16–18 Uhr und nach Vereinbarung. Westerdeich 1, ☏ 04862-103040, www.galerie-meerkunst.de.

Ulrich Meggers, Lithograf und Maler. Im Dorf 3, ☏ 04862-791.

Töpferei Ursula Schmidt, handgetöpfertes Steinzeug mit traditioneller Salzglasur. Auch mehrtägige Töpferkurse. Mo–Sa 10–18 Uhr. Altendeich 12, ☏ 04862-8336.

Vollerwieker Früchtchen, Himbeeren, Brombeeren, Johannis- und Stachelbeeren zum Selberpflücken bei Familie Jürgens, die auch einen Hofladen betreibt (ganzjährig). Langer Weg 4, ☏ 04862-102090, www.landfrieden.de.

● *Übernachten/Essen & Trinken* **Haus Windlicht**, zwei winzige, im skandinavischen Stil möblierte FeWo (2 Pers.) sowie eine geräumige für max. 6 Pers. in saniertem Reetdachhaus. 25–85 €. Wer möchte, kann sogar das ganze Haus inkl. Seminarraum im DG buchen (160–220 €). Altendeich 16. Vermietung über Fam. Reinhold (Hamburg), ☏ 040-52739813, www.haus-windlicht.de.

Ferienwohnung Landhaus Ole Steen, vier FeWo für je max. 4 Pers. in geschmackvoll saniertem Reetdachhaus von 1700. 41–85 €. Süderdeich 7, ☏ 04862-918 (ab 19 Uhr), www.fewo-schleswig-holstein.de.

Ferienhaus Immensee, frei stehendes, gemütlich eingerichtetes Reetdachhaus auf riesigem Grundstück, 86–102 €; beim selben Vermieter auch sechs gut ausgestattete FeWo für 2–6 Pers. im schlichten Haus „Achtern Diek", z. T. mit Südterrasse. 32–52 € zzgl. gesalzener Betriebskosten. Buchbar über Fam. Brügmann, Hamburg, ☏ 040-4802709, www.deichland.de.

Eiderstedt

Ferienwohnung op de Warft, 4 unterschiedlich große, gut und kinderfreundlich ausgestattete FeWo (2–4 Pers.) gleich hinterm Deich, auf Wunsch ist der Kühlschrank bei Ankunft gefüllt. Einige Kleintiere, Spielplatz, Kinderfahrzeuge, Grillplatz etc. 30–81 €. Mühlendeich 4, ℘ 04862-102019, www.urlaub-land-meer.de.

Op de Burg, im historischen Gemäuer auf einer alten Warft gibt es frisch zubereitete Speisen, friesische Heißgetränke und diverse Weine. Auf Vorbestellung werden Krabbenessen und die typische Wiensupp zubereitet. Di–So 17.30–23 Uhr, Mitte Juni bis Anfang Sept. ab 14.30 Uhr. Zudem drei kleine FeWo, auf Wunsch mit Frühstück oder HP. Mühlendeich 24, ℘ 04862-103200, www. opdeburg.de.

Tating

St. Magnus ist die älteste Eiderstedter Kirche (tägl. 10–17 Uhr). 1103 wurde auf der Warft eine hölzerne Kapelle errichtet, die später von einem Steinbau ersetzt wurde. Auffallend ist eine heute zugemauerte, bogenförmige Öffnung der Fassade in Bodennähe, das sog. Pestfenster. Durch diese Öffnung bekamen die Pestkranken während des Abendmahls die Hostie gereicht, damit sie die Gläubigen in der Kirche nicht anstecken konnten. Heute schmückt eine Christusfigur die Nische des früheren Pestfensters. Wie verwurzelt der Glaube im bäuerlichen Leben war, verdeutlicht die Darstellung von Christi Himmelfahrt an der Nordempore: Hier fährt Jesus von einem Heuhaufen gen Himmel. Sehenswert ist auch der geschnitzte Altar aus dem 15. Jh., der gemalte Hintergrund ist etwa hundert Jahre jünger. Obwohl die Kirche seit Jahrhunderten evangelisch-lutherisch ist, steht hier immer noch der Beichtstuhl.

In Tating sind mehrere historische *Haubarge* (→ Architektur) erhalten. Die bekanntesten sind der *Hof Hamkens* (Dorfstr. 6; heute Ferienhof Hamkenshof) und der *Haubarg Hochdorf* im denkmalgeschützten *Hochdorfer Garten*, einem barocken Park. Im weitläufigen Garten mit seinen Lindenalleen und seltenen Bäumen kann man eine künstliche Ruine aus dem 19. Jh. entdecken, die bei der Erweiterung des Gartens geschaffen wurde, sowie das nette Galerie-Café Schweizer Haus.

Der 1764 errichtete Haubarg Hochdorf ist mit einer Grundfläche von etwa 1000 m², sieben Eingangstüren und 54 Fenstern einer der größten dieser außergewöhnlichen Höfe. Allerdings darf man in Tating kein geschlossenes historisches Ortsbild erwarten, die Brände im 17. und 18. Jh. zerstörten fast alle Gebäude. Das älteste Gebäude des Orts steht in der Dorfstraße 45 und beherbergt heute ein Möbelgeschäft.

• *Information* **Tourismus-Verein Tating**, nur schriftl. Auskünfte. Süderdeich 8, 25881 Tating, www.tating-nordsee.de.

• *Aktivitäten* **Golfclub Deichgrafenhof**, der Ire Brian Egan betreibt den anspruchsvollen Neun-Loch-Platz, den er nach und nach erweitern möchte. Der Platz ist offen für alle, die sich an die Regeln halten; der sonst übliche Platzreife-Nachweis ist nicht erforderlich. So können hier auch Familien mit Kindern einmal das Spiel ausprobieren, das sich vom einst elitären Vergnügen zum Massensport wandelt. Auch Schnupperkurse für Anfänger. Das rustikale Clubhaus ist natürlich ein Irish Pub – Egans Hommage an seine Heimat – in dem es aber auch gute Weine gibt. Gelegentlich Livemusik. Wechselnde Öffnungszeiten; bei Golfwetter stets offen. Esing 7, ℘ 04863-955060, www.gcdeichgrafenhof.de.

• *Einkaufen* **De Wohnstuv**, Möbel und Zubehör wie ausgesuchte Tisch- und Bettwäsche, Geschirr, Besteck und Gläser sowie edle Seifen und Parfums. Dorfstr. 45, ℘ 04862-104034, www.dewohnstuv.de.

Hofladen Sandhof, Kartoffeln, Gemüse und Eier vom eigenen Hof, dazu Räucherfisch, Obst, Schaf- und Ziegenkäse aus der Region sowie ein großes Sortiment an hausgemachten Marmeladen. In der Saison Mo–Sa 9–18 Uhr, So 11–18 Uhr, sonst kürzer. Osterende 1, ℘ 04862-270.

Backstuv Peters, ganzjähriger Brötchen-Lieferservice bis St. Peter-Ording und Tümlauer-Koog, Mitte März bis Ende Okt. auch bis Westerhever, Poppenbüll, Vollerwiek etc. Mo–Mi 6–12/14.30–18 Uhr, Do 6–12 Uhr, Fr 14.30–18 Uhr, So 7–10 Uhr. Düsternbrook 15, ☎ 04862-438.

● *Übernachten* **Gästehaus Andresen**, Bilderbuch-Reetdachhaus in schönem Blumengarten, allein und absolut ruhig auf einer nur über einen teils betonierten Feldweg zu erreichenden Warft 3 km südlich des Orts. 2 Nichtraucher-DZ und 1 EZ (alle mit Dusche/WC) zum Single-freundlichen Preis von 26 €/Pers. (inkl. Frühstück). Zustellbetten möglich. Andresen Warft, ☎ 04862-10110, www.andresen-warft.de.

Ferienwohnung im Hauburg Hochdorfer Garten, eine FeWo für 2 Pers. (40–69 €), eine für 4 Pers. (50–79 €) im denkmalgeschützten Anwesen. Hochdorfer Weg 1. Buchung über Silvia Kempf (Berlin), ☎ 030-3611893, www.hauburg-hochdorfer-garten.de.

**** **Ferienwohnung Landhaus Medehop**, 2004 fertig gestellte, 56 m² große FeWo in Reetdachhaus auf 4000 m²-Grundstück für max. 4 Pers. Bei Zweier-Belegung 55–75 €, weitere Pers. 10 €. Medehop 23. Vermieter: Dr. Ingo Rempel, Kiel, ☎ 0431-651660, www.medehop23.de.

*** **Ferienwohnung Blumenhof**, 3 FeWo mit separatem Eingang für jeweils 2–5 Pers. auf historischem Reetdach-Hof in Alleinlage. Kinderspielplatz und Streichelzoo. 43–78 €. Süderdeich 8, ☎ 04862-8419, www.hauburg-blumenhof.de.

***** **Campingplatz**, jüngst wurde Erika Karstens' früherer Bauernhof-Camping vom Campingpark Olsdorf übernommen, der ihn um 20 Stellplätze erweitern will und einen Spielplatz, Badesee, Ponyreiten, Spielscheune sowie ein Restaurant im alten Bauernhaus plant. Näheres ist noch unbekannt; aktuelle Infos: www.camping-olsdorf.de. Martendorf 4.

● *Essen & Trinken* **Galerie-Café Schweizer Haus**, sehenswert ist das 1873 im Schweizer Stil errichtete Gebäude, heute ein schönes Café. Neben dem beliebten selbst gebackenen Kuchen und Torten serviert Britta Steinbrück auch einige warme und kalte Speisen. Wechselnde Öffnungszeiten, Mo und Di geschlossen. Düsternbrook 10, ☎ 04862-102687.

Sankt Peter-Ording

(3700 Einwohner)

Mit 150 Jahren vergleichsweise jung ist die touristische Hochburg Bad St. Peter-Ording, die um 1960 zum Schwefel-Heilbad geadelt wurde: Aus einer erst 1958 entdeckten Quelle wird bis heute schwefelhaltige Sole emporgepumpt und in der Dünentherme für Kuranwendungen genutzt. An die Schönheit des Ortes sollte man keine hohen Erwartungen stellen. Hauptattraktion ist ohnehin Deutschlands breitester Sandstrand, den man sogar mit dem Auto befahren darf.

St. Peter-Ording, kurz „SPO" genannt, wird voll und ganz vom Tourismus beherrscht: In den 15.000 Gästebetten werden jährlich 2 Mio. Übernachtungen gezählt. Die Einheimischen sind also, Januar und Februar vielleicht ausgenommen, klar in der Minderheit. Echte Sehenswürdigkeiten gibt es kaum. Über sechs Kilometer parallel zum Strand mit seinem feinen weißen Sand zieht sich der Küstenort, der aus vier deutlich von einander abgegrenzten Ortsteilen besteht: St. Peter Böhl, St. Peter Dorf, St. Peter Bad und Ording.

Der schönste Ortsteil ist **St. Peter Dorf**; hier ist noch einiges an alter Bausubstanz erhalten, hier erwartet ein neu gestaltetes Heimatmuseum die Besucher in historischen Gemäuern. Rundherum gruppieren sich Wohn- und Ferienhäuser, Kurkliniken und ein Internat. Im alten Ortskern ist einiges Interessante zu entdecken: Geht man von der St.-Peter-Kirche durch den Durchlass im alten Deich (Stöpe) zum Marktplatz, stößt man auf den Brunnen „Jan und Gret" (s. Abb. S. 38). Die beiden Figuren symbolisieren die armen Einheimischen früherer Zeiten, die dem Meer mühselig Essbares abringen mussten. Das Backhaus am Rand des Marktplatzes haben übrigens Ehrenamtliche gebaut. Ab und zu wird hier gebacken (s. Aushang), das leckere Brot ist immer blitzschnell ausverkauft – also beeilen!

Eiderstedt

Das Zentrum der touristischen Infrastruktur mit Seebrücke, Hotels, Kino, Freizeitbad und Geschäften befindet sich in **St. Peter Bad**. Die Ortsteile St. Peter Böhl und Ording wirken am verschlafensten; hier ist ruhiger, erholsamer Urlaub garantiert. Die Restaurants und Kneipen konzentrieren sich im *Ortsteil Dorf* an der malerischen Dorfstraße sowie an der Badallee. Im Gewerbegebiet am Bahnhof *St. Peter-Ording Süd* finden sich auch sonntags geöffnete Supermärkte, eine Fischräucherei und das 2009 eröffnete Kaufhaus Stolz.

Von allen Ortsteilen hat man über mehrere Wege Zugang zu den schier endlosen Sandbänken, auf denen die charakteristischen hohen Pfahlbauten stehen. Sie wurden wegen der winterlichen Sturmfluten errichtet und sind deshalb nur im Sommer zugänglich. Die Sandbänke, die den bis zu 1 km breiten Strand bilden, halten im Sommerhalbjahr und bei schönem Wetter auch im Winter die Wellen ab, sodass man hier nicht mit Nordseebrandung rechnen kann.

In St. Peter-Ording treffen sich Kitesurfer aus aller Welt

An vielen Stellen trennt der im späten 19. Jh. gegen die ständigen Sandverwehungen gepflanzte Kiefernwald den Ort vom Strand. Nur zwischen St. Peter und Ording erreichen die Dünen eine Höhe von max. 15 m und machen Deiche überflüssig. Die restliche Küstenlinie ist seit den 1970er-Jahren durch einen meist asphaltierten Deich gesichert, den man bei Ording sogar mit dem Auto befahren kann, um auf den einzigen deutschen Parkplatz direkt auf dem Strand zu gelangen. Was häufig verschwiegen wird, sind die Salzwiesen, die sich an einigen Stellen mehrere 100 m breit zwischen Deich und Meer erstrecken. Sporadisch führen Bohlenwege hindurch, die im Winter bei auflaufendem Wasser rasch überflutet werden können!

Keinesfalls unterschätzen sollte man die Entfernungen, die vom Ort zum Strand zurückzulegen sind, wobei der *Südstrand* und der *Böhler Strand* in der Saison im Stundentakt vom Ortsbus angefahren werden. Bei der Planung des Strandtages ist es auch zu berücksichtigen, dass es an den Stränden nur Toiletten, Strandkörbe und etwas Gastronomie, aber keinen Laden mit Sonnenmilch, Wasserbällen etc. gibt. Für kleine Kinder sollte man am besten einen Bollerwagen o. ä. besorgen.

Großveranstaltungen wie der Kitesurf-Worldcup, das Drachenfestival oder die Beachvolleyball-Masters finden an den Strandzugängen Köhlbrand und Ording statt, die mit dem Auto befahren werden dürfen. Überhaupt ist in SPO viel los; die Tourismus-Zentrale gibt monatlich ein prall gefülltes Heft mit dem aktuellen Veranstaltungsprogramm heraus, das von sportlichen Aktivitäten über Malkurse bis zu Ausflugsfahrten reicht.

Die Strandbauten in St. Peter-Ording

Als vor über hundert Jahren die ersten Badegäste kamen, setzten Fischer sie mit Booten über den Priel zur Sandbank über. Verpflegen konnten sich die Gäste seit 1905 in der „Giftbude", die nicht etwa so hieß, weil es dort Ungenießbares gab, sondern die ihren Namen von der Beschreibung „dor gift dat wat" (da gibt es was) hatte. Gemeint war damit vor allem Hochprozentiges. Die „Mutter aller Pfahlbauten" stand auf der Sandbank zwischen dem Ortsteil Bad und dem heutigen Strandübergang Köhlbrand, musste schon 1911 erneuert werden und fiel 1936 einer Sturmflut zum Opfer. Der eigentliche Badestrand lag damals aber noch am heutigen Deich im Ortsteil Bad. Bis dahin kam die Nordsee bei Flut noch, erst später verlandete dieser Bereich. Doch war es schon seinerzeit besonders interessant, möglichst weit Richtung Nordsee zu gelangen. 1926 war die Gästezahl so gewachsen, dass es sich lohnte, eine Seebrücke auf die vorgelagerte Sandbank zu bauen, die schon im ersten Winter vom Eisgang schwer

beschädigt wurde. Mehr als ein Jahrzehnt später entstand dann auf dieser Sandbank der große Pfahlbau mit Toiletten und Umkleidekabinen, der bis heute erhalten ist. In der Folgezeit baute man mehrere Strandcafés auf Stelzen, die bis heute jeden Winter von der Nordsee umspült werden.

Geschichte

Erstmals urkundlich erwähnt wird **St. Peter** 1373 als Dorf namens „Ulstrop" mit der Kirche St. Petri, nach der der Ort seit 1445 benannt ist. Heute erinnert die an der Kirche vorbeiführende Olsdorfer Straße noch an den alten Ortsnamen. Jahrhunderte lang war St. Peter ein kleines Fischerdorf, das sich ständig gegen Sandverwehungen wehren musste; bis nach dem Zweiten Weltkrieg lagen noch Fischerboote am Strand. 1875 wurde St. Peter zum Seebad geadelt, 1932 erhielt es endlich Anschluss an das Eisenbahnnetz. Von der einst prächtigen Bäderarchitektur des 19. Jh. im Ortsteil St. Peter Bad hat kaum etwas die Abrisswut der Nachkriegszeit überlebt.

Das einstige Fischerdorf **Ording** wurde 1877 zum Nordseebad erhoben, nachdem sich die Fremden schon 40 Jahre lang in Badezelten mit dem Meer bekannt gemacht hatten. Einen großen Aufschwung erlebte der Tourismus mit der Cholera-Epidemie in Hamburg um 1892, denn wer es sich leisten konnte, floh aus der Stadt an die See. Es folgte ein regelrechter Bauboom in dem noch jungen Seebad; um 1900 gab es bereits fünf Hotels, 1911 kam ein Kinder-Kurheim und 1913 das Sanatorium „Goldene Schlüssel" hinzu, das bis heute als Kureinrichtung besteht. 1926 baute man die erste Seebrücke; damals schwappte zwischen dem Strand und der Uferpromenade noch die Nordsee.

Auch Ording war Jahrhunderte lang ein unbedeutendes Fischernest, das stets von Sandverwehungen bedroht war. Im 18. Jh. musste man wegen der angewehten Sandmassen sogar die Kirche aufgeben und 750 m weiter östlich ein neues Gotteshaus bauen. Die Naturgewalten sind bis heute eine Bedrohung: 1962 riss die schwere Sturmflut viel von den Dünen weg und überschwemmte Teile des Ortes. 1967 wurden St. Peter und Ording zusammengeschlossen. Lange erstarrte der Doppelort im betonierten Zustand der 60er und 70er Jahre, doch seit Ende der 90er Jahre wurden 35 Millionen Euro in die Hand genommen, um das Ortsbild zu modernisieren. Und das ist gelungen: Vor allem die neue, fast 1 km lange, interessant gestaltete Seebrücke im Ortsteil Bad und die sich anschließende Promenade mit ihren modischen Fackeln geben SPO nun ein frisches, modernes Gesicht.

*V*erbindungen/*A*dressen/*A*ktivitäten

• *Information* Die **Tourismus-Zentrale** ist mit vier Geschäftsstellen präsent:
Die **Hauptstelle** residiert im *Ording Hus* (Dreilanden 5), Mo–Fr 9–18 Uhr, Sa/So 10–13 Uhr, im Sommer bis 16 Uhr.   Postfach 100, 25826 St. Peter-Ording, ℡ 04863-999-0, www.st.-peter-ording.de.
Die **drei Nebenstellen** befinden sich im *Ortsteil Bad* (Maleens Knoll 2, im Gebäude der Dünentherme, Mo–Fr 9–16 Uhr, Sa 9–13 Uhr, So 10–13 Uhr, in der HS länger), im *Ortsteil Dorf* (Schulstr. 1, nur im Sommer) sowie im *Ortsteil Böhl* (Böhler Landstr. 153, März–Nov. Mo–Fr 10–12 Uhr).

> **Veranstaltungskalender**: Das monatlich erscheinende umfangreiche Heft „Veranstaltungen" für St. Peter-Ording und Eiderstedt ist in Tourist-Infos, Geschäften etc. kostenlos erhältlich.

• *Verbindungen* **Bahn**: NOB fährt ab Bhf. Husum zwischen 4.37 und 22.37 Uhr im Stundentakt nach SPO; Fahrzeit ca. 50 Min., zwei Haltepunkte in SPO.
Ortsbus: Zwei Buslinien verbinden die vier Ortsteile mit den beiden Bahnhöfen bzw. Haltepunkten. Im Sommer werden auch die Hauptstrände angefahren. Die Busse fahren stets pünktlich, Fahrpläne hängen an den gut sichtbaren Haltestellen aus und sind als Faltblatt erhältlich. Für Inhaber der Gästekarte ist Busfahren kostenlos. ℡ 0431-666-0, www.autokraft.de.
Hitzlöper: Ein nostalgischer Zug auf Autorädern verkehrt in der Saison vom OT Bad (Haus Luv + Lee) zum Ordinger Strand; Sonderfahrten nach Westerhever zum Leuchtturm. Fahrplan und Preise siehe Aushang. ℡ 0176-47071972 oder www.de-hitzloeper.de.
Taxi: Taxi Manthe, ℡ 04863-493060 und ℡ 0800-4930600 (gebührenfrei).
• *Adressen* **Apotheken**: Apotheke am Wattenmeer, Im Bad 27, ℡ 04863-950533, www.apotheke-am-wattenmeer.de. Kurapotheke, Badallee 7, ℡ 04863-2213.
Arzt: In den Kurkliniken gibt es Ärzte jeder Fachrichtung, die in Notfällen helfen. Zentrale Rufnummer des ärztlichen Notdienstes auf Eiderstedt: ℡ 0175-3003636.
Bücherei: Medien-Ausleihe und Internet-Nutzung auch für Feriengäste. Mo, Di, Fr 9.30–12.30 und 14.30–17.30 Uhr, Do 9.30–19.30 Uhr, Sa 9–12 Uhr. Badallee 56, ℡ 04863-2987, www.buecherei-spo.de.
Hilfsmittel-Vermietung: Rollstühle (auch für den Strand), Haltegriffe, Gehhilfen etc. auf Zeit im Sanitätshaus Krämer, Dorfstr. 4, ℡ 04863-476363, www.medic-rent.de.
Polizei: ℡ 04863-95206, Notruf 110.
Post: Filialen im Gebäude der Dünen-Therme (Mo–Fr 9–16 Uhr, Sa 9–13 Uhr) und im Gewerbegebiet am Bahnhof SPO Süd.

Strand-Rollstühle: Die Vermietung organisiert die Tourismus-Zentrale.

Tierarzt: Dr. Gebhardt, Bövergeest 105, ☎ 04863-95342 oder ☎ 0170-5277799.

Waschsalon: Dorfstr. 25, ☎ 04863-95266.

Zahnarzt: Zentrale Rufnummer des zahnärztlichen Notdienstes: ☎ 04841-2777.

● *Aktivitäten* **Baden** an den Badestellen in den Ortsteilen Böhl und Süd. Im OT Dorf nur bei Flut möglich, an den Badestellen in den OT Bad und Ording sowie am FKK-Strandabschnitt Ording Nord ganztägig. Überall kann man Strandkörbe mieten, in den Pfahlbauten sind ausreichend öffentliche Toiletten vorhanden. In den Ortsteilen Süd/Dorf, Bad und Ording gibt es Kinderspielplätze am Strand, wobei kleine Kinder am Strandabschnitt Ording wegen der Strandsegler und Kitesurfer besonders beaufsichtigt werden müssen.

Dünen-Therme, neu gestaltetes Freizeit- und Erlebnisbad mit diversen Saunen, z. T. mit Panoramafenstern zum Strand. Meerwasser-Hallenbad mit Außenbecken (Riesenrutsche), Geysire, Massagedüsen etc. Für Kinder, die noch nicht schwimmen können, gibt es einen Wasserspielplatz (Süßwasser). Dazu Wellness-Angebote wie Hamam, Hot-Stone-Massage etc. Moderne, stundengenaue Abrechnung mit Chipkarte; auch Familientarife. Wer nur schwimmen will, zahlt schon für 30 Min. im Bewegungsbad 4 €, alles andere ist wesentlich teurer. Nov.–März ab 18 Uhr ermäßigter Eintrittspreis. April–Okt. Mo–Sa 9.30–22 Uhr, So 10–19 Uhr, Nov.–März Mo–Fr 14–22 Uhr, Sa 10–22 Uhr, So 10–19 Uhr. Maleens Knoll 2, ☎ 04863-999161, www.duenen-therme.de.

Eiderstedter Kerzenscheune, Kerzen ziehen ist eine aus Dänemark importierte Schlechtwetter-Aktivität für die ganze Familie. Strandweg 12, ☎ 04863-478528, www.eiderstedter-kerzenscheune.de. Auch die **Lysdeel** (→ Einkaufen) bietet im Winter Kerzen ziehen an.

Fahrrad: Zahlreiche Anbieter in den Ortsteilen, die meist auch Bollerwagen und z. T. Inlineskates vermieten. 1 Tag ab 5 € (einfachstes Rad), bei längerer Mietdauer Rabatt. *Jens Carstens*, Im Bad 12, ☎ 04863-2298. *Flor*, Strandweg 16, ☎ 04863-1826.

Villa am Meer, Strandläuferweg 16, ☎ 04863-476626.

Thomsen, Böhler Landstr. 166, ☎ 04863-5220. *Ottos Fahrrädlädchen*, Deichstr. 11, ☎ 04863-3654, www.ottosfahrradlaedchen.de. *Rad & Meer*, Badallee 30, ☎ 04863-955277,

www.rad-meer.de.

Peter Lex, Stephan-Weg 3, ☎ 04863-1580. *Ingwer Sönkens*, Am Deich 35, ☎ 04863-2531. Auch einige Hotels und Gästehäuser halten Räder für ihre Gäste bereit.

Fitness- und Gesundheitsprogramm der Tourismus-Zentrale, Walking-Fitness-Programm, Stretching, Wandern und Radtouren sind mit Gästekarte kostenfrei; Kurse von Rückenschule über Qi Gong bis Entspannungstraining sind kostenpflichtig. Termine im Veranstaltungskalender (s. o.).

Joggen und Walken gilt auf geteerten Wegen am und auf dem Deich, am flachen Strand mit festem Sand und bei Wind in den Wäldchen der Dünenzone optimal möglich.

Kinderspielhaus, im ehemaligen Feuerwehr-Gerätehaus. Professionelle Betreuung, viel Spielzeug, Kicker etc.; besondere Veranstaltungen stehen im monatlichen Veranstaltungskalender. Mo–Fr 10–12 und 13–16 Uhr. Dorfstr. 57 (OT Dorf), ☎ 0151-14550924.

Minigolf, An der Kurpromenade (OT Bad). 3 €, Kind 1,50 €. Tägl. (außer bei Regen) ab 10 Uhr.

Nordsee-Golfclub, ein Platz zwischen Küstenlinie und Bauernland, unter Golfern als „Links Course" bekannt. Die natürliche Hügellandschaft der Dünen lässt den 1971 eröffneten Neun-Loch-Platz kaum auffallen. Mittlerweile hat der Club alles Snobistische abgelegt, auch Feriengäste sind willkommen. Für 1 € gibt es einen Korb voller Übungsbälle, mit denen man das Einputten versuchen kann. Wer Blut geleckt hat, kann mit dem Schnupperkurs (3-mal 45 Min. 70 €) weitermachen. Ein Spaß auch für Familien! Eiderweg 1, ☎ 04863-3545, www.ngc-spo.de.

Reitanlage Dreililien, geführte Ausritte und Unterricht, auch Boxen für Gästepferde. Für die ganz Kleinen gibt es Ponyreiten. Zum Südstrand, ☎ 04863-2401, www.reiten-am-meer.de.

Reiterhof Immensee, auf dem Hof der Schwestern Mareike und Katrin Stein stehen etwa 20 Pferde verschiedensten Charakters für Unterricht und Ausritte bereit; Schnupperstunde für Anfänger 13 €. Auch Reiterferien für allein reisende Kinder. Böhler Weg 83, ☎ 0172-8803341.

Rundflüge, Flüge über Eiderstedt und die Inseln im viersitzigen Flugzeug veranstaltet der Aeroclub St. Peter-Ording – etwas für Mutige. ☎ 04863-2901. Gestartet wird vom Flugplatz SPO, Feldhausweg, ☎ 04863-3542, www.flugplatz-st-peter-ording.de.

Eiderstedt

Übernachten

1 Campingplatz Biehl
3 Campingplatz Sass
4 Ordinger Hof
6 Hotel garni Twilling
7 Haus Windschur
10 Hotel Eickstädt
11 Gästehaus Godewind
12 Strandhotel Marsch & Meer
14 Strandgut Resort
18 Best Western Premier Hotel Ambassador
22 Hotel Landhaus an de Dün
23 Hotel Vier Jahreszeiten
24 Reisemobilhafen
25 Campingpark Olsdorf
38 Campus Nordsee-Gästehaus
41 Camping Silbermöwe
42 Rosen-Camp Kniese

Essen & Trinken

2 Bistro Fisch & Chips for family
5 Strandbar 54° Nord
8 Restaurant Gambrinus
9 Café Köm
12 Restaurant Marsch & Meer
14 Deichkind
15 Stilbruch
16 Die Insel
17 Gosch-Restaurant
23 Hotel-Restaurant Vivaldi
26 Ristorante-Pizzeria Arcobaleno
30 Olsdorfer Krug
33 Wanlik-Hüs
36 Am Kamin
37 Bistro-Café täglich
39 Die Strandburg
40 Jan's Restaurant & Café
43 Die Seekiste

Cafés

21 Café Rasmus
32 Galerie-Café Richardshof
37 Bistro-Café täglich
39 Die Strandburg

Nachtleben

9 Café Köm
18 Big Ben
19 Kino Lichtblick
20 Dünen-Hus
35 Wattwurm
35 Spökenkieker

Einkaufen

13 Wind Sportswear
27 Bücherstube St. Peter
28 Golfmode-Outlet
29 Drachenkiste
31 Speel man to
34 Lysdeel

St. Peter Ording

400 m

Strandsegeln, die vor fast 100 Jahren erfundenen flachen, dreirädrigen Fahrzeuge, die übrigens keine Bremsen haben, erreichen auf der betonharten Sandbank bei gutem Wind bis zu 100 km/h. Ein Anbieter von Anfängerkursen ist Nordwind; Büro in Lindau

bei Kiel, ☏ 04346-5955, www.nordwind-wassersport.de.

Wind-/Kitesurfen, **Katsegeln**, Wassersportcenter X-H₂O, am Ordinger Strand, ☏ 0175-2488424, www.x-h2o.de.

*Ü*bernachten

**** Landhaus an de Dün (22), das exklusive Hotel mit luxuriösem Wellnessbereich liegt etwas versteckt am ruhigen Ende des *Ortsteils Bad*; 15 DZ. Inhaber Mirco Schönborn lässt sich immer neue Aktivitäten für die Gäste einfallen. HS EZ ab 170 €, DZ ab 195 € Im Bad 63, ☏ 04863-9606-0, www.hotel-landhaus.de.

**** Vier Jahreszeiten (23), Hotel mit jedem Komfort und toller Badelandschaft – Hallen- und Freibad, vier Saunen, Fitnessbereich, Thalassotherapie etc. EZ 100–185 €, DZ 146–274 €. Friedrich-Hebbel-Str. 2, ☏ 04863-7010, www.hotelvierjahreszeiten.de.

**** Best Western Premier Hotel Ambassador (18), an der Strandpromenade; jüngst von den Betreibern des benachbarten *Strandgut Resort* komplett modernisierter und um einen sonnigen Glasanbau mit Café erweiterter 70er-Jahre-Bau. Wellness- und Beauty-Bereich mit diversen Saunen, Schwimmbad, Fitnessraum und Ruheland-schaft. Der Knüller ist die Dachterrasse des Spa, auf der man im Whirlpool oder von der Liege den Traumblick aufs Meer genießen kann. Modernes *Restaurant Sandperle* mit erlesenen Speisen und umfangreicher Weinkarte (Küche durchgehend 12–22 Uhr). Fast alle Zimmer mit (z. T. seitlichem) Meerblick und Balkon; einige Nichtraucher- und Allergikerzimmer; Hunde nur nach Anmeldung. EZ/DZ 80–220 €, Suite 230–360 €, jeweils inkl. Frühstück; HP empfehlenswert. Im Bad 26, Ortsteil Bad, ☏ 04863-709-0, www.hotel-ambassador.de.

*** Strandgut Resort (14), vor einigen Jahren im Zentrum des *OT Bad* eröffnetes Designhotel mit Selbstbedienungs-Restaurant, laut Eigenwerbung „erstes Lifestyle-Hotel an der Nordseeküste". 100 stilsicher möblierte, sehr helle Zimmer und Suiten. Leider geht nur die Schmalseite des Gebäudes zum Meer, daher haben viele Zimmer nur seitlichen Meerblick. Direkt neben-an liegt die *Dünen-Therme*, die vom Hotel direkt (also im Bademantel) zum ermäßigten Hotelgäste-Eintrittspreis zugänglich ist. Bademäntel, Saunatücher etc. gibt es ge-

gen geringe Gebühr. DZ je nach Lage, Jahreszeit und Auslastung 69–159 €, Suite 179–299 €, als EZ jeweils 10 € weniger. Frühstück 10,90 € extra. Extra-Bett oder Babybett kann dazugestellt werden. Hunde erlaubt. Überall kostenloses WLAN. Am Kurbad 2, ☏ 04863-9999-0, www.strandgut-resort.de.

Haus Windschur (7), Ausbildungsbetrieb des Husumer Theodor-Schäfer-Berufsbildungswerks (TSWB), in dem behinderte Jugendliche zu Hotel- und Restaurantfachkräften ausgebildet werden. Das ganz modern ausgestattete, barrierefreie Gästehaus hat 13 (Nichtraucher-)DZ mit 2,10 m langen Betten, moderner und rollstuhlgerechter Regendusche etc. Ein Studio mit Spielbereich sowie ein Doppelstudio, das auch zu einer großen Gästewohnung kombinierbar ist. Von einigen Zimmern geht es auf einen Gemeinschaftsbalkon mit Strandkörben. Auf Wunsch werden Behindertenhilfen wie Haltegriffe im Bad montiert. Auch Lichtwecker, Bildtelefone etc. sowie Informationen in Braille-Schrift für Blinde. WLAN und Telefonieren innerhalb Deutschlands sind inkl., ebenso das leckere Frühstück. EZ 65–85 €, DZ 85–175 €. Strandweg 7, Ortsteil Ording, ☏ 04863-47848-0, www.hauswindschur.de.

Hotel Eickstädt (10), 2001 nach Rundum-Erneuerung wiedereröffnetes Hotel mit 30 hell und freundlich gestalteten (Nichtraucher-)Zimmern und Suiten mit Duschbad. EZ 47–67 €, DZ 90–135 €, Suite/App. 115–150 €, zusätzliches Bett für Kinder je nach Alter 0–35 € (alles inkl. Frühstücksbuffet bis 11 Uhr, auch laktosefreie Produkte). Hunde erlaubt. Waldstr. 19–21, ☏ 04863-2058, www.hotel-eickstaedt.de.

Hotel garni Twilling (6), neu eingerichtete, saubere Zimmer, Appartements und FeWo (in separatem Haus). Die teuersten Zimmer haben Südbalkon, Sitzecke und ein teilweise mit Granit verkleidetes Wannenbad, die günstigeren sind kleiner und haben nur Duschbad. Hunde sind nur in den preiswertesten Zimmern erlaubt. EZ 47–65 €, DZ 80–150 €, App. 88–167 €, FeWo 30–70 €. Strandweg 10, ☏ 04863-9663-0, www.twilling.de.

Eiderstedt

*** Ordinger Hof (4), der alteingesessene Familienbetrieb ist Mitglied in der Kooperation „Hotels mit Herz", Hotelchef von Dorscewsky kocht im hauseigenen Restaurant mit regionalen Produkten (Di Ruhetag). Die nicht übermäßig großen Zimmer mit Duschbad verfügen teils über Balkon, einige mit Meerblick. Das rustikale Interieur zieht vor allem Gäste höheren Alters an, aber auch Kinder sind gern gesehen (einige Familien-Appartements; Spielplatz, Kindergerichte im Restaurant). Hunde nicht erlaubt. EZ 49–58 €, DZ 92–114 €, Kinderbett 18 € (jeweils inkl. Frühstücksbuffet). Am Deich 31, ℘ 04863-90849, www.ordinger-hof.de.

Strandhotel/Restaurant Marsch & Meer (12), komplett renovierter und auf 70 Betten erweiterter Betonkasten mit modern und freundlich eingerichteten Zimmern, teils mit Balkon, in zentraler Lage. Das angenehme *Restaurant* (regionale Küche, Hauptgerichte um 15 €) hat tägl. 17–21 Uhr geöffnet. Attraktive Familienzimmer (teils mit Doppelstockbett) und 1-Raum-App. bis 4 Pers. (Kinderbett zusätzlich mögl.). Hunde erlaubt. EZ 55–72 €, DZ 75–95 €, App. 85–180 €, jeweils inkl. Frühstücksbuffet. Im Bad 16, Ortsteil Bad, ℘ 04863-9696-0, www.strandhotel-stpeterording.de.

Gästehaus Godewind (11), 12 geräumige DZ in reetgedecktem Haus; alle Zimmer im EG mit Terrasse. Die drei Zimmer im benachbarten Altbau von 1832 verfügen jeweils über ein eigenes Duschbad auf dem Flur und sind deshalb günstiger. EZ 37–62 €, DZ 54–104 €, zudem ein Familienzimmer für max. 4 Pers. (110–140 €). Im Dez. geschlossen. Waldstr. 31, ℘ 04863-9690-0, www.godewind-spo.de.

Campus Nordsee-Gästehaus (38), seit 2005 steht die 149-Betten-Anlage allen Gästen offen, zuvor war sie ein Erholungsheim für Einwohner der Stadt Gießen. Das Haus gehört zum Schulkomplex des „Campus Nordsee", einem renommierten Internat, dessen Sport- und Werkräume von den Urlaubsgästen genutzt werden können. Auch die Benutzung des Tennisplatzes (Sandplatz), ein Golftraining etc. sind inklusive. Gruppen sind hier ebenso willkommen wie Familien und Einzelreisende, es gibt entsprechende Schlafräume und Appartements. Bettwäsche, Frühstück und WLAN sind inklusive. Ab 30,50 €/Pers., mit der speziellen Campus-Card (39,90 €/Pers.) ab 3 Tagen Aufenthalt ab 24 €. App. für 4 Pers. 104 € (mit Campus-Card 84 €). Preiswert essen kann man in der Internats-Mensa, HP gibt es für 6 €. Pestalozzistr. 22, *OT Böhl*, ℘ 04863-47112000, www.campus-nordsee.de.

**** Camping Biehl (1), sehr gut ausgestatteter schattenloser Rasenplatz mit recht kleinen Stellplätzen hinter dem Deich am nördlichen Ende des *Ortsteils Ording*. Pers. 4,50 €, Kind 2,50 €, Wohnwagen 9 €, Pkw 3 €. Geöffnet Mitte bis Ende Okt. Utholmer Str. 1, ℘ 04863-96010, www.campingplatz-biehl.de.

*** Camping Sass (3), am Ortsausgang des *OT Ording* an der Bundesstraße gelegener, langgestreckter und etwas enger Familienplatz mit 90 Stellplätzen auf ehemaligem Weideland, ca. 1 km vom Strand-Übergang entfernt. Einige FeWo und Miet-Wohnwagen (ab 40 €). Sandspielplatz und Tischtennisplatte. Pers. 4 €, Kind 3 €, Wohnwagen 10 €, Pkw 4 €. Geöffnet Mitte Jan. bis Ende Okt. Grudeweg 1, ℘ 04863-8171, www.campingsass.de.

***** Campingpark Olsdorf (25), im Jahr 2000 eröffneter Wiesenplatz mit Hecken an der Durchgangsstraße hinter dem Gewerbegebiet im Ortsteil Dorf. Gute Sanitäranlagen, Sauna, schöne Stellplätze. Pers. 4 €, Kind 2,50 €, Wohnwagen 9 €, Pkw 2,50 €. Ganzjährig geöffnet. Bövergeest 56, ℘ 04863-476317, www.camping-olsdorf.de.

*** Camping Silbermöwe (41), von Baum- und Strauchwerk eingerahmter Rasenplatz im 50er-Jahre-Stil direkt hinter dem Deich im *Ortsteil Böhl*. Neu ist das kostenlos nutzbare Kneippbad auf dem Gelände. Einige kleine, aber gemütliche FeWo (ab 33 €) sowie Miet-Wohnwagen (ab 43 €). Preise je nach Saison, Pers. ab 4 €, Kind ab 2,50 €, Wohnwagen 9 €, inkl. Warmwasser. Geöffnet Mitte März bis Ende Okt. Böhler Landstr. 179, ℘ 04863-5556, www.silbermoewe.de.

Rosen-Camp Kniese (42), ähnlich wie der benachbarte Campingplatz Silbermöwe, in der Ausstattung etwas einfacher. Preise je nach Saison, Pers. ab 2,40 €, Kind ab 2,20 €, Wohnwagen ab 9 €. Geöffnet April–Okt. Böhler Landstr. 185, ℘ 04863-3676, www.rosencamp-kniese.de.

Reisemobilhafen (24), 70 gekieselte Parzellen, neues Sanitärgebäude. Ketelskoog 4, ℘ 04863-8171, www.reisemobilhafen-spo.de.

Zimmer-/FeWo-Vermittlung der Tourismus-Zentrale ℘ 04863-999-155.

FeWo-Vermittlungen, insgesamt fast 1000 Wohnungen und Appartements vermitteln folgende kommerzielle Agenturen:

Appartements St. Peter-Ording, Wittendüner Allee 19, ☎ 04863-4191, www.
appartements-stpeterording.de.
Appartementvermittlung Duggen, Im Bad
31, ☎ 04863-2024, www.nordseeduggen.de.

Eiderstedter Appartement-Vermittlung, Badallee 18, ☎ 04863-966620, www.eiderstedter.de.
Utlande Appartements, Im Bad 6, ☎ 04863-
2001, www.utlande.de.

*E*ssen & *T*rinken *(siehe *K*arte *S*eite 112)*

Hotel-Restaurant Vivaldi (23), neu gestaltetes Feinschmeckerrestaurant im Hotel Vier
Jahreszeiten, in dem sofort das riesige
Hummerbecken auffällt – so wundert es
nicht, dass die Karte sehr fisch- und krus-
tentierlastig ist. Die erlesenen Speisen, die
Chefkoch Thomas Gienke mit seiner Mannschaft klassisch norddeutsch oder asiatisch
inspiriert zubereitet, haben natürlich ihren
Preis – und es gibt immer Gäste, die bereit
sind, ihn zu zahlen. Tägl. mittags und
abends. Friedrich-Hebbel-Str. 2, ☎ 04863-
7010, www.hotelvierjahreszeiten.de.

Jan's Restaurant & Café (40), modern gestaltetes Galerie-Restaurant mit guter
Küche und umfangreicher Weinkarte im
gastronomisch unterbelichteten Ortsteil
Böhl. Hauptgerichte 9–22 €. Im Winter nur
Mi–Fr 17.30–23 Uhr, Sa/So 12–23 Uhr, Küche
jeweils bis 21.30 Uhr (reservieren!). Böhler
Landstr. 153, ☎ 04863-478007, www.jans-
restaurant.com.

Am Kamin (36), sehr schön sitzt man im 250
Jahre alten Reetdachhaus oder bei gutem
Wetter auch davor. Seit 1996 hat sich die
Familie Caputo hier einen guten Ruf auch
unter Einheimischen erarbeitet (reservieren!). Italienische, internationale und
norddeutsche Speisen, Hauptgerichte 10–
20 €, auch Vegetarisches und Kindergerichte. März–Dez. tägl. 12–22 Uhr durchgehend warme Küche. Dorfstr. 12, Ortsteil
Dorf, ☎ 04863-3210, www.am-kamin.stpeter
ording.de.

Restaurant Gambrinus (8), Dieter Stumpp
bietet in 80er-Jahre-Ambiente leichte Küche
mit regionalem Einschlag zu gehobenen
Preisen, im Sommer auch draußen im
schönen Garten. Di–So 11.30–23 Uhr, Nov.–
März nur 17.30–23 Uhr. Strandweg 4, Ortsteil
Bad, ☎ 04863-1053,
www.restaurant-gambrinus.de.

Wanlik-Hüs (33), Restaurant im ältesten
Haus des Doppelorts, dessen tief nach unten gezogenes Reetdach schon reichlich
Patina angesetzt hat. Der Innenraum ist geschmackvoll möbliert, die Toilette im Obergeschoss richtig niedlich. Es gibt passable
norddeutsche Küche zu gesalzenen Prei-

sen, der Service war bei einem Testessen
recht ruppig. Ein Übriges tun die Hinweis-
schilder, die den Gast zu gutem Benehmen
erziehen wollen. Auch in der Speisekarte
finden sich erzieherische Passagen. Selt-
sam. Mi Ruhetag. Dorfstr. 27, Ortsteil Dorf,
☎ 04863-3030.

Stilbruch (15), wenn man sich an das etwas kuriose Ambiente im 1. Stock des runden Glasbaus gewöhnt hat, ist man hier gut
aufgehoben. Durchschnittliche Küche zu
Ferienort-typischen Preisen. Ganzjährig Mo
17–21 Uhr, Mi–So 12–21 Uhr. Am Kurbad 1,
Ortsteil Bad, ☎ 04863-1600, www.restaurant-
stilbruch-spo.de.

Ristorante-Pizzeria Arcobaleno (26), bei
Familie Nuzzo sind alle richtig, denen der
Sinn nach guter Pizza, originellen Gerichten,
nicht auf jeder Karte stehen, und angenehm un-öligen Salaten steht (Tipp: Salat
„Titanic" mit Räucherlachs und Nordseekrabben). Im Außenbereich plätschert ein
kitschiger Springbrunnen, auch der Innenraum ist recht überladen dekoriert, überall
brennen Kerzen. Trotzdem sind Kinder hier
sehr gern gesehen. Mittags gibt es eine
große Auswahl an Gerichten für sensatio-
nelle 6 €, abends kosten die Pizze knapp
10 €, Fisch- und Fleischgerichte 15–20 €. Immer voll, reservieren! Wer keinen Platz bekommen hat, kann Pizza und Nudelgerichte
zum Mitnehmen kaufen, die dann nur 6 €
kosten. Tägl. 11.30 Uhr bis Mitternacht. Badallee 28, ☎ 04863-703060.

Olsdorfer Krug (30), traditionsreiches Gasthaus neben der Kirche im Ortsteil Dorf. Der
Chefkoch ist Jäger, und so gibt es in der
Jagdsaison häufig frisches Wildbret. Preiswerter Mittagstisch, abends Hauptgerichte
um 15 €. Fr–Mi 10.30–14 und ab 17.30 Uhr,
Küche bis 21 Uhr. Olsdorfer Str. 13, ☎ 04863-
2500, www.olsdorferkrug.de.

Die Strandburg (39), die versierten Gastro-
nomen Jana und Frank Dau betreiben das
Café-Restaurant in allerbester Lage in einem der Pfahlbauten am Strand (nur zu Fuß
erreichbar). Neben Fisch und Krabben gibt
es auch mediterrane Gerichte, darunter viel
Pasta. Nachmittags Eis und Kuchen. April–

Eiderstedt

Okt. tägl. ab 9 Uhr, warme Küche 12–22 Uhr, reservieren! Zum Südstrand 1, ✆ 04863-950404, www.die-strandburg.de.

Die Seekiste (43), in einem Pfahlbau am Böhler Strand serviert das ehemalige Lehrerehepaar Maike und Dirk Haupt seit einigen Jahren köstliche Krabben-, Fisch- und Lammspezialitäten. Von der Terrasse hoch oben hat man einen einmaligen Blick. April–Okt. tägl. 10.30–22 Uhr, zumindest an Wochenenden und in Schulferien unbedingt reservieren! ✆ 04863-476757, www.dieseekiste.de.

Strandbar 54° Nord (5), nur zu Fuß erreichbares, legeres Kneipen-Lokal im Pfahlbau mit traumhafter, seitlich verglaster Terrasse. Bei Milchkaffee, Bionade oder Bier betrachtet man von oben das Strandleben und genießt den Blick auf die endlose Nordsee. Der Ableger des Café Köm (→ Nachtleben) serviert Bistro-Gerichte, darunter auch Kindergerichte wie Fischstäbchen oder Spagetti. In der Saison von früh bis spät geöffnet, im Winter geschlossen. Strandweg 999, ✆ 04863-478175, www.strandbar-spo.de.

Die Insel (16), 1926 als Lesesaal erbaut und vor einigen Jahren stylisch umgestaltet. Von dieser modernen Café-Restaurant-Bar soll die rasante Modernisierung der Gastronomie- und Hotelszene von SPO ihren Ausgang genommen haben. Mittleres Preisniveau, zeitweise etwas mürrische Bedienung. Ganzjährig tägl. 11–22 Uhr. Im Bad 27, ✆ 04863-950540, www.restaurant-die-insel.de.

Deichkind (14), Selbstbedienungs-Restaurant im Erdgeschoss des Hotels Strandgut Resort. Hier gibt es Sushi, Salate und warme, asiatisch inspirierte Gerichte, die vom Koch auf Bestellung frisch zubereitet werden, sowie allerlei Kinder-Kompatibles. Dazu Trendgetränke. Wer sich nicht an dem gehobenen Schnellgastronomie-Ambiente stört, kann hier recht preisgünstig essen, bei gutem Wetter auch auf der großzügigen Terrasse. Die Qualität der Speisen ist bei großem Andrang leider maximal mittelmäßig. Für kühlere Tage bietet sich die stylische Teebar **Samova-Lounge** an, nebenan im selben Gebäude. Tägl. ab 7 Uhr. Am Kurbad 2, ✆ 04863-9999-0.

Gosch-Restaurant (17), der Sylter Fisch-Spezialist hat 2008 eine Dependance in SPO eröffnet. In skandinavisch angehauchtem Ambiente in Bestlage am Anfang der Seebrücke werden gehobene Imbiss-Klassiker serviert: von Austern über Scampi bis zum Fischbrötchen. Immer frisch und lecker. März–Okt. und über Weihnachten tägl. geöffnet, außerhalb der Saison Mo–Mi geschlossen. Buhne 1, ✆ 04863-4785090, www.gosch-spo.de.

Bistro Fisch & Chips for family (2), neben dem namengebenden Backfisch gibt es hier auch Fischbrötchen, Frikadellen und Currywurst – nicht gesund, aber preiswert und lecker. Ostern bis Okt. tägl. Utholmer Str. 1, ✆ 04863-960140.

Café Rasmus (21), ein richtig traditionelles Sahnetorten-Café mit End-1970er-Atmosphäre, die mittlerweile auch in SPO fast schon auf der Roten Liste steht. Unübertroffenes Kuchen- und Torten-Angebot aus eigener Herstellung, riesige Panoramafenster mit tollem Blick auf Dünen und Meer. Hauptsaison tägl. 9–22 Uhr, sonst nur Mi–Mo 11.30–18 Uhr. Strandpromenade 1, ✆ 04863-9710, www.cafe-rasmus.de.

Galerie-Café Richardshof (32), am südöstlichen Ortseingang duckt sich ein uraltes Bauernhaus unter patiniertem Reetdach. Drinnen wird in mehreren Räumen etwas alternativ, aber sehr nostalgisch-stilvoll zu Tee oder Kaffee gebeten, was allerdings seinen Preis hat. Die Wände schmücken künstlerische Fotografien, auch wechselnde Ausstellungen. Empfehlenswert vor allem an kalten Tagen, wenn in einem der Gasträume das Kaminfeuer lodert. Mitte Juni bis Mitte Sept. Di–So 14–19 Uhr, sonst nur Mi–So. Wittendüner Allee 84, ✆ 04863-703220.

Nachtleben/Kultur (siehe Karte Seite 112)

• *Nachtleben* **Big Ben (18)**, edle Cocktailbar mit Discobetrieb im Vier-Sterne-Hotel Ambassador (→ Übernachten). Tägl. ab 20 Uhr, Happy Hour bis 22 Uhr, www.big-ben-bar.de.

Bistro-Café täglich (37), tatsächlich täglich ganztags geöffnet, von 9 bis 14 Uhr gibt es unter dem Motto „täglich – aber nicht alltäglich" hinter dem riesigen weiß lackierten Eingangstor und im Sommer draußen an der Straße Frühstück, dann bis Mitternacht kleine Bistro-Gerichte; dazu eine große Weinauswahl. Dorfstr. 10, ✆ 04863-476579, www.taeglich.de.

Wattwurm (35), 6 Biersorten vom Fass, darunter eine extra für den „Wattwurm" gebraute Sorte, fließen in dem rustikalen Lokal mitten im touristischen Zentrum in die Gläser. Es darf geraucht werden. Tägl. ab 18 Uhr. Im Bad 38, ☎ 04863-8716.

Spökenkieker (35), geräumige Bierkneipe, in der auch die Einheimischen einkehren. Wer Hunger bekommt, kann zwischen Kleinigkeiten und deftigen norddeutschen Gerichten zu sehr akzeptablen Preisen wählen. Im Sommer kann man draußen sitzen, dann wird bereits zum Frühstück geöffnet. Freundlicher Service. Di–So 10–1 Uhr; Küche bis 21 Uhr. Dorfstr. 12a, ☎ 04863-4411.

Café Köm (9), modisch gestylte Lokalität, die abends vom Café zur sky-Sportbar mit Restaurant im US-amerikanischen Stil wird. Unkomplizierte kleine Gerichte, darunter auch viel Vegetarisches. Auch im Winter fast immer voll. In der Saison tägl. geöffnet,

im Winter Mo/Di Ruhetag. Strandweg 2, ☎ 04863-1533, www.cafe-koem.de.

• *Kultur* **Dünen-Hus (20)**, das 2008 eröffnete rote Veranstaltungsgebäude in Top-Lage entstand im Zuge der Modernisierung der Strandpromenade. Hier finden Konzerte, Kabarett-Abende sowie Vorträge und Theater-Aufführungen statt. In der Saison auch Tanz- und im Hochsommer Open-Air-Veranstaltungen. Außerdem wechselnde Ausstellungen. Prunkstück ist der Steinweg-Flügel aus Seesen am Harz, ein Vorläufer der kostbaren Steinway-Klaviere. Nur zu Veranstaltungen geöffnet; die Tourismus-Zentrale gibt ein Jahres-Veranstaltungsprogramm heraus (erhältlich in Kneipen usw.).

Kino Lichtblick (19), Im Bad 31, Ortsteil Bad, ☎ 04863-95244 (ab 15 Uhr), Programmansage ☎ 04863-95245, www.lichtblick-spo.de.

*E*inkaufen *(siehe* *K*arte *S*eite 112)

Wie in allen Badeorten sind auch in St. Peter-Ording Geschäfte mit touristischem Bedarf am Sonntag geöffnet, in der Hochsaison sogar bis spät abends. Im Ortsteil Bad findet sich viel Ramsch und Kitsch, Läden mit geschmackvollerem Sortiment liegen im alten Kern des Ortsteils Dorf. Selbstversorger können in diversen Supermärkten und einem (Räucher-)Fischgeschäft im Gewerbegebiet am Bahnhof SPO Süd preiswert einkaufen. Manch einer musste angesichts der steifen Brise erst einem der zahlreichen Geschäfte für wetterfeste Bekleidung einen Besuch abstatten, bevor er sich ans Meer wagte …

Bücherstube St. Peter (27), gute Auswahl an Reiselektüre und Regionalem, flinker Bestell-Service. Badallee 10, ☎ 04863-8109.

Drachenkiste (29), Inge Kay hat alles im Angebot, was man am stets windigen Strand braucht: Sport- und Kinderdrachen, Windspiele und alles für den Strandbuggy-Sport. Badallee 5, ☎ 04863-950203, www.drachenkiste-spo.de.

Golfmode-Outlet (28), kleiner Lagerverkauf mit Schuhen und Bekleidung der letzten oder vorletzten Saison, bis zu 60% im Preis gesenkt. Nordergeest 6, www.green-life.de.

Lysdeel (34), geschmackvolle Geschenkartikel aus Holz und Glas, ein riesiges, skandinavisch geprägtes Kerzensortiment und

über 100 Teesorten in anheimelndem Ambiente. Dazu gibt es eine Unzahl historischer Rosensorten für den heimischen Garten, die auch verschickt werden. Dorfstr. 8, www.lysdeel.de.

Speel man to (31), ein großes Sortiment an Spielen für Kinder und Erwachsene hält Clemens Grosse vor, dazu eine Auswahl an Büchern und Postkarten. Dorfstr. 17, ☎ 04863-493333, www.speel-man-to.de.

Wind Sportswear (13), eine spezielle St. Peter-Ording-Kollektion bietet der Bekleidungs-Filialist: klassische maritime Kleidung in guter Qualität. Im Bad 18, ☎ 04863-47856, www.wind-spo.de.

Wochenmarkt im OT Dorf, Mi 8–12 Uhr.

Sehenswertes

St. Petri: Der älteste Teil der Kirche, der Chor, stammt aus dem frühen 13. Jh. Das Kirchenschiff ist im Wesentlichen gotisch, im 20. Jh. wurde die Kirche renoviert und vergrößert, seitdem gibt es keine festen Bänke mehr, sondern mobiles Kirchengestühl sowie eine moderne Orgel. Erhalten blieb der gotische Schnitzaltar aus dem ausgehenden 15. Jh., wohl der älteste Altar auf Eiderstedt. Aus dem Jahr 1729 stammt der schwarze Taufstein in der ungewöhnlichen Form eines Kelchs, die

Kanzel stammt aus der Renaissance. Erst seit 1999 existiert der hölzerne Glockenturm, der in einiger Entfernung neben der Kirche steht. Er wurde von Mitgliedern der örtlichen Geschichts-Arbeitsgemeinschaft ehrenamtlich errichtet. Außer Gottesdiensten finden in der Kirche auch kulturelle Veranstaltungen statt. Geöffnet ist sie April–Okt. So–Fr 9–18 Uhr, Nov.–März nur bis 16 Uhr.

Museum der Landschaft Eiderstedt: Das in den letzten Jahren komplett neu gestaltete Heimatmuseum residiert in einem historischen Gebäude gegenüber der Kirche St. Petri im Ortsteil Dorf. Dokumentiert werden die Geschichte der Region seit der ersten Besiedlung und die Lebensbedingungen in vergangenen Jahrhunderten; ein Raum zeigt die Auswirkungen des späten Eisenbahnbaus auf Eiderstedt, ein weiterer Raum hat die Geschichte der Wetterbeobachtung zum Thema. Prunkstück des Museums ist jedoch eines der ältesten erhaltenen Räderuhrwerke (aus dem Jahr 1512). Auch der berühmteste Eiderstedter, der in Garding geborene Historiker Theodor Mommsen, wird ausgiebig gewürdigt. Darüber hinaus gibt es viel Interessantes zum aktuellen Kulturleben in der Region zu entdecken. Das Museum ist auch für historisch interessierte Kinder sehenswert.
März–Okt. Di–Sa 10–17 Uhr, So 10–13 Uhr; Nov.–Feb. Di–So 15–17 Uhr. Führung Mi 15 Uhr. Eintritt 4,50 € (mit Gästekarte 3 €), Kind 1 €. Olsdorfer Str. 6. ℡ 04863-1226, www. eiderstedter-heimatmuseum.de.

Westküstenpark: 2007 wurde der Westküstenpark offiziell zum Zoo erklärt. Neben Robben und Seehunden leben hier Greif- und Seevögel sowie diverse Wild- und Haustiere wie Ziegen und Schafe. Hauptattraktion sind natürlich die Seehunde im preisgekrönten Robbarium, bei deren Fütterung (2-mal tägl.; im Sommer 11 und 16 Uhr, Winter 11 und 15 Uhr) man zusehen kann. Wer das verpasst hat, kann vielleicht bei einer Greifvogel-Vorführung dabei sein. Die Kleinsten begeistern sich für Streichelzoo, Hüpfburg und Ponyreiten, Größere interessieren sich eher für Schlangen und Schildkröten.
April–Okt. tägl. 9.30–19 Uhr (Einlass bis 17.30 Uhr), im Winter kürzer, Jan./Feb. meist geschlossen. Eintritt 9 €, Kind 6,50. Am Ortseingang, Ortsteil Böhl. ℡ 04863-3044, www. westkuestenpark.de.

Nationalpark-Infozentrum: Informationen über das fragile Ökosystem Wattenmeer bietet die kleine Ausstellung der Schutzstation Wattenmeer mit Meerwasser-Aquarien und weiteren Exponaten, z. B. ein Salzwiesen-Modell. Lebendig wird das Ganze bei einer Exkursion ins Watt, in die Salzwiesen oder zur Vogelbeobachtung. Diavorträge, Rallyes, Abendwanderungen usw. ergänzen das Programm.
Ganzjährig geöffnet, im Sommer tägl. 10–13 Uhr, Nov.–März nur Mi 10–13 Uhr, Sa 15–17 Uhr, So 10–13 Uhr. Eintritt frei, Spenden erwünscht. Gegenüber vom Marktplatz im Ortsteil Dorf, Schulstr. 1, ℡ 04863-5303, www.schutzstation-wattenmeer.de.

Leuchtturm Böhl: Der 1890 gebaute runde Turm aus Backstein markiert die Einfahrt in die Eider, erst seit 1914 auch mit einem Leuchtfeuer. Bänke an seinem Fuß laden zur Rast ein, wenn es nicht gerade stürmt. Weiter unten führt ein Bohlenweg durch Schilfgürtel und Salzwiesen zum Meer. Am Turm starten verschiedene Führungen der Schutzstation Wattenmeer.
Termine im Nationalpark-Infozentrum oder unter www.schutzstation-wattenmeer.de, Gästekarte mitnehmen!

St. Nikolai: Das von außen unscheinbare Kirchlein im Ortsteil Ording in der Utholmer Straße hat es im Wortsinn in sich. Immer wieder wurde das Ordinger Gotteshaus vom Meer verschlungen oder von Dünensand überweht und anschließend wieder aufgebaut, zuletzt im 18. Jh. Aus dieser Zeit stammt das hölzerne Tonnengewölbe mit seiner originalen Himmelsbemalung. Viel älter sind der Altar aus dem 15. Jh., die Kanzel und mehrere Epitaphe aus dem 17. Jh., die aus den Vorgängerbauten gerettet wurden, bevor diese versanken. Geöffnet ist die Kirche Mai–Sept. 10–16 Uhr.

Bernsteinmuseum: Die Bezeichnung „Museum" ist eigentlich zu hoch gegriffen für diese kleine Schau, die dem Schmuckladen von Boy Jöns angegliedert ist. Sie zeigt, wie das „Gold des Nordens" entstand und mit welchen Techniken es seit der Steinzeit bearbeitet wurde. Die heutige Bearbeitungsweise wird in der Schauwerkstatt demonstriert. Hier finden auch Bernstein-Schleifkurse statt, ein Kurs für alle ab 6 Jahre (in den Schulferien Mi 9.30 Uhr, 90 Min., 6 € inkl. Material) sowie ein Kurs für ältere Jugendliche und Erwachsene (Mi 19 Uhr, ca. 120 Min., ca. 15–30 € für Bernstein und Silberteile). Voranmeldung erforderlich.

Vortrag und Vorführung: im Winter Mo 16 Uhr; Vortrag und Werkstattvorführung: im Sommer Mo 17 Uhr; für Gruppen ab 15 Pers. andere Termine nach Absprache. Eintritt 2 €, Kind 1 €. Im Ortsteil Dorf, Dorfstr. 15, ☎ 04863-5611, www.bernsteinmuseum.de.

Atelier Brutkasten: Der Künstler Erhard Schiel, dessen Frau eine Galerie im Ortsteil Dorf (Dorfstr. 27) betreibt, lässt sich bei der Herstellung seiner Radierungen und Kupferstiche gelegentlich am Mittwoch ab 20 Uhr in der Bövergeest 87 a zwei Stunden lang über die Schulter schauen und erklärt dabei die Techniken. Im Hochsommer finden die Vorführungen wöchentlich statt, ansonsten seltener. Aktuelle Termine finden sich auf seiner Website oder können telefonisch erfragt werden (☎ 04863-3086, www.erhard-schiel.de).

Umgebung von St. Peter-Ording

Tümlauer Koog

1699 wurde hier erstmals versucht, ein Stück Meeresgrund einzudeichen und trocken zu legen, doch immer wieder brach der Deich. 1717 gab man den Koog auf – Kaufmann Thumblow, der Finanzier des Landgewinnungsversuchs, war damit pleite. Erst in den 1920er-Jahren wurde der alte Eindeichungsplan wieder aus der Schublade geholt und kurz nach der Machtübernahme der Nationalsozialisten in die Tat umgesetzt. Von ungeheurer Propaganda begleitet, ließen die Nazis 1933–35 das Gebiet unter dem Namen „Hermann-Göring-Koog" eindeichen: Der neue Staat gewinne so dringend notwendigen Boden für das von Landmangel bedrohte germanische Bauerntum. Einige Höfe in Streulage, die heute teilweise Urlaub auf dem Bauernhof anbieten, wurden in diesen Jahren gebaut. 1945 beeilte man sich, den Koog, der heute etwa 120 Einwohner hat, in Tümlauer Koog umzubenennen. Ein Kuriosum ist die wohl am seltensten geläutete Glocke Eiderstedts: Die „Kinderglocke" im kurz nach der Eindeichung errichteten Glockenturm ohne Kirche schlägt bei der Geburt eines neuen Koogbewohners für jedes Pfund Geburtsgewicht einmal.

In der Tümlauer Bucht gibt es einen winzigen, tideabhängigen Sportboothafen, der durch einen engen Priel mit der See verbunden ist.

Übernachten ***** Ferienwohnung im Reetdach-Bauernhof**, drei kindgerechte Wohnungen für jeweils 4–6 Pers. Auf dem Hof viele verschiedene Tiere, Bauerngarten und Spielplatz, 40–80 €. Koogstr. 39, ☎ 04862-8333, www.marwigs.de.

Eiderstedt

Westerhever

Weit bekannter als der Ort Westerhever ist der vor dem Deich auf den Ausläufern der Sandbank Westerheversand gelegene, 1906/07 erbaute **Leuchtturm** mit seinen zwei Leuchtturmwärterhäusern, der als schönster Leuchtturm Deutschlands gilt. Sein Fundament bilden 127 dicke Eichenpfähle, auf die ein massiver Betonsockel gegossen wurde. Diese Verankerung soll dem 150 Tonnen schweren Turm im weichen Untergrund Stabilität geben. Bis 1978 das Leuchtfeuer auf Vollautomatik umgestellt wurde, waren die Leuchtturmwärterhäuser bewohnt. Der Turmwärter und seine Familie lebten hier in der Einsamkeit. Bei winterlichen Sturmfluten mussten die Kinder zu Hause auf der Leuchtturmwarft bleiben, rundherum toste das Meer – an einen Weg in die Schule nach Westerhever war nicht zu denken. Heute werden die denkmalgeschützten Häuser von der Schutzstation Wattenmeer genutzt.

Die Besteigung des Turms ist nur im Rahmen einer Führung möglich, Kinder bis 7 Jahre dürfen nicht hinauf – es geht 157 steile Stufen nach oben. April–Okt. Mo und Mi 10, 11, 13, 14, 15, 16 Uhr; großer Andrang, tel. anmelden! Eintritt 4 €, Kind ab 8 J. 2 €; ☎ 04865-1206. Das denkmalgeschützte ehemalige Leuchtturmwärterhaus dient heute als Seminarhaus der **Nationalpark-Station** (Am Leuchtturm, ☎ 04841-298, www.schutzstation-wattenmeer.de). Dort sind eine kleine Ausstellung mit Infotafeln, das Aquarium der Schutzstation Wattenmeer e. V. sowie auch öffentliche Toiletten zu finden. Hier starten geführte Wattwanderungen, Salzwiesentouren und Vogel-Beobachtungstouren. Im Zwillingsbau können Gruppen bis 19 Pers. übernachten (einfache 2- bis 4-Bett-Zimmer mit Etagenbetten).

Bei winterlicher Sturmflut ist der Weg zum Leuchtturm auch mit Gummistiefeln nicht möglich

Vom Parkplatz hinter dem Ort (mit Info-Hus und Imbiss- und Souvenirbude des örtlichen Schäfers) über den Deich führt ein ca. 2 km langer *Spazierweg* mit phantastischem Blick über das Watt und die Salzwiesen zur Sandbank. Bei starkem Wind ist er allerdings unangenehm zu begehen und bei auflaufendem Hochwasser mitunter sogar gefährlich, da das Wasser zunächst den Weg ganz nah am Leuchtturm überflutet und so den Rückweg abschneidet. Unvorsichtige Touristen mussten hier schon per Hubschrauber gerettet werden. An Sommerwochenenden kann man sich auf der vierten Plattform des Leuchtturms übrigens das Jawort geben – Gummistiefel nicht vergessen! (Infos über die Tourismus-Zentrale Eiderstedt.) Die vorgelagerte Sandbank Westerheversand ist ein riesiger Badestrand, der aber nur zu Fuß zu erreichen und entsprechend wenig besucht ist. Wer auf der Sandbank von heftigem Hochwasser überrascht wird, sollte im Sommerhalbjahr statt sich auf den Weg zum Deich zu machen den Sicherheitsturm ansteuern, in den man über eine Leiter steigt. Im Winter sollte man Westerheversand aus Sicherheitsgründen meiden. Bis zum Bau eines Damms im Jahr 1887 war Westerheversand übrigens eine Hallig.

Im einst bedeutenden **Warftort Westerhever,** in dem heute nur noch etwa 130 Menschen leben, stehen elf denkmalgeschützte *Haubarge*, z. B. der von 1635 auf der Knutzenswarft am westlichen Ortseingang. Der sehenswerte Turm der *St.-Stephanus-Kirche* stammt aus dem 14. Jh., das Kirchenschiff wurde 1804 abgerissen und durch einen kleineren Neubau ersetzt (Schlüssel im Kirchspielkrug). Die Kirche wurde nach dem Sieg über die auf der Nachbarwarft verschanzten Wogemannen erbaut, die einst nicht nur Schiffe, sondern auch Eiderstedter Häuser plünderten. 1370 konnte man die Piraten überwältigen, die anschließend geköpft wurden. Auf der *Wogemannsburg* genannten Warft, die ihren Namen von der einstigen Piratenburg hat, steht heute das ehemalige Pfarrhaus aus dem 17. Jh.

Die abgelegene Ortschaft setzt auf Tourismus, es gibt Ferienhäuser und -wohnungen für ca. 150 Urlauber im Ortszentrum und im Ortsteil Schanze. Überregional bekannt ist das 1879 gebaute schiefergedeckte Schulhaus, das heute als Schullandheim dient. Für die Familien der beiden Dorfschullehrer war hier jeweils eine Wohnung eingerichtet; wegen der schlechten Bezahlung stand den Lehrern ein Stall mit etwas Vieh zur Selbstversorgung zur Verfügung. 1971 wurde diese letzte Dorfschule auf Eiderstedt geschlossen, die wenigen Schüler müssen heute nach Garding fahren.

• *Information* **Tourismusverein Westerhever/Poppenbüll**. In der Saison *Info-Hus* am Parkplatz vor dem Deichübergang zum Leuchtturm, tägl. ab 11 Uhr. Außerhalb der HS nur postalisch und tel. erreichbar. 25881 Westerhever, ✆ 04865-1206, www.westerhever-nordsee.de.

• *Übernachten/Essen & Trinken* ***** Landhotel Kirchspielkrug**, die alteingesessene Gaststätte ist bekannt für deftiges Essen und guten Kuchen. Im Juli/Aug. warme Küche tägl. 11.30–14 und 17–20.30 Uhr, sonst Mo Ruhetag. Zwischen 14 und 17 Uhr gibt es Kuchen, frische Waffeln und eine kleine Karte mit Spezialitäten wie Krabbensuppe, Matjes oder sauren Rippchen (nur Fleisch, ohne Knochen) mit Bratkartoffeln. Wer danach nicht mehr weiterreisen mag, kann in einem der sieben neu gestalteten Hotelzimmer übernachten, sollte noch ein Zimmer frei sein. EZ ab 32 €, DZ ab 52 €, jeweils inkl. Frühstück; interessante Pauschal-Angebote. Mitte Nov. bis Mitte Feb. geschlossen, an Weihnachten geöffnet. Dorfstr. 7, ✆ 04865-90143, www.kirchspielkrug.de.

• *Einkaufen* **Schäfermarkt Hinz**, Imbiss und Souvenirbude von Willi Hinz. Hier wird vermarktet, was der Familienbetrieb mit 2000 Schafen hergibt, vom Wollpullover über Lammfell bis Käse. Wer einmal Lammwurst probieren möchte, ist hier richtig. Tägl. ab 11 Uhr. Am Parkplatz beim Übergang über den Deich, Deichstr. 4, ✆ 04865-901918.

Olli's Achtern Diek Hofladen, gleich neben Schäfermarkt Hinz; doch manchem vielleicht zu rustikalen, auf jeden Fall unverwüstlichen Fell- und Wollprodukte sind aus eigener Herstellung. Daneben sind auch Käse und Fleischprodukte im Angebot. Übrigens ist Schäferin Dorothee Olle eine echte Aussteigerin: Früher arbeitete sie als Fremdsprachensekretärin. Deichstr. 2, ✆ 04865-676.

• *Kunst* **Galerie & Atelier Monika Nelting**, moderne Malerei in sehenswertem Ambiente. Geöffnet nach Voranmeldung. Steinhütten 2, ✆ 04865-393, www.monika-nelting.de.

Fahrradtour 2: Am Deich zum Leuchtturm Westerhever und durch Wiesen nach Garding

St. Peter-Ording – Tümlauer Koog – Westerheversand – Westerhever – Garding

Die Tour führt von St. Peter-Ording (SPO) über Westerhever nach Garding und verläuft überwiegend fernab der Straßen. Vom Endpunkt geht es im Stundentakt mit der Bahn zurück nach SPO. Wer auf der Tour Vögel beobachten möchte, sollte ein Fernglas einpacken. An wind- und wetterfeste Kleidung sowie Sonnenschutz denken, da der Weg völlig ungeschützt und schattenlos ist.

Länge/Dauer: Die Route ist ohne Abkürzungen (insgesamt ca. 5 km) gut 40 km lang, reine Fahrzeit je nach Wind und Kondition 3–5 Std. Bei sehr starkem Wind sollte man rechtzeitig umkehren; dasselbe gilt bei plötzlich einsetzendem Seenebel. Ein Blick in den Gezeitenkalender empfiehlt sich, wenn man bis zum Leuchtturm radeln möchte.

Einkehr: Da nur wenige Orte an der Strecke liegen, sollte man Proviant und Getränke mitnehmen. Picknickplatz zu Füßen des Leuchtturms. Imbiss im Schäfermarkt Hinz am Wanderparkplatz zwischen Westerhever und dem Deich. Einkehrmöglichkeit in Westerhever (Mo Ruhetag, außer Juli/Aug.).

Start/Parken: Strandparkplatz im OT Böhl oder an beliebiger Stelle am Deich in St. Peter-Ording – Parkplätze gibt es an allen Strandübergängen.

Die Tour verläuft auf dem nicht zu verfehlenden Radweg am Deich in Richtung Norden; der Weg zieht sich oft am Fuß des Deichs entlang, was den Vorteil hat, dass es hier unten nicht gar so windig ist wie auf der Deichkrone. **Start-** **punkt** ist im Ortsteil Böhl am gebührenpflichtigen Strandparkplatz, man kann aber auch an anderer Stelle beginnen. Zunächst wird der **Leuchtturm Böhl** (→ S. 118) passiert, hinter dem sich ein breiter Dünenschutzwald erstreckt.

Sportboothafen Tümlauer Bucht

Fahrradtour: Zum Leuchtturm Westerhever und nach Garding

1200 m

Außerhalb der Hauptsaison radelt man meist allein auf dem Weg am Deich in nördliche Richtung, wo bald die wenigen Hochhäuser von **St. Peter Bad** auftauchen. Nun wird es etwas belebter, hier kann man sich ohne großen Umweg mit Proviant eindecken oder, falls kleinere Kinder dabei sind, eine Rast machen (schöner Spielplatz mit Sonnenliegen an der Route hinterm Deich!) und dann den Rückweg antreten.

Im **Ortsteil Ording** passieren wir den großen Strandparkplatz; hier ist für längere Zeit die letzte Gelegenheit, einzukehren oder im winzigen Strandkaufhaus am Campingplatz Sonnenmilch etc. zu erwerben.

Weiter geht es auf dem nicht zu verfehlenden Radweg am Deich zur **Tümlauer**

Bucht, die bis in die 1930er-Jahre noch wesentlich größer war. Heute zählt das brettebene Gebiet mit seiner Salzwiesenvegetation zur Wattenmeer-Schutzzone 1. Hier lässt sich gut beobachten, wie vor dem Deich neues Land in Form von Salzmarschen entsteht. Häufig finden sich hier riesige Vogelschwärme zur Rast ein. Siele und Schöpfwerke dienen der Entwässerung des Landes, das nur ein paar Zentimeter über dem Meeresspiegel liegt.

Schon von weitem ist der pittoreske *Leuchtturm von Westerheversand* (s. o.) zu sehen, doch dauert es seine Zeit, bis er näher kommt. Wir radeln auf sich verzweigenden Wegen mit zahlreichen Gattern, die die Schafe auf der Weide halten, immer so nah wie möglich an der Seeseite, bis wir auf den denkmalge-schützten, gepflasterten *Stockenstieg* stoßen. Dieser schmale und sehr kurze Fußweg zum Leuchtturm ist nur von Juni bis Sept. bei Niedrigwasser begeh-bar, sonst überflutet oder aus Vogel-schutzgründen gesperrt. Außerdem wird – um den Weg noch lange zu er-halten – gebeten, ihn nur vom Leucht-turm in Richtung Deich zu gehen, im Gänsemarsch zu laufen und den Weg nicht zu verlassen.

Der nicht zu verfehlende Radweg führt in weitem Bogen vom Deich in nordöst-licher Richtung zum **Leuchtturm** und wird auch von Fußgängern begangen (an Sommerwochenenden überfüllt!). Rückweg vom Leuchtturm auf derselben Strecke. Auf dem über den Deich füh-renden Weg kann man direkt zur **Kirche in Westerhever** radeln. Am Weg passie-ren wir den *Schäfermarkt Hinz* (→ Ein-kaufen) und eine kleine Ausstellung zur Landesnatur. Alternativ kann man zu-vor einen Abstecher in die am Deich gelegenen Ortsteile *Schanze* oder *Stuf-husen* machen – dazu fährt man einfach am Außendeich weiter Richtung Norden. Das Deichvorland wird nun zusehends schmaler, bis der Deich direkt ans Watt grenzt. Hier sind einige Wehlen (→ S. 15) zu sehen, die von früheren Deichbrüchen zeugen. Zum letzten Deichbruch, bei dem Westerhever über-schwemmt wurde, kam es 1717.

Der **Ortsteil Stufhusen** ist eine gut er-haltene Warftsiedlung mit bis zum Bau der Wasserleitung 1967 genutztem Fe-thing (→ S. 23); die typischen histori-schen Haustypen sind hier zu sehen: kleine Katen der Landarbeiter und Schäfer, ein friesisches Langhaus sowie ein 1855 errichteter Haubarg.

Wer dem Deich noch weiter folgt, ge-langt in den **Ortsteil Schanze;** der Na-me dieser Warftsiedlung stammt aus der Belagerungszeit im Dreißigjähri-gen Krieg. Heute stehen hier nur noch drei Häuser, die allesamt Feriengäste beherbergen. Früher war der Ort viel größer, es gab sogar eine Schule und eine Gastwirtschaft.

Weiter in Richtung Westerhever geht es zunächst auf der kaum befahrenen *Heerstraße.* An der ersten Kreuzung biegen wir rechts in den Siekweg ab und passieren die *Siekhofwarft* (rechts). Nun erreichen wir das Ortszentrum des meist ziemlich ausgestorben wirkenden **Westerhever,** wo es einen fast immer geöffneten *Kirchspielkrug* gibt (außer-halb der HS Mo Ruhetag), das einzige Gasthaus weit und breit.

Weiter geht es in östlicher Richtung auf der Landstraße nach **Steinhütten**, dort rechts auf die gleichnamige Straße. Nach etwa 1 km ist der Binnendeich zu sehen, an dem ein geteerter Landwirt-schaftsweg entlangführt. Diesem auto-freien Weg folgen wir links etwa 2 km bis zur **Nickelswarft**. Falls der Außen-deich einmal brechen sollte, könnte der Binnendeich an den Durchlässen (Stö-pen) mit Balken und Sandsäcken ge-schlossen werden, um so weitere Über-flutungen zu verhindern.

In Nickelswarft geht es rechts auf die kaum befahrene *Straße Westerdeich* und kurz vor deren Ende links auf die *Neu-kruger Chaussee*. Diese endet nach etwa 1 km, und wir fahren rechts auf dem St.-Johanniskoog-Ring und der Poppen-büller Straße nach **Garding**, ein sehens-wertes historisches Städtchen (→ S. 100). Vom Bahnhof fährt zwischen 5.13 Uhr und 23.13 Uhr stündl. ein Zug der NOB mit Fahrrad-Mitnahmemöglichkeit zu den beiden Haltepunkten in St. Peter-Ording. In Richtung Husum verkehrt die NOB zwischen 5.48 Uhr und 23.48 Uhr im Stundentakt (Stand 2009). Fahrscheine am Automaten im Zug oder beim Zugpersonal (am Bahnhof kein Fahrscheinautomat!).

An Sommer-Sonntagen dampfen Museumsloks durch Nordfriesland

Nordfriesland

Vor der nordfriesischen Küste liegen – mit Ausnahme von Helgoland – alle schleswig-holsteinischen Inseln. Sie sind das touristische Kapital der Westküste und unbedingt eine Reise wert. Wer es stiller und einsamer mag, ist im Eider-Treene-Sorge-Gebiet richtig, einer ursprünglichen Flusslandschaft, die für Wasser- und Radwanderer sowie Wanderreiter bestens erschlossen ist. Auf jeden Fall besuchenswert sind auch Friedrichstadt und Husum, zwei Städtchen mit gut erhaltenem historischen Kern.

Das nordfriesische Festland ist extrem dünn besiedelt und bildet auch aus diesem Grund seit 1971 inklusive der vorgelagerten Inseln und Halligen einen einzigen, flächenmäßig sehr großen Landkreis. Damals wurden die Kreise Südtondern, Husum und Eiderstedt vereinigt, seitdem fahren hier alle Autos mit „NF"-Kennzeichen herum. Die städtischen Zentren Nordfrieslands sind *Husum* und *Westerland* (Sylt); hier gibt es Krankenhäuser, Kinos, ein gewisses Nachtleben und Geschäfte mit großer Auswahl. Dazwischen erstreckt sich viel menschenleeres Land, weshalb man Touren in diesem Gebiet sorgfältig planen sollte: Die Überlandbusse fahren selten, und die spärlich vorhandenen Geschäfte und Gaststätten haben außerhalb der Hochsaison in der Mittags- bzw. Nachmittagszeit generell geschlossen. Doch wer sich genauer umsieht, wird zwischen Friedrichstadt und der dänischen Grenze viel Interessantes entdecken.

Friedrichstadt　　　　　　　　　　　　　(2600 Einwohner)

In ein puppenstubenhaftes holländisches Kleinstädtchen glaubt man sich in Friedrichstadt versetzt. Der gar nicht so falsche Eindruck verstärkt sich im Sommer, wenn Fremdenführer in holländischer Tracht auf den Kopfsteinpflasterstraßen unterwegs sind.

Zu Beginn des 17. Jh. siedelte Herzog Friedrich III. von Gottorf am Zusammenfluss von Eider und Treene in einer geometrisch geplanten Renaissance-Kleinstadt niederländische Glaubensflüchtlinge an. Auf diese Geschichte ist man bis heute stolz und vermarktet sie kräftig. Die Anlage der zu zwei Dritteln erhaltenen und liebevoll sanierten Altstadt erinnert mit ihren Grachten und Giebelhäuschen an die Holländer, die sie einst errichteten. Kaum ein Haus, vor dem kein Rosenstock steht, und über vielen Haustüren befindet sich noch das alte Hauszeichen aus der Zeit vor Straßennamen und Hausnummern. Kein Wunder, dass das Preisniveau in den netten kleinen Läden, Galerien und Gaststätten recht hoch ist, ist die Saison doch nur kurz und muss Einnahmen fürs ganze Jahr erbringen.

Die Westseite des Marktplatzes begrenzen die viel fotografierten Treppengiebel-Häuser aus dem 17. Jh., an der Südseite befindet sich die Tourist-Information. Den Platz schmückt das immer frisch gestrichene Brunnenhäuschen von 1879, an dem vier plattdeutsche Verse des Heimatdichters Klaus Groth verewigt sind. Die dicken Eisenstangen, die bis heute Teile des Marktes begrenzen, hatten früher eine Funktion: Sie dienten während des Viehmarkts zum Anbinden der Tiere.

Unbedingt sehenswert ist aber nicht nur das Städtchen mit seinem historischen Kern, auch die Umgebung bietet einzigartige Eindrücke, die man zu Fuß, per Ausflugsboot oder Fahrrad genießen kann.

Geschichte

Ihre Entstehung verdankt die Stadt Herzog Friedrich III. von Schleswig-Gottorf, der Handelsbeziehungen in den Orient aufnehmen wollte. Dazu benötigte er Handelsstationen, die an Häfen gelegen sein mussten, denn Reisen über Land waren in der frühen Neuzeit wegen fehlender Fernstraßen kaum möglich. Gleichzeitig suchte die niederländische Glaubensvereinigung der Remonstranten, die in ihrem Heimatland verfolgt wurde, nach einer neuen Heimat. Friedrich III. konnte nun zwei Fliegen mit einer Klappe schlagen: Er demonstrierte religiöse Toleranz, indem er den Remonstranten Asyl gewährte, und bekam gleichzeitig bestens ausgebildete Handwerker, die sich auch auf das Trockenlegen der Moorlandschaft verstanden. 1569–71 baute man den Damm zwischen Treene und Eider und leitete die Treene durch die Kanäle Westersielzug und Ostersielzug mit mehreren Schleusen in die Eider. So entstand eine kleine Insel, auf der Friedrichstadt errichtet werden konnte. Trocken wurde der Baugrund dadurch, dass der beim Kanalbau ausgehobene Boden auf der Insel abgelagert wurde. 1621 ließen sich die ersten Glaubensflüchtlinge im neuen Ort nieder, nach den niederländischen Remonstranten siedelten sich auch Angehörige weiterer in Norddeutschland weniger verbreiteter Glaubensrichtungen an, darunter Katholiken, Juden, Mennoniten und Quäker. Doch die Vision Herzog Friedrichs III., die nach ihm benannte Stadt zu einer bedeutenden Hafen- und Handelsstadt zu machen, erfüllte sich nie.

Heute sind in der Stadt mehrere der inzwischen bekannten „Stolpersteine" aus Messing im Pflaster zu sehen, die der Künstler Gunter Demnig seit Jahren in Deutschland und einigen anderen europäischen Ländern in Gehwegen vor den Wohnhäusern von Holocaust-Opfern verlegt (www.stolpersteine.com). Sie erinnern an die Friedrichstädter Juden, die in der NS-Zeit in den Konzentrationslagern ermordet wurden oder bei der Deportation ums Leben kamen.

Information/Aktivitäten/Einkaufen (siehe Karte S. 129)

● *Information*   **Tourist-Information**, April–Sept. Mo–Fr 10–17 Uhr, Sa/So 10–16 Uhr; sonst nur Mo–Do 10–16 Uhr, Fr 10–14 Uhr. Der Infobereich mit Internet-Terminal und Prospekten ist tägl. 8–22 Uhr geöffnet. Am Markt 9, 25840 Friedrichstadt. ℡ 04881-9393-0, www.friedrichstadt.de.

• *Verbindungen* **Bahn**, Friedrichstadt liegt an der Bahnstrecke Hamburg – Westerland (Sylt). Hier halten Züge der *Nord-Ostsee-Bahn (NOB)* ab Hamburg-Altona tägl. 18-mal. Fahrzeit ab Hamburg knapp 2 Std.

• *Aktivitäten* **Angeln**, sogar im Stadtgebiet darf an bestimmten Stellen geangelt werden, zudem in der Treene. Angelkarte für Gäste 5 €/Tag, längere Zeiträume günstiger. Ausgabe bei der Tourist-Information und beim Sportfischerverein Treene, wo auch weitere Auskünfte gibt. Großer Garten 8, ✆ 04881-1593, www.sfv-treene.de.

Audio-Guides, mehr als 30 interessante Punkte erklärt der elektronische Stadtführer, der in der Tourist-Information und im Museum „Alte Münze" (→ Sehenswertes) gegen Gebühr entliehen werden kann. Auf dem Display erscheinen zusätzlich historische Fotos.

Bootsvermietung, Tret-, Ruder- und Elektroboote ab 10 €/Std. vermietet die Eiderstedter Grachten- und Treeneschifffahrt Schröder, an den Landungsbrücken. ✆ 04881-7365, www.grachtenschiffahrt.de.

Fahrradvermietung, 250 orangefarbene Mieträder des Verbundes Nordsee-Rad gibt es neuerdings bei Rainer Dirks in der Tourist-Information: Erwachsenenfahrrad ab 5 €/Tag, auch Kinderräder, Kindersitze und Anhänger sowie Körbe im Angebot. In der Hochsaison reservieren! Geöffnet wie Tourist-Information. ✆ 04881-1008 oder 0172-4534713.

Geo-Caching, die moderne Variante der altbekannten Schnitzeljagd. Mit dem GPS-Gerät startet man auf dem Marktplatz, dann geht es durch die alten Gässchen von einer Sehenswürdigkeit zur nächsten. Dabei muss man immer wieder Aufgaben lösen und kann dann die Schatztruhe öffnen. Dauer 1½–2 Std., auch für technik-affine Kinder ein Spaß. Fragenkatalog und GPS-Gerät (9,50 €/

Tag) bei der Tourist-Information.

Lollipop, 2008 eröffnete auf einem ehemaligen Supermarktgelände ein Indoor-Spielpark mit Hüpfburg, Kletterwand, Hindernisparcours, Labyrinth etc. Etwas für Regentage. Tägl. 11–19 Uhr, Eintritt: Erw. 3 €, Kind 5 €. Am Deich/Ecke Halbmond, ✆ 0163-5469351.

Schiffsfahrten, z. B. auf der Treene nach Schwabstedt (nur Juni–Aug. Mi und Sa/So) sowie Grachtenfahrten in Friedrichstadt bietet das Unternehmen von Günther Schröder an; Ticketverkauf und Abfahrt an den Landungsbrücken (Grachtenfahrt April–Okt. alle 30 Min.). ✆ 04881-7365, www.grachten schiffahrt.de.

Stadtrundgänge, Mai–Sept. tägl. 11.30 Uhr ab der Tourist-Information (60 Min.).

Workshops in der AR.T Galerie, neben wechselnden Ausstellungen (Malerei, Grafik, Fotografie, Objekte) bietet die abstrakt malende Künstlerin Anke Richter.Teubler auch Workshops für Einzelpersonen und Kleingruppen an. Der Name der Malerin ist übrigens kein normaler Doppelname, „Punkt Teubler" hat sie im Gedenken an ihren Vater an ihren eigenen Namen angehängt. Ausstellungen April–Okt. Do–So 14–18 Uhr, Workshops nach Vereinbarung. Prinzessstr. 37, ✆ 0171-1984565, www.atelier-friedrichstadt.de.

• *Einkaufen* **Tee- und Kaffeeladen TeKaLa (7)**, ein Laden, wie er im Buche steht: große Blechdosen mit Hunderten von Teemischungen, aus denen auch kleine Mengen abgefüllt werden, dazu Zubehör von Kandis bis Teegeschirr, darunter schöne norddeutsche Handwerksware. Wer lieber Kaffee trinkt, bekommt Mischungen und reine Sorten vom Feinsten. Sehr nette Beratung, auch Versand. Prinzenstr. 32, ✆ 04881-1070, www.tee-nf.de.

*Ü*bernachten/*E*ssen & *T*rinken

• *Übernachten* ****** Ringhotel Aquarium Boddenberg (6)**, von Familie Boddenberg geführtes Hotel aus mehreren historischen Gebäuden in hervorragender Lage; 38 individuell geschnittene und möblierte Zimmer, darunter acht Nichtraucher-Zimmer. Das Haus wirkt innen ein wenig abgewetzt, was aber durch den sehr freundlichen und persönlichen Service wieder wettgemacht wird. Kleines Hallenbad, Sauna, Solarium und Tagungsräume im Haus; Leihfahrräder; im Innenhof 15 kostenlose Parkplätze.

Ganzjährig bis auf die Weihnachtstage geöffnet. EZ 74–99 €, DZ 102–130 €, jeweils inkl. Frühstücksbuffet; Kinder bis 4 J. gratis. HP zusätzlich 21 €, die sich lohnen: Das Restaurant ist Spitzenklasse. Auch interessante Arrangements mit Aktivitäten wie Kutschfahrten usw. Am Mittelburgwall 4–8, ✆ 04881-93050, www.aquariumboddenberg. ringhotels.de.

Hotel Herzog Friedrich (4), kleines Hotel mit individuell möblierten Zimmern, teils mit Antiquitäten und Alkoven ausgestattet.

Treene

Landungs-
brücken

Treene-
Freibad

Großer
Garten

Am Treenefeld

Treeneufer

Flachsblumenstraße

Kaneelstraße

Westerlilienstr.

Schmiedestraße

Stapel-
holmer
Platz

Ostdeutsche Straße

Osterlilienstr.

Am Mittelburgwall

Mittelburggraben

Hist. Museum
Alte Münze

große
Brücke

ehemalige
Synagoge

Westermarktstr.

Markt

Am Mittelburgwall

Schleswiger Straße

Rathaus

Ostermarktstr.

Paludanushaus

Westerhafenstr.

Kirchen-

straße

Neue Str.

Mittelgraben-
str.

Fünfgiebelhaus

Am

Fürstenburgwall

Ostergraben-
str.

Eiderallee

H.-Friedrich-Str.

Brückenstraße

Gartenstraße

Schanzen-
str.

Jürgen-Ovens-Str.

Am Deich

Tönninger Str.

Friedrichstadt

60 m

Dazu ein Café-Restaurant (tägl. durchge-hend geöffnet) mit schönem Hofgarten. EZ 65–110 €, DZ 95–150 €, inkl. Frühstück; in der NS interessante Pauschalen. Schmiedestr. 11a, ☎ 04881-1771, www.herzog-friedrich.de.

Treenehof (1), familienfreundliche Pension mit Restaurant-Café etwas außerhalb am nördlichen Treene-Ufer, seit 2008 von Mai–Sept. per (Personen-)Fähre von Friedrich-stadt zu erreichen. Herrnhallig 10, ☎ 04881-9371-0, www.treenehof.de.

Gästehaus Ziemann (8), saubere Zimmer in ruhiger Lage; Frühstück im großen Winter-garten, Gästeküche, Garten mit Grill und Strandkörben. DZ 60 €, EZ 40 €, jeweils inkl. Frühstück. Doesburger Str. 14, ☎ 04881-7228, www.gaestehaus-ziemann.de.

Christa Carstens (9), ideal für Radwande-rer, denn das Haus liegt direkt am Eider-Treene-Sorge-Weg. DZ 50 €, EZ 30 €, jeweils inkl. Frühstück. Drager Weg 16, ☎ 04881-1551.

Jugendherberge (3), kleine, komplett renovierte Herberge mit 4- bis 6-Bett-Zimmern im weniger attraktiven Teil Friedrichstadts, dafür für das Hochpreisstädtchen konkurrenzlos günstig: Ü/F ab 18,20 €/Pers. Ostdeutsche Str. 1, ℡ 04881-936261, jh-friedrichstadt@djh.de.

● *Essen & Trinken*   **Restaurant Holländische Stube (5)**, gehobene Küche in rustikal möbliertem Holländer-Häuschen mit viel originalem Interieur. Oft Reisegruppen. April–Okt. tägl. ab 10 Uhr, sonst Mi–So ab 11 Uhr. Am Mittelburgwall 24–26, ℡ 04881-9390-0, www.hollaendischestube.de.

Hofcafé und Heuherberge (2), an der Treene ca. 3 km östlich der Stadt steht vor dem Ort Seeth nahe dem Radwanderweg der 1875 erbaute *Mildterhof* (gut ausgeschildert). Nettes, etwas christliches Landhaus-Café mit Garten, in dem häufig Familienfeiern stattfinden. Conny Liegmann verwöhnt die Gäste mit selbst gebackenem Kuchen, belegten Brötchen usw. Café März/April und Sept./Okt. Sa/So 14–18 Uhr, Mai–Aug. tägl. 14–18 Uhr.

April–Okt. kann man hier in Kojen im Heu übernachten (40 Plätze), zelten oder sein Wohnmobil parken; es gibt Frühstück, Grill- und Lunchpakete. Übernachtung ab 10 €/ Pers. Barrierefreie Sanitäranlage, Spielplatz, Barfuß-Erlebnisgarten, Schafe und Kleintiere, Grillplatz etc. Gelegentlich Wildkräuterseminare. Hunde sind erlaubt, auch Unterstellmöglichkeit für Pferde. Reservieren! Mildterhof, Gemeinde Seeth, 25840 Friedrichstadt, ℡ 04881-7816, www.heuherberge-mildterhof.de.

Sehenswertes

Neberhaus: Das innen wie außen hervorragend erhaltene holländische Wohnhaus wurde 1621–1630 aus original niederländischen Backsteinen, sog. Moppen, gebaut. 1830 wohnte hier der französische Bürgerkönig Louis Philippe als Emigrant, heute beherbergt das Gebäude das Restaurant Holländische Stube. Am Mittelburgwall 24.

Remonstranten-Kirche: Die Brüderschaft der Remonstranten entstand 1620 in Antwerpen nach Flügelkämpfen innerhalb der calvinistischen Richtung des reformierten lutherischen Bekenntnisses. Viele Remonstranten zählten zu den ersten Bewohnern von Friedrichstadt, ihr Gotteshaus war 1624 der erste Kirchenbau der neuen Stadt. 1850 wurde er im Ersten Schleswig-Holsteinischen Krieg zerstört, die heutige Kirche wurde 1852–1854 in klassizistisch-schlichtem Stil erbaut und jüngst saniert.

Die einzige Remonstranten-Kirche außerhalb der Niederlande ist nicht öffentlich zugänglich – ausgenommen am „Tag des offenen Denkmals". Prinzessstr. 29.

Paludanushaus: 1637 für den Weinhändler Godefrid Paludanus erbautes prächtiges Eckhaus mit Treppengiebel, Löwenköpfe zieren die Fassade. Über der geschnitzten Rokoko-Haustür in der Prinzenstraße 28 befindet sich das alte Hauszeichen mit Traube und Weinfass. Seit 1960 versammelt sich hier die dänische Gemeinde, deren Pfarrer auch im Haus wohnt.

Nur von außen zu besichtigen: die Remonstranten-Kirche

St. Knuth: Die 1854 geweihte katholische Kirche am Fürstenburgwall ist nach einem dänischen König benannt, die Apostelfiguren im Innenraum sollen aus der Anfang des 19. Jh. abgerissenen Marienkirche in Husum stammen. Seltsamerweise hat die Kirche keinen Turm. Das mittelalterliche Kruzifix soll aus einer in einer Sturmflut untergegangenen Kirche stammen. Seit 2007 wird die Kirche für profane Veranstaltungen wie Lesungen und Konzerte genutzt. Zu Veranstaltungen geöffnet.

Atelier-Galerie Thomas Freund: In dem historischen Fünfgiebelhaus sind Landschaftsmalereien und Stillleben zu sehen; wer davon inspiriert ist, kann an einem Malkurs teilnehmen.
Di–Fr 13–18 Uhr, Sa 10–18 Uhr, Am Fürstenburgwall 11. ℘ 04881-936688, www.malen-an-der-nordsee.de.

Historisches Museum Alte Münze/Mennonitenkirche: Das Gebäude aus dem Jahr 1626 beherbergt seit 1997 das Stadtmuseum. Mit seinen bleiverglasten Fenstern und der großen Tür gilt es als das am besten erhaltene norddeutsche Bauwerk der niederländischen Renaissance. Der Name „Münze" ist jedoch irreführend: Münzen wurden hier nie geprägt, das Haus diente dem Statthalter von Herzog Friedrich III. als Wohnung. Seit 1706 ist im Querflügel der schlichte Gebetssaal der Mennoniten untergebracht, in den man von oben schauen kann. Die Mennoniten sind eine Täuferbewegung, in der nur Erwachsene getauft werden. Zwischen ihren sporadischen Versammlungen feiert auch die dänisch-lutherische Gemeinde hier Gottesdienste.
Mitte Mai bis Ende Sept. Di–So 11–17 Uhr, April bis 1. Mai-Hälfte und Okt. Di–Fr 15–17 Uhr, Sa/So 13–17 Uhr. Am Mittelburgwall 23, ℘ 04881-87422 oder -1511, www.museum-friedrichstadt.de.

St. Christophorus: Die 1649 fertiggestellte evangelisch-lutherische Kirche am Mittelburgwall Nr. 38 wurde wie viele andere Friedrichstädter Gebäude dieser Zeit überwiegend aus importierten niederländischen Backsteinen gemauert. Ihr Turm ist wesentlich jünger als das Gotteshaus; er wurde 1762 aus den Granitsteinen einer abgebrochenen Schleuse errichtet. Eine Besonderheit ist eine der Glocken: 1624 wurde sie für eine Kirche auf der zehn Jahre später schwer überfluteten Insel Nordstrand gegossen, dann aus den Resten der zerstörten Kirche geborgen und nach Friedrichstadt transportiert. Auch die um 1600 geschnitzte Kanzel und der Taufstein stammen aus einer untergegangenen Nordstrander Kirche. Sehenswert ist das vor 1675 entstandene Gemälde „Die Beweinung Christi" des in Tönning geborenen Malers Jürgen Ovens, der sich in der linken oberen Ecke selbst verewigt hat (mit gefalteten Händen). Ovens, der mehrere Jahrzehnte lang in Friedrichstadt gelebt hat, ist unter dem Altar beigesetzt. Geöffnet Ostern bis Okt. tägl. 11–17 Uhr.

Ehemalige Synagoge: 1857 wurde sie eingeweiht und bis zur Zerstörung in der „Reichskristallnacht" 1938 genutzt, als alle Juden aus Friedrichstadt vertrieben wurden; ein Gedenkstein an der Ecke Westersielzug/Treenefeld erinnert an sie. Hier lag bis ins 20. Jh. der 1677 gegründete jüdische Friedhof, von dem heute nur noch Reste erhalten sind. Der Synagogenbau wurde nach der Vernichtung seines Inventars als Getreidelager und Wohnhaus genutzt und schließlich 2002 zu einer Kultur- und Gedenkstätte umgebaut. Heute finden hier Ausstellungen, Vorträge, Theatervorstellungen und Lesungen statt.
Geöffnet zu Veranstaltungen und auf Anfrage. Am Binnenhafen 17, ℘ 04881-1511.

Tischlereimuseum Jacob Hansen: Bis 1998 arbeitete der damals 92-jährige Hansen in seiner über 100 Jahre alten Tischlerwerkstatt, die heute ein Museum ist, in dem

Nordfriesland

man die alte Kunst der Holzbearbeitung erleben kann. Kindern bringt ein Audioguide mit dem Kobold „Jacob Span" die urtümlichen Maschinen nahe, für Erwachsene gibt es einen anderen Audioguide.

Juli–Sept. tägl. 11–12.30 und 14–16.30 Uhr, sonst nach Vereinbarung. Eintritt 2 €, Kinder gratis. Ostermarktstr. 15, ✆ 0163-1730056, www.tischlereimuseum-friedrichstadt.de.

Modellbahnzauber: Auf über 100 m² fahren die Mini-Züge der Spur HO durch die
Landschaften; neuerdings wird sogar ein Gewitter simuliert. Ähnlich wie im wesentlich größeren Miniatur-Wunderland in Hamburg sind rund um die Gleisanla-
gen viele witzige Situationen dargestellt, die mehr als einen Blick lohnen. Einige
Modelle dürfen die Besucher selbst in Betrieb setzen.

April–Okt. tägl. 10–18 Uhr, Nov. Sa/So 11–17 Uhr, 26. 12.–4. 1. tägl. 11–17 Uhr. Familienticket
17 €. Brückenstr. 18. ✆ 04881-525, www.modellbahn-zauber.de.

Umgebung von Friedrichstadt

Noch relativ unentdeckt ist das **Eider-Treene-Sorge-Gebiet**, eine ursprüngliche
Flusslandschaft mit wenigen Straßen und Brücken. So werden Radler und Fußgänger – zumindest an den Sommer-Wochenenden – an mehreren Stellen von kleinen
Fähren über die Eider gesetzt. Für Reiter sind fast 50 Routen mit insgesamt über
800 km Länge ausgeschildert; Wanderreiten ist hier also gut möglich, es gibt Übernachtungsmöglichkeiten für Pferd und Reiter (www.reitrouten.de). Und auch für
Paddler und Angler ist das Gebiet ideal.

Schön ist ein Ausflug ins etwa 10 km
östlich von Friedrichstadt gelegene
Schwabstedt (s. u.), noch etwas weiter
im Nordosten erstreckt sich der *Lehm-
sieker Forst*, einer der wenigen Wälder
der Region, der überwiegend aus bis zu
200 Jahre alten Laubbäumen besteht.
Radtouren ohne Autoverkehr sind auf
den vier beschilderten, zwischen 20 und
35 km langen „Kleeblatt-Wegen" möglich (z. B. ab Hohner oder Bargener Eiderfähre). Wer eine längere Strecke radeln will, ist auf dem 240 km langen, gut
beschilderten Eider-Treene-Sorge-Radweg richtig.

● *Information* **Eider-Treene-Sorge GmbH**,
Eiderstr. 5, 24803 Erfde/Bargen, ✆ 04333-
992490. Ausführliche Infos zum Gebiet unter
www.ets-region.de.

● *Aktivitäten* Für die Region ist ein empfehlenswerter **Radwanderführer** mit Karte im
Maßstab 1:75.000 erschienen: H.-D. Landeck, Eider-Treene-Sorge-Weg Radwanderführer, Boyens Buchverlag 2009; 9,90 €.
Eine **5-Tages-Radtour** bietet die Gebiets-
gemeinschaft Grünes Binnenland als Arran-
gement an (ab 170 €/Pers. im DZ). ✆ 04638-
898404, www.tourismus-nord.de.

*Beliebt: Wasserwandern
auf der Treene*

Koldenbüttel

Der Ortsname bedeutet „kalte Siedlung", das Adjektiv „kalt" soll sich auf die in der Völkerwanderungszeit erloschenen Feuerstellen beziehen. Erst nach dem Jahr 800 wurde der Ort mit seinen weit auseinander liegenden Höfen wieder aufgebaut. Sehenswert ist die *St.-Leonhard-Kirche* mit ihrem typischen einzeln stehenden Turm aus dem 13. oder 14. Jh.; den Innenraum schmückt ein um 1550 gemaltes Porträt von Martin Luther. Einen Blick wert ist auch der Friedhof mit seinen alten Grabsteinen. Neben dem Koldenbütteler Feuerwehrhaus fällt Lothar Frielings moderne Plastik „Der Klootstockspringer" (→ Kasten S. 103) ins Auge; zwei weitere seiner Skulpturen – der „Betonkopf" und der „Schafbock" – sind im Ort zu entdecken.

Auch für Kinder interessant ist der vier Hektar große *Natur-Erlebnisraum Koldenbütteler Marsch* am nördlichen Ortsausgang, durch den ein Wanderweg führt. Tafeln erklären die typischen Landschaftselemente wie Spätinge, Grüppen und Warften.

● *Information* Im Internet auf www.koldenbuettel.de stellt sich die kleine Gemeinde vor; man findet einen Veranstaltungskalender und eine Liste mit Übernachtungsmöglichkeiten.

● *Einkaufen* **Goldschmiede Ingeborg Peters**, klassischer friesischer Filigranschmuck von Meisterinnenhand. Mühlenstr. 17, 25840 Koldenbüttel, ☏ 04881-7441.

Schwabstedt

Der kleine Ort mit seinem unprätentiösen Fluss-Freibad ist das winzige touristische Zentrum an der beschaulich durch Felder und Wiesen mäandrierenden Treene. Hier überspannt eine der wenigen Brücken den 90 km langen Fluss. Einige Privatzimmer und Ferienwohnungen bieten Erholung Suchenden Quartier. Besonders interessant ist Schwabstedt für Fliegenfischer, die im Mai und im Herbst gute Fangmöglichkeiten haben.

● *Information* **Schwabstedt-Treene-Tourismus**, Infos per Post und Telefon: Kirchenstr. 10, 25876 Schwabstedt, ☏ 04884-420, www.fvv-schwabstedt.de.
Im **Treenehaus** ist ein tagsüber geöffneter Raum mit Prospekten etc.; auf der anderen Straßenseite eine Tafel mit Übernachtungsadressen. An der Treene 11.

● *Aktivitäten* **Fischerei- und Angelsportverein Schwabstedt**, Infos bei Peter Rathje, ☏ 04884-583.
Kanustation Nordkanu, am Freibad, Kanus nur nach tel. Vorbestellung unter ☏ 04841-74352 oder 0172-9996543, www.nordkanu.de.

● *Übernachten/Essen & Trinken* **Hotel zur Treene**, auf Radler eingestellt ist Familie Thomsen, die 7 schöne DZ und 3 FeWo vermietet. Im Haus auch ein Terrassen-Restaurant mit tollem Treeneblick (saisonale Gerichte, hausgebackene Kuchen, frische Waffeln). EZ 45 €, DZ 70 €, jeweils inkl. Frühstück; Zustellbett möglich. An der Treene 5, ☏ 04884-210, www.hotel-zur-treene.de.
Imbiss Fischbetrieb Argus, frischer und geräucherter Fisch, Krabben und Matjes sowie heißer Backfisch und Fischbrötchen. Do/Fr 8–13 und 15–19 Uhr. Westerende 26, ☏ 04884-903210.

Ramstedt

Hier liegt das **Angelparadies Holbek,** eine zwei Hektar große Teichanlage mit komfortabel ausgestatteten Angelplätzen. Regelmäßig werden Forellen, Saiblinge, Aale, Karpfen etc. eingesetzt, sodass jeder etwas fangen wird. Es gibt Angelzubehör, Köder sowie Getränke und kleine Snacks; die Kinder können sich in einem Streichelzoo vergnügen.

Im Sommer tägl. 6–20 Uhr, im Winter von Sonnenauf- bis Sonnenuntergang. Kontakt: Storm & Heuer, Schulstr. 45, 25876 Ramstedt, ☏ 0172-4556220, www.angelparadies-holbek.de.

Nordfriesland

Bergenhusen

Der bereits zum Landkreis Schleswig-Flensburg gehörende 750-Einwohner-Ort mit vielen Reetdach-Häusern und der über 300 Jahre alten Kirche ist als Storchendorf bekannt – jedes Jahr brüten hier mindestens 10 Storchenpaare. Im März/April kehren sie aus ihren Winterquartieren unter afrikanischer Sonne zurück und besetzen ihre Horste, im April oder Mai legen die Weibchen wenige Eier, und im Mai und Juni schlüpfen die Küken. Kaum sind die Jungstörche Ende Juli flügge, müssen sie im August den Flug nach Afrika bewältigen.

• *Adressen* **Fahrradverleih Thießen**, Räder ab 3 €/Tag; März–Sept. tägl. geöffnet. Hoier-Boier-Stroot 7, ✆ 04885-356. **Nabu-Naturschutzzentrum**: In der interessanten Ausstellung erfährt man alles über den Weißstorch, zudem gibt es Tipps für naturkundliche Ausflüge in die Umgebung. Mitte März bis Mitte Sept. tägl. 10–18 Uhr, Führungen nach Vereinbarung. Groostroot 1, 24861 Bergenhusen, ✆ 04885-570.

• *Übernachten/Essen & Trinken* **Landgasthof Hoier Boier**, der Name stammt übrigens von der regionalen Bezeichnung für „Storch". Neben Fleisch und Fisch (um 10 €) auch preiswertere vegetarische Gerichte. Ein paar Zimmer: DZ 50 €, EZ 30 €, Frühstück 6 € extra. Winter: Mo, Di, Do–Sa ab 17 Uhr (nach Absprache auch mittags), So ab 11 Uhr. Dörpstraat 12a, Bergenhusen, ✆ 048 85-901908, www.landgasthof-hoier-boier.de.

Husum   (21.500 Einwohner)

Ein Tagesausflug nach Husum sollte in keinem Nordseeurlaub fehlen. Die entgegen dem bekannten Gedicht von Theodor Storm gar nicht graue Stadt am Meer bietet sich auch als Ziel für Regentage an, denn sie ist Standort mehrerer Museen, die auch für Kinder interessant sind. Wer im Urlaubsdomizil Stadtatmosphäre bevorzugt, ist in einem der Husumer Hotels gut untergebracht und kann von hier aus in kurzer Zeit viele lohnende Ziele erreichen.

Husum verdankt seinen Aufstieg vom unbedeutenden Landörtchen zur Hafenstadt der „Groten Mandränke" von 1362, der verheerenden Sturmflut, die die vorgelagerte Halbinsel Strand teilweise wegriss und Rungholt (s. S. 170)verschlang. Die Flut verschaffte Husum quasi über Nacht durch den nach Osten verlängerten Prielstrom Hever einen Zugang zum Meer. Über die Hever konnten die damaligen kleinen Schiffe problemlos in die Mündung des Flüsschens Husumau gelangen. Der bald an der Flussmündung angelegte Hafen erlangte rasch große Bedeutung für den Getreide- und später den Rinderexport.

Die **historische Altstadt** mit ihrem erst im 19. Jh. entstandenen *Marktplatz* liegt zwischen Binnenhafen und Schloss, dessen Garten zur Krokusblüte Hunderttausende Besucher anzieht. Zentrale Straße ist die *Großstraße* mit ihren alten Kaufmannshäusern wie dem Werner'schen Haus und dem Alten Rathaus. Das Haus mit der Nr. 9 ist das Geburtshaus von Theodor Storm, dem berühmtesten Sohn der Stadt.

Im Erdgeschoss des *Alten Rathauses*, eines 1601 errichteten Backsteinbaus mit prächtigem Treppengiebel, ist die Tourist-Information untergebracht. Auch wer keine Information braucht, sollte einen kurzen Blick hineinwerfen, denn die uralte Holzbalkendecke der Halle ist sehenswert. Am Nachbarhaus, dem zweigiebeligen *Herrenhaus*, fallen steinerne Menschenköpfe auf, die aus der Fassade gucken. Der Legende nach handelt es sich um die Köpfe aufrührerischer Husumer Bürger, die 1472 nach einem Aufstand gegen den dänischen König Christian I. enthauptet

Einziges Schloss an der Westküste – das schlichte Schloss vor Husum

wurden. Durch den spätgotischen Torbogen zwischen Rathaus und Herrenhaus gelangt man in den Schlossgang, ein Gässchen, das zum Schloss vor Husum führt. Hier wurde bis ins 20. Jh. Bier gebraut; die Brauerei wurde in den 80er-Jahren abgerissen, um mit urbaner Wohnbebauung eine Verbindung zwischen Innenstadt und Schloss zu schaffen.

Das **Schloss** zeigt sich recht schlicht; im Inneren sind neben einigen reich verzierten Alabaster- und Sandsteinkaminen wechselnde Kunstausstellungen zu sehen. Empfehlenswert ist das Café im Schloss, in dem behinderte Jugendliche eine Ausbildung als Service-Fachkraft oder Koch absolvieren.

Ende März/Anfang April verwandeln Millionen spätblühender Krokusse den Schlosspark in ein einziges lilafarbenes Meer, doch das Naturschauspiel währt nur kurz: Ein warmer, sonniger Tag genügt, und alles ist verblüht.

An Markttagen sowie zu Festen wie den Husumer Krabbentagen ist die Stadt sehr belebt – Husum ist das Einkaufszentrum für ein großes Umland. Nette kleine Geschäfte säumen die kopfsteingepflasterten Sträßchen wie *Krämerstraße* und *Hohle Gasse*, die zum Bummeln einladen, und sogar ein bisschen Nachtleben ist in Husum zu finden.

Touristisches Zentrum der Stadt ist der **Binnenhafen** mit der *Hafenstraße* und dem Straßenzug namens *Zingel;* hier reihen sich Restaurants, Souvenirgeschäfte und Cafés aneinander. Am südöstlichen Ende des Binnenhafens steht das neue Rathaus aus den 1980er-Jahren, das vielen Husumern zu modern geraten ist. An seiner Stelle lag zuvor eine Schiffswerft, deren denkmalgeschützte Slipanlage erhalten blieb und in das *Schifffahrtsmuseum* integriert wurde. Hier gibt es ein nettes kostenloses Angebot für Kinder, die „Spiellinie": Eine Linie am Boden schlängelt sich von einer Spielstation zur nächsten; interessante Dinge sind hier zu erklettern und zu entdecken.

Nordfriesland

An das alte Husum erinnert die *Wasserreihe*, eine kopfsteingepflasterte Straße, die parallel zum Binnenhafen verläuft und von restaurierten alten Häusern gesäumt ist. Das berühmteste ist das mit der Nummer 31, das frühere Wohnhaus von Theodor Storm und heute Museum.

Theodor Storm, der berühmteste Husumer

Den 1817 in Husum geborenen Literaten kennt bis heute fast jeder als Autor der Novelle „Der Schimmelreiter". Ursprünglich war Theodor Storm jedoch nicht Schriftsteller, sondern Jurist. Weil er 1852 für den Aufstand gegen die dänische Herrschaft über Nordfriesland warb, verlor er seine Anwaltszulassung und wurde aus der Heimat vertrieben. Er floh in das thüringische Heiligenstadt, wo er Kreisrichter wurde. Nachdem Husum deutsch geworden war, kehrte Storm 1864 zurück, wurde Husumer Landvogt und drei Jahre später Amtsrichter. Nebenbei interessierte er sich immer für friesische Geschichte und Tradition und begann mit Mitte 30, in altertümlichem Deutsch Gedichte und Prosa zu schreiben. Die meisten seiner Werke sind heute vergessen, doch die eindringliche Schilderung des Vater-Sohn-Konflikts in einer Katastrophensituation hat seine letzte Novelle, die er erst in seinem Todesjahr 1888 zum Abschluss brachte, bis heute überdauern lassen. Begraben ist Storm bei der St.-Jürgen-Kirche.

Durch die *Kleikuhle* geht es von der Altstadt zum **Außenhafen,** der nicht gerade durch Schönheit besticht und sich am Südrand des Binnenhafens jenseits der Eisenbahnbrücke mit Getreidesilos ankündigt. Hier liegen Krabbenkutter und Ausflugsschiffe vor Anker, die zu den Halligen und Inseln fahren.

Der östliche Teil der **Husumer Altstadt** ist von alten Handwerkerhäuschen geprägt und wirkt bis heute sehr schlicht. Südlich davon liegen das *Nordsee-Museum Ludwig-Nissen-Haus,* der heutige *Bahnhof* aus dem Jahr 1911 und der bereits 1854 erbaute *Englische Bahnhof.*

Geschichte

Aus den drei Dörfern Westerhusum, Osterhusum und Nordhusum entwickelte sich im Spätmittelalter an der Mündung des Flüsschens Husumau in die Nordsee ein Handelsplatz. Erstmals urkundlich erwähnt wird Husum 1252 als Husembro, was auf Friesisch „Brücke an den Häusern" bedeutet. Der großen Flut von 1362 hat der Ort seine Hafenfunktion und die wirtschaftliche Blüte in den folgenden Jahrhunderten zu verdanken. Damals wurden weite Teile des Landes nördlich von Husum von der See verschlungen, der Ort hatte plötzlich eine direkte Verbindung zum Meer. Von nun an blühte der von niederländischen Kaufleuten dominierte **Handel**, was der Stadt 1465 das Marktrecht brachte. Die Kaufleute transportieren ihre Waren per Schiff nach Husum, von wo es auf dem Landweg nun Flensburg ging. So sparte man sich das teure und gefährliche Umsegeln Jütlands. Handelsgüter waren neben landwirtschaftlichen Erzeugnissen aus der näheren Umgebung auch Holz und Keramik aus dem Weserbergland sowie Wein, Metalle und Tonwaren aus dem Rheinland – also weit gereiste Produkte.

Touristisches Zentrum Husums ist der Binnenhafen

1603 erhielt der einzige natürliche Nordseehafen an der Westküste das Stadtrecht, doch schon 1634 beendete die zweite „Grote Mandränke" die Blüte der Stadt, denn mit dieser Flut waren Teile des wichtigen Hinterlandes an der Küste förmlich weggebrochen. Erst in der zweiten Hälfte des 19. Jh. erlangte Husum wieder überregionale Bedeutung, und zwar als Zentrum des Getreide- und Ochsenhandels. Bevor Konservendose und Kühlschrank erfunden waren, musste man die Tiere lebendig zum Konsumenten bringen – eine internationale Arbeitsteilung entwickelte sich: Die auf den dänischen Weiden gemästeten Ochsen wurden Hunderte von Kilometern nach Süden getrieben und auf den großen Viehmärkten nördlich des Husumer Schlosses verkauft. Vom Husumer Außenhafen gingen die Rinder dann per Schiff nach England, von wo im Gegenzug Kohle importiert wurde. Bereits 1852 erhielt Husum Anschluss an das Eisenbahnnetz, und zwar an die Linie Tönning–Flensburg. 1888 folgte die noch wichtigere Linie von Tønder (Dänemark) nach Hamburg, mit einem Bahnhof in Husum. Nun konnten die Rinder in Waggons bis nach Hamburg transportiert werden.

Auch der **Schiffbau** spielte in Husum zeitweise eine bedeutende Rolle. Seit dem 16. Jh. existierte eine kleine Werft, die ab 1796 eine erste Blütezeit erlebte. Bis 1939 wurden hier zahlreiche Schiffe gebaut, wohl hauptsächlich Fischkutter. Nach dem Zweiten Weltkrieg übernahmen die Warnemünder Brüder Kröger die Werft, die bis zum Jahr 2000 bestand. Seitdem werden in Husum keine Schiffe mehr gebaut, sondern nur noch Reparaturen ausgeführt.

Husums Bevölkerungszahl stieg langsam aber stetig, um nach Ende des Zweiten Weltkriegs durch Flüchtlinge letztmals in die Höhe zu schnellen. Seitdem gibt es nur noch kleinere Wanderungsbewegungen, vor allem Abwanderung ins nahe Umland.

Nordfriesland

*Information/*A*dressen/*A*ktivitäten*

● *Information* **Tourist-Information Husum und Husumer Bucht**; über die gängigen Auskünfte hinaus auch Verkaufsstelle für Fahrkarten der Nord-Ostsee-Bahn (NOB) und der Ausflugsschiffe. Mo–Fr 9–18 Uhr (Nov.–März bis 17 Uhr), Sa 10–16 Uhr. Großstr. 27, 25813 Husum. ✆ 04841-8987-0, www.husum-tourismus.de.

Veranstaltungskalender: Überall in der Stadt liegt kostenlos das Monatsheft *Husum Nordsee* aus, dessen redaktioneller Teil unter www.verlagsgruppe.de, Menüpunkt „Husum-Info" auch im Netz steht.

● *Verbindungen* **Bahn**: Husum liegt an der Bahnstrecke Hamburg – Westerland (Sylt). Hier halten Züge der *DB* (IC je Richtung max. 5-mal tägl. ab Hamburg Hbf. und Westerland) und die mit Fahrradabteilen versehenen Züge der *Nord-Ostsee-Bahn (NOB)*, ab Sylt bzw. Hamburg-Altona jeweils tägl. 18-mal. Fahrzeit ab Hamburg knapp 2 Std., ab Westerland gut 1 Std. Der Dieseltriebwagen nach St. Peter-Ording (Fahrradmitnahme mögl.) verkehrt je Richtung 20-mal tägl. (Stundentakt), 9 Zwischenstopps, Fahrzeit 50 Min. Weitere Infos → Anreise.

Zentraler Busbahnhof (ZOB): Hier starten die Stadtbusse, die auch eingemeindete Orte wie Schobüll anfahren, sowie Schnellbuslinien, die Husum mit weiter entfernten Orten verbinden.
Rohde-Bus fährt z. B. nach Nordstrand mit mehreren Stopps (Mo–Fr 10-mal, Sa/So 6-mal), Fahrpläne an den Haltestellen und unter ✆ 04841/690-0, www.rohde-bus.de.
Autokraft fährt z. B. nach Hattstedt (nur Mo–Fr 18-mal tägl.), nach Bredstedt und Niebüll (nur Mo–Fr 5-mal tägl.); Fahrpläne an den Haltestellen und unter ✆ 01803-121999 (9 Ct./Min.), www.autokraft.de.

● *Adressen* **Arzt**: Notärztliche Praxis im Klinikum Nordfriesland, Erichsenweg 16 (Nebengebäude), abends ab Praxisschluss bis 21 Uhr. Kindernotärztlicher Dienst Sa/So 13–16 Uhr. ✆ 04841-660-0.

Fahrradvermietung: *Fahrrad Clausen*, Osterende 94, ✆ 04841-72975. *H. Wilke*, Rennräder, geöffnet nach tel. Vereinb. Ostenfelder Str. 83, ✆ 04841-72818.
Radstation des Diakonischen Werks im Bahnhof mit Radvermietung (ab 3,50 €/Tag, auch Tandems), Reparatur, bewachter Radaufbewahrung, Karten, Infos etc. Mo–

Fr 6.15–18 Uhr, Weihnachten geschlossen. Poggenburgstr. 12, ✆ 04841-805550, www.dw-husum.de.

Hilfsmittel-Vermietung: Rollstühle (auch für den Strand), Haltegriffe, Gehhilfen etc. im Sanitätshaus Krämer, Asmussenstr. 42, ✆ 04841-839700, www.medic-rent.de.

Zahnärztlicher Notdienst: außerhalb der Praxisöffnungszeiten ✆ 04841-2777.

● *Aktivitäten* **Badestelle**: Am „Grünstrand" Dockkoog, nur bei Flut. Strandkörbe, DLRG,

Ü **bernachten**
1 Appartementhaus Meeresbucht
2 Jugendherberge
4 Hotel Rosenburg
5 Hotel am Schlosspark
8 Best Western Theodor-Storm-Hotel
10 Hotel garni Hinrichsen
15 Romantik-Hotel Altes Gymnasium
26 Campingplatz am Dockkoog
28 Nordseehotel
29 Thomas Hotel

E **ssen & Trinken**
14 Ristorante da Massimo
15 Gourmet-Restaurant Eucken
18 MS Nordertor
19 Al Porto
22 Der Friesenkrog
25 Dragseth's Gasthof
27 Fischhaus Loof

N **achtleben**
3 Nachtschicht
6 Kino-Center
8 Husums Brauhaus
9 Eichhorn's Cocktail & Bar
16 Cava
20 Speicher Husum e. V.
29 Limbo-Bar

E **inkaufen**
12 Teehaus Hansen
13 Husumer Kunstwerkstätten Galerie Tobien
17 Weihnachtshaus
23 Goldschmiede CK
24 Weltladen
27 Fischhaus Loof
30 Krabben und Fisch Heiploeg

C **afés**
7 SchlossCafé
11 Jacqueline's Café
21 Café Brütt (Museum)

Beachvolleyball, Spielplatz und Antjes Strandcafé.

Hallenbad HusumBad: Das städtische Hallenbad dient auch dem Schulsport und ist deshalb – außer zum Schwimmen vor Schulbeginn – Mo–Fr für die Öffentlichkeit erst ab 14 Uhr geöffnet, schließt dafür aber erst um 22 Uhr. Großrutsche, Sprungturm und Kleinkinderbecken mit Wasserspielzeug. Die Sauna (klassisch finnisch, Dampfbad, Biosauna sowie eine außergewöhnliche Erdhügelsauna im Freigelände) ist je nach Wochentag nur für Damen (Di/Do) oder Herren (Mo) geöffnet. Mi, Fr, Sa ge-

mischt, So Familiensauna. Netter Freiluft-Ruhebereich mit Nordseesand. Eintritt ab 2,75 €. Flensburger Chaussee 28, ✆ 04841-8997-155, www.husumbad.de.

Kulturpfad: Durch Husum führt eine gut beschilderte Route, die die wesentlichen Sehenswürdigkeiten streift. Dazu gibt es in der Tourist-Info einen Flyer mit Stadtplan.

Schiffsausflüge: Hallig- und Inselfahrten mit Reederei Adler-Schiffe (✆ 04842-9000-0, www.adler-schiffe.de), Hallig- und Helgoland-Fahrten mit Reederei Wilhelm Schmidt (✆ 04841-2014), Fahrten nach Pellworm und auf die Halligen mit der Neuen Pellwormer

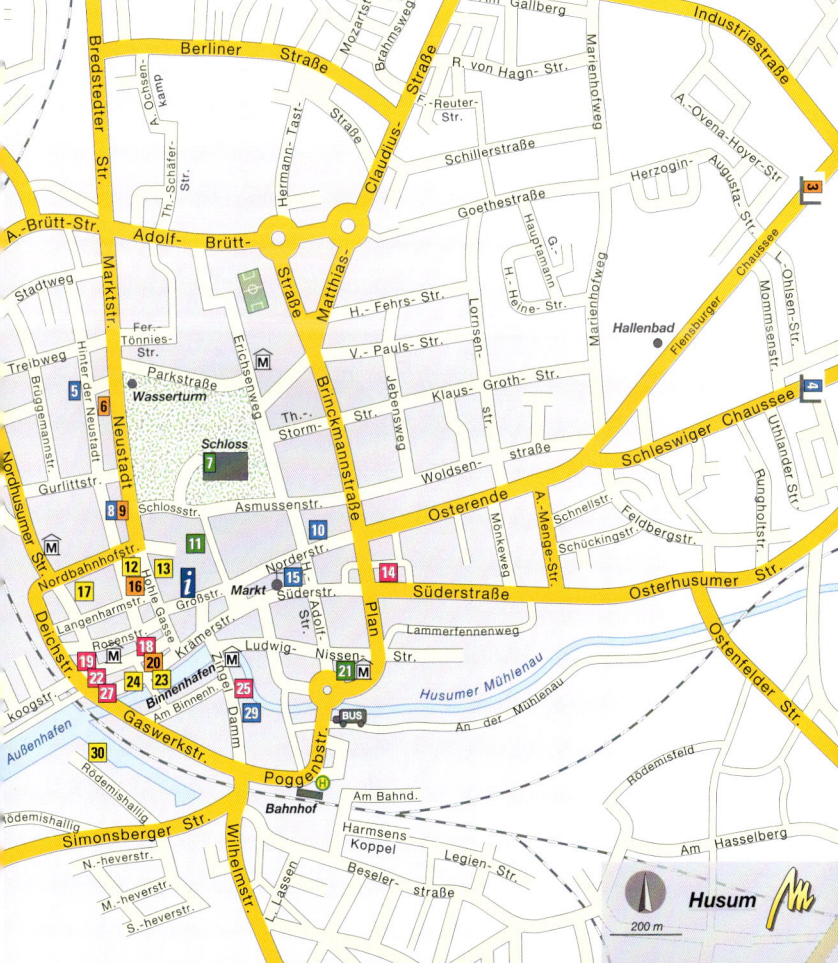

Dampfschifffahrts-GmbH (NPDG), ✆ 04844-753 oder -488 (AB), www.faehre-pellworm.de.

Stadtführungen/-rundfahrten: Angebote vom klassischen Spaziergang (Mitte März bis Ende Okt. Mo–Sa 14.30 Uhr ab Tourist-Information) über gelegentliche Fahrten mit dem klassischen Postbus bis zur Abendtour mit Nachtwächter (März/April und Sept./Okt. Di 20 Uhr). Husumer Stadtführer, ✆ 04844-8987-0, www.husum-tourismus.de.

*Ü*bernachten *(siehe* *K*arte *S*eite 138/139)

***** Romantik-Hotel Altes Gymnasium (15)**, das erste Haus am Platze bietet 72 luxuriöse, traditionell möblierte Zimmer und Suiten in einem ehemaligen Schulgebäude; 40 davon im 1954 erbauten Gartenhaus, der Rest im gründerzeitlichen Hauptgebäude. Aus Italien stammen die erlesenen Möbel, aus England die Teppiche; die Bettlänge beträgt 2,10 m, was größer Gewachsene zu schätzen wissen. Großer Wellnessbereich mit Ayurveda, Massage und Kosmetikerin. Das *Restaurant Wintergarten* befindet sich auf dem ehemaligen Schulhof, der komplett verglast wurde; weitaus nobler ist das zweite Restaurant des Hotels, das *Restaurant Eucken*. So fein zu logieren hat natürlich seinen Preis: EZ 105–135 €, DZ 160–215 €, Suite 205–225 €, jeweils inkl. Frühstück. Parkplatz, Minibar und Frühstück; an Feiertagen z. T. mehr. Für Kinder reduzierter, nach Alter gestaffelter Preis. Süderstr. 2–10, ✆ 04841-833-0, www.altes-gymnasium.de.

**** Best Western Theodor-Storm-Hotel (8)**, Tagungshotel im selben historischen Haus wie Husums Brauhaus (s. Nachtleben); 50 individuell geschnittene, romantisch oder modern möblierte Räume, Bäder teils mit Wanne. Aus einigen Zimmern sieht man in der Ferne das Meer. Zwei nebeneinander liegende Zimmer mit Verbindungstür eignen sich besonders für Familien. Auch Allergikerzimmer. EZ 75–90 €, DZ 85–110 €, Frühstücksbuffet zusätzlich 14 € (Kind 6–12 J. 8 €). Neustadt 60–68, ✆ 04841-8966-0, www.bw-theodor-storm-hotel.de.

**** Hotel Rosenburg (4)**, von Familie Hauschild geführtes 15-Zimmer-Hotel im Landhausstil. Besonders fein sind auch hier die 2,10 m langen Betten; einige Zimmer mit Fußbodenheizung, Internetzugang. Gesonderte Nichtraucherzimmer. Bei schönem Wetter wird das Frühstück im Garten serviert. Zum Haus gehören die Bar *Margit's Lounge* sowie ein *Restaurant*; auf Wunsch diverse Wellness-Behandlungen, von Rückenmassage bis Fußpflege. EZ ab 64 €, DZ ab 89 €, Juniorsuite ab 105 €, jeweils inkl. Frühstück. Schleswiger Chaussee 65, ✆ 04841-96050, www.hotel-rosenburg.de.

*** Hotel am Schlosspark (5)**, Familie Wiesendangers zwischen Autohäusern und -werkstätten gelegener Motel-artiger Hotelkomplex aus den 70er-Jahren bietet 36 neu und modern ausgestattete Zimmer, z. T. mit Balkon oder Terrasse. Nach eigener Auskunft sehr ruhige Zimmer; die geräumigeren, entsprechend teureren Zimmer befinden sich im Neubau, die Appartements, teils mit zwei Schlafzimmern, in einem hölzernen Flachbau im skandinavischen Stil. EZ ab 59 €, DZ ab 89 €, App. ab 99 €, jeweils inkl. Frühstück. Hinter der Neustadt 74–86, ✆ 04841-2022, www.hotel-am-schlosspark-husum.de.

*** Thomas Hotel (29)**, am Binnenhafen liegt das modern gestaltete 80-Betten-Haus mit großer Sonnenterrasse, Bar und zeitgemäß ausgestatteten Tagungsräumen. Viele der 41 Zimmer haben Balkon, einige sogar Meerblick; alle sind hell und freundlich möbliert, mit Schreibtisch, WLAN, Flachbild-TV usw. EZ 55–99 €, DZ 89–103 €, jeweils inkl. Frühstück; zudem eine Suite (Preis auf Anfrage). Zingel 7–9, ✆ 04841-66200, www.thomas-hotel.de.

*** Nordseehotel (28)**, der Knüller ist die Lage am Deich und (aus den oberen Stockwerken) der Blick auf das Wattenmeer und die Insel Nordstrand. Das kleine Hotel ist keine Schönheit, verfügt aber über Innenpool, Solarium und Sauna. Ideal für Radler und Naturliebhaber. EZ 55 €, DZ 79–99 €, jeweils inkl. Frühstück. Dockkoogstr. 26, ✆ 04841-50-21 und -22, www.nordseehotel-husum.de.

*** Hotel garni Hinrichsen (10)**, das Hotel im stillen Teil der Husumer Altstadt wächst Haus um Haus auf der nördlichen Seite der Süderstraße. Die Zimmer im Haupthaus sind recht spartanisch ausgestattet, aber sauber und ziemlich ruhig; im Haupthaus gibt es eine kleine Bar, die erst schließt, wenn niemand mehr da ist. Für den Kurzaufenthalt ist das Hotel auf jeden Fall geeignet. EZ 49,50 €, DZ 75–89 €, jeweils inkl. Frühstück. Auch Ferienwohnungen und Appartements. Süderstr. 35, ☎ 04841-89070, www.hotel-hinrichsen.de.

Appartementhaus Meeresbucht (1), nur 150 m vom Strand entfernt, im Ortsteil *Hockensbüll*. Unterschiedlich große und verschieden ausgestattete FeWo für 2–6 Pers., alle mit Balkon oder Terrasse. Ab 7 Übernachtungen 30–89 €/Tag, bei kürzerem Aufenthalt teurer. Nordseestr. 43, ☎ 04841-66200, www.app-meeresbucht.de.

Jugendherberge (2), mittelgroße Standard-JH in einem Backsteinbau am Stadtrand mit 2- bis 6-Bett-Zimmern, teils mit eigenem Waschbecken. Für Radwanderer gibt es Infomaterial, Werkzeug für Kleinreparaturen, Stangen zum Kleidertrocknen und sichere Rad-Unterstellmöglichkeiten. Teile des Gebäudes sind mit dem Rollstuhl erreichbar. Im 1. Stock findet sich das *Infozentrum der Schutzstation Wattenmeer*. In den Weihnachtsferien geschlossen. Ü/F ab 18,20 €/Pers., mit VP ab 25,10 € (wahlweise Mittagessen oder Lunchpaket). Schobül-

ler Str. 34, ☎ 04841-2714, www.jugend herberge.de/jh/husum, jh-husum@djh.de.

Campingplatz am Dockkoog (26), behindertenfreundlicher Rasenplatz ohne Sonnen- und Windschutz, direkt am Deich beim Nationalpark Wattenmeer. Abenteuerspielplatz und Kinderbetreuung lassen die Eltern mal zur Ruhe kommen. Bei Flut kann man am „Grünstrand" schwimmen gehen. Gastronomie, moderne Sanitäranlagen, Waschmaschinen und Trockner, Küche mit Essraum, Supermarkt, Mietfahrräder. Auch Wohnwagen für max. 4 Pers. werden vermietet, 22,50–28,50 € zzgl. Gebühr für Stromverbrauch und die Anzahl der Personen. Übernachtung 5,50 €, Kind je nach Alter 3,50–4,50 €, Zelt 5–7 €, Pkw 2 €, Wohnmobil/Caravan 13 €. Familien, die mind. eine Woche bleiben, erhalten deutlich günstigere Pauschalen. Geöffnet Mitte März bis Mitte Okt. Dockkoog 17, ☎ 04841-61911, www.husum-camping.de.

Essen & Trinken (siehe Karte Seite 138/139)

Gourmet-Restaurant Eucken (15), Spitzen-Restaurant mit französisch inspirierter Küche im Hotel „Altes Gymnasium", die Karte bietet fantasievolle Gerichte wie Kaninchen mit grünem Spargel und Pfifferlingen oder Languste mit Blumenkohl; Hauptgericht um 30 €, 5-Gang-Überraschungsmenü 77 € (Voranmeldung erbeten). Mi–So 18–22 Uhr. Süderstr. 2–10, ☎ 04841-833-0.

Ristorante da Massimo (14), feine italienische Küche und große Weinkarte. Das Restaurant hat nichts mit einer einfachen Pizzeria gemein. Di–So 17.30–23.30 Uhr. Süderstr. 97, ☎ 04841-65599, www.beimassimo.de.

Dragseth's Gasthof (25), Husums älteste Gaststätte beeindruckt mit gut erhaltener, gepflegter Architektur. Kaum zu glauben, dass hier seit 1584 Gäste bewirtet werden! Auf der Karte stehen moderne Gerichte von Ziegenkäse im Speckmantel bis Rumpsteak. Preiswertes Mittagsgericht. Zum Namen der Gaststätte gibt es übrigens eine Legende, die die Wirtin Jutta Schubert gern erzählt … Tägl. 11–14 Uhr und ab 17 Uhr. Zingel 11, ☎ 04841-779995, www.dragseths-gasthof.de.

Friesenkrog (22), regionale Küche in rustikalem Ambiente. Neben Krabben und Fisch auch typische Lammgerichte; im Winter traditionelles Grünkohlessen. Bei großem Hunger empfiehlt sich die Schlemmerpfanne „Schimmelreiter". Preiswerter Mittags-

tisch. Mo–Sa 11.30–14.30 und 17–21.30 Uhr, So 17–21.30 Uhr. Kleikuhle 6, ☎ 04841-81159.

MS Nordertor (18), historisches Restaurantschiff im Binnenhafen. Regionale Küche, ab 14 Uhr hausgemachte Kuchen und Torten. Frühstücksbuffet 11,70 €/Pers. inkl. nichtalkoholischer Getränke. Tägl. ab Mittag; So bereits ab 10 Uhr. ☎ 04841-779496, www.nordertor.info.

Al Porto (19), bekanntestes italienisches Restaurant der Stadt mit großer Terrasse. Die Pizza wird hier mit den Wunschzutaten belegt; ideal auch für Familien, angemessene Preise. Tägl. durchgehend geöffnet. Kleikuhle 7, ☎ 04841-2629.

Fischhaus Loof (27), Fischgeschäft an exponierter Stelle zwischen Binnen- und Außenhafen mit angeschlossenem Imbiss und Selbstbedienungsrestaurant. Oft sind alle Plätze auf der großen Freifläche besetzt, doch die Qualität der (unterschiedlichen) Speisen ließ bei allen unseren Testessen zu wünschen übrig. Tägl. durchgehend geöffnet. Kleikuhle 7, ☎ 04841-2034, www.fischhaus-loof.de.

Jacqueline's Café (11), plüschiges kleines Café mit französischem Flair, netter Mini-Garten. Neben allerlei Süßem (hausgebackene Kuchen!) auch einige herzhafte Mittagsgerichte. Mo–Sa 9–18.30 Uhr, So 10–18.30 Uhr. Schlossgang 12, ☎ 04841-5553.

Nordfriesland

SchlossCafé (7), eine Einrichtung des Theodor-Schäfer-Berufsbildungswerks (TSBW) der Diakonie, in der geistig und körperlich eingeschränkte junge Erwachsene ihren Beruf erlernen. So kann es vorkommen, dass man von einem Gehörlosen bedient wird –dank eines Bestellzettels zum Ankreuzen kein Problem. Anfängliche Berührungsängste schwinden angesichts der Freundlichkeit der Azubis schnell. Sehr schöne Räumlichkeiten mit offenem Kamin. Bei gutem Wetter wird im Schlosshof serviert; die Kuchen sind hausgebacken. Di–Fr 9–18 Uhr, Sa/So 10–18 Uhr. Im Nordflügel des Schlosses vor Husum, König-Friedrich-V.-Allee. ℘ 04841-80444-11, www.tsbw.de.

Café Brütt (21), ebenfalls eine Einrichtung des TSBW und im Souterrain des Nordsee-Museums (Nissenhaus) beheimatet. Sehr ansprechend möbliert; gereicht werden selbst gebackene Kuchen und kleine Snacks. Auch hier arbeiten Hörgeschädigte; bestellt wird per Ankreuz-Kärtchen. Für warme Tage gibt es eine Terrasse und für Kinder einen großen Sandspielplatz. April–Okt. tägl. 10–17 Uhr, sonst Di–So 10–17 Uhr. Herzog-Adolf-Str. 25, ℘ 04841-800280, www.tsbw.de.

Kultur & Nachtleben (siehe Karte Seite 138/139)

• *Kultur* **Irene-Thordsen-Kongresshalle**, neben Kongressen finden hier auch Konzerte und Gastspiele jeder Couleur statt. Besonders zu nennen sind die Aufführungen des Schleswig-Holsteinischen Landestheaters und des Sinfonieorchesters (www.sh-landestheater.de). Auch umfangreiches Kindertheater-Programm. Erichsenweg 23, ℘ 04841-66120.

Speicher Husum e. V. (20), in Bestlage am Binnenhafen verbirgt sich seit 1982 hinter

Nachts tobt hier das Leben

dem großen Holztor eines ehemaligen Getreidespeichers das Epizentrum des alternativen Kultur- und Nachtlebens der Stadt. Mehrmals pro Woche Veranstaltungen, zudem Kunstausstellungen. Hafenstr. 17, ℘ 04841-65000, www.speicher-husum.de.

Freizeithaus des Theodor-Schäfer-Berufsbildungswerks (TSWB), umfangreiches Freizeitprogramm für Kinder, Jugendliche und Erwachsene. Neben diversen Kursen finden hier auch Konzerte etc. statt, jedes Frühjahr z. B. die Konzertreihe *folkBaltica* mit traditioneller Musik aus dem Ostseeraum. Theodor-Schäfer-Str. 14–26, ℘ 04841-8992-0, www.tsbw.de.

Kino-Center (6), überraschend für die kleine Stadt ist das moderne Kinocenter mit acht rollstuhlgerechten und mit Infrarot-Sendeanlagen für Hörgeschädigte ausgestatteten Sälen. Das Kino zeigt auch anspruchsvolle Arthouse-Filme. Im Sept./Okt. finden hier die *Husumer Filmtage* statt. Neustadt 114, Programmansage ℘ 04841-61742, Kartenreservierung ab 14 Uhr unter ℘ 04841-2569, www.kino-center-husum.de.

• *Nachtleben* **Nachtschicht (3)**, Husums Discothek mit zwei Tanzflächen: dem Partydorf und dem Soulclub. Do–Sa ab 22 Uhr. Robert-Koch-Str. 38, www.nachtschicht-husum.de.

Husums Brauhaus (8), rustikale Gasthausbrauerei, die Publikum mittleren Alters anzieht. Finden sich mindestens 6 Interessierte, gibt es am Di und Fr eine Führung durch die Brauanlage mit anschließender Bierprobe (5,50 €/Pers.). Im Sommer tägl. ab 15 Uhr, Winter Mo–Sa ab 17 Uhr. Neustadt 60–68, ℘ 04841-89660, www.husums-brauhaus.de.

Eichhorn's Cocktail & Bar (9), wie Husums Brauhaus im Gebäude des Best-Western-Hotels; hier tummeln sich die wenigen Nachtschwärmer der Stadt. Do–Sa ab 19 Uhr, bis 20 Uhr sind die Cocktails preiswerter. Neustadt 60–68, ✆ 04841-89660, www.eichhorns.de.

Cava (16), schickes Weinbistro mit leckeren Antipasti. Gelegentlich Do ab 20 Uhr Livemusik (Eintritt frei). Neustadt 18, ✆ 04841-808794.

Limbo-Bar (29), Cocktailbar im Thomas-Hotel; es wird auch getanzt (→ Übernachten).

Einkaufen (siehe Karte Seite 138/139)

Goldschmiede CK (23), Caroline Kirsteins kleine Schmiede im Hinterhof bietet außergewöhnlichen Goldschmuck. Hafenstr. 16, ✆ 04841-640828.

Husumer Kunstwerkstätten/Galerie Tobien (13), Gemälde und Grafiken aus der Region sowie schöne Kunstdrucke für den schmaleren Geldbeutel. Neustadt 10, ✆ 04841-64800.

Krabben und Fisch Heiploeg (30), frisch vom Kutter schmeckt's am besten; im Angebot sind neben Frischfisch und Krabben zum Selberpulen auch Räucherfisch und Fischfeinkost. Rödemishallig 9 (Außenhafen/Süderufer), ✆ 04841-640722.

Teehaus Hansen (12), zwischen den Teekisten im historischen Häuschen fühlt man sich in alte Zeiten zurückversetzt. Neben zahllosen Teesorten auch geschmackvolle Souvenirs und Geschenkartikel. Alles wird

gerne auch verschickt. Neustadt 26, ✆ 04841-3663, www.teehaus-hansen.de.

Weihnachtshaus (17), wer von Weihnachten nicht genug bekommen kann, ist hier seit 2008 ganzjährig zum Gucken und Kaufen richtig. Dem Laden ist ein kleines Museum angeschlossen, das Weihnachtsschmuck ab dem Biedermeier zeigt (Eintritt 2,50 €, Kind 1 €). Ende Okt. bis 6. Jan. tägl. 11–17 Uhr, sonst tägl. 14–17 Uhr. Westerende 46, ✆ 04841-8352-0. www.weihnachtshaus.info.

Weltladen (25), fair Gehandeltes von Bio-Banane bis Schokolade, dazu Spielzeug, Geschenkartikel, Bücher, Musikinstrumente etc. Hafenstr. 3, ✆ 04841-779462.

Wochenmarkt, mit regionalen Produkten; Do 7–13 Uhr, Mitte März bis Ende Okt. auch Sa 9–16 Uhr.

Sehenswertes

Historisches Rathaus: Das 1601 erbaute Rathaus im manieristischen Stil mit prächtigem Giebel diente nicht nur der Stadtverwaltung, sondern auch als Gerichtsgebäude und repräsentativer Ort für Feiern der Husumer Bürgerschaft, wovon bis heute der Ratskeller zeugt. Der prächtige Bau, der in den folgenden Jahrhunderten wiederholt umgebaut wurde, taucht in mehreren Werken von Theodor Storm auf. Allgemein zugänglich ist jedoch nur die Tourist-Information im Erdgeschoss (Großstr. 27).

Herrenhaus: Das Bauwerk (Markt 3) aus dem 16. Jh. mit seiner prächtigen Tür diente, wie der Name bereits andeutet, dem jeweils in Husum herrschenden König oder Herzog als Wohnresidenz. Es ist eines der ältesten Gebäude der Stadt und fällt vor allem durch die aus der Fassade ragenden Köpfe auf. Diese sog. Rebellenköpfe aus dem frühen 17. Jh. stellen angeblich aufständische Husumer Bürger dar, die 1472 nach einem Aufstand gegen den dänischen König Christian I. hingerichtet wurden; diese Deutung ist aber umstritten, da neben Männer- und Frauenköpfen auch die Häupter von Fabelwesen aus der Fassade ragen.

Werner'sches Haus: Eins der ältesten erhaltenen Kaufmannshäuser mit interessanter asymmetrischer Fassade und gotischem Treppengiebel steht an der Großstraße Nr. 32. Ein altes Geschäftszeichen in Form einer Traube weist auf die einstige Funktion des Hauses als Weinhandlung hin, die bis nach dem Zweiten Weltkrieg bestand. Typisch für die norddeutsche Gotik sind die „Blenden" genannten Bänder, die unter den Stufen des Treppengiebels in doppelte Rundbögen münden. Die kleinen Fenster im Giebel deuten auf die einstigen Dachböden hin, auf denen die Waren gelagert wurden.

St. Marien: Das 1829–1833 nach Plänen des dänischen Architekten Christian Frederik Hansen gebaute Gotteshaus ist der bedeutendste klassizistische Kirchenbau Norddeutschlands. Er ersetzte eine gotische Hallenkirche aus dem 15. Jh., die wegen Baufälligkeit abgerissen wurde. Im Innenraum fallen die massiven Säulen im dorischen Stil auf, die die Emporen tragen. Außergewöhnlich ist die Form des „Kanzelaltars", eines Altars mit darüber liegender Predigtkanzel.
April–Okt. tägl. 10–18 Uhr, Nov.–März tägl. 11–16 Uhr. Markt 21, ☎ 04841-3357, www.st-marien-husum.de.

Tine-Brunnen: Über den Marktplatz wacht seit 1902 die bronzene Tine des Husumer Bildhauers Adolf Brütt, das heimliche Wahrzeichen Husums. Die Figur, die das sprichwörtliche Ruder in der Hand hält, erinnert an die Fischersfrauen, die während der langen Abwesenheit der Männer die häusliche Verantwortung übernahmen.

Theodor-Storm-Haus: An den größten Sohn der Stadt erinnert das Museum in einem alten Kaufmannshaus mit 14 Zimmern, das Storm von 1866 bis 1880 bewohnte. Es zeigt seine rekonstruierten Arbeits- und Wohnräume. Viele Möbel und Bilder stammen tatsächlich aus Storms Besitz, auch sein Tafelklavier ist hier zu sehen. Das Haus ist auch als Zeugnis bürgerlicher Wohnkultur interessant: Treppenhaus, Decken, Flure und Türen aus der Entstehungszeit (1. Hälfte 18. Jh.) sind original erhalten. Über eine steile Stiege kann man in die mehr als schlichte Dienstbotenkammer steigen.
April–Okt. Mo 14–17 Uhr, Di–Fr 10–17 Uhr, Sa 11–17 Uhr, So 14–17 Uhr; Nov.–März Di, Do und Sa 14–17 Uhr. Führungen nach Anmeldung. Wasserreihe 31, ☎ 04841-8038630.

Tabak- und Spielzeugmuseum: Die große Privatsammlung zeigt Spielzeug aus allen Ländern und Epochen, darunter auch DDR-Produkte. Integriert ist ein Tabakmuseum, das Exponate rund um Produktion und Genuss der würzigen Blätter zeigt. Besonders interessant sind historische Werbemittel aus der Zeit vor der Ächtung des Rauchens.
Unregelmäßig geöffnet, vor allem in der kühlen Jahreszeit oft geschlossen (anrufen!). Wasserreihe 52, ☎ 04841-61276.

Poppenspäler-Museum: Puppentheater-Figuren aus aller Welt sind hier zu sehen; ein nettes Museum für Groß und Klein. Gezeigt werden asiatische Schattenspiel-Figuren, wertvolle Einzelstücke bekannter Werkstätten und von Künstlerhand gestaltete Puppen. Jeden Freitag um 15 Uhr ist Märchenstunde für die ganz Kleinen.
April–Dez. So–Fr 14–17 Uhr, Jan.–März Mo, Mi, Fr 14–17 Uhr und nach Vereinbarung. Eintritt 2 €, Kind 1 €, Familie 5 €. Erichsenweg 23 (Irene-Thordsen-Kongresshalle), ☎ 04841-63242, www.pole-poppenspaeler.de.

Ostenfelder Bauernhaus: Der reetgedeckte Bauernhof mit kleiner Scheune aus der Zeit um 1600, der schon 1899 aus dem ca. 15 km östlich gelegenen Dorf Ostenfeld hierher versetzt wurde, ist Deutschlands ältestes Freilichtmuseum. Das sog. „Heldt'sche Haus" wäre damals übrigens fast nach Dänemark exportiert worden; die Dänen wollten es in ein bestehendes Freilichtmuseum integrieren. Das brachte nun die Nordfriesen auf die Idee, ebenfalls ein derartiges Museum anzulegen. Das Innere des als niederdeutsches Hallenhaus mit großer Diele ausgeführten Hauptgebäudes ist mit Original-Mobiliar und Geräten aus dem 17. und 18. Jh. ausgestattet. Wohnräume und Stall befanden sich damals unter einem Dach.
April–Okt. Di–Do 13.30–17 Uhr. Nordhusumer Str. 13, ☎ 04841-2545, www.museumsverbund-nordfriesland.de.

Asmussen-Woldsen-Stift: Das einst von einem riesigen Garten umgebene Landhaus einer wohlhabenden Familie ließ August Frederik Woldsen im 19. Jh. zu einem Witwenstift umbauen. Es steht in der Nordhusumer Straße Nr. 11. und ist ein typisches Beispiel für bürgerliche Stiftungen des 19. Jh. Bis heute wird es von alten Menschen bewohnt. Nebenan liegen auf dem Gelände des ehemaligen Woldsenschen Gartens das Ostenfelder Bauernhaus und der neuere Teil des um 1600 gegründeten und seitdem mehrfach erweiterten Westfriedhofs. Zahlreiche bedeutende Husumer Bürger fanden hier ihre letzte Ruhestätte.

Nationalpark-Haus: Informationen der Schutzstation Wattenmeer und des WWF zu Flora und Fauna des Wattenmeers, zudem ein kleiner Weltladen, in dem auch regionale Spezialitäten und geschmackvolle Souvenirs verkauft werden.
Mo–Sa 10–18 Uhr, So 14–18 Uhr (Jan./Feb. nur bis 17 Uhr). Eintritt frei, Spenden erwünscht. Hafenstr. 3, ✆ 04841-6685-30, www.schutzstation-wattenmeer.de.

Schiffahrtsmuseum: Das 1998 eröffnete Museum liegt an der Zingelschleuse, wo das Rinnsal „Husumer Mühlenau" in den Binnenhafen fließt – dieses unscheinbare Gewässer wird im Meer zu einem mächtigen Wattenstrom namens Hever. In den Museumsräumen und auf mehreren Freiflächen wird die große seemännische und schiffbauerische Vergangenheit Nordfrieslands wieder lebendig. Thematisiert werden Holz- und Stahlschiffbau, Walfang und Wattenfischerei sowie Wracks und die Orientierung auf See. Viele Exponate sind gut für kleinere Kinder geeignet, so ein traditionelles Bootsführerhaus, in dem jeder einmal am Steuerrad drehen kann. Ein sensationeller Fund ist das Uelvesbüller Wrack, ein 400 Jahre alter Frachtensegler, der vor Eiderstedt gesunken war und heute in Husum zu besichtigen ist.
Ganzjährig tägl. 10–17 Uhr. Führungen nach Vereinbarung. Zingel 15, ✆ 04841-5257, www. schiffahrtsmuseum-nf.de.

Schlosspark: Durch ein Sandsteinportal aus dem 17. Jh. betritt man den Park, in dem ein Theodor-Storm-Denkmal an den Dichter erinnert. Die Parkanlage im englischen Landschaftsstil mit Rasen und uralten Laubbäumen hat ihren Ursprung im Garten des einstigen Franziskanerklosters. Die strenge, kreuzförmige Grundstruktur des Klostergartens hat sich bis heute im Wegenetz erhalten.

Schloss: Der erste Gottorfer Herzog Adolf ließ das Schloss 1577–82 im Stil der niederländischen Renaissance inmitten des Parks erbauen, der damals noch nicht zum Stadtgebiet gehörte – daher der Name „Schloss vor Husum". Im 17. Jh. diente der Bau als Witwensitz der Gottorfer Herzöge und beherbergte eine bedeutende Gemäldesammlung, 1721 fiel das Schloss an die dänische Krone, die es verfallen ließ und sogar abreißen wollte. König Frederik V. ließ es 1750–52 umbauen und modernisieren, aus dieser Zeit stammt der hohe Turm in der Mitte. Der schlichte, etwas düster wirkende Bau beherbergt heute ein Museum und die Kreis-Jugendmusikschule.

Das einzige erhaltene fürstliche Schloss an der Westküste soll Jahrhunderte lang das wärmste Schloss im Norden gewesen sein: Jedes Zimmer, auch die Schlafräume, wurde mit einem offenen Kamin ausgestattet. Diese Kamine sind die Hauptsehenswürdigkeit des Schlosses; besonders beachtenswert sind die reichen Alabasterschnitzereien an einigen Kaminen aus dem 17. Jh. Im Treppenhaus sind die alten Kerzenleuchter am Treppengeländer erhalten, in denen einst Kerzen aus Walfett flackerten.

Nordfriesland

Im Schloss sind wechselnde Ausstellungen zu sehen; auch kulturelle Veranstaltungen finden hier statt, darunter im August die international bekannte Konzertreihe „Raritäten der Klaviermusik" (www.piano-festival-husum.de).

März–Okt. Di–So 11–17 Uhr, Nov.–Feb. nur Sa/So 11–17 Uhr. Führungen in historischen Gewändern Juni–Okt. So 11.30 Uhr; Eintritt inkl. Führung 6,50 €, erm. 5,50 €. König-Friedrich-V.-Allee, ☎ 04841-8973-130, www.museumsverbund-nordfriesland.de.

Kavaliershaus: Gegenüber dem Schloss liegt das ehemalige Gästehaus aus dem frühen 17. Jh., das den westlichen Abschluss des Schlossensembles bildet. Nachdem es im Schloss schon Mitte des 17. Jh. kein höfisches Leben mehr gab, diente das Kavaliershaus als Verwaltungsgebäude. Im 19. Jh. lebte der Begründer der wissenschaftlichen Soziologie, Ferdinand Tönnies, in dem Haus, das sein Vater 1864 erworben hatte.

Wasserturm: Einen weiten Blick über die Stadt, das Meer mit seinen Inseln und die Umgebung genießt man vom 1901/02 erbauten Husumer Wasserturm. Seit 1983 ist der Wasserbehälter leer, von der salzhaltigen Luft etwas trüb gewordene Scheiben sorgen in 42 m Höhe für Ausblick.

Im Sommerhalbjahr tägl. 9–18 Uhr. Eine Kasse hat man sich gespart; der Eintritt von 1,50 € wird in einen Automaten geworfen, der das Drehkreuz öffnet (Geldwechsler vorhanden). In der Nordwestecke des Schlossgartens. ☎ 0171-2220100 (Rudolf Schmidt).

Husumhus: In einem Klinker-Neubau ist das Kulturzentrum der dänischen Minderheit der Stadt untergebracht (etwa 10 % der Husumer sprechen Dänisch als erste Muttersprache). Besucher finden dort ein Café, außerdem werden Konzerte, Ausstellungen, Filmabende und Feste veranstaltet. Im Nachbarhaus befindet sich die Dänische Bücherei (Dansk Bibliotek).

Café Kik ind: Do 10–18 Uhr; abends sporadisch Veranstaltungen. Neustadt 83, ☎ 04841-81330, www.syfo.de.

Nordsee-Museum (Nissenhaus): Mit Läuseeiern hat das Museum nichts zu tun, es ist nach seinem Stifter Ludwig Nissen benannt. Der 1924 verstorbene Nissen war

im 19. Jh. in die USA ausgewandert und brachte es dort zu Reichtum. Wie unschwer zu erkennen ist, wurde der düster wirkende Bau in den 1930er-Jahren errichtet. 2007 eröffnete das gänzlich umgestaltete Museum unter dem Namen Nordsee-Museum neu, zuvor firmierte es als Nordfriesisches Museum. Heute ist der Natur- und Kulturraum Nordseeküste Schwerpunkt der Ausstellung, die alles Verstaubte abgestreift hat. Auch für Kinder gibt es Interessantes rund um Sturmflut, Deichbau und Landgewinnung zu entdecken. Zudem wechselnde Sonderausstellungen.

April–Okt. tägl. 10–17 Uhr, Nov.–März Di–So 11–17 Uhr. Das Haus ist barrierefrei und rollstuhlfreundlich. Herzog-Adolf-Str. 25, ☎ 04841-2545, www.museumsverbund-nordfriesland.de.

Modernes Museum hinter düsterer Fassade – das Nissenhaus

Englischer Bahnhof: Der 1852–54 erbaute Bahnhof für die „König Frederik VII. Süd-Schleswigsche Eisenbahn" ist heute nur noch Eingeweihten bekannt. Das unscheinbare ehemalige Bahnhofsgebäude hat seinen Namen von den englischen Ingenieuren, die die Strecke von Flensburg über Husum nach Tönning planten.

Poggenburgstraße, westlich des heutigen Bahnhofs nahe den Gleisen an der neuen Brücke über die Straße nach Rödemis.

Umgebung von Husum

Mildstedt

Der kleine Ort in einem ehemaligen Moorgebiet ist für Kirchenfreunde einen Stopp wert. Überdimensioniert wirkt die *Lamberti-Kirche* (im Sommer tägl. 8–19 Uhr), was daran liegt, dass sie ab ihrem Bau im 13. Jh. drei Jahrhunderte lang auch den Husumer Gläubigen als Gotteshaus diente. Zu dieser Zeit hatte Husum noch keine eigene Kirche, und bis zur „Mandränke", der großen Flut von 1362, war Mildstedt bedeutender als Husum. Auffällig ist der wuchtige gotische Kirchturm, der nachträglich an die romanische Backsteinkirche angebaut wurde. Das ebenso wie der Kirchturm gedrungen wirkende Kirchenschiff hat eine flache Holzdecke und Wände aus unverputztem Stein. Diese Rustikalität wird durch den spätgotischen Schnitzaltar aus einer Lübecker Meisterwerkstatt gebrochen.

Botanisch Interessierten wird in Mildstedt einiges geboten: Hier gibt es eine gut erhaltene Streuobstwiese, um die sich ein Förderverein kümmert, der auch Führungen anbietet (℡ 04841-72831). Gartenfreunde können im Rahmen der Aktion „Offener Garten" im Juni den Garten der Familie Mattke mit 500 Rosen- und Hosta-Sorten bestaunen (Dithmarscher Weg 3, Besuch nach Vereinbarung: ℡ 04841-663174 oder 9056376). Etwas außerhalb, im Talbereich des Flüsschens Mühlenau, ist bei gutem Wetter der *Naturerlebnisraum Mühlenau/Mildstedter Tannen* ein Ausflugsziel für Familien. Kinder amüsieren sich im Wasserspielpark, an dem auch ein Aussichtsturm und ein Picknickplatz liegen. Im angrenzenden Wald gibt es Spielplätze, Themen-Wanderwege und einen Reitweg.

● *Kultur* **Guttempler-Museum**, neben dem Museum in Boston das weltweit einzige Museum der Anti-Alkoholmissbrauchs-Bewegung. Geöffnet nach Vereinbarung. Zu den Tannen 2, 25866 Mildstedt, ℡ 04841-1363.

● *Essen & Trinken* **Kirchspielskrug**, typischer Backstein-Landgasthof mit Saal. Do–Di 10–13 und 17–23 Uhr. Hauptstr. 13, ℡ 04841-74118, www.kirchspielskrug-mildstedt.de.

Ostenfeld

In dem Ort, in dem ursprünglich das historische Bauernhaus aus dem Husumer Freilichtmuseum stand, produziert Schleswig-Holsteins kleinste Meierei Käsespezialitäten, darunter auch einige aus Bio-Milch. Heute ist der Milchverarbeitungsbetrieb privatisiert; Familie Koll übernahm die Anlagen, nachdem die 1887 gegründete Meierei-Genossenschaft 1992 aufgelöst worden war. Hier wird ausschließlich handwerklich gearbeitet; Gruppen ab 10 Personen können sich davon bei einer Führung überzeugen (Anmeldung nötig). Die leckeren Käse gibt's im angeschlossenen Laden.

● *Aktivitäten* **Reit-/Pferdeschule Annette Aust**, Unterricht und Pensionsstall. Norderdaal 7, ℡ 04845-790906, www.annette-aust.de.

● *Übernachten/Essen & Trinken* **Gaststätte Osterkrug**, typischer Dorfkrug mit regionaler Küche und einigen Fremdenzimmern. DZ 70 €, EZ 30 €. Kein Ruhetag. Hauptstr. 45, ℡ 04845-7906020.

Kirchspielkrug Ostenfeld, vier nordisch-schlicht möblierte Zimmer mit Dusche/WC, Fön und WLAN (Preis auf Anfrage). Deftige Gerichte auch zum Mitnehmen. Di–So 10–13.30 und ab 17 Uhr. Hauptstr. 21, ✆ 04845-790505, www.kirchspielkrug.com.

● *Einkaufen*   **Bäckerei-Konditorei Gosch**, handwerklich hergestellte Backwaren. Magnusstr. 4, ✆ 04845-383.

Im Laden der **Ostenfelder Meierei**, Mo–Sa 8–12 Uhr, Do/Fr auch 15–18 Uhr. Zur Meierei 1, 25872 Ostenfeld, ✆ 04845-866, www.ostenfelder.de.

Schwesing

Auch wenn der Ort durch die Bundesstraße 201 stark beeinträchtigt ist, ist er dank der romanischen Feldstein-Kirche, eine der ältesten nordfriesischen Wehrkirchen, durchaus einen Besuch wert (mehr unter www.schwesing.de).

Nachts wird die Schwesinger Kirche angestrahlt

Etwa 3 km hinter dem nördlichen Ortsausgang, hinter dem ehemaligen Bundeswehr-Flugplatz (heute Flugabwehr-raketen-Ausbildungsstellung und ziviler Flugplatz) und kurz vor der Auffahrt auf die B 200, erinnert eine Gedenkstätte an das düsterste Kapitel des Orts: 1944 waren hier 2500 Gefangene des Konzentrationslagers Neuengamme bei Hamburg zur Zwangsarbeit abkommandiert, die viele nicht überlebten. Für jedes namentlich bekannte Opfer wurde 2001 eine Stele aufgestellt, geplant ist ein Informationsbereich auf dem Gelände, auf dem noch Fundamente der Häftlingsbaracken erhalten sind (Infos unter ✆ 04841-64778). Kontrastprogramm ist das fröhliche Treiben der Golfer auf dem *18-Loch-Golfplatz* Husumer Bucht an der B 201 (Richtung Husum).

Golfplatz: Greenfee für Gäste ab Vorgabe 36 im Sommer 30–45 €, im Winter günstiger; ✆ 04841-72238, www.gc-husumer-bucht.de.

Oster-Ohrstedt

Oster-Ohrstedt versucht, sich als Fremdenverkehrsort zu etablieren. Es gibt ein kleines beheiztes Freibad, Ferienwohnungen und Zimmer sowie, etwas außerhalb in der Nähe eines Windparks, das *Erlebnis-Camp*. Die überregional bekannte Bioland-Rohmilchkäserei *Hof Backensholz* ist eine Station der schleswig-holsteinischen Käsestraße.

● *Information*   **Wirtschafts- & Tourismus-verein Viöl-Land**. Westerende 41, 25884 Viöl, ✆ 04843-20106, www.tourist-vioel.de.

● *Adressen*   **Hof Backensholz**, Hofladen Mo–Fr 8–17 Uhr, Sa 9–13 Uhr. 90-minütige Führung (10 €/Pers. mit Verkostung) nach Voranmeldung. Schwabstedter Damm 8,

25885 Oster-Ohrstedt, ✆ 04826-18580, www.backensholz.de.

● *Aktivitäten/Übernachten*   **Erlebnis-Camp**, einst ein Bauernhofcafé, heute ein kleines Hotel mit sechs familienfreundlichen Zimmern sowie drei Gruppen-Schlafräumen.

Zudem gibt es eine Zeltstadt für Gruppen. Kanu-/Kajakverleih und organisierte Kanutouren, auch Rücktransport der Boote möglich. Streichelzoo, Kletterhalle, Spielplatz mit Hüpfburg. Café und Restaurant ganzjährig Mo–Fr 14–22 Uhr, Sa/So 11–22 Uhr; nette, modern möblierte DZ ab 55 €, Familienzimmer ab 93 €. Holzweg 7, ℡ 04847-809513, www.erlebnispur.de.

Schobüll

Der etwas erhöht an der Küste gelegene Luftkurort mit 1600 Einwohnern, inzwischen nach Husum eingemeindet, bietet einen außergewöhnlich freien Blick auf die Nordsee, denn hier braucht man keinen Deich. Barriere gegen die See ist eine 5 km lange Hügelkette aus eiszeitlichen Moränen. Ihr höchster Punkt ist der Schobüller Berg, dessen „Gipfel" 31 m über dem Meeresspiegel liegt – für Schleswig-Holstein eine schon sehr passable Erhebung.

Schobüll selbst ist ein etwa 800 Jahre altes Dorf, das bis Anfang des 20. Jh. einen schönen Sandstrand hatte. Leider verschlickte der Strand nach dem Bau des Nordstrander Damms völlig, auch der einstige kleine Hafen ist verlandet. Hier gibt es heute ein kleines Freibad und einen Steg, der durch den breiten Schilfgürtel führt; bei Flut kann in der hier schlickigen Nordsee gebadet werden. Am Freibad beginnt auch ein Natur-Lehrpfad.

Sehenswert ist das Schobüller *Kirchlein am Meer* (tägl. 10–16 Uhr). Sein Schiff stammt aus dem 15. Jh., der massige Turm wurde erst 1785 angebaut. Die Kirche beherbergt das sog. Triumphkreuz aus dem frühen 13. Jh. (am Chorbogen) und einen spätgotischen Marmor-Taufstein aus Belgien. Aus dem 15. Jh. stammen der Altar und die 14 geschnitzten Figuren an der Nordwand, den Kronleuchter stiftete 1701 ein Deichgraf.

Im Anfang des 20. Jh. angepflanzten Wäldchen auf dem Schobüller Berg liegt ein *bronzezeitliches Hünengrab.* Hier beginnt auch der für Kinder interessante 2 km lange *Erlebnispfad Schobüller Wald,* der über Pflanzen und Tiere der Gegend informiert. Ein zweites Hünengrab befindet sich etwas weiter nördlich in der Feldmark am Hattstedter Weg.

● **Aktivitäten   Freibad,** solar beheizt, mit 25-m-Becken und Sauna. In der Saison tägl. 10–19 Uhr, Vor- und Nachsaison nur nachmittags. Nordseestr. 35, 25813 Husum/Schobüll, ℡ 04841-663510.

Küstenkerzen, Kerzen ziehen und gießen für Urlauber und Ansässige; auch Kindergeburtstage werden ausgerichtet. Di–Do 12.30–18 Uhr, Fr/Sa 10–18 Uhr; in den Schulferien erweiterte Öffnungszeiten. Nordseestr. 35, ℡ 04841-9389873.

Minigolf, Kirchenallee, tägl. ab 14 Uhr, vormittags n. Vereinbarung. ℡ 0160-2530617.

Natur-Führungen, Schobüll und seine Naturlandschaft, Bäume und Wildkräuter sind die Themen der wechselnden Führungen, die am Nationalparkpavillon am Freibad starten. März bis Mitte Okt. an einigen Di, Fr, So 15 Uhr (Gruppen ab 5 Pers. nach Vereinb.), Dauer 2½ Std., 5 €, Kind 3 €, Familie 13 €.

℡ 04841-772108, www.husum-naturerleben.de. **Windsurfen,** Windsurfingschule Nordfrieslandsurfer, ℡ 04841-63103.

● *Übernachten/Essen & Trinken*   **Hotel-Restaurant Magisterhof,** freundlicher Rotklinkerbau an der Durchgangsstraße mit 22 Betten und Café-Restaurant. Alle Zimmer mit Badewanne oder Dusche und WC. EZ ab 42 €, DZ ab 68 €, 3-Bett-Zi. ab 90 €, jeweils inkl. Frühstück. Nordseestr. 14, ℡ 04841-6696-0.

Camping Seeblick, Rasenplatz ohne Schatten in schöner Lage direkt an der Nordsee, sehr gute Sanitärausstattung. Geöffnet Mitte März bis Mitte Okt. Nordseestr. 39, ℡ 04841-3321, www.camping-seeblick.de.

Zum Krug, im *Ortsteil Hockensbüll;* Traditionsrestaurant unter dichtem Reet, das seit 1707 Gäste bewirtet. Mi–So ab 18 Uhr. ℡ 04841-61580, www.zum-krug.de.

Nordfriesland

Noch bis in die 80er-Jahre Meeresboden: der Beltringharder Koog

Beltringharder Koog

Für Bird-Watcher ist der *Beltringharder Koog* nördlich von Nordstrand ideal: Der Koog wurde erst 1987 eingedeicht und ist damit das derzeit jüngste Stück Land in Schleswig-Holstein. Doch so ganz nach Land sieht es hier nicht aus, der Koog umfasst auch weite Wasserflächen und ist damit Brut- und Rückzugsgebiet für viele Vogelarten sowie wichtiger Rastplatz für Zugvögel; eine der Wasserflächen ist das aufgestaute Flüsschen Arlau. An der Arlau liegt die **Naturschutzstation Arlau-Schöpfwerk** mit kleinem Museum im ehemaligen Schöpfwerk-Gebäude (nur nach Vereinbarung geöffnet; Hattstedtermarsch 42, 25866 Hattstedt, ☏ 04846-530). Ein Stück weiter nördlich steht einsam das schon von weitem ausgeschilderte *Hotel Arlau-Schleuse* (mit Restaurant und Café) – ein Paradies für Naturliebhaber.

● *Übernachten/Essen & Trinken* **Hotel Arlau-Schleuse,** Familie Kock bietet in zwei reetgedeckten Gebäuden Kost und Logis für Vogelbeobachter und Tagungsgäste. Bei gutem Wetter locken Terrasse und Liegewiese, bei schlechterem Sauna und Solarium. EZ inkl. Frühstück ab 49 €, DZ ab 82 € (alle mit Dusche/WC). Von der B 5 gut ausgeschildert. 25856 Hattstedtermarsch, ☏ 04846-69900, www.arlau-schleuse.de.

● *Einkaufen* **Allerliebst,** 2009 eröffnete Ute Brodersen ihren Laden mit schönen dänischen Wohn- und Küchenaccessoires. Do/Fr 9.30–12 und 14.30–18 Uhr, Sa 9.30–12.30 Uhr. Herstum 57, Hattstedtermarsch, ☏ 04846-601556.

Breklum

Der Ort mit seinem um 1200 erbauten Gotteshaus, das als stattlichste spätromanische Backsteinkirche im nördlichen Schleswig-Holstein gilt, ist vom Durchgangsverkehr auf der Nord-Süd-Achse B 5 stark beeinträchtigt. Die ursprüngliche Bauform der Kirche blieb weitgehend erhalten, musste aber nach Bränden und Kriegszerstörungen mehrfach wiederhergestellt werden. Wie so oft ist der Taufstein das einzige original erhaltene Inventar; der Altar stammt aus dem 18. Jh. Von der Kirche ging im späten 19. Jh. übrigens eine Missionsbewegung aus, die die Bewohner einiger damaliger Kolonien zu christianisieren versuchte.

● *Übernachten/Essen & Trinken* **Dravendahl,** Hotel-Restaurant mit Kegelbahn, das sich auch für Tagungen eignet; Betreiber sind die Husumer Werkstätten der norddeutschen Diakonie. 6 freundlich möblierte Zimmer mit Dusche/WC sowie eine FeWo. EZ 39 €, DZ 59 €, jeweils inkl. Frühstück, HP nur 5 € extra. Beliebter, preisgünstiger Mittagstisch. Drelsdorfer Str. 13, 25821 Breklum, ☏ 04671-6013-0, www.wfbm-husum.de.

Bredstedt

Inmitten einer leicht hügeligen, fast unbesiedelten Umgebung mit Feldern, Wiesen und Wäldchen ist der Ort Versorgungszentrum für ein großes Einzugsgebiet. Erst im Jahr 1900 erhielt Bredstedt das Stadtrecht, der viel ältere Marktplatz wirkt durchaus städtisch.

Der auf Friesisch „Bräist" genannte und ebenfalls von der B 5 durchschnittene Luftkurort verfügt nur über eine einzige Verkehrsampel. Das zeigt schon: Vom durchrauschenden Fernverkehr abgesehen geht es hier geruhsam zu. Schon auf einem halbstündigen Bummel kann man sich einen guten Überblick verschaffen, Höhepunkt ist der ungewöhnlich geformte historische Marktplatz, der in die Einkaufsstraße Osterstraße übergeht. Am dreieckigen Platz ist ein besonders schönes Haus aus dem frühen 17. Jh. erhalten, die Alte Apotheke. Erstmals urkundlich erwähnt wird Bredstedt 1231; bis ins 15. Jh. lag der Ort am Meer und besaß einen kleinen Hafen. Mehrere Stadtbrände im 17., 18. und 19. Jh. dezimierten die Zahl historischer Gebäude stark. Als Bredstedt 1900 das Stadtrecht erhielt, lebten hier knapp 2500 Menschen. 2008 wurde die 108 Jahre lang amtfreie Stadt dem Amt Mittleres Nordfriesland zugeschlagen und hat seitdem nur noch einen ehrenamtlichen Bürgermeister.

● *Information* **Tourist-Information**, Mo–Fr 9–12 Uhr, Mitte Juni bis Mitte Sept. auch 14–17 Uhr. Markt 37, 25821 Bredstedt. ℡ 04671-5857, www.stadt-bredstedt.de.

● *Verbindungen* **Bahn**, Bredstedt liegt an der Bahnstrecke Hamburg – Westerland (Sylt). Hier halten Züge der *Nord-Ostsee-Bahn (NOB);* ab Hamburg-Altona tägl. 18-mal. Fahrzeit ab Hamburg gut 2 Std., ab Westerland knapp 1 Std.

● *Aktivitäten* **Erlebnisfreibad**, 1994 im Zentrum der Stadt und dennoch im Grünen eröffnetes beheiztes Bad. 25-m-Becken, Erlebnisbecken mit Wildwasserkanal, Wasserrutsche etc. Mai bis Mitte Sept. tägl. 13–19 Uhr, Sommerferien 11–20.30 Uhr. Eintritt 4,50 €, Schüler 2,80 €, Familie 8 €. Urlauberfamilienkarte für max. 5 Pers./14 Tage 55 €. Süderstraße, ℡ 04671-3183.

● *Übernachten/Essen & Trinken* ***** Hotel Ulmenhof**, 1990 aufwändig sanierte Jugendstil-Villa mit 24 Gästezimmern, in denen einige originale Stilelemente erhalten sind. Die handgefertigten Möbel aus dunklem Holz sind individuell an das klassische Ambiente angepasst. Im schönen *Restaurant* und im geschmackvoll angelegten Garten wird gute regionale Küche mit saisonalen Produkten serviert. 2009 wurde das Badehaus mit Pool, Schwalldusche, Bio-Sauna und Ruhebereich eröffnet. EZ ab 59 €, DZ ab 89 €, Junior-Suite mit Nordsee-Fernblick im DG (kein Fahrstuhl) ab 105 €, jeweils inkl. Frühstück. Ganzjährig geöffnet. Tondern-

sche Str. 4, ℡ 04671-9181-0, www.ulmenhof.de.

Eiscafé San Marco, leckeres hausgemachtes Eis. Osterstr. 62, ℡ 04671-2452.

● *Kultur/Nachtleben* **Altes Heizwerk**, das Kultur- und Veranstaltungszentrum zieht auch Bewohner weit entfernter Orte an – es ist einzigartig in Nordfriesland. Hier legen an den Wochenenden DJs auf, samstags treten Comedians oder Schauspieler auf oder es spielt eine Band. 2 Bars, Raucherbereich, Lounge etc. bieten das passende Ambiente für jede Stimmung. Geöffnet nur zu Veranstaltungen am Wochenende.

Rettung bei Fahrradpannen außerhalb der Öffnungszeiten

Dörpumer Str. 14, ☎ 04671-6008040, www. altes-heizwerk.de.

● *Einkaufen*   **Fahrradschlauch-Automat**, ein Service für die vielen durchreisenden Fahrrad-Touristen; an der Fassade von Rötzsch-Zweirad, Osterstr. 46, ☎ 04671-1496.

Töpferei Küstentöne, typisch friesisch dekorierte Gebrauchskeramik. Mo–Fr 9–12/14.30–18, Sa 9.30–13 Uhr. Drelsdorfer Str. 3, ☎ 04671-933434, www.kuestentoene.de. **Wochenmarkt** Fr Vormittag.

Sehenswertes

Nordfriisk Institut: Das 1965 gegründete Nordfriesische Institut, das seit 1990 die Räume der alten Volksschule nutzt, ist die zentrale wissenschaftliche Einrichtung zur Erforschung und Pflege der (nord-)friesischen Sprache, Kultur und Geschichte. Die Spezialbibliothek und das Archiv stehen Besuchern offen. Zum Institut gehört auch das Auswanderer-Archiv, in dem man die Spuren vieler aus Nordfriesland in die Neue Welt Emigrierter verfolgen kann.
Mo–Fr 8–12.30 und 13.30–17.30 Uhr. Süderstr. 30, ☎ 04671-6012-0, www.nordfriiskinstituut.de.

Naturzentrum: 1976 als eines der ersten derartigen Zentren eröffnet; Schautafeln und Ausstellungsstücke informieren zu den Themen Geest, Watt, Moor, Wattenmeer und Halligen. Hier starten auch geführte Wattwanderungen und Fahrradtouren.
Mai–Okt. Mo–Sa 10–17 Uhr, Eintritt frei. Führungen für Gruppen ab 10 Pers. nach Vereinbarung. Bahnhofstr. 23, ☎ 04671-4555, www.naturzentrum-nf.de.

St. Nikolai: Neben dem ab 1510 errichteten spätgotischen Backsteinbau mit Feldsteinfundament liegt der Bredstedter Friedhof mit sehenswerten Grabsteinen aus dem 16.–18. Jh. Der Dachreiter auf dem Kirchendach stammt von 1817, die neugotische Westfassade und die großen Südfenster von 1875. Ältestes Stück im Innenraum ist das spätgotische Kruzifix (an der Nordwand). Der Renaissance-Altaraufsatz mit drei Bildtafeln (an der Südwand) entstand 1580, die Taufe wenig später; die Kanzel wurde Mitte des 17. Jh. geschnitzt.

Oldtimer im Stall: Karl-Peter Nielsen präsentiert in der Süderstraße Nr. 40 seine Sammlung alter Motorräder, Autos sowie ein kunterbuntes Sammelsurium weiterer Exponate in einem ehemals landwirtschaftlich genutzten Gebäude. Nach Vereinbarung geöffnet (☎ 04671-5005).

Umgebung von Bredstedt

Bordelum

Sehenswert ist die Bordelumer Kirche, ein Backsteinbau aus dem 13. Jh. mit einem der in Friesland üblichen hölzernen Glockentürme, der in einigem Abstand zur Kirche steht. Die geschnitzte Kanzel stammt von 1633. In der Nähe des Örtchens liegt mit knapp 44 m eine der höchsten Erhebungen der nordfriesischen Westküste, der *Stollberg*. Auf ihm steht ein 139 m hoher Sendeturm mit Aussichtsplattform in 22 m Höhe (sporadisch geöffnet). Der Ausblick von hier oben ist umwerfend, er reicht über die jungen Köge der Umgebung bis Pellworm und die Halligen; mit etwas Glück oder Fantasie sind auch Föhr, Amrum und der Leuchtturm Westeverwersand zu erkennen.

Rund um den Turm zieht sich seit 2002 ein etwa 400 ha großer *Naturerlebnisraum*, in dem die Geschichte der Natur- und Kulturlandschaft dargestellt wird; drei unterschiedlich lange Routen führen hindurch, ein Kinderspielplatz ist vorhanden. Die nahe gelegenen *Naturschutzgebiete Stollberger und Bordelumer Heide* sind schöne Wandergebiete mit seltener Vegetation.

Stadum

Der Name der 1000-Einwohner-Gemeinde bedeutet schlicht „Wohnstatt", was darauf hin deutet, dass das Gebiet schon sehr lange besiedelt ist. Tatsächlich wurden hier Spuren von stein- und eisenzeitlichen Siedlungen gefunden. Heute ist Stadum ein unspektakulärer Ort mit einem berühmten Sohn: *Rio Reiser,* mit bürgerlichem Namen Ralph Christian Möbius, der im Stadumer Ortsteil Fresenhagen lebte und starb.

• *Aktivitäten* Beheiztes **Freibad** mit Kiosk und Badeaufsicht; Mitte Mai bis Anf. Sept. tägl. 14–20 Uhr. Dorflücken, ☎ 04662-2839.
Golfclub Hof Berg, 18-Loch-Platz, auf dem platzreife Gäste gern gesehen sind (Greenfee 20 €, Jugendliche die Hälfte). Hof Berg 3, ☎ 04662-70577, www.gc-hofberg.de.
• *Übernachten/Essen & Trinken* **Heuherberge und Sonntagscafé Hedwigsruh**, am Rand des Langenberger Forsts; eine Nacht im Heu ist für Kinder ein Erlebnis, für alle anderen eine preiswerte Schlafmöglichkeit fernab vom städtischen Trubel. Bis zu 6 Pers. passen in eine der 5 Heukojen, Leih-Schlafsäcke sind vorhanden, eine Taschenlampe sollte man mitbringen. Ü/F ab 17 €. Wem das zu unbequem ist, der findet auf dem Hof eine barrierefreie FeWo für max. 4 Pers. ab 65 €/Tag. Eine Spielscheune lockt die Kinder zum Toben, vielfältige Aktivitäten wie Nachtwanderungen und Stockbrot backen. Hier leben Tiere von Ponys bis Kaninchen; Reiter sind willkommen und finden Stall und Weide für ihr Pferd vor. Auch Mittag- und Abendessen (reservieren!), hausgebackene Kuchen und Torten; Cafébetrieb ganzjährig So 14–18 Uhr. Gisela und Volker Clausen-Hansen, Hedwigsruh 6, ☎ 04662-70531, www.heuherberge-nf.de.

Rio-Reiser-Haus: Der Ortsname „Fresenhagen" ist Musikfreunden auf der ganzen Welt bekannt, denn ab 1975 lebte hier Rio Reiser, der früh verstorbene „König von Deutschland", mit seinen Freunden in einem uralten friesischen Gehöft, in dessen Garten er 1996 begraben wurde. Seit 2007 beherbergt das Rio-Reiser-Haus neben dem Tonstudio ein neu konzipiertes Museum. Es zeigt Instrumente, Kostüme, Faksimiles handschriftlicher Songtexte, alte Ton-Steine-Scherben-Schallplatten etc. Von Zeit zu Zeit finden hier auch Konzerte und Seminare statt. Sechs schlicht, aber geschmackvoll möblierte Gästezimmer stehen bereit (Bäder und Toiletten auf dem Flur; DZ inkl. Frühstück 30 €). Ein Café mit dem schönen Namen „Junimond" (nach einem Lied von Rio) ist in Planung.

Museum: April–Okt. Di–So 10–17 Uhr, sonst nur bis 16 Uhr. Eintritt 2 €. Fresenhagen 11, 25917 Stadum (von der B 199 ausgeschildert; zunächst es geht quer durch den Golfplatz). ☎ 04662-5222, www.rioreiserhaus.de.

Zentrum des kleinen Rio-Reiser-Museums ist der Billardtisch

Niebüll
(8000 Einwohner)

Niebüll ist Autourlaubern als Verladestation bekannt, denn hier starten die Autozüge nach Sylt. Die nach Husum zweitgrößte Stadt Nordfrieslands ist aber auch ein wichtiges Versorgungszentrum für die Region an der dänischen Grenze.

Ein kurzer Stopp zum Einkaufen in der kleinen Fußgängerzone oder ein Tagesausflug an einem Regentag lohnen sich. Etwas abseits der Hauptstraße stehen einige Ensembles alter Häuser, und drei Museen freuen sich auf Besucher. Dennoch sollte man von dem knapp über dem Meeresspiegel gelegenen Städtchen nicht zu viel erwarten – Niebülls Bedeutung schwand im Lauf der Jahrhunderte. Noch bis zur Verwaltungsreform 1970 war Niebüll Verwaltungszentrum des damaligen Kreises Südtondern, heute sind hier nur noch einige Behörden beheimatet.

1436 wurde der Marktflecken erstmals urkundlich erwähnt. Damals lag Niebüll noch an der Nordsee und hatte einen Hafen. Im 18. und 19. Jh. wurde Neuland eingedeicht, damit entfiel der Zugang zum Meer. Erst mit dem Bau der Eisenbahnlinie um 1900 sowie des Hindenburgdamms 1927 und vor allem der Erfindung der Autoverladung auf Züge wurde es in Niebüll wieder etwas geschäftiger.

• *Information* **Tourist-Information**, Juli/Aug. Mo–Fr 10–12 und 14–16 Uhr, sonst nur Mo–Fr 10–12 Uhr. Rathausplatz, 25899 Niebüll. ✆ 04661-941015, www.niebuell.de

• *Verbindungen* **Bahn**, Niebüll liegt an der Bahnstrecke Hamburg – Westerland (Sylt). Hier halten einige IC-Züge der DB sowie 18-mal tägl. Züge der *Nord-Ostsee-Bahn (NOB)*. Fahrzeit ab Hamburg-Altona 2,5 Std., ab Westerland gut 30 Min.

• *Aktivitäten* **Naturbad Wehle**, hier badet man tideunabhängig in einer Wehle, also einem tiefen See, den das Meer 1593 bei einem Deichbruch gegraben hatte und der bis heute mit Süßwasser meist sehr guter Qualität gefüllt ist; Duschen, Umkleiden und Kiosk. Eintritt frei. Am westl. Ortsausgang zwischen Deichstraße und Mühlenstraße, neben der Jugendherberge.

Hallenbad, das Warmwasser-Bad wird vom örtlichen Sportverein betrieben. In den kühleren Monaten Mo, Di 15–20.30 Uhr, Mi 15–17 Uhr, Do 15–21 Uhr, Fr 17–20.30 Uhr, Sa 16–19 Uhr, So 8–13 Uhr. Eintritt 3 €, Kind/Jugendl. 1,50 €, Familie 6,50 €. Tonderstr. 33, ✆ 04661-676637 oder 9616-0.

• *Übernachten* **Jugendherberge**, ca. 2 km vom Bahnhof entfernt; recht neue, kleine Häuschen mit familiengerechten Zimmern für 2–6 Pers. gruppieren sich auf einem Halbkreis auf einer Wiese am Ortsrand. Ü/F ab 18,70 €/Pers. Im Winter zeitweise geschlossen. Mühlenstr. 65, ✆ 04661-937890, jh-niebuell@djh.de.

Richard-Haizmann-Museum: Das Museum im ehemaligen Rathaus ist dem Künstler Haizmann (1895–1963) gewidmet, der wie Emil Nolde von den Nazis als „entarteter Künstler" verfemt wurde. Haizmann erhielt Ausstellungsverbot, verließ 1933 Hamburg und zog sich nach Niebüll zurück, wo er bis 1963 lebte. Neben expressionistischen Gemälden, Grafiken und Skulpturen dieses weniger berühmten Kollegen Noldes sind hier wechselnde Ausstellungen zu sehen.

Di–Fr 11–16.30 Uhr, Sa 11–13 Uhr, So 14–17 Uhr. Eintritt 1,50 €, erm. 0,50 €. Rathausplatz 2. ✆ 04661-1010, www.haizmann-museum.de.

Naturkundemuseum: Einführung in die Natur des Wattenmeers sowie in die Mineralogie und Insektenwelt Norddeutschlands. Sogar ein lebendes Bienenvolk ist zu beobachten, und präparierte Tiere werden in ihrem nachgebildeten Lebensraum vorgestellt – damit können auch kleinere Kinder etwas anfangen. Zusätzlich künstlerische und naturkundliche Sonderausstellungen mit Bezug zur Region.

April–Okt. Di–So 14–17.30, Juni–Aug. auch Mo sowie nach Vereinb. Eintritt 2,50 €, Kind ab 6 J. 1 €. Hauptstr. 108, ✆ 04661-5691, www.nkm-niebuell.de.

Haizmann war ein weniger bekannter Künstler-Kollege Emil Noldes

Friesisches Heimatmuseum: Das Museum residiert in einem 200 Jahre alten friesischen Langhaus mit Reetdach und Klöntür. Vollständig erhalten ist der alte Gebäudegrundriss mit den traditionellen Räumen Dörnsch, Pesel, Küche usw. Die Dörnsch ist ein heizbarer Raum, der anders als die Küche rauchfrei war und im Alltag genutzt wurde. Hier schlief man in Alkoven, die in die Wände eingelassen waren. Der Pesel, die „gute Stube", wurde nur zu besonderen Anlässen geheizt. Die Räume sind mit originalen Möbelstücken, viele im typischen Friesenblau, und zahlreichen kleinen Gegenständen ausgestattet, darunter auch das Musikinstrument „friesische Hummel". Kurzum: ein guter Einblick in das Leben an der Küste vor der industriellen Revolution.

Juni–Sept. tägl. 14–16 Uhr und nach Vereinbarung unter ✆ 0175-4146185. Im Ortsteil Deezbüll, Osterweg 76, ✆ 04661-3656, www.friesisches-museum.de.

Umgebung von Niebüll

Schlüttsiel

Dominiert wird die winzige Siedlung von dem 26 m breiten Sperrwerk, das bei Ebbe das Wasser des Flüsschens Lecker Au und des Bongsieler Kanals ins Meer fließen lässt – und bei Flut das Einströmen von Meerwasser verhindert. Bei Sturmflut kann das Süßwasser einige Zeit in einem riesigen Wasserreservoir gesammelt werden, damit die Flutschutztore geschlossen bleiben können.

Vom *Schlüttsieler Hafen* legen die Schiffe nach Amrum, Hallig Hooge und Langeneß ab. Weit reicht der Blick von hier über die benachbarten Inseln und Halligen. Schlüttsiel liegt im erst 1958/59 eingedeichten Neuland des *Hauke-Haien-Koogs*, der nach dem Deichgrafen in Theodor Storms Schimmelreiter benannt ist. Der Koog ist Naturschutzgebiet, und so lassen sich hier Vögel wunderbar beobachten. Am Wegesrand am Deich erläutern Tafeln die verschiedenen Vogelarten, die hier leben oder als Zugvögel Rast machen.

Wattlaufen vor Dagebüll

Etwas im Hinterland liegt der frühere Hafenort *Bongsiel,* eine bekannte Adresse für Feinschmecker.

● *Aktivitäten* **Badestelle** am Fähranleger.

Schiffsfahrt nach Hallig Hooge: Halligführung und Seetierfang mit Nationalpark-Rangern auf der MS Seeadler. April–Sept., wechselnde Abfahrtzeiten, Dauer knapp 7 Std. Erw. 15 €, Kind 7 €, Familie 44 €. Reederei Heinrich v. Holdt, Neuer Weg 4, 25842 Ockholm. ✆ 04674-1535, www.seeadler-hooge.de.

Schiffsfahrt nach Hooge oder Langeneß: Hin- und Rückfahrt auf eine der beiden Halligen mit W.D.R. 13 €, Kind 6–14 J. 6,50 € (weitere Infos unter ✆ 01805-080140, 14 Ct./Min., www.faehre.de).

Vogelkundliche Führungen: durch den Hauke-Haien-Koog ab Info-Zentrum am Fähranleger.

Bewachter Parkplatz beim Hafenmeister, ✆ 04674-1463. Ansonsten sind Parkplätze in der Hauptsaison rar!

● *Übernachten/Essen & Trinken* **Hotel-Restaurant Fährhaus Schlüttsiel,** 10 modern möblierte Zimmer (ein barrierefreies im EG) mit schönen Badezimmern, EZ 40–45 €, DZ 82–90 €, jeweils inkl. Frühstück. Sauna-Benutzung gegen Gebühr. Auch das Café-Restaurant ist modisch gestaltet, windgeschützte Terrasse mit Meerblick (Hauptgericht 10–20 €). Für den kleinen Hunger gibt es ein schlichtes Bistro. April–Okt. tägl. 11.30–21 Uhr, im Winter nur Do–So (in den Weihnachtsferien wie Sommer). Schlüttsiel 1, 25842 Ockholm. ✆ 04674-9626-0, www.faehrhaus-schluettsiel.de.

Hotel-Gaststätte Dat swaarte Peerd, Familie Thamsen betreibt den alten Bongsieler Dorfkrug, der seit Jahrzehnten für seine Aalgerichte gerühmt wird, schon in dritter Generation. Der 2002 umfassend renovierte Gasthof wurde 2008 vom „Feinschmecker" ausgezeichnet. Wer nach dem reichlichen Mahl zu satt zum Weiterreisen ist, kann eines der 12 liebevoll eingerichteten Zimmer beziehen (EZ ab 54 €, DZ ab 68 €, jeweils inkl. Frühstück), vorausgesetzt, er hat rechtzeitig reserviert. Mi–Mo 11.30–14 und 17–22 Uhr, Di 17–22 Uhr. Am Kanal 2, 25842 Ockholm. ✆ 04674-1445, www.bongsiel.de.

Dagebüll

Einst lag der Ort auf einer Hallig, die heute zu einer mit massiven Deichen gesicherten Halbinsel angewachsen ist. Direkt am Fährhafen endet die eingleisige Bahnlinie der NEG von Niebüll, sodass man bequem auf die Schiffe nach Föhr und Amrum umsteigen kann (die Fährtickets werden bereits im Zug verkauft).

Eine gute Einstimmung auf das ruhige Inselleben ist die Anfahrt mit der Bahn, auf der man quasi durch die Gärten der netten Reetdachhäuser zuckelt. Wer sein Auto in Dagebüll stehen lässt, hat vom Parkhaus bzw. Parkplatz (www.inselparkplatz-dagebuell.de) zur Fähre einen wesentlich weiteren Weg vor sich, kann neuerdings aber den kostenlosen Busshuttle nutzen.

Der nette *Ortsteil Kirche* wird leicht übersehen, bietet sich aber für einen kurzen Stopp an. Am Hotel neben dem Fähranleger kann man bei Flut an einer Badestelle mit etwas Sand und Strandkörben (Vermietung im Strandhotel) in die Nordsee steigen; bei Ebbe starten hier geführte Wattwanderungen.

● *Übernachten* ***** Strandhotel**, in der Saison gut gebuchtes 26-Zimmer-Hotel aus den 70er-Jahren, direkt am Fähranleger. Zimmer mit Wattenmeer- und Halligblick, Tagungs- und Wellnessbereich. Direkt nebenan Badestelle mit Strandkörben. EZ 44–56 €, DZ 88–115 €, jeweils inkl. Frühstück. Koogwarft, 25899 Dagebüll, ✆ 04667-94000, www.strandhotel-dagebuell.de.

Hotel und Camping Neuwarft, dem einfachen Hotel ist ein kleiner Rasenplatz angeschlossen, beides für eine Übernachtung auf jeden Fall o. k. Sehr kleine Zimmer; EZ ab 40 €, DZ ab 65 €, inkl. Frühstück. Auf einem separaten Gelände viele Dauercamper. Mitte Mai bis Mitte Okt. ✆ 04667-325, www.hotel-neuwarft.de.

Klanxbüll

Die meisten Urlauber registrieren auf ihrer Fahrt nach Sylt von dem alten Warftenort nur den Bahnhof. Klanxbüll lag wie Emmelsbüll, Toftum und Horsbüll einst auf der Insel Wiedingharde, die seit dem 15. Jh. eingedeicht und damit zu Festland wurde. Heute leben hier 1000 Menschen; es gibt einen kleinen Campingplatz und einige Ferienwohnungen.

Übernachten Campingplatz und FeWo-Vermietung bei **Boy Boysen**, Wiedingharder Neuer Koog 6, ✆ 04668-92000.

Expressionismus auf dem platten Lande

1867 wird Emil Hansen im Dorf Nolde nahe Tønder geboren. Bald nach der Schule geht er nach Flensburg, um sich dort zum Zeichner und Holzschnitzer ausbilden zu lassen. Anschließend zieht es ihn nach Kopenhagen, wo er einige dänische Künstler kennen lernt, die ihn stark beeinflussen. Er heiratet eine junge Dänin, wählt als Pseudonym den Namen seines Geburtsorts und lernt in privaten Malschulen in Deutschland sowie an der Académie Julian in Paris. Um 1905 beginnt Nolde, einen eigenständigen Malstil zu entwickeln, der von expressiver Farbigkeit geprägt ist. Vorübergehend schließt er sich der Künstlergruppe „Die Brücke" an und stellt gemeinsam mit ihr aus. Seine Malweise wird immer flächiger, Hauptmotive sind Landschaften und Gärten. Nach zahllosen Umzügen und Reisen, u. a. 1913/14 nach Neuguinea, beschließt Nolde sesshaft zu werden, kauft 1926 einen winzigen Bauernhof an der dänischen Grenze und lässt dort ein modernes Gebäude errichten. Finanziell ist das kein Problem, ist er doch bereits seit einigen Jahren gut im (Kunst-)Geschäft. Höhepunkt seiner Karriere ist das Jahr 1932, als einige seiner Bilder im New Yorker Museum of Modern Art (MoMA) ausgestellt werden.

Der Einbruch kommt in der NS-Zeit, als seine Kunst als „entartet" gilt. Nolde ist davon sehr überrascht, hatte er sich doch schon zu Beginn der NS-Zeit antisemitisch und antimodern geäußert und war 1934 der Nordschleswiger NS-Partei beigetreten. 1941 erhält er sogar Malverbot. Wie viele andere verbotene Künstler malt er heimlich weiter – mehr als tausend kleinstformatige Bilder, die er versteckt. 1956 stirbt er in Seebüll. Zuvor war er umfassend rehabilitiert worden und stellte u. a. bei der Kasseler documenta 1955 aus.

Nordfriesland

Seebüll

Im winzigen Seebüll, ganz nah an der dänischen Grenze, stehen immer zahlreiche Reisebusse und Autos. Grund dafür ist das ehemalige Wohnhaus des Malers Emil Nolde, seit 1957 ein kleines Museum, in dem jährlich wechselnde Ausstellungen seiner Werke zu sehen sind.

Nolde-Stiftung Seebüll: Elf Jahre dauerte der Bau des Wohn- und Arbeitshauses, das Nolde selbst entworfen hat. 1937 konnten er und seine Frau Ada es endlich beziehen. Der Maler selbst hatte verfügt, dass es nach seinem Tod der Öffentlichkeit offen stehe. Zu sehen sind hier insgesamt etwa 160 Ölgemälde, Aquarelle, Grafiken, Zeichnungen und kunsthandwerkliche Arbeiten des bedeutenden expressionistischen Künstlers. Sehenswert ist auch der blumenreiche Garten mit Teich und Gartenhäuschen, den das Künstler-Ehepaar noch selbst angelegt hat; die Wege verlaufen übrigens in Form der Anfangsbuchstaben ihrer Vornamen. Geöffnet März– Nov. tägl. 10–18 Uhr (Eintritt 8 €, Schüler/Studierende 3 €).

Inspiration für viele Bilder Emil Noldes war sein Blumengarten

● *Anfahrt* **Bahn**: Wer mit der Bahn kommt, fährt per Shuttle-Bus oder Taxi von den Bahnhöfen Klanxbüll oder Niebüll weiter; Info zu den Shuttle-Bussen unter ✆ 04664-983930, www.nolde-stiftung.de.

Ab Sylt kann man auch ein *Kombiticket* der NOB nutzen: Das Ticket umfasst die Fahrt mit dem Inselbus nach Westerland, mit der Bahn nach Klanxbüll, von dort mit dem Sonderbus nach Seebüll und zurück sowie die Eintrittskarte. Kombiticket 20 €, Kind 6–14 J. 13,50 €. Weitere Infos: ✆ 0180-1018011 (Ortstarif) sowie auf der Website der NOB (→ S. 28).

Für **Autofahrer** ist der Weg ab Niebüll mit „Noldemuseum" ausgeschildert, an der Stichstraße nach Seebüll weist ein Schild „Nolde-Stiftung" den Weg.

● *Übernachten/Essen & Trinken* **Restaurant und Gästehaus Seebüll**, wie das Schloss-Café in Husum ein Betrieb des TSBW für behinderte Azubis und ebenfalls sehr geschmackvoll und hochwertig eingerichtet. Durch die großflächigen Scheiben des Restaurants, das 2007 einen Architekturpreis erhielt, hat man einen herrlichen Blick auf die brettebene Landschaft. März– Nov. tägl. 9–23 Uhr.

Gästehaus: Das von März bis Nov. geöffnete Haus ist ein altes, reetgedecktes Gehöft mit 7 Zimmern und 2 Appartements. EZ 65 €, DZ 97 €, 3-Bett-Zi. 118 €, App. 97 €, jeweils ohne Frühstück. Frühstück ab 7.30 Uhr im 100 m entfernten Restaurant. Seebüll, 25927 Neukirchen, ✆ 04664-983970, www.nolde-stiftung.de.

Süderlügum

Schon fast an der dänischen Grenze liegt der kleine Ort mit der sehenswerten *Marienkirche* mit spätromanischem Kern. An- und Umbauten folgten in späteren Jahrhunderten, der Taufstein aus Granit stammt aus der Zeit um 1200. Eine Rarität im waldarmen Schleswig-Holstein ist der *Emeis-Forst* in der Nähe von Süderlügum. Er wurde Ende des 19. Jh. angepflanzt und hat sich bis heute zu einem abwechslungsreichen Mischwald entwickelt.

Aktivitäten **Wollesen's Reiterhof**, Dressurreiten auf dem Platz und in der Halle; auch Ausritte an der dänischen Grenze; dazu Lagerfeuer, Grillen, Kinderdisco, Basteln etc. Osterstr. 3, 25923 Süderlügum, ✆ 04663-303, www.reiterhof-wollesen.de.

Leck

Ländlich-verschlafen wirkt der Luftkurort im „grünen Herzen Nordfrieslands". 1231 wird Leck erstmals urkundlich erwähnt, über Jahrhunderte ist der Ort Verwaltungs- und Marktort. Einst lag Leck am Meer, heute ist die Nordsee knapp 20 km entfernt. Das Bild des 8000-Einwohner-Städtchens wirkt sehr ansprechend, nur die Bundeswehr-Basis mit Flugabwehrraketen stört die Idylle. Wichtigster Betrieb ist die Großdruckerei Clausen & Bosse mit über 500 Beschäftigten, die Hausdruckerei des Rowohlt-Verlags.

● *Aktivitäten* **Erlebnisbad**, Warmwasser-Hallenbad mit diversen Saunen, Whirlpool und Ruhebereichen, Kinder-Erlebniswelt mit Riesenrutsche (90 m!). Mo, Di 13–22 Uhr, Mi–Fr 10–22 Uhr, Sa/So 10–18 Uhr, Eintritt um 5 €, Schüler um 3 € (je nach Tageszeit). Am Stadion 3. ✆ 04662-2310, www.erlebnisbad-leck.de.

Draisinen-Fahrt: etwa 24 km lang ist die vor über 20 Jahren stillgelegte Bahnstrecke, die mit der Fahrrad-Draisine von Leck über Sprakebüll, Schafflund und Wallsbüll bis Unaften befahrbar ist. Neben Zweien, die strampeln, können weitere 2 Erwachsene oder bis zu 3 Kinder mitfahren. Los geht es am Vormittag (Büllbüller Chaussee 1), ab

14 Uhr darf man den Rückweg antreten – Einbahnverkehr! Infos und unbedingt erforderliche Reservierung: ✆ 04661-939747, www.draisinentour-nf.de.

● *Übernachten* **Pension am Wald**, Ortsteil *Klintum* Anita Owens einfache, aber wegen der Nähe zum Rio-Reiser-Haus (→ Stadum) auch bei internationalen Gästen beliebte kleine Pension liegt direkt am Langenberger Forst. 4 DZ mit Kühlschrank und TV 60 € inkl. Frühstück, bei Einzelbelegung 35 €. Großer Aufenthaltsraum mit deutschen und englischen Büchern, Grill-Möglichkeit, Treppenlift. Grüner Weg 1, 25917 Leck, ✆ 04662-5780, www.owenpensionnf.de.

Was haben Sie entdeckt?

Haben Sie ein empfehlenswertes Restaurant gefunden, eine nette Kneipe, ein gemütliches Hotel? Wenn Sie Tipps, Anregungen oder Verbesserungsvorschläge zum Buch haben, lassen Sie es uns bitte wissen.

Gudrun Maurer

c/o Michael Müller Verlag

Stichwort „Schleswig-Holstein – Nordseeküste"

Gerberei 19

91054 Erlangen

E-Mail: gudrun.maurer@michael-mueller-verlag.de

Nordfriesland

Starke Strömung
im Anlegerbereich
Baden verboten
! Lebensgefahr !

▲ Anleger Hooger Fähre, Pellworm

Inseln und Halligen

Helgoland verändert sich vielleicht schon bald radikal

Inseln und Halligen

Helgoland (1200 Einwohner)

Deutschlands einzige Felseninsel wurde früher oft als „Fuselfelsen" geschmäht. Der Name rührt daher, dass Helgoland bis heute zoll- und mehrwertsteuerfreies Gebiet ist und von vielen Tagesgästen besucht wird, die hier neben Parfüm und Zigaretten vor allem Alkoholika kaufen. Aber die Insel, die ihr Gesicht vielleicht schon bald grundlegend verändern wird, hat viel mehr zu bieten als billigen Schnaps.

Schon die Überfahrt durch das grün schäumende Meer auf die Insel ist ein Erlebnis, wenn der Seegang nicht allzu stark ist – vor allem auf den Katamaranen wird man dann leicht seekrank. Katamarane können den Helgoländer Hafen direkt anfahren, die größeren Seebäderschiffe haben zu viel Tiefgang und müssen daher vor der Insel festmachen. Dann kommt das Ausbooten der Touristen, die in die sog. Börteboote der Helgoländer Fischer umsteigen müssen. Bequem ist das nicht, gefährlich aber auch nicht, und für die meisten größeren Kinder eine spannende Sache. Die zum Kreis Pinneberg gehörige Insel ist Einsamkeits-Fans für einen längeren Urlaubsaufenthalt durchaus zu empfehlen, lässt der übliche Tagesausflug doch nur wenige Stunden Aufenthalt zu. Aber erst abends, wenn die Tagesgäste wieder an Bord sind, erwacht das echte Helgoland.

In den letzten Jahren sind hier attraktive Übernachtungsmöglichkeiten entstanden, die nichts mehr mit dem Waschbetonstil zu tun haben, der die Insel bis weit in die 90er Jahre prägte. Naturliebhaber können in Ruhe Vögel und Seehunde beobachten und sich im Oberland den immer steif wehenden Wind um die Nase blasen lassen. Per Boot geht es auf die Badeinsel „Düne", die fast nur aus weißem Sand besteht und wo sich im Winter und Frühjahr die Kegelrobben mit ihren Jungen tummeln (Hunde dürfen aus Naturschutzgründen **nicht** auf die Düne!).

2009 wurde eine Studie veröffentlicht, nach der Helgoland radikal verändert werden muss, will es nicht völlig veröden. Tatsächlich verlassen seit Generationen fast alle jungen Erwachsenen die Insel, die kaum berufliche Möglichkeiten bietet. Abhilfe sollen die in der Studie vorgeschlagenen Maßnahmen schaffen, die als „zweiter Wiederaufbau" nach 1952 bezeichnet werden. Kern der hochfliegenden Pläne ist, die Felseninsel durch Sandaufspülungen mit der Insel Düne zu verbinden. Das Projekt soll etwa 80 Mio. Euro kosten, aber ein Vielfaches einbringen: Die Bettenzahl soll verdreifacht werden, um 165.000 statt 45.000 Übernachtungsgäste pro Jahr zu beherbergen. Eine eigene Reederei mit modernen, gegen Seegang unempfindlichen Swath-Schiffen soll den Schiffsverkehr unabhängig und angenehm machen. 2000 zusätzliche Einwohner sollen auf der Insel neu erbauten Wohnraum finden. Ob der gewaltige Plan in die Tat umgesetzt wird, wird 2010 entschieden.

Geschichte

Erst seit etwa 10.000 Jahren ist Helgoland eine Insel. Damals begann der Nordseespiegel zu steigen, und das Meer überflutete die flache Umgebung des roten Felsens. Seitdem nagt die See unablässig an den schräg abfallenden Buntsandsteinschichten des heute bis zu 55 m hohen Eilands, und es ist nur eine Frage der Zeit, wann ihr die berühmte „Lange Anna" zum Opfer fällt. Die heutige Form Helgolands entstand erst 1947 bis 1952 durch britische Bombardements und Sprengungen; bereits in der Neujahrsnacht 1720/21 hatte ein Sturm die Hauptinsel von der Insel Düne getrennt, als die letzten Reste des *Witten Kliffs* in sich zusammenfielen.

Störtebeker und die Vitalienbrüder

Der Legende nach unterhielt der 1402 in Hamburg hingerichtete Seeräuberhauptmann Klaus Störtebeker auf Helgoland einen Unterschlupf. Sicher ist, dass Störtebeker zu den Vitalienbrüdern gehörte, einer Freibeutergruppe, die Jahrzehnte lang Nord- und Ostsee unsicher machte. Der Name der Gruppe rührt vermutlich von den Vi(k)t(u)alien, also den Lebensmitteln her, die die Piraten nach Stockholm schmuggelten, als die Truppen Margarete von Dänemarks die schwedische Stadt belagerten. Außerdem kaperten die Vitalienbrüder reihenweise Frachtschiffe und brachten damit die Handelschifffahrt auf der Ostsee zum Erliegen, was zu sprunghaft steigenden Lebensmittelpreisen führte. Von der Störtebeker gern angedichteten Robin-Hood-Mentalität, den Reichen zu nehmen, um es den Armen zu geben, kann also keine Rede sein.

Die ältesten Kulturspuren stammen aus der späten Altsteinzeit, ab etwa 800 gelang die Christianisierung der Insulaner, deren Herkunft nicht bekannt ist. Schenkt man den frühmittelalterlichen Quellen Glauben, handelte es sich um Friesen. 1356 annektiert Dänemark die Insel, die bis 1689 mit kurzen Unterbrechungen dänisch bleibt. Nur bis 1714 gehört Helgoland zu Schleswig, dann wird es wieder von Dänemark erobert, wozu es bis 1814 gehört, als es – nach britischer Besetzung – offiziell an England abgetreten wird.

1826 wird das Seebad gegründet, das sich rasch zu einem beliebten Urlaubsziel für Intellektuelle entwickelt. 1890 übergibt England die Insel an Deutschland – aber nicht, wie immer wieder behauptet, im Tausch gegen Sansibar: Deutschland

Helgoland
Karte S. 167

verpflichtete sich im Gegenzug gegenüber England, keine Ansprüche auf Gebiete im heutigen Kenia und Somalia geltend zu machen; von Sansibar war in dem umgangssprachlich „Helgoland-Sansibar-Vertrag" genannten Vertragswerk nie die Rede. Im Ersten und Zweiten Weltkrieg war die Insel stark befestigter U-Boot-Stützpunkt und wurde deshalb ab 1941 von den Briten bombardiert, die als alliierte Besatzungsmacht nach Kriegsende hier Bomben testeten.

Helgoland kann man fast nur per Schiff verlassen

Ab 1945 lebte kein Deutscher mehr auf der kriegszerstörten Insel. 1947 versuchten die Briten, alle militärischen Hinterlassenschaften mit einer Großexplosion zu beseitigen, dem „Big Bang", der größten bisher dagewesenen, nicht-nuklearen Explosion. Doch erwies sich der Buntsandstein als widerstandsfähiger als erwartet, und so blieb Helgoland im Großen und Ganzen erhalten. Im Oberland sind an den durch die Bombardements und Sprengungen entstandenen Kratern Infotafeln zum Thema aufgestellt. Jüngst wurde bekannt, dass 1949 einige Kilometer vor der Insel 6000 Granaten mit Nervengift versenkt worden waren; laut Kampfmittelexperten geht von ihnen aber keine Gefahr aus.

Über Jahrhunderte lebten die Helgoländer von Fischfang und Piraterie und waren froh, als die Hamburger Interesse am Kalk und Gips eines heute verschwundenen Felsens, des Witten Kliffs, zeigten. Bis ins frühe 18. Jh. baute man den Kalk dieses Kliffs, das Felseninsel und Düne verband, ab und verkaufte ihn als Baustoff nach Hamburg. Nach 1952 überlegt man zunächst, ob die Insel überhaupt noch einmal zivil besiedelt werden soll, beginnt 1960 mit dem Bau standardisierter, bunt getünchter Wohnhäuser im Ober- und Unterland, und auch der beide verbindende Aufzug wird bald errichtet. Erst seit 2009 ist Helgoland mit einem Seekabel ans festländische Stromnetz angeschlossen. Bis dahin erzeugte die Insel ihren Strom mit Dieselgeneratoren.

*I*nformation/*V*erbindunɢen

• *Information* **Helgoland Touristik**, Mo–Fr 9–16 Uhr. Lung Wai 28 (im Rathaus), 27498 Helgoland. ☎ 01805-643737 (14 Ct./Min.), www.helgoland.de.

• *Verbindungen* **Schiff**: Nach Helgoland fahren keine Autofähren, sondern ein schneller Katamaran und – mangels Nachfrage – immer weniger langsame Seebäderschiffe. Abfahrtshäfen sind Hamburg, Cuxhaven, Wilhelmshaven und Büsum.

Im Winter verkehrt nur die „Funny Girl" der Reederei Cassen Eils ab Cuxhaven 1-mal pro Woche, sofern es das Wetter zulässt. Fahrzeit 2½ Std., Rückfahrkarte um 40 €, Kinder ermäßigt. ℡ 04721-35082-84, www.helgolandreisen.de.

Ab **Büsum**: Etwa 2½ Std. dauert die Fahrt mit MS „Lady von Büsum" der Reederei Rahder (Büsum, Hafenbecken 2, ℡ 04834-3612, www.rahder.de): Der *Tagesausflug* im Sommerhalbjahr mit 3–4 Std. Aufenthalt inkl. Dünenführung kostet für Erw. 34 €, Familien 80 €; Mehrtagesfahrt 40 € (Di–So 9.15 Uhr, begrenzte Teilnehmerzahl, nur Barzahlung!). In der Hochsaison sollte man vorab reservieren. 15 Min. später startet die Konkurrenz-Reederei Cassen Eils im benachbarten Hafenbecken (→ Büsum).

Ab **Hamburg**: Landungsbrücken, April–Okt. tägl. 9 Uhr in ca. 4 Std. mit dem großen Katamaran „Halunder Jet" der FRS Helgoline. Zustieg in *Cuxhaven* um 11.30 Uhr möglich, Fahrzeit ab Cuxhaven ca. 90 Min. Rückfahrt am selben Tag um 16.30 Uhr möglich. Rückfahrkarte ab Hamburg um 70 €, Kinder ermäßigt. ℡ 01803-202025, www.helgoline.de.

Flugzeug: Ab Uetersen (bei Hamburg) fliegt ganzjährig 2-mal tägl. ein 9-sitziges Propellerflugzeug der Air Hamburg auf die Insel. Einfacher Flug ab 79 €. ℡ 040-70708890, www.air-hamburg.de.

Ähnliche Angebote ab Bremerhaven und Büsum mit der Ostfriesischen Lufttransport GmbH. ℡ 0471-77188, www.olt.de.

Reisegepäck mit Ziel Helgoland kann an DB-Bahnhöfen (℡ 01805-4884) oder in Post-Filialen (Abholung zu Hause; Info-℡ 01805-3452255, 14 Ct./Min., www.dhl.de) aufgegeben werden, es landet dann in der Gepäckhalle gegenüber dem Zollgebäude (℡ 04725-313, tägl. 14–14.30 Uhr). Den Transport auf der Insel oder sogar vom und zum Heimatort übernimmt kostenpflichtig der Gepäckdienst Helgoland, ℡ 04725-313.

Unterwegs auf Helgoland: Helgoland ist eine reine Fußgänger-Insel – sogar Fahrradfahren ist für Touristen verboten, Insulaner benötigen eine Ausnahmegenehmigung. Wer nicht laufen kann, bucht eine der zwei Elektrotaxis: ℡ 0171-9902929 oder ℡ 04725-313.

James Krüss, der berühmteste Helgoländer

Bis zu seinem 16. Lebensjahr lebte der 1926 geborene James Krüss auf der Insel, dann musste seine Familie wegen der ständigen Bombardements aufs Festland fliehen. Seine Erlebnisse und Erfahrungen auf Helgoland prägen die philanthropischen und pazifistischen Gedichte und Erzählungen, die der ausgebildete Grundschullehrer ab 1951 schrieb. Aber Krüss, bekannt als Autor liebenswerter Kinderbücher wie „Der Leuchtturm auf den Hummerklippen" und „Timm Thaler", mischte sich auch in die Tagespolitik ein: So schrieb er 1949 an den britischen Militärgouverneur einen offenen Brief, in dem er forderte, die aufs Festland geflohenen Helgoländer auf die Insel zurückkehren zu lassen. Wolle man die Insel weiter für Bombentests nutzen, müsse man auch die britischen Militärstützpunkte Malta und Gibraltar dem Erdboden gleichmachen …

Krüss selbst kehrte nie dauerhaft nach Helgoland zurück, und auch seine Kurzbesuche waren selten. 1970 bezog er Position gegen den spanischen Diktator Franco, den Staatschef des Landes, in dem er nun wohnte: Seit den 1960er-Jahren lebte Krüss auf Gran Canaria, wo er 1997 gestorben ist. Zum Weiterlesen empfiehlt sich die Website der Krüss-Erben unter www.james-kruess.de.

Irgendwo ins grüne Meer
hat ein Gott mit leichtem Pinsel
lächelnd, wie von ungefähr
einen Fleck getupft – die Insel.
(J. Krüss über Helgoland)

Helgoland
Karte S. 167

*A*dressen/*A*ktivitäten

• *Adressen* **Apotheke**: Steanaker 359, ✆ 04725-7742.

Arzt: Allgemeinarzt Dr. Engelhardt, Aquariumstr. 182, ✆ 04725-253. Notfallärzte Dr. Wogawa, Norderfalm 328, ✆ 04725-8008311.

Banken: Im Unterland Helgoländer Sparkasse und Volksbank Helgoland, beide mit Geldautomaten.

Erste-Hilfe-Station: An der Landungsbrücke, hier werden vor allem Seekranke betreut. Zudem Rollstuhl-, Gehhilfen- und Kinderwagenverleih! Mitte April bis Mitte Okt. tägl. 11–17 Uhr, ✆ 04725-7656.

Internet: Postfiliale im Edeka-Markt im Unterland, Siemensterrasse; Terrassencafé Krebs im Oberland (s. u.).

Polizei: ✆ 04725-607. Notruf: 110.

Tierarzt: Dr. Holtemöller, Kirchstr. 541, ✆ 0172-8005614.

Zahnarzt: Dr. Wagner, Von-Aschen-Str. 610, ✆ 04725-800790.

• *Aktivitäten* **Angelfahrten**, können bei den Fischern in den Hummerbuden am Binnenhafen gebucht werden.

Freizeitbad Mare Frisicum Spa, 2007 komplett modernisiertes Meerwasser-Schwimmbad. Kleines Becken in der Halle, über einen Tunnel erreichbares Außenbecken mit Strömungskanal / Kinderbecken (Halle), Brodelbottich und Saunalandschaft mit traumhaftem Nordseeblick. Der absolute Knüller ist der Whirlpool auf dem Dach. Ganzjährig geöffnet. April–Okt. Mo, Di, Do, Sa 8–19 Uhr, Mi, Fr, So 10–21 Uhr. Nov.–März nur Di–Sa 13–19 Uhr, Sauna ab 15 Uhr. Eintritt ab 5 €, Kind ab 3 € (2 Std. ohne Sauna). Nordost-Gelände, ✆ 04725-81460.

Hochsee-Jachtschule Hauke Krüss, hier lernt man mit 2–3 anderen Schülern im Team segeln, diverse Kurse über mehrere Tage. Kurpromenade 36, ✆ 04725-800777, www.yachtschule-helgoland.de.

Inselführungen sind buchbar über die Helgoland-Touristik; naturkundliche Dünen-Führung durch den Verein Jordsand, ✆ 04725-7787.

Rundfahrten, in den Sommermonaten verkehrt ein elektrisches Bähnchen auf Straßen und Wegen. Wer einigermaßen gut zu Fuß ist, kann bei trockenem Wetter aber problemlos darauf verzichten. Abfahrt an der Landungsbrücke, ✆ 04725-800691 (nur 8–8.30 Uhr!), www.helgolandbahn.de.

Rundwege, drei beschilderte Routen (der Kulturpfad, der Naturpfad, der Geschichtspfad) jeweils mit informativer Beschilderung.

*Ü*bernachten/*E*ssen & *T*rinken

• *Übernachten* **Hotel Atoll Ocean Front (5)**, direkt an der Landungsbrücke steht seit 1999 das moderne Luxushotel mit Schwimmbad, Wellnessbereich, Suiten und einem modisch gestylten Restaurant. Die seeseitigen Zimmer haben Balkon, die Preise sind entsprechend: DZ ab 170 €, mit Meerblick ab 220 €, Suite ab 230 €. Jan. bis Mitte Feb. geschlossen. Lung Wai 27, ✆ 04725-800-0, www.atoll.de.

**** Rickmers' Insulaner (8), 50-Zimmer-Hotel aus den 60-er-Jahren in der ersten Reihe, der Knüller sind natürlich die Zimmer mit Balkon und Meerblick. Alle Zimmer, auch die kleinen, die dem 4-Sterne-Standard nicht entsprechen, haben renovierte Duschbäder; die 12 Zimmer zur Nordsee wurden im maritimen Stil neu gestaltet. 2 Suiten mit Küchenzeile. Wellnessbereich mit Sauna etc. Übernachtungspreise nach Saison und Auslastung stark schwankend, DZ mit grandiosem Frühstücksbuffet 80–165 €, Suite 178–245 €. Gehobenes Hotelrestaurant „Galerie" mit französisch inspirierter Küche. Am Südstrand 2, ✆ 04725-8141-0, www.insulaner.de.

Hotel Rooad Weter (3), im Oberland mit prachtvollem Meerblick übernachten, in kleinen, im skandinavischen Sixties-Stil möblierten Zimmern. Mai–Okt. DZ mit Dusche/WC und Seeblick 95 €, EZ 50 €, jeweils inkl. Frühstück. Am Falm 323, ✆ 04725-535, www.rooadweter.de.

Bungalows auf der Düne (6), in Traumlage mitten im Dünensand stehen 25 nagelneue bunte Holzhäuschen; 34–55 m² mit Küche, Du/WC und unterschiedlicher Bettenzahl. 75–184 €/Nacht; ab der 3. Person über 12 Jahre zusätzlich 10 €/Nacht. Nur telefonisch oder per E-Mail buchbar. ✆ 04725-811251, bungalow@helgoland.de.

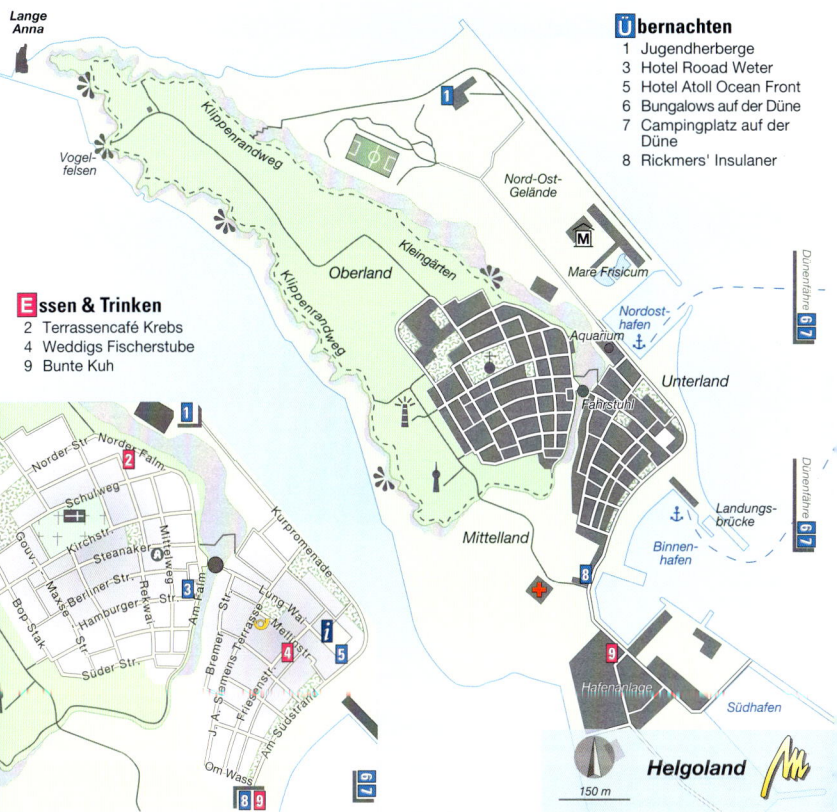

Übernachten
1 Jugendherberge
3 Hotel Rooad Weter
5 Hotel Atoll Ocean Front
6 Bungalows auf der Düne
7 Campingplatz auf der Düne
8 Rickmers' Insulaner

Jugendherberge Haus der Jugend (1), der schön gelegene Gebäudekomplex wurde 2008/09 für fast 4 Mio. € komplett saniert und konnte bis Redaktionsschluss nicht besichtigt werden. 145 Betten. EZ und Mehrbettzimmer (teils mit eigener Dusche/WC, einige behindertengerecht). Inkl. Frühstück ab 17 €/Pers., inkl. HP ab 20 €. Ganzjährig geöffnet. Auf dem Nordost-Gelände, ☎ 04725-341. haus-der-jugend-helgoland@t-online.de.

Campingplatz auf der Düne (7), reiner Zeltplatz mit 100 etwas unebenen Plätzen; Sandhäringe und zusätzliche Schnüre zum windsicheren Verspannen nicht vergessen! Schaufeln und Gummihammer werden ausgeliehen. Einfache Sanitäranlagen; kleiner Laden und Restaurant in einiger Entfernung. Benzinkocher und offenes Feuer sind verboten. Für die Hauptsaison sollte man spätestens im Frühjahr reservieren, Gruppen ab 5 Zelte müssen generell reservieren.

Zelt 6–11 €, Pers. ab 14 J. 4 €, Kinder frei. Geöffnet Mai bis Mitte Okt. ☎ 04725-7695.

● *Essen & Trinken* **Bunte Kuh (9)**, direkt am Hafen an den Hummerbuden betreibt Sonja Harbecke die bekannteste gastronomische Institution der Insel. Das maritime Restaurant serviert viel Fisch; durchschnittliches bis gehobenes Preisniveau, die Cocktails sind ebenfalls nicht ganz preiswert. Bei schönem Wetter sitzt man draußen mit traumhaftem Blick auf den Hafen. Geöffnet April–Okt. Hafenstraße, ☎ 04725-811343, www.buntekuh-helgoland.de.

Terrassencafé Krebs (2), traditionsreiche Institution mit etwas veralteter Inneneinrichtung, aber großartigem Blick auf Hafen und Meer. Leckere Torten und Kuchen aus eigener Konditorei, auch einige kalte und warme Gerichte. PC mit Internetnutzung (4 €/Std.). Im Sommer Di–So 10–22 Uhr, Mo 10–18.30 Uhr; im Winter Mo und Mi–Sa 13–

18 Uhr, So 11–18 Uhr. Norderfalm 322 a, ☏ 04725-811163, www.terrassencafe-krebs.de. **Weddigs Fischerstube (4)**, seit über 20 Jahren gibt es hier Speisen in überdurchschnittlicher Qualität sowie ein umfangreiches Weinangebot. Mai–Sept. tägl. 11.30–14.30 und 17.30–21.30 Uhr. März/April und Okt./Nov. Di Ruhetag. Friesenstr. 61, ☏ 04725-7235, www.helgolandia.de.

Einkaufen

Für viele Tagestouristen ist Shopping der einzige Grund, die Insel zu besuchen. Vieles ist hier angeblich bis zu 60 % günstiger als auf dem Festland, daher ist das Angebot an Parfüm, Zigaretten, Spirituosen, Kameras, Schmuck, Uhren etc. in Relation zur Einwohnerzahl immens. Seit 2009 dürfen Personen über 15 Jahre Mitbringsel bis 430 € zollfrei ausführen, für Kinder liegt die Freigrenze bei 175 €. Teurere Waren dürfen nicht auf die Freigrenzen mehrerer Reisender verteilt werden! Das Mitnehmen von Zigaretten ist auf 200 Stück, von hochprozentigem Alkohol auf 1 l (jeweils erst ab 17 Jahre) begrenzt. Fragen beantwortet gern das Zollamt, ☏ 04725-304.

Alle Geschäfte haben während des Aufenthalts der Tagesbesucher geöffnet: April–Okt. tägl. ab Mittag bis zum späten Nachmittag.

Schoko-Laden, seit 2006 stellen Anja und Thomas Wüppermann auf Helgoland Schokolade her, ein ganz anderes Insel-Souvenir. Siemensterrasse 146, ☏ 04725-640856, www.schokoladen-manufaktur-helgoland.de.

Sanddorn@Übersee.biz, der Laden mit dem seltsamen Namen bietet Produkte aus Sanddorn, der „Zitrone des Nordens", sowie fair gehandelte Souvenirs. Lung Wai 207, ☏ 030-78707170, www.uebersee-biz.

Hummerbude 31, hier verkauft Inger Ludwig Mineralien und handgefertigten Schmuck, auch aus dem einzigartigen roten Helgoländer Feuerstein. ☏ 04725-7406, www.bude31-helgoland.de.

Fotogalerie Lilo Tadday, auf 12 m² stellt die Ex-Karlsruherin Lichtbilder aus, die sie auf der Insel und auf Reisen ins Polarmeer und nach Asien aufgenommen hat. Hummerbude 36, ☏ 04725-217, www.tadday-foto.de.

Sehenswertes

Helgoländer Museum: Das kleine Heimatmuseum stellt die Geschichte der Insel anschaulich dar. Noch recht neu sind die nachgebauten Hummerbuden im Museumshof, die sich unterschiedlichen Themen widmen. Zwei Buden beherbergen seit 2007 ein James-Krüss-Museum, in anderen sind historische Postkarten, Fotos und Gemälde ausgestellt.

April–Okt. Di–So 10–14.30 Uhr, übrige Zeit lt. Aushang. Eintritt 3 €, Kind 1,50 €. In der Nordseehalle an der Kurpromenade, ☏ 04725-1292, www.museum-helgoland.de.

Vogelwarte: 1910 gegründet, die Mitarbeiter haben ein enormes Wissen über die einzigartige Helgoländer Vogelwelt. In der Hochsaison steht tägl. 13–15 Uhr eine Mitarbeiterin am Vogelfelsen. Interessierte können bei ihr durch ein Spektiv schauen und Fragen stellen.

Bei der Kleingartenkolonie im Oberland. Führungen Mitte März bis Mitte Okt. Di und Fr 16.30 Uhr, sonst nach Vereinbarung: ☏ 04725-64020.

Aquarium der Biologischen Anstalt Helgoland: Aug in Aug mit einem 60-jährigen Stör oder einem der großen Tintenfische, das ist schon ein Erlebnis. Das Aquarium mit 19 Becken dient aber auch einem praktischen Zweck: Hier wird ständig frisches Nordseewasser nachgefüllt, dessen Qualität dabei kontinuierlich überprüft wird. Die Biologische Anstalt betreibt seit 2000 auch eine Zuchtstation, in der der fast ausgestorbene Helgoländer Hummer zum Auswildern nachgezüchtet wird (s. S. 18).

April–Okt. Mo–Fr 10–16.30 Uhr, Sa/So 13–15.30 Uhr. Erw. 3 €, Kind 1,50 €. Kurpromenade, ☏ 04725-819-228.

Zivilbunker aus dem Zweiten Weltkrieg: Rund 1 Std. dauern die Führungen des Helgoländer Museumsvereins, die knapp 400 m der kilometerlangen unterirdischen Bunkeranlagen zeigen.

Mitte April bis Mitte Okt. Mo–Sa 17 Uhr, So 10 Uhr und nach Vereinbarung. Mindestteilnehmerzahl 8 Pers., Karten im Rathaus bei Helgoland Touristik; dort wird auch der Treffpunkt für die Führungen bekanntgegeben.

Nordstrand, Pellworm und die zehn Halligen

Pellworm und Nordstrand sind die Überreste der 1634 in der zweiten „Groten Mandränke" untergegangenen Insel Strand. Im Unterschied zu den Halligen sind sie von Deichen umgeben und damit ganzjährig sturmflutsicher. Heute gilt es als sicher, dass nur die Halligen Nordstrandischmoor und Hamburger Hallig Reste alten Festlands sind, die einstige Sturmfluten zurückgelassen haben. Die anderen acht Halligen sind wahrscheinlich jüngere Ablagerungen oder Moränenrücken aus der letzten Eiszeit.

1825 überschwemmte eine schwere Sturmflut alle Halligen, zerstörte Häuser und Höfe und bedeckte das Land mit salzigem Schlick, Sand und Meeresgetier. Viele Halligbewohner flohen auf die größeren Inseln oder sogar aufs Festland. Damals gehörten die Halligen noch zu Dänemark, und der dänische König Frederik VI. setzte alles daran, die Halligen bewohnt zu halten. So finanzierte er den Wiederaufbau, auch um die Halligen als Wellenbrecher vor der Küste zu erhalten. In der Folgezeit wurden Entwässerungsgräben mit Toren zur Nordsee und andere Flutschutzbauwerke wie die Sommerdeiche errichtet. Doch bis heute heißt es auf den Halligen jeden Winter mehrfach „Land unter" – dann schauen nur noch die Warften aus den Nordseewellen heraus (www.halligen.de).

Bei Flut durchaus annehmbar: typische Badestelle auf Nordstrand

In der zweiten Hälfte des 20. Jh. schloss man die Halligen ans Strom- und Trink-wassernetz an und verstärkte die Flutschutzmaßnahmen: Die Warften wurden er-höht, in jedes Haus wurde ein sturmflutsicherer Schutzraum auf tief im Boden ver-ankerten Betonpfeilern eingebaut. Diese Schutzräume werden voraussichtlich auch den Einsturz des restlichen Gebäudes überstehen.

Südlich der nur im Sommerhalbjahr bewohnten *Hallig Südfall* sollen übrigens die Reste des untergegangenen Rungholt auf dem Meeresgrund liegen.

Sagenumwobenes Rungholt

Unfassbar reich soll die Stadt Rungholt auf der Insel Strand gewesen sein, die am 16. Januar 1362 von einer verheerenden Sturmflut zerstört wurde. Die auf den nordfriesischen Inseln gern erzählte Legende von den reichen Ein-wohnern Rungholts, deren gottloser Hochmut von der Natur umgehend be-straft wurde, hat Detlev von Liliencron 1882 zu seiner Ballade „Trutz, blanke Hans" inspiriert:

> *Sie ziehn am Abend hinaus auf den Deich:*
> *‚Wir trutzen dir, blanker Hans, Nordseeteich!'*
> *Und wie sie drohend die Fäuste ballen,*
> *zieht leis aus dem Schlamm der Krake die Krallen. (...)*
> *Ein einzig Schrei – die Stadt ist versunken,*
> *und Hunderttausende sind ertrunken.*
> *Wo gestern noch Lärm und lustiger Tisch,*
> *schwamm andern Tags der stumme Fisch.*
> *Heut bin ich über Rungholt gefahren,*
> *die Stadt ging unter vor fünfhundert Jahren.*

Lange wurde nach Überresten von Rungholt gesucht. Seit im frühen 20. Jh. Spuren von Warften und Zisternen, aber auch uralte Glocken auf dem Meeresgrund gefunden wurden, vermutet man, dass der versunkene Ort in der Nähe der heutigen Insel Pellworm lag. Rungholt war nach jüngsten Er-kenntnissen aber wesentlich kleiner als die Legende erzählt, und auch bei weitem nicht so reich. Wahrscheinlich handelte es sich um ein Kirchspiel, das wie knapp 30 andere kleine Gemeinden in der ersten Groten Mandränke untergegangen ist. Bis heute sind bei Ebbe zahlreiche Siedlungsspuren im Watt zwischen Pellworm, Nordstrand und Hallig Südfall zu erkennen.

Nordstrand   (2300 Einwohner)

Nordstrand ist neben Pellworm der zweite große Überrest der einstigen In-sel Strand, die 1634 endgültig von der Nordsee zerstört wurde. Zwischen die-sen beiden Inseln verläuft die Norderhever, ein gewaltiger Wattenmeerstrom.

Seit 1935 ist Nordstrand durch einen mit dem Auto befahrbaren Damm mit dem Festland verbunden, es versteht sich aber nach wie vor als Insel. Für viele ist die 50 km² große Halbinsel nicht das Reiseziel, denn in Strucklahnungshörn starten die (Auto-)Fähren nach Pellworm sowie Schiffe nach Hallig Hooge, Amrum und Sylt. Deshalb befindet sich hier auch ein großer (kostenpflichtiger) Parkplatz.

Besonere Sehenswürdigkeiten und ein richtiges Zentrum fehlen dem Nordsee-Heilbad, ein bisschen touristische Infrastruktur gibt es im Örtchen mit dem schönen Namen *Süden* sowie in *Norderhafen*. Nordstrand bietet rund 2000 Gästebetten und zwei künstlich aufgeschüttete, sehr flach abfallende Sandstrände am *Holmer Siel* und am *Fuhlehörn,* doch für einen reinen Badeurlaub ist die Insel nicht geeignet. Ideal ist sie aber für Bird-Watcher, also für alle, die gern stundenlang still mit dem Fernglas auf Lauer liegen, um seltene Vögel in freier Natur zu beobachten. Kundige Tipps dafür gibt's im Nationalpark-Infozentrum. Auch zum Inlineskaten und Radfahren ist die Halbinsel mit ihren glatt asphaltierten und hervorragend beschilderten Radwegen optimal geeignet – jedenfalls dann, wenn der Wind nicht zu heftig bläst.

Anders als auf Pellworm stehen die Häuser auf Nordstrand nicht in Gruppen, sondern in Reihen. Teilweise geht diese Siedlungsform auf den Wiederaufbau nach der Überflutung 1634 zurück, der zum Teil von Niederländern ausgeführt wurde. Herzog Friedrich III. hatte sie nach Nordstrand geholt, da die Einheimischen mit dem Deich- und Häuserbau allein überfordert gewesen wären.

Fahrrad-Rundweg

Eine gut beschilderte Route führt am Nordstrander Außendeich entlang und durch die grandiose amphibische Landschaft des Wattenmeers am Beltringharder Koog über Lüttmoorsiel (Badestelle mit Spielplatz und Imbiss) zur Hamburger Hallig (Restaurant, s. S. 183), und von dort zurück nach Nordstrand. Gesamtstrecke ca. 40 km.

*I*nformation/*A*dressen/*A*ktivitäten

• *Information* **Kurverwaltung**, Mitte Juli bis Aug. Mo–Do 8–17, Fr 8–18 Uhr, Sa/So 9–17 Uhr. Zimmervermittlung im Hallenbad (!), sonst Mo–Do 8–12 und 14–16, Fr 8–12 Uhr. Schulweg 4, 25845 Nordstrand. ✆ 04842-454 oder 19433, www.nordstrand.de.

• *Adressen* **Apotheke**: Osterkoogstr. 53 a, ✆ 04842-8297.

Arzt: Allgemeinärzte Dr. Dörwald, Osterkoogstr. 53 a, ✆ 04842-1382.
Dr. Krüger, Osterkoogstr. 43, ✆ 04842-8291.

Banken: Volksbank, Herrendeich 15; Nord-Ostsee-Sparkasse (mit Geldautomat), Süden, Am Ehrenmal.

Internet: öffentliches Terminal im Leseraum des Hallenbads (an der Kasse melden).

Taxi: Taxendienst Nordstrand, ✆ 04842-2222 oder 9191. Uhles Funkmietwagen, ✆ 04842-219.

Tierarzt: J. Becker, Schaapsdrift 2, ✆ 04842-460.

Veranstaltungsprogramm „Was ist los im Seeheilbad Nordstrand?" – monatlich erscheinendes Heft mit Tagesprogramm und Gezeitenkalender (0,50 €).

Zahnarzt: Dr. Hems, Süden 22, ✆ 04842-8110.

• *Aktivitäten* **Baden** am aufgeschütteten Sandstrand *Fuhlehörn* (Strandbistro) im Westen der Insel und *Holmer Siel* (Strandkorbvermietung und Bistro) im Norden sowie an diversen Badestellen am asphaltierten Deich.

Hallenbad mit Bewegungsbecken, 34 °C warmem Sprudelbad, Sole-Kaltbad und Sauna (Do Damensauna), Mo und Mi Kin-

dernachmittag. Saisonal stark variierende Öffnungszeiten, im Winter Mo geschl. Eintritt 4,60 € (mit Kurkarte 3,50 €), Kind 2 €. Am Kurhaus 27 a, ✆ 04842-466.

Gesundheits- und Therapiezentrum im Kurmittelhaus, Kuranwendungen, Wellness und Kosmetik mit Meeresprodukten. Am Kurhaus 27, ✆ 04842-8260.

Kutschfahrten von Fuhlehörn zur Hallig Südfall, Mai–Sept. tägl. außer bei sehr schlechtem Wetter, nur nach Anmeldung bei Familie Andresen. ✆ 04842-300 (vormittags). Dauer: ca. 3½ Std.; Erw. 12,50 €, Kind 7,50 €.

Maislabyrinth: Mitte Juli bis Mitte Sept. im Elisabeth-Sophien-Koog im Norden der Insel. Mi, Fr, Sa 15–19 Uhr. Eintritt 2 €, Kind 1 €.

Nationalpark-Infozentrum der Schutzstation Wattenmeer; kleine Ausstellung mit Rungholt-Funden und Aquarien mit Seegetier. Nationalpark-Ranger erklären beim Seetierfang vom Kutter aus alles, was im Wattenmeer kreucht, fleucht oder wächst. Auch Wattwanderungen im Angebot. Norderhafen-Herrendeich 40, ✆ 04842-519, www.schutzstation-wattenmeer.de.

Schiffsfahrten nach Amrum, Sylt, zu den Seehundsbänken auf der Hallig mit Reederei Adler-Schiffe ab Strucklahnungshörn (✆ 04842-9000-0, www.adler-schiffe.de).

Wattwanderungen: diverse Anbieter (→ Veranstaltungsprogramm). Wanderungen nach Nordstrandischmoor nach Vereinbarung: ✆ 04841-2935 oder 04671-6799.

*Ü*bernachten/*E*ssen & *T*rinken

• *Übernachten*   ***** **Landhaus Trendermarsch**, sehr schöne FeWo und Suiten unter dem Reetdach, rundherum nur Felder und Wiesen – die totale Entspannung. Hallenbad, Kosmetik, kleines Bistro und Musikraum mit Flügel im Haus. WLAN, Bademäntel, Soda und Tee zur Selbstbedienung inklusive. FeWo ab 90 €, DZ-Suite inkl. Frühstück 135 € (als EZ 75 €), außerhalb der Saison Sonderangebote. Trendermarschweg 10, ✆ 04842-9003-80, www.landhaus-trendermarsch.de.

Hotel-Restaurant Am Heverstrom, 1996 komplett modernisiertes Haus mit geschmackvoll möblierten DZ, je einem Studio und Familienzimmer (alle mit Du/WC,

eines mit Wannenbad). Aus dem Obergeschoss wäre der Fernblick übers Wattenmeer traumhaft, stünde nicht ein Silo davor. EZ 50 €, DZ 72–87 €; interessante 3-Tage-Pauschale. Heverweg 14 (Süderhafen), ✆ 04842-8000, www.am-heverstrom.de.

Hotel Arcobaleno, 13 modern gestaltete, ebenerdige Nichtraucher-Zimmer sowie 2- und 3-Bett-Appartements mit Kirschholzmöbeln und Teppichboden, alle mit Du/WC, Fön, WLAN etc. EZ ab 50 €, DZ ab 74 €, App. ab 78 €, jeweils inkl. Frühstück. Keine Haustiere! Mietfahrräder, interessante Pauschalangebote mit HP. Restaurant Mo Ruhetag. Am Ehrenmal 10, ✆ 04842-8212, www.hotel-arcobaleno.de.

Auf dem Deich ist man fast immer ganz allein

Appartement-Vermittlung Thiessen, mehrere Häuser und FeWo im Angebot. Am Kurhaus 10 (Norderhafen), ✆ 04842-401, www.feriendienst-thiessen.de.

Friesenhof Nordstrand, geräumige Maisonette-Wohnungen über 3 Etagen für 2–6 Pers. in modernem Reetdach-Haus direkt hinterm Deich in Norderhafen (neben dem Hallenbad). Sehr gute Ausstattung mit Haushaltsgeräten, Spielen und Büchern; Vollholzmöbel, Kinderbett, Triptrap-Stuhl. Eigene Terrasse mit Strandkorb. Je nach Saison 50–110 €/Tag, Endreinigung und Wäschepaket extra. Vermietung: Renate Herzhoff, Urnenfeld 3, 27299 Langwedel, ✆ 04232-933793, www.friesenhof-nordstrand.de.

Ferienhof Jacobsen, friesischer Bauernhof mit großem Garten, Liegewiese und Spielplatz; 6 unterschiedlich große FeWo für 1–5 Pers. 25–70 €/Tag (inkl. Wäsche, Strom, Endreinigung). Evensbüller Chaussee 12, ✆ 04842-388, www.ferienhof-jacobsen.de.

Camping Nordstrand, etwas unebener, schattenloser kleiner Rasenplatz hinterm Deich, ca. 2–3 km nordöstlich von Norderhafen. Mitte März bis Mitte Okt. Elisabeth-Sophien-Koog 15, ✆ 04842-8534.
Vor dem Platz befindet sich die familienfreundliche Imbiss-Gaststätte mit Kiosk *Zum Wattwurm*, Mitte März bis Mitte Okt. tägl. 7–23 Uhr, warme Küche 11.30– 21.30 Uhr, ✆ 04842-900323.

Hotel-Restaurant Zur Nordsee, die Fischgerichte werden bei gutem Wetter auf der Terrasse mit Nordseeblick serviert. Am Morgen geht es mit Frühstücksbuffet los (bis 10 Uhr), nachmittags Kaffee/Tee und Kuchen oder Waffeln. Angemessene Preise. In der Saison tägl. 8–21 Uhr. Angeschlossen ist seit 2009 das benachbarte *Strandcafé Halligblick*. Schlicht möblierte DZ und Appartements, inkl. Frühstück ganzjährig 69 €; HP und VP auf Anfrage. Norderhafen 22, ✆ 04842-8607, www.zur-nordsee.de.

● *Essen & Trinken* **Bistro am Süderhafen**, traumhafter Blick auf Jachthafen, Wattenmeer und Husum. Preiswertes Imbissangebot von Currywurst bis Frikadelle, auch Tellergerichte wie Schnitzel und einfache Fischgerichte (7–11 €); kleine Kinderkarte. Do–Di 9–21 Uhr, Juni–Sept. open end. Süderhafen (am Silo), ✆ 04842-8265, www.bistroamsuederhafen.de.

Gasthof Kiefhuck, typischer Landgasthof mit gutbürgerlicher Küche in einer ehemaligen Schule. Mi–Mo 11.30–13 und ab 18 Uhr. Kiefhuck 4, ✆ 04842-327, www.kiefhuck.de.

Kolle's Fisch-Bistro, Fischbrötchen, Räucherfisch und preisgünstige Fischgerichte auch zum Mitnehmen. April–Sept. tägl. ab 11.30 Uhr durchgehend. Norderhafen, ✆ 04842-397.

Insel-Fisch Ernst Petersen, Fischgeschäft mit Imbiss-Restaurant direkt am Deich, im Sommer kann man draußen sitzen. Alle Hauptgerichte unter 10 €, für Kinder gibt's die unvermeidlichen Fischstäbchen oder Pommes. Mai–Sept. tägl. 11–21 Uhr, Okt.–April nur Ladenverkauf, Fr–Mi 11–19 Uhr. Norderhafen, ✆ 04842-588, www.insel-fisch.de.

Pharisäerhof, wunderschöner alter Friesenhof mit Reetdach im Elisabeth-Sophien-Koog, ca. 2 km östlich von Norderhafen. Etwas antiquierte Gaststube, im Sommer kann man draußen sitzen. Im ehemaligen Stall gibt es einen Souvenirladen, der aus unerfindlichen Gründen „Bauernmarkt" heißt. Der Pharisäerhof wird gern von Bussen mit Seniorengruppen angefahren, da hier angeblich 1872 die alkoholgeschwängerte Kaffeespezialität „Pharisäer" erfunden wurde. März–Okt. Di–So 14–19 Uhr, Nov./Dez. und Feb. Sa/So 14–19 Uhr, Jan. geschlossen. Elisabeth-Sophien-Koog 3, ✆ 04842-353, www.pharisaerhof.de.

Mühlencafé Glück zu, in der an die 70er Jahre erinnernden Gaststube in der restaurierten Windmühle wird Frühstück und Mittagessen serviert, nachmittags gibt's Leckereien aus eigener Konditorei. Bei schönem Wetter sitzt man draußen auf Plastikstühlen auf der Waschbeton-Terrasse. Di–So 9–18 Uhr. Im Nebengebäude drei preiswerte *FeWo*. Süderhafen 15, ✆ 04842-214, www.engelmuehle.de.

De gode Stuv, noch ziemlich neu ist das Landcafé „Die gute Stube", das mit hausgebackenen Kuchen, belegten Broten (hausgemachte Wurst!) und Waffeln mit Obst lockt. März–Okt. Mi–Mo 14–18 Uhr. Edomsharder Weg 23 (Ecke Hüttenweg), ✆ 04842-901882, www.degodestuv.de.

Nordstrander Teestuv, nettes Café-Restaurant mit hausgebackenen Kuchen, Pizza und kleinen Bistrogerichten. Tägl. 11.30–14 und 17–21 Uhr. Süden 42, ✆ 04842-8218.

Dat Preesterhus, Kunsthandwerk und Blumen zum Verkauf, dazu ein nettes Café mit gutem Kuchen. In der Saison tägl. 10–18 Uhr. Süden 1, ✆ 04842-903308.

Einkaufen

Edeka-Markt, alles Nötige inkl. Briefmarken und Handy-Karten; auch *Münz-Waschcenter*. Osterdeich 3, ✆ 04842-9980.

Galerie Lat di Tied, Lorenz Jacobsens Aufforderung, nicht schnell vorbeizuhasten, sollte man nachkommen. Wechselnde Künstler stellen hier ihre Werke aus. Angeschlossen ist ein Shop mit (Kunst-)Handwerklichem, das auch übers Internet bestellt werden kann. Süden 33, ✆ 04842-506, www.galerie-nf.com.

Hofladen Baumbach, Fleisch und Wurst vom Nordstrander Salzwiesenlamm, dazu Felle, Schafkäse sowie ausgesuchte Souvenirs. Wer möchte, kann sich das Fleisch bundesweit zusenden lassen. Nov.–März Mo, Fr, Sa 9–17 Uhr, So 10.30–17 Uhr; April–Okt. Mo–Sa 8–18 Uhr, So 10.30–18 Uhr. Pohnshalligkoog 1, ✆ 04842-495, www.lammfleisch.de.

Inselmarkt, Produkte aus der Region; in der Saison Mi 8–13 Uhr, Osterkoogstraße.

Inseltöpferei, friesisch-behäbige Keramik, die Gemütlichkeit verströmt. Süden 16, ✆ 04842-8113.

Wochenmarkt Di 8–13 Uhr, England.

Sehenswertes

Vogelkoje: Auch Nordstrand hatte früher seine Fang-Installation für Wildenten (→ Kasten S. 19), die heute besichtigt werden kann. Nähere Informationen im Kojenhaus, an dem auch die Führungen starten. Anschließend darf hier wettergeschützt gepicknickt werden.
Juni–Okt. Mi, So 11 Uhr, Gruppen auch nach Vereinbarung. Im Alten Koog, ✆ 04842-1055.

Inselmuseum: 2009 eröffnete der Nordstrander Heimatverein im Obergeschoss der alten Amtsverwaltung ein Museum zur Nordstrander Geschichte. Zu sehen sind Exponate zur Entwicklung der Küstenlandschaft, zum sagenumwobenen Rungholt, den großen Sturmfluten, dem Untergang der Insel Strand und zur Wiederbedeichung nach den Sturmfluten …
In der Saison Mo–Do 8–17, Fr 8–12 Uhr, in Vor- und Nachsaison mittags geschlossen. Eintritt frei. Schulweg 4. ✆ 04842-454 (Kurverwaltung).

Ideal zum Fahrradfahren – die grüne Insel Pellworm

Pellworm   (1200 Einwohner)

Pellworm wirbt mit dem Slogan „grüne Insel", der anklingen lässt, dass es hier keinen Sandstrand gibt. Dafür gibt es wirklich viel Grün, unendlich scheinende Weite und ein gut ausgebautes Radwegenetz. Auch Inlineskater sind hier in ihrem Element.

Empfehlenswert ist es, ohne Auto auf die Insel zu kommen und sich ein Fahrrad zu mieten. Das Adjektiv „grün" steht nämlich nicht nur für die Farbe des Grases, das auf Pellworm allgegenwärtig ist, sondern auch für die ökologische Ausrichtung der Insel, die eines der umweltfreundlichsten Kraftwerke der Welt beherbergt (→ Sehenswertes). Auch für Skater ist die Insel mit ihren wenig befahrenen, brettebenen und perfekt asphaltierten Wegen ideal; ebenso eingerichtet ist man auf Rollstuhlfahrer – die zahlreich vorhandenen öffentlichen Toiletten sind alle behindertengerecht. Nur auf Pellworm kann man an der Außenseite des Deichs die ganze Insel umrunden. Dabei muss man aber immer wieder Gatter öffnen und schließen, die die Schafe auf ihren Weiden halten; auf den Wegen liegen naturgemäß reichlich Schafs-Hinterlassenschaften.

Hohe Warften, die seit dem späten Mittelalter entstanden und auf denen bis heute die Häuser stehen, prägen das Bild der Insel. Das Inselzentrum bildet der *Große Koog,* den ein mittelalterlicher Deich einfasst. Etwa 50 bewirtschaftete Bauernhöfe haben sich auf Pellworm gehalten, einige bieten Ferienwohnungen an – dies ist die günstigste Übernachtungsmöglichkeit auf der Insel, denn hier gibt es weder Jugendherberge noch Campingplatz. Insgesamt 2000 Gästebetten werden vermietet, die meisten in Ferienwohnungen und Privatquartieren. Hauptort ist *Tammensiel.* Hier und andernorts werden nette Souvenirs und schönes Kunsthandwerk angeboten, ein Schwerpunkt liegt auf Schafwollprodukten.

Pellworm
Karte S. 177

Rund um Pellworm sind im Lauf der Jahrhunderte etwa 500 Schiffe gesunken, die teilweise bei Ebbe zu sehen sind oder nach Stürmen wieder auftauchen. Auch Reste alter Siedlungen der einstigen Insel Strand (→ S. 24) kommen bei Ebbe ans Licht. Geführte Wattwanderungen zu diesen Plätzen werden angeboten.

Die Alte Kirche ist das Wahrzeichen Pellworms

Information/Adressen/Aktivitäten

● *Information* **Tourist-Information**, Tammensiel/Alter Hafen, Uthlandestr. 2, 25849 Pellworm. In der Saison Mo–Fr 8–17 Uhr, Sa 16–18 Uhr, So 10–12 Uhr. ✆ 04844-18940, www.pellworm.de.
Reichlich Info-Material über die Insel gibt es auch an Bord der Fähre.

● *Verbindungen* Die **Autofähren** starten im Hafen Strucklahnungshörn auf Nordstrand, Fahrzeit nach Pellworm ca. 35 Min. Je nach Saison tägl. 3–7 Fährverbindungen, Autoplätze besser im Voraus reservieren. Bevor man an Bord fährt, muss man den Kfz-Schein vorzeigen, da die Preise für Autos je nach Länge variieren (45–108 € für Hin- und Rückfahrt, Personen extra). Neue Pellwormer Dampfschifffahrts-GmbH (NPDG), ✆ 04844-753 oder -488 (AB), www.faehre-pellworm.de.

DB-Fahrkarten können bis Pellworm gelöst werden, sie gelten dann auch als Bus- und Schiffsticket. Man steigt in Husum aus dem Zug, am Bahnhofsvorplatz (rechts) fährt der Bus der Firma Rohde nach Strucklahnungshörn ab; Gruppen müssen Busplätze unter ✆ 04841-6900 reservieren. Wer noch kein Fährticket hat, kann im Bus ein Kombiticket für Bus und Fähre erwerben. Das Schiff wartet die Busankunft ab! Alternativ geht es mit dem **Husumer Taxi** (vorbestellen unter ✆ 04842-222) zum Fähranleger.

In Pellworm fährt ein (kostenloser) **Bus** vom Tiefwasseranleger zum Kurzentrum und zum Alten Hafen sowie ca. 15 Min. vor Abfahrt der Fähre auch wieder zurück. Hin- und Rückfahrt 10 € (Schiff), inkl. Bus von und nach Husum 18,60 €; Kind 6–14 J. etwa die Hälfte. Familienkarten gibt es nur für die Fähre, hin/zurück 30 €.

Unterwegs auf Pellworm: Der Pellwormer *Linienbus* ist ein Rufbus, der nur diejenigen der 38 Haltestellen anfährt, für die sich spätestens 45 Min. vor der planmäßigen Abfahrt Fahrgäste angemeldet haben. Verkehr nur April–Okt. ✆ 04844–222.

Inselfahrdienst Pellworm, eine Art Sammeltaxi für max. 8 Pers., ✆ 04844-1515.

● *Adressen/Einkaufen* **Apotheke**: Uthlandestr. 7 a, ✆ 04844-684.

Arzt: Uthlandestr. 7, ✆ 04844-9010

Fahrrad-/Motorrollervermietung Momme von Holdt: Roller, Räder, Anhänger und Zubehör. Ab 3 Tagen Miete kostenloser Fahrrad-Lieferservice. Tägl. 9–19 Uhr, Uthlandestr. 4, ✆ 04844-348.

Fahrradvermietung Andersen: Räder ab 3 €/Tag, kostenloser Lieferservice. Westertilli 14 und Tammensiel 25, ✆ 04844-992385.

Hallig Hooge

Badestelle Hörn

Nordermühle

Hooger
Fähre

Hunde-
strand

Bupheverkoog

Großer

Norderkoog

Vogelkoje

Übermarkerweg

Johann-Heimreich-Koog

Nordermitteldeich

Parlament

Waldhusentief

Tammensiel

Alter Hafen

Mittlerer Koog

Großer Koog

Inselmuseum

Freizeitbad
PelleWelle

Alte Kirche

Neue Kirche

Alter Koog

Schutzstation
Wattenmeer

Tilli

Süderkoog

Lilliencronweg

Tiefwasser-
anleger

Hunde-
strand

Westerkoog

Kaydeich

Hunde-
strand

Pellworm

800 m

Internet: Terminals im Café Leuchtfeuer, WLAN in der Tourist-Information.

Markant-Markt Petersen: Mo–Fr 8–12 und 14–18 Uhr, Sa 8–12 und 16–18 Uhr. Mittwoch Frischfisch in „Leos Strandperle" nebenan. Nordermitteldeich 40, ☎ 04844-227, www.hansikoopmann.de.

Nahkauf-Markt Feddersen: Mo–Fr 8–12 und 14–18 Uhr, Sa 8–12 Uhr, So 10–11.30 Uhr. Tammensiel, ☎ 04844-666.

Naturkost auf dem Ütermarker Hof: Mo, Mi 10–12 Uhr. Ütermarkerweg 11, ☎ 04844-230, www.bio-hof.de.

Polizei: ☎ 04844-310, Notruf 110.

Veranstaltungskalender: Monatlich erscheint das kostenlose Heft „Pellworm heute" mit Veranstaltungs- und Gezeitenkalender, kleiner Inselkarte und nützlichen Adressen.

Wochenmarkt: Im Sommer Fr am Alten Hafen.

● *Aktivitäten* **Beachvolleyball**, Platz am Leuchtturm.

Bewachte Badestelle am Leuchtturm (Duschen, Kiosk, Strandkorbvermietung); weitere Badestellen z. B. an der *Hooger Fähre* (Duschen, Kiosk, Strandkorbvermietung). Alle Strände mit Spielgeräten für Kinder. Es gibt 3 ausgewiesene Hundestrände, an den anderen Stränden sind Hunde nicht erwünscht.

Fahrradrouten, fünf markierte Rundkurse von 14 bis 21 km erschließen die Insel.

Freizeithalle am Kaydeich. In der Saison Filmvorführungen etc.

Inselrundfahrt, ca. 75 Min. im Bus, April–Okt. tägl. 13.45 Uhr ab Alter Hafen.

Kinderpass-Aktivitäten, Kinder bis 12 J. erhalten bei der Tourist-Info einen Kinderpass mit Überraschungen und Vergünstigungen bei Ponyreiten, Kutschfahrt, Schiffsfahrt mit Schatzsuche auf der Sandbank etc.

Kinnerstuv, die Kinderstube bietet Raum zum betreuten Spielen und Basteln für 3- bis 7-Jährige. Kosten 2 €/Std., Ermäßigung für Geschwister. April–Okt. Di, Do 15–18 Uhr. Im Anton-Heimreich-Haus (Gemeindezentrum) bei St. Crucis.

Kombinierte Schiffs- und Kutschfahrt zur Hanswarft auf Hallig Hooge, nur nach Anmeldung unter ☎ 04844-219.

Kur- und Gesundheitszentrum, neben klassischen Kuranwendungen auch Wellnessangebote von Schlickpackung bis Ayurveda. Uthlandestr. 6, ☎ 04844-728, www.kurgesundheitszentrum-pellworm.de.

Kutschfahrten mit Helmut Niemann über die Insel ab Ponderosa (nach Vereinb.; Osterschütting 10, ☎ 04844-1205) sowie mit den beiden Anbieterinnen unter „Reiten".

Nordic Walking ist überall möglich; Kurse werden im Frühjahr/Sommer vom Kur- und Tourismusservice angeboten (inkl. Leih-Stöcken).

PelleWelle Freizeitbad, modernes Hallenbad mit Edelstahlbecken und Gegenstromanlage, Massagedüsen, Geysir etc. Im Kinderbereich 62 m lange Wasserrutsche, für die Kleinsten Mini-Rutsche und Delfin-Dusche. Großer Wellnessbereich mit Sauna, Dampfbad, Solarium etc. Bademantelverleih und Saunatuchverkauf. Mo 10–16 Uhr,

Mi–So 14–20 Uhr. Uthlandestr. 6, ☎ 04844-990449, www.pelle-welle-freizeitbad.de.

Reiten, 2 Anbieterinnen veranstalten Reiten für Geübte im Watt und auf der Insel: *Tierärztin Meike Ruppertz* (auch Ponyreiten für Kinder und Streichelzoo), Schulstr. 9, ☎ 04844-224, www.appelhof-pellworm.de. *Britta Herbst*, Süderkoogweg 4, ☎ 04844-990557, www.wattreiten-wanderreiten.de.

Schiffsfahrten nach Hallig Gröde, Oland, Nordstrandischmoor oder mit einem Nationalpark-Ranger zu den Seehundbänken (mit Seetierfang), mit MS Nordfriesland, ☎ 04844-753.

Schiffsfahrt zu den Robbenbänken oder meeresbiologische Kutterfahrt ab Hooger Fähre mit den Schiffen „Gebrüder I" und „Gebrüder II" von Familie Hellmann. ☎ 04844-320.

Spazier- und Wanderwege, 15 Wege von 1 bis 12 km Länge sind ausgeschildert.

Wattwanderung zur Hallig Süderoog, die nur im Rahmen offizieller Führungen betreten werden darf (reine Gehzeit ca. 3 Std.) sowie nach Hallig Hooge und zu anderen Zielen. Infos und Termine im Veranstaltungskalender „Pellworm heute".

Übernachten/Essen & Trinken

• *Übernachten* **Hotel Friesenhaus**, seit 2004 existiert das kleine Reetdach-Hotel mit Sauna und Solarium, gutem Restaurant und gemütlicher Weinstube. Nachmittags gibt es Kuchen und hausgemachtes Eis (Mo Ruhetag). Die 21 Zimmer sind sehr ansprechend möbliert, es gibt ein kleines Hochzeitszimmer sowie eines mit Blick auf den Leuchtturm. WLAN im Rezeptions-Bereich. EZ ab 69 €, DZ ab 99 €, jeweils inkl. Frühstück; bei längerem Aufenthalt günstiger. Kaydeich 17, ☎ 04844-990490, www.hotel-friesenhaus-pellworm.de.

Hotel garni Kiek ut, Kirsten und Stephan Schuldt betreiben das schön gelegene und frisch umgebaute 1970er-Jahre-Hotel mit 19 renovierten Zimmern und 4 Appartements. EZ 49–52 €, DZ 78–84 €, jeweils inkl. Frühstück. Hooger Fähre 6, ☎ 04844-9090.

Ponyhof, vier FeWo (40–60 m² für max. 4 Pers., 40–65 €/Tag inkl. Bettwäsche und Handtüchern) und eine urige Gaststätte mit warmer Küche (Di–So 18–21.30 Uhr). Osterschütting 11, ☎ 04844-414, www.ponyhof-pellworm.de.

Friesenhof, zwei schöne FeWo auf renoviertem Hof. Vermietung durch Fam. Koh-

bauer aus Blumenthal. Parlament 10, ☎ 04347-9717, www.schulze-warft.de.

Pension Leuchtfeuer, 8 geschmackvoll eingerichtete Zimmer und ein Appartement, die vor allem von Hochzeitsgästen gemietet werden. Auch für Familien geeignet; ganzjährig geöffnet. EZ 35 €, DZ 60–70 €, App. 85 €, jeweils inkl. Frühstück. Adresse → Café Leuchtfeuer.

• *Essen & Trinken* **Spieskommer**, friesisch-schlicht mit alten Vollholzmöbeln eingerichtete Gaststube, einige Außenplätze – die hinter dem Haus bieten eine unvergessliche Fernsicht. Regionale Küche; Hauptgerichte um 10 €. Hunde nicht erlaubt! Do–Di ab 11 Uhr, Küche 11.30–14 und 17.30–20.30 Uhr. Tammensiel 31, neben der Sparkasse, ☎ 04844-1211.

Fischgaststätte, etwas gehobeneres Lokal mit diversen Aktionen wie Lachs heißräuchern. Di–So 17.30–21 Uhr. Tammwarft, ☎ 04844-990433.

Unter den Linden, rustikales Lokal mit regionaler Küche; Hauptgerichte (viel Lamm und Fisch, aber auch Vegetarisches) knapp 10–15 €. Ab und zu Pellwormer Buffet mit Spezialitäten wie Fliederbeersuppe, Husch

Nusch oder Saurer Rolle (Anmeldung erbeten). Tägl. 11–13.30 und ab 17 Uhr (saisonal stark wechselnde Öffnungszeiten). Westertilli 23, ✆ 04844-399, www.unterdenlinden pellworm.de.

Hafen-Pub, schöner Blick von der windgeschützten und beheizten Terrasse, unkompliziertes Speiseangebot von Fleisch und Fisch bis Pizza. Mi–Mo ab 11.30 Uhr, bis 22 Uhr durchgehend warme Küche. Am Alten Hafen, ✆ 04844-1209.

Ebi's Kartoffel-Köck, preiswerter Mittagstisch und kleine Gerichte im Gebäude des Hallenbads PelleWelle. Nachmittags Kuchen (auch glutenfrei!), alles auch zum Mitnehmen. Mo 11.30–17 Uhr, Mi–So 11.30–20 Uhr. Uthlandestr. 6, ✆ 04844-990549.

Café Rungholt, Café-Bar-Bistro mit schönem Blick übers Meer. In der Saison Mi–So 10.30–21 Uhr (durchgehend Küche), Mo 10.30–19 Uhr (keine Küche). Am Tiefwasser-Fähranleger, ✆ 04844-992484.

Strandcafé, täglich hausgebackene Kuchen in wechselnden Sorten, oft ist die beliebte Friesentorte dabei. Auch Außer-Haus-Verkauf. Tägl. 13–18 Uhr. Tammwarft 10, ✆ 04844-322.

Café Leuchtfeuer, am Leuchtturm; schöner Gastraum und sehr netter Garten. Nach Anmeldung gibt es Samstag das beliebte Abreisefrühstück (Buffet) mit Lunchpaket für die Heimreise. Wechselnde Öffnungszeiten. ✆ 04844-472, www.leuchtfeuer-pellworm.de.

Bäckerei und Inselcafé Cornilsen, Standardangebot an Kuchen, Langnese-Eis in der Waffel. In der Saison tägl. geöffnet. Tammensiel 25, ✆ 04844-226.

Tilli Café, der Bäckerei-Konditorei angeschlossenes Café mit entsprechenden Öffnungszeiten. Auf der anderen Straßenseite stehen ein paar Tische und Stühle auf der Wiese – ein Gartencafé, von dem Großstädter träumen. Ostertilli 9, ✆ 04844-236, www.tillibaecker-pellworm.de.

Likedeeler-Bar, im kleinen Hotel Kiek ut, in der Saison Do–Sa ab 20.30 Uhr. Hooger Fähre 6, ✆ 04844-9090.

Anziehungspunkt für Wissbegierige – das Infozentrum Wattenmeer

Sehenswertes

St. Salvator: Die sog. Alte Kirche (Alter Kirchenweg, am Westrand der Insel) mit ihrer backsteinernen Turmruine ist das Wahrzeichen von Pellworm und bereits von weitem zu sehen. Der erste Turm wurde bereits im 13. Jh. errichtet und stürzte 1611 ein; der verbliebene Rest hat noch etwa die halbe ursprüngliche Höhe. Die Kirche beherbergt eine kostbare Arp-Schnitger-Orgel aus dem Jahr 1711, die im Sommer wöchentlich bei Konzerten namhafter Organisten aus ganz Europa zu hören ist.

St. Crucis: Die „neue" Kirche der Insel im Liliencronweg wurde um 1620 erbaut und vor gut 10 Jahren nach einem Brand saniert. Teile des Inventars stammen aus Kirchen, die in der großen Flut 1634 untergegangen waren. Auf dem „Friedhof der Heimatlosen" sind zahlreiche unbekannte Seeleute beigesetzt, die in Pellworm an Land geschwemmt wurden.

Leuchtturm: Über ein Jahrhundert steht der fotogene Turm schon auf der Insel. Besucher können bis zur 37 m hohen Aussichtsplattform aufsteigen, die allerdings nur bis Windstärke 5 betreten werden darf. Der Leuchtturmwärter erklärt alle Besonderheiten des Seezeichens (erst ab 8 Jahren; kleinere Kinder könnten zwischen den Gitterstäben der Plattform hindurchschlüpfen).
An Werktagen und nach Vereinbarung über die Tourist-Information. Erw. 3,60 €, Kind 1,80 €.

Vogelkoje: Im Nordosten des Ütermarkerkoogs, nördlich von Tammensiel, liegt die einstige Enten-Fangvorrichtung (→ Kasten S. 19). Außergewöhnlich an der Pellwormer Koje sind die sechs (statt sonst meist vier) Pfeifen, durch die die Vögel ihrem Schlachter zugeführt wurden. Eine Pfeife wurde rekonstruiert, rund um den Teich sind mehrere Picknickplätze eingerichtet. Am Eingang zum Gelände, in einem vom Wind zerzausten, künstlich angelegten Wäldchen, findet sich ein überdachter Picknickplatz. Erkennbar ist der Eingang an den Fahrradständern am Weg. Immer offen, Eintritt frei.

Infozentrum der Schutzstation Wattenmeer: Angeboten wird eine etwa 90-minütige Führung durch das Zentrum, bei der Groß und Klein einen Einblick in

Maritimes im Schifffahrtsmuseum

die Entstehung des Wattenmeers sowie Informationen über seine Gefährdung erhalten. Neben Schautafeln, Modellen usw. sind auch lebende Tiere in Aquarien zu sehen. Besonders spannend ist es, im Rahmen der Führung einer Fütterung beizuwohnen; dann verlassen z. B. die Einsiedlerkrebse ihre Verstecke und können beobachtet werden. Die Schutzstation offeriert auch Wattführungen, eine vogelkundliche Fahrradtour, Bernstein schleifen etc.
Fr–Mi 10–12 und 14–17 Uhr, Eintritt frei, um eine Spende wird gebeten. Osterschütting 9, ☎ 04844-760, www.schutzstation-wattenmeer.de.

Schifffahrtsmuseum: Die Ausstellung „Seefahrt tut Not" ist im ehemaligen Reedereigebäude zu sehen, u. a. ist ein historischer Taucheranzug zu bestaunen. Im nicht sturmflutsicheren Erdgeschoss gibt es wechselnde Sonderausstellungen, 2009 lautete das Thema „Maritimes – Kunst und Handwerk". Ein Schwerpunkt der Präsentation sind die Aktivitäten der Deutschen Gesellschaft zur Rettung Schiffbrüchiger; dazu wird ein Film gezeigt.
April–Nov. tägl. 10–17 Uhr. Eintritt frei, Spenden erwünscht. Im alten Reedereigebäude am Alten Hafen, an der Bushaltestelle. www.schifffahrtsmuseum-pellworm.de.

Inselmuseum: Schön gemachte kleine Ausstellung zur Geschichte der Insel. Zahlreiche Schaukästen mit Haus-Modellen usw. veranschaulichen die Besiedlung und Architektur der Insel. Bei schlechtem Wetter auf jeden Fall einen Besuch wert, auch für Kinder sehenswert und überschaubar.
Im Dachgeschoss der Tourist-Information, geöffnet zu deren Öffnungszeiten; zusätzlich Sa/So 10–16 Uhr. Eintritt frei, Spenden erwünscht. Tammensiel, Uthlandstr. 2, ☎ 04844-1890.

Rungholt-Museum Bahnsen: Hellmut Bahnsens Privatmuseum zeigt Fundstücke aus dem Wattenmeer. Bahnsen, ein Pellwormer Heimatforscher, weiß unglaublich viel über die Orte, die 1362 und 1634 von der Nordsee verschlungen wurden und von denen bei Ebbe noch immer Überreste zu sehen sind; er bietet auch Wattführungen zum untergegangenen Ort Waldhusen an (geeignet für Kinder ab 4 Jahren) sowie weitere Touren für Erwachsene und ältere Kinder.

Nur sporadisch geöffnet. Eintritt 4 € (Kind 2 €), Westerschütting 2, ☎ 04844-990906.

Hybridkraftwerk: Europas größte kombinierte Anlage zur Gewinnung von Strom aus Sonnenenergie (vor allem im Sommer) und Windkraft (vor allem im Winter), die doppelt so viel Strom erzeugt, wie auf der Insel verbraucht wird. Eine kleine Ausstellung „Erneuerbare Energien" ist im Info-Gebäude zu sehen. Angeschlossen ist ein Café, das selbst gebackene Kuchen und kleine Speisen anbietet.

April–Okt. Do–Di 10–17 Uhr. Eintritt frei. Straße „In de See" am Bekstrom, ☎ 04844-990460.

Kleine Halligen

„Schwimmende Träume" soll Theodor Storm die unbedeichten Inselchen genannt haben – im sommerlichen Abendlicht erscheinen sie tatsächlich ein bisschen unwirklich. Ganz anders sieht es an stürmischen Herbst- und Wintertagen aus, wenn „Land unter" herrscht. Dann ragen nur noch die Warften aus der windgepeitschten See.

Die kleinen Inseln sind ganz unterschiedlich zugänglich. Einige sind mit einem Damm mit dem Festland verbunden, andere können nur per Schiff oder Wattwanderung erreicht werden. Aus Naturschutzgründen ist auf manchen Halligen die Zahl der Besucher limitiert oder der Besuch gänzlich verboten.

Südfall

Mit ca. 56 Hektar ist das nur im Sommer von einer Familie bewohnte Südfall eine recht kleine Hallig. Südfall steht komplett unter Naturschutz. Erst nach der Überflutung der Insel Strand 1362 entstand die Hallig aus weggeschwemmtem Land. In der „Mandränke" von 1634 verlor Südfall viel von seiner erst knapp 300 Jahre zuvor angeschwemmten Fläche und schrumpfte zwischen 1804 und 1936 weiter. Zu Beginn des 20. Jh. kaufte Gräfin Diana von Reventlow-Criminil die Hallig und ließ darauf eine Holzvilla errichten, in der sie bis 1953 lebte. Die Erben verkauften die Hallig an das Land Schleswig-Holstein, das die Villa abreißen und ein schlichtes Wohnhaus bauen ließ. Heute leben hier nur der Wasserwart und seine Frau, die die etwa 5000 Tagesbesucher pro Jahr herzlich empfängt (Getränke und Snacks verfügbar; keine Abfalleimer!). Der Besuch der Hallig ist aus Naturschutzgründen nur mit Führung möglich, z. B ab Nordstrand (→ S. 172 und www.suedfall.de).

Süderoog

Auf der 62 Hektar großen Hallig leben nur Vögel und Kleintiere, sie darf nur im Rahmen regulärer Führungen betreten werden (z. B. ab Pellworm → S. 178). Ein alter Hof, in den übrigens Teile eines gestrandeten Schiffs integriert wurden, steht noch auf Süderoog. Hier wohnen der Küstenschützer und seine Frau.

Norderoog

Schon seit 1825 ist die Hallig nicht mehr dauerhaft bewohnt, das letzte Haus stürzte 1865 ein. 1909 kaufte der Verein Jordsand Norderoog, um hier ein Vogelschutzgebiet auszuweisen. Seither schrumpft die Hallig von Jahr zu Jahr. Nur im Sommer wohnt hier ein Vogelschutzwart, zudem kommen dann Jugendliche aus aller Welt zu einem internationalen Workcamp hierher. Außerhalb der Brutsaison sind (geführte) Wattwanderungen von Hooge auf die heute ca. 9 Hektar kleine Hallig möglich. Zu besichtigen ist eine kleine Ausstellung zum Vogelschutz.

Oland

Die Hallig ist seit 1896 mit dem Festland und mit Langeneß durch einen Damm verbunden, auf dessen Nachfolgebau seit 1928 eine Lorenbahn für Güter, Halligbewohner und Übernachtungsgäste verkehrt. Grund für den Dammbau war der starke Landverlust auf der Westseite der Hallig im 19. Jh. Auf knapp 100 Hektar leben heute etwas mehr als 30 Menschen, alle auf einer großen Warft mit 17 Häusern, Kirche, Schule und einer Gaststätte; sogar einen kleinen Leuchtturm hat Oland. Der alte Fething, in dem früher Trinkwasser für das Vieh gesammelt wurde, ist erhalten und dient heute als Feuerlöschteich. Seit 1962 erhält Oland Trinkwasser vom Festland. Es gibt 60 Gästebetten auf der autofreien Hallig. Infos unter www.langeness.de.

Gröde-Appelland

In den reetgedeckten Häusern auf den zwei Warften der mit 242 Hektar drittgrößten Hallig leben nur 17 Menschen. Damit kommt Gröde, die viertkleinste Gemeinde Deutschlands, der Vorstellung vom weltentrückten Halligleben am nächsten. Auf Gröde gibt es sogar eine Kirche, *St. Margarethen,* die mit der Schule (derzeit zwei Schüler) und der Lehrerwohnung in einem gemeinsamen Gebäude auf der Kirchwarft untergebracht ist. Sehenswert ist der Renaissance-Altar von St. Margarethen. Am schönsten ist die Hallig im Juli und August, wenn der Strandflieder blüht. Das Inselchen ist nur per Schiff zu erreichen, und das fährt nur im Sommerhalbjahr ab Nordstrand, Amrum und Sylt (Adler-Schiffe, ✆ 04842-9000-0, www. adler-schiffe.de) oder ab Schlüttsiel (MS Rungholt, kein fester Fahrplan, Anmeldung ✆ 04667-367). Die fünf Ferienwohnungen der Hallig sind heiß begehrt; frühzeitig reservieren! Die jährlich fast 10.000 Tagesgäste verpflegen sich an Monikas Kiosk; eine Gaststätte gibt es nicht. Aktuelle Informationen über die autofreie Hallig unter www.hallig-groede.de.

Habel

Mit etwa vier Hektar ist sie die kleinste Hallig, rund 60 Mal im Jahr ist hier Land unter. Habel steht vollständig unter Naturschutz und darf nur vom Vogelwart betreten werden. 1770 wohnten hier noch sieben Familien, 1805 gab es nur noch zwei Warften, von denen eine Ende des 19. Jh. unterging. Bis 1923 lebte noch eine Familie auf Habel, die ihr Land schließlich dem Staat verkaufte.

Hamburger Hallig

Obwohl sie das Wort „Hallig" im Namen trägt, ist sie keine echte Hallig mehr, denn die Hamburger Hallig ist seit 1875 durch einen Damm mit dem Festland verbunden. Durch Schlickansammlung entstand aus der einstigen Hallig inzwischen ein unbewohntes Halbinselchen von 110 Hektar, das mit Pkw, Fahrrad oder zu Fuß besucht werden kann. Seit 1930 steht die Hamburger Hallig unter Naturschutz, ein Lehrpfad erläutert seltene Pflanzen und Tiere. Vor allem im Frühjahr und Herbst rasten hier große Vogelschwärme – und eine etwas schlickige Badestelle gibt es auch.

Entstanden ist die Hamburger Hallig aus der einstigen Insel Strand, ihren Namen erhielt sie von den Hamburger Kaufleuten Rudolf und Arnold Amsinck. Die Kaufleute hatten das Vorland der Insel Strand erworben, es eindeichen und darauf 1625 eine große Warft mit Häusern errichten lassen. Diese trotzte 1634 der „Mandränke", doch die Deiche überstanden die Sturmflut nicht. In der Folgezeit verwandelte sich das Insel-Restchen in eine Hallig, die ständig kleiner wurde. Über Geschichte, Flora und Fauna informiert im Sommerhalbjahr das *Amsinck-Haus* auf dem Festland, von wo es ca. 2,5 km über den Deich zur Hallig geht. Im Haus gibt es auch aktuelle Radwanderkarten, und für 1,50 € kann man ein blaues Fahrrad mieten, mit dem man auf der Hallig herumfahren kann. Das ist sinnvoll, denn insgesamt kommen inkl. Rückweg leicht 10 km zusammen. Auf dem Weg wird das NABU-Häuschen auf dem Schafberg passiert, wo es weitere Infos gibt.

● *Information*   **Amsinck-Haus**, April–Okt. tägl. 10–18 Uhr. Sönke-Nissen-Koog 36 a, 25821 Reußenköge. ☎ 04671-927154, www.amsinck-haus.de.

● *Verbindungen*   Die **Pkw-Überfahrt** ist kostenpflichtig (5 €); Ticket am Automaten am Amsinck-Haus, der als größten Schein 10 € akzeptiert; einspuriger Fahrweg mit gekennzeichneten Ausweichstellen.

● *Essen & Trinken*   **Hallig-Krog**, schön eingerichtete Gaststätte unterm Reetdach, bei gutem Wetter kann man draußen sitzen, wo es auch einen kleinen Spielplatz gibt. Kleine Speisen und einige Hauptgerichte (5–13 €); besonderes Glanzlicht im Sommer ist das Lammgrillen am Samstagabend (reservieren!), an Freitagen dann oft Spezialitäten-Abende (jeweils ab 19 Uhr). April–Okt. tägl. 10–19 Uhr, Fr/Sa zu speziellen Veranstaltungen länger. ☎ 04671-942788, www.hallig-krog.de.

Nordstrandischmoor

Die Hallig, die verwaltungsmäßig zu Nordstrand gehört, ist der klägliche Rest eines Hochmoors der einstigen Insel Strand (→ S. 24). Nach der Mandränke von 1634 hatten sich einige Überlebende hierher geflüchtet und lebten von Fischfang, Torfabbau und etwas Viehhaltung. Bald warfen sie das Moor zu Warften auf, um

Ein Lorendamm verbindet Nordstrandischmoor mit dem Festland

vor Überschwemmungen sicherer zu sein. Heute leben auf der 175 Hektar kleinen Hallig mit ihren vier Warften 22 Menschen, bis zu 50 Mal im Jahr überflutet der blanke Hans das unbedeichte Inselchen, das damit wahrlich kein komfortabler Wohnort ist. Im Schulgebäude, das derzeit von drei Kindern besucht wird, befindet sich auch der Raum der Halligkirche. Der alte Friedhof ist der Natur angepasst: Wegen der ständigen Überflutungen hat man die Grabsteine waagerecht hingelegt, so werden sie nicht fortgeschwemmt. Mit dem Festland sowie mit Nordstrand ist Nordstrandischmoor durch einen Lorendamm verbunden, die kleine Lorenbahn dient ausschließlich für Einheimische und Übernachtungsgäste als Transportmittel. Tagestouristen können nur zu Fuß im Rahmen einer Wattwanderung oder per Schiff von Strucklahnungshörn anreisen (Reederei Adler-Schiffe → S. 172).

Essen & Trinken **Halligkrug**, die einzige Gastwirtschaft und Treffpunkt der Hallig, Souvenirladen und Poststelle. ✆ 04842-361.

Hallig Hooge

Hooge mit knapp 100 Einwohnern auf gut 550 Hektar ist die bekannteste der Halligen, denn sie ist im Sommer von Schlüttsiel, Strucklahnungshörn (Nordstrand), Hörnum (Sylt) oder Wittdün (Amrum) schnell per Schiff zu erreichen. Echtes Halligleben kann man aber nicht erwarten, wenn täglich Hunderte neugieriger Touristen auf die winzige Hallig strömen.

Hooge bietet mit Gaststätten, Souvenir- und Imbissläden die umfangreichste touristische Infrastruktur aller Halligen. Ein Einblick in das einsame Leben ganz nah an der Natur ist trotzdem möglich und sollte bei keinem längeren Nordseeaufenthalt fehlen. Neun bewohnte Warften gibt es auf Hooge, dazwischen liegen brettebene Weiden, die höher liegen als die der anderen Halligen und daher seltener überflutet sind. Im Frühjahr und im Herbst rasten hier Zehntausende Ringelgänse auf ihrem Weg von Frankreich nach Sibirien und zurück. Das ganze Jahr über sind verschiedene heimische Seevögel zu beobachten. Hooge, das bei Ebbe auch zu Fuß auf einer Wattwanderung erreichbar ist, hat seit 1642 mehr als die Hälfte seiner Fläche eingebüßt. Rund um die Hallig liegen ehemalige Viehweiden und Warften auf dem Meeresboden. Ab und zu werden hier noch alte Tonscherben gefunden.

Hooges ältestes Haus steht auf der Kirchwarft, die nach der 1362 in der Flut untergegangenen Kirche benannt ist. Über Jahrhunderte hatte die Hallig keine Kirche, bis man 1634–1642 aus den Resten der im Land der „Groten Mandränke" von 1634 zerstörten Kirche von Osterwohld die neue *Johanniskirche* baute.

Seit 1966 hat Hooge eine Doppelwarft: Damals wurden Lorenzwarft und Mitteltritt zusammengelegt. Hier steht ein Bauernhof mit Hofladen, in dem Hallig-Spezialitäten verkauft werden. Touristisches Zentrum der Hallig ist die größte bewohnte Warft, die Hanswarft, mit der Hauptsehenswürdigkeit von Hooge, dem *Königspesel*. Außerdem finden sich hier das *Wattenmeerhaus*, Cafés, Restaurants, die bekannte „T-Stube" – und sogar ein paar Bäume. Geld, das man hier ausgeben möchte, muss man aber vom Festland mitbringen. Einen Geldautomaten gibt es auf Hallig Hooge nicht.

Information/Verbindungen/Adressen

● *Information*   **Touristikbüro Uns Hallig Hus**. Meist Mo–Do 9–13 Uhr. 25859 Hallig Hooge. ✆ 04849-9100, www.hooge.de.
● *Verbindungen*   **Schiff**: April–Okt. ab Strucklahnungshörn (Nordstrand), Wittdün (Amrum) oder Hörnum (Sylt) jeweils 2-mal tägl. mit MS Adler-Express. ✆ 04842-9000-0, www.adler-schiffe.de.

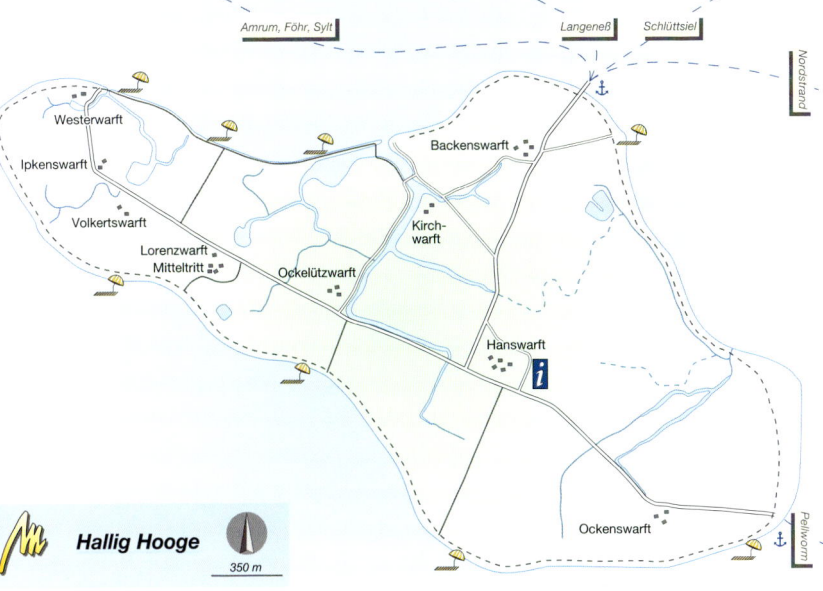

Hallig Hooge

350 m

Westerwarft
Ipkenswarft
Volkertswarft
Lorenzwarft
Mittelritt
Ockelützwarft
Backenswarft
Kirchwarft
Hanswarft
Ockenswarft

Amrum, Föhr, Sylt
Langeneß   Schlüttsiel

Pellworm

Alternative: Ganzjährig mit W.D.R. ab Schlüttsiel; Fahrzeit gut 1 Std., HS 2-mal tägl., NS 6-mal wöchentlich. (→ S. 156)

● *Adressen/Aktivitäten* **Audioführung für Blinde**, 5 Std. dauert die detaillierte Beschreibung der gesamten Hallig für Sehbehinderte und Blinde. Ein GPS-Gerät führt zu den Standpunkten. Weitere Infos im Touristikbüro.

Baden, 8 Badestallen gibt es auf der Hallig, an einigen werden Strandkörbe vermietet. Reservierung über das Touristikbüro.

Elektromobil für Gehbehinderte nach Voranmeldung im Touristikbüro erhältlich; 10 €/Tag.

Fahrradvermietung auf der Backenswarft, direkt am Fähranleger.

Halligerkundung mit Geologin Dr. Oetting-Jessel, die die Teilnehmer ihrer Fahrrad-Exkursion auch etwas von den Haupt-Touristenrouten wegführt. Ab Strucklahnungshörn (Nordstrand) Mai–Sept. Di 9.15 Uhr, ab Hörnum (Sylt) Mai–Sept. Fr 11.55 Uhr jeweils mit MS Adler-Express ab Fähranleger. ✆ 04849-278, r.oetting-jessel@web.de.

Übernachten/Essen & Trinken

● *Übernachten* **Fri Boysens Hus**, vier mit viel Holz ausgestattete FeWo für 4–6 Pers. in reetgedeckten Häusern auf der Warft *Mittelritt* (die beiden größeren in einem 1750 erbauten Haus gehen über zwei Etagen) so-

Hooger Sturmflut-Galerie, in einem reetgedeckten alten Haus bietet das Ehepaar Christa und Werner Boyens Kunsthandwerkliches wie Aquarelle, Bernsteinschmuck und Töpferwaren an, zudem Bücher und interessante Hallig-Fotos. In der Saison tägl. durchgehend geöffnet. Hanswarft 9 a, ✆ 04849-909920.

Kindergarten (auch für Gästekinder!) auf der Hanswarft. Auskünfte: ✆ 04849-266 oder -255.

Kutschfahrten, wer nicht zu Fuß gehen oder radeln mag, lässt sich mit der Pferdekutsche über die Hallig fahren. Vier Anbieter: Gelbe Planwagen, ✆ 04849-250. Heiners Kutschfahrten, ✆ 04849-222. Kutsche zum Königspesel, ✆ 04849-259. Kutsche zur T-Stube, ✆ 04849-289.

Lebensmittelladen, gut sortiert, natürlich etwas teurer als auf dem Festland. Besonderer Service: Gäste können Waren vorab bestellen, die dann bei Ankunft in die FeWo geliefert werden. HS: Mo, Di, Mi, Fr 8–18 Uhr, Do 8–11 und 15–18 Uhr, Sa 8–13 Uhr, So 9–13 Uhr, sonst lt. Aushang. Hanswarft 10, ✆ 04849-290, www.halligkaufmann.de.

wie eine auf der *Westerwarft*. Die beiden großen FeWo können zusammengelegt werden und bieten dann 10 Pers. Platz. 60–95 €. ✆ 04849-336, www.halligferien.de.

Bingehof, Familie Binge vermietet auf ihrem Hof ein Mini-Appartement für 2 Pers., ein DZ sowie eine FeWo für max. 6 Pers. Mitteltritt 3, ☎ 04849-208, www.hallighof.de.

Jugendwarft, Gruppenunterkünfte für max. 100 Pers. in blau gestrichenem, noch recht neuem Haus direkt am Fähranleger. Auch Gruppenräume, Literatur und alles, was man für Exkursionen ins Wattenmeer braucht. Backenswarft 1 a, ☎ 04849-224, www.jugendwarft.de.

● *Essen & Trinken* **Friesenpesel**, das mit über 100 Jahren älteste Hooger Restaurant besticht mit seiner historischen Gaststube, einem gekachelten Pesel aus dem 18. Jh. Bei gutem Wetter wird auch draußen friesische Küche serviert. Angeschlossen ist der Kutschbetrieb „Gelbe Planwagen". In der Saison tägl. durchgehend geöffnet. Backenswarft 6, ☎ 04849-250, www.friesenpesel.de.

Zum Seehund, auch hier wird nordfriesisch gekocht. Neben Krabbengerichten gibt es viel Vegetarisches. Windgeschützte Sonnenterrasse mit Plastikstühlen. In der Saison tägl. durchgehend geöffnet. Hanswarft, ☎ 04849-226, www.zumseehund.de.

Zum blauen Pesel, schönes Café in Reetdachhaus von 1750; hausgebackene Kuchen und friesische Getränke-Spezialitäten. April–Nov. tägl. 13–18 Uhr, sonst Sa/So 13–17 Uhr. Backenswarft 2, ☎ 04849-231, www.blauerpesel.de.

T-Stube, ehemaliges Atelier des Malers Peter Lübbers in einem Haus aus dem 18. Jh. Heute gibt es hier über 40 Sorten Tee, dazu hausgebackene Kuchen. April–Okt. tägl. durchgehend. Hanswarft, ☎ 04849-289, www.t-stubehooge.de.

Johanniskirche: Sogar die Kanzel und das Gestühl konnte man 1634 retten und in die neue Kirche einbauen. Typisch dänisch ist das im Gotteshaus aufgehängte Schiffsmodell, das die Halligbewohner 1825 dem dänischen König geschenkt haben. Der tief gelegene Boden der Kirche besteht aus Sand, was bei Überflutungen praktisch ist, da eingedrungenes Wasser einfach versickern kann. An der Südwand steht übrigens Deutschlands nördlichster Feigenbaum. Geöffnet Di–So, der Gottesdienst findet sonntags um 10 Uhr statt – ab und zu auch auf „Platt".

Königspesel: Eine Nacht hat der dänische König Frederik VI. 1825 hier verbracht, seitdem soll nichts mehr verändert worden sein in der guten Stube (Pesel) des Kapitäns Tade Hans Bandix. Der Pesel ist in friesischer Tradition komplett mit handbemalten, blau-weißen holländischen Kacheln ausgekleidet, ein Relikt des einstigen Wohlstands. Sie zeigen maritime Szenen und biblische Geschichten. Neuerdings dürfen auch die Küche und die Kellerkammer besichtigt werden. April–Okt., sonst nach tel. Absprache. Im 1677 erbauten Haus der Familie Bendixen, Hanswarft 11, ☎ 04849-219.

Wattenmeerhaus der Schutzstation Wattenmeer: In der Hanswarft Nr. 2 ist die Nationalpark-Ausstellung mit Aqua-

Autofrei ist Hooge, die bekannteste Hallig

Der Zweimaster im Wattenmeer wartet auf eine steife Brise

rien, einem Gezeitenmodell und viel Interaktivem zu sehen; zum selbst Forschen gibt es eine Wattwerkstatt mit Mikroskopen, Ferngläsern und Spektiven. Zudem interessantes Programm mit Wattwanderung, Vogelbeobachtung etc. Gruppen bietet das Haus ganzjährig Unterkunft (✆ 04849-229, www.schutzstation-wattenmeer.de).

Heimatmuseum: Privates Museum des ehemaligen Halligpostboten Hans von Holdt, das heute von Holger Wulf geführt wird. Etwas skurrile Sammlung von allerlei Gegenständen, die in irgendeinem Bezug zur Hallig stehen, darunter auch Funde aus dem Watt.
April–Okt. tägl. geöffnet, sonst nach tel. Absprache. Hanswarft, ✆ 04849-238.

Sturmflutkino: 15 Min. dauert die Vorführung des Films mit Privataufnahmen der schlimmsten Sturmfluten der letzten Jahrzehnte auf Hooge. Projiziert wird das Filmchen auf eine Großbildleinwand, das Publikum sitzt auf Klappstühlen.
Tägl. 10–17 Uhr alle 20 Min. (mind. 5 Pers.). Eintritt 2,10 €. Hanswarft, ✆ 04849-271, www.sturmflutkino.de.

Hallig Langeneß

Auf der mit fast 10 km² Fläche größten Hallig leben rund 100 Menschen auf 18 Warften. Die Hallig ist bis heute von der Landwirtschaft geprägt, nebenbei werden aber überall Fremdenzimmer und Ferienwohnungen vermietet. Langeneß ist neben der Hamburger Hallig die einzige Hallig, auf die Besucher ein Auto mitbringen dürfen. Seit 1899 führt ein Damm über Oland nach Dagebüll, auf dessen Nachfolgebau seit 1928 eine Lorenbahn verkehrt (nur für Halligbewohner!). Übrigens besteht Langeneß in seiner heutigen Form erst etwa 150 Jahre, es wuchs damals aus den drei Inselchen Nordmarsch, Langeneß und Butwehl zusammen. Im *Kapitän-Tadsen-Museum*, in einem friesischen Haus von 1741, sind seit 1987 die traditionell möblierten Räume (Pesel, Speisekammer, Küche usw.) zu sehen (Ketelswarf 1, ✆ 04684-217). Das *Nationalpark- und Biosphären-Infozentrum* ist Mitte März bis Ende Okt. tägl. 9.30–16.30 Uhr geöffnet, sonst 11–15 Uhr (Rixwarf, ✆ 04684-216, www.wattenmeer-nationalpark.de).

● *Information* **Tourismusbüro**. Saison: Mo–Sa 9–12 und 14–16 Uhr, sonst Mo–Fr 8–12 Uhr. Ketelswarf 3, 25863 Hallig Langeneß. ✆ 04684-217, www.langeness.de.

● *Verbindungen* **Schiff**: ganzjährig mit W.D.R. ab Schlüttsiel (S. 156); Pkw müssen vorab angemeldet werden.

● *Aktivitäten* **Wattenmeerhaus der Schutzstation Wattenmeer**, Unterkunft für Gruppen bis 18 Pers. für max. 1 Woche; Programm mit Wattwanderung, Vogelbeobachtung etc. Peterswarft 2, ✆ 04684-2161, www.schutzstation-wattenmeer.de.

● *Übernachten* **Reethuus am Fething**, zwei sehr komfortable Ferienhaus-Hälften für 2 bzw. 4 Pers. 56–140 €, 3.–4. Pers. 15 €/Tag, bis 4 Übernachtungen Kurzzeitzuschlag von 50 € bzw. 100 €. Ketelswarf 9, Vermietung unter ✆ 030-84709664, www.reethuus.de.

Ferienwohnung für 2 Pers. auf der Honkenswarf, auf der Familie Johannsen auch ein kleines privates Museum betreibt (Di, Do 10.30 Uhr und nach Vereinbarung). ✆ 04684-235, www.honkenswarf.de.

Föhr (8700 Einwohner)

Die mit 82 Quadratkilometern zweitgrößte deutsche Nordseeinsel, deren höchster Punkt nur 13 m über dem Meeresspiegel liegt, ist alljährlich Domizil für 180.000 Urlauber, viele davon mit Kindern. Der lange Sandstrand fällt flach ab, Amrum fungiert als natürlicher Wellenbrecher. Beides hat zur Folge, dass das Wasser hier recht warm ist – ideale Bedingungen für Familien mit kleinen Kindern.

Nahezu alle Gebäude auf der Insel sind proper herausgeputzt, viele auch traditionell mit Reet gedeckt. Im Sommer prunken die kleinen Vorgärten mit bunten Stauden und zahllosen Rosen. Neben dem Tourismus ist die Landwirtschaft nach wie vor ein wichtiger Erwerbszweig auf Föhr. Überall grasen Schafe, in den letzten Jahren zunehmend auch Ziegen, sogar etwas Ackerbau wird betrieben. Einige Hofläden bieten Produkte aus eigener Herstellung an, darunter Schaf- und Ziegenkäse. Wer Glück hat, kann einen Blick in die Ställe werfen oder bei der Schafschur zusehen. Auch einige alte Handwerke werden auf Föhr noch ausgeübt. Ab und zu kann man in Oldsum einer Töpferin über die Schulter schauen oder eine Wyker Goldschmiedin bei ihrer viel Fingerspitzengefühl erfordernden Arbeit beobachten. So wird es auch nicht langweilig, wenn das Wetter mal keinen Strandtag zulässt.

Auf Föhr gibt es noch sechs Vogelkojen (→ Kasten S. 19), wovon vier als eine Art lebendes Museum noch betrieben werden dürfen (Neue und Alte Oevenumer Koje,

Die Godel ist der einzige Fluss auf einer deutschen Nordseeinsel

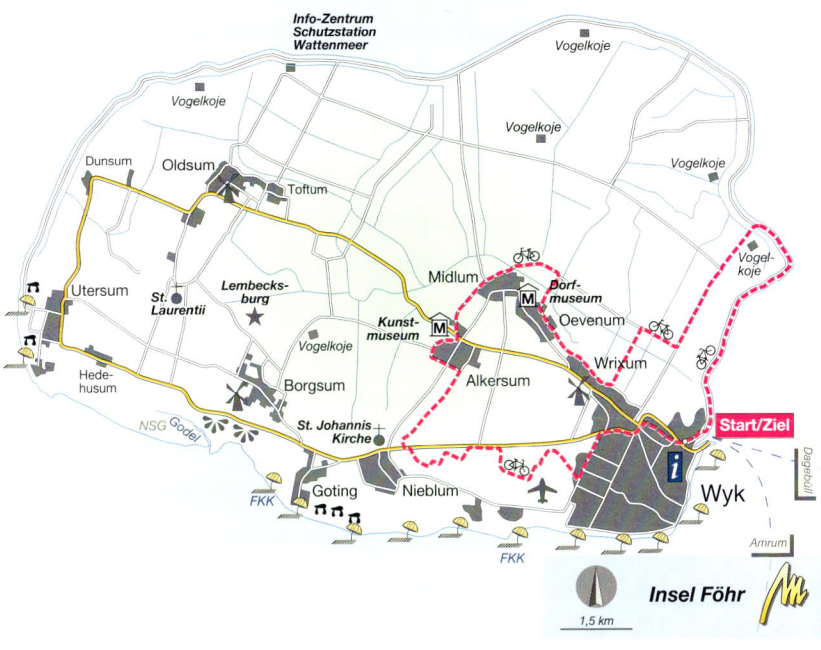

Oldsumer und Borgsumer Koje). Aus Schutzgründen dürfen aber nur noch 1000 Stockenten pro Jahr gefangen werden, ausschließlich zwischen September und Mitte Dezember. Zum Glück für Radler und Spaziergänger ist das fast brettebene Föhr von einem dichten Netz an Wegen und kaum befahrenen Sträßchen durchzogen. Sechs unterschiedlich lange Radrouten sind kinderfreundlich mit Symbolen markiert, bei *Föhr Tourismus* gibt es eine kostenlose Fahrradkarte. Bei der Tourenplanung sollte man aber immer starken Wind und plötzliche Wetterwechsel einkalkulieren! Zu jedem längeren Föhr-Urlaub gehört auch eine Wattwanderung oder zumindest eine Schiffsfahrt zu einer der Nachbarinseln oder Halligen.

Wattwanderung nach Amrum

Einer der beliebtesten Ausflüge an schönen Sommertagen: Startpunkt ist der *Parkplatz am Deich bei Groß-Dunsum* (dort hält der Inselbus). Von hier geht es bei Ebbe auf einem S-förmigen Weg zur *Amrum Odde*, der Nordspitze der Nachbarinsel. Ohne Wattführer sollte man sich keinesfalls auf den Weg machen, denn bei plötzlich aufkommendem Seenebel kann man sich leicht verlaufen. Auf der Wanderung passiert man die Reste eines 1825 gesunkenen Holzschiffs. Eine Hose zum Wechseln sollte man im Rucksack mitnehmen, weil kurz vor Amrum ein tiefer Priel durchwatet wird – er geht Erwachsenen etwa bis zur Hüfte. Auch ein Handtuch schadet nicht. Man läuft am besten barfuß oder in alten, eng anliegenden Stoffturnschuhen (ohne Socken). Gummistiefel sind ungeeignet, sie bleiben gern stecken. Die Rückfahrt erfolgt per Fähre. Wichtigster Anbieter der Tour ist die Reederei W.D.R., ✆ 01801-937937, 14 Ct./Min. Reine Gehzeit gut 2½ Std.

Wegen der geringen Brandung ist Föhr für Surf-Neulinge ideal. Wer aber mit dem Meer nicht viel am Hut hat, der kann reiten oder Golf spielen: Der Föhrer Golfplatz wurde 2008 auf 27 Loch erweitert, und überall gibt es Reiterhöfe (Schwerpunkt: Alkersum). Nur Campingfreunde werden enttäuscht sein: Die Insel hat bis heute keinen Campingplatz.

Viele Künstler und Lebenskünstler haben sich auf Föhr angesiedelt, vor allem in und um Dunsum; zahlreiche Galerien und Werkstätten sind für Besucher geöffnet.

Geschichte: Föhr ist schon lange besiedelt, fast 800 Begräbnisplätze aus der Stein- und Bronzezeit wurden im geologisch älteren Süden Föhrs entdeckt, einige in unmittelbarer Strandnähe. Auch die *Lembecksburg*, eine alte Ringburg, ist noch deutlich zu erkennen: Sie erhebt sich nordwestlich von Borgsum aus dem Ackerland und ist schon von weitem zu sehen. Aus dem 13. Jh. stammen die drei weithin sichtbaren Kirchen *St. Johannis* in Nieblum, *St. Nicolai* in Boldixum und *St. Laurentii* bei Süderende. Damit hat Föhr eine erstaunliche Dichte uralter Kirchen.

Die Seefahrt war über Jahrhunderte wesentliche Einnahmequelle der Insulaner. Neben der Handelsschifffahrt war vor allem der Walfang vor Grönland von Bedeutung, der in seiner Blütezeit um 1750 fast 1500 Föhrer Familien ernährte. Die reichsten

Familien waren die der Walfänger-Kapitäne. Beinahe jedes prächtige alte Haus auf Föhr wurde damals für einen Kapitän erbaut. Über viele Kapitäne weiß man heute noch einiges, über die einfachen Matrosen dagegen so gut wie nichts. Übrigens enthält die Föhrer Tracht traditionell kostbare Details, die aus Spanien importiert wurden. Das zeigt, dass die Seefahrt großen Reichtum und eine erstaunliche Weltläufigkeit ins Wattenmeer gebracht hatte.

1819 wurde in *Wyk* das erste Kurbad gebaut, die Fahrt von Hamburg dauerte damals drei volle Tage. Die Badegäste des 19. Jh. schwammen nicht etwa im Meer – sie ließen sich in geschlossenen Badekarren von Pferden in die See ziehen und setzten dort winzige Hautpartien dem salzigen Wasser aus. Nachgebaute Badekarren aus dieser Zeit sind heute am Wyker Strand zu sehen. In den 1840er-Jahren erklärte der dänische König Christian VIII. die Insel zu seiner Residenz; der westliche Teil Föhrs gehörte ja bis 1864 zum Königreich Dänemark (→ Geschichte, S. 25). Später kam der dänische Märchendichter Hans Christian Andersen zu Besuch auf die Insel, die ihn zu seinem in Vergessenheit geratenen Roman „Die zwei Baronessen" inspirierte. Übrigens gehörte Föhr auch später nur teilweise zu Deutschland: Bis 1920 war der Inselwesten dänisch, der Osten deutsch.

Der Nordwesten der Insel ist bis heute kaum besiedelt. Er wurde erst in den 1960er Jahren sturmflutsicher eingedeicht und war zuvor jeden Winter mehrfach überflutet.

Information/Verbindungen

• *Information* **Föhr Tourismus**, in der Saison tägl. 10–13 und 14–17 Uhr. Am Fähranleger 1, 25938 Föhr. ☎ 04681-300 (tägl. 9–21 Uhr), www.foehr.de.

• *Verbindungen* **Fähren** von *Dagebüll Mole* mit Reederei W.D.R. April–Okt. tägl. 10- bis 13-mal, sonst tägl. 6- bis 11-mal. Zu Fuß kommt man immer mit, Autoplätze besser vorab buchen, sonst kann es in der Saison zu langen Wartezeiten kommen. Ticket für Hin- und Rückfahrt 12,50 € (Kind 6–14 J. 6,25 €). ☎ 01805-080140 (14 Ct./Min.), www. wdr.de.

Flugzeug: Seit 2009 fliegt ein Antonov-Doppeldecker im Linienverkehr 2-mal tägl. zwischen Föhr und Sylt. Der Flug dauert 15 Min. (ab 50 €). Infos beim Buchungsbüro

Westküstenflug. Am Flugplatz, 25938 Wyk, ☎ 04681-8139, www.westkuestenflug.de.

Inselbusse: Die Busse der W.D.R. steuern vom Wyker Hafen auf zwei gegenläufigen Rundkursen jeden Inselort an (je nach Strecke 1,50–3,10 €, Wochenkarte 17,80 €; Kinder unter 6 J. frei). Fahrpläne liegen auf der Fähre aus. Meist stehen mehrere **Taxis** am Fähranleger; Anbieter sind Stern-Taxi (☎ 0177-3254499), Taxi King (☎ 04681-2242), Taxi Korf (☎ 04681-3705) und von der Osten (☎ 04681-3733).

Pkw: Wer mit dem Auto unterwegs ist, sollte wegen der vielen Radfahrer in den Ortschaften unbedingt die vorgeschriebenen 30 km/h einhalten. Fast überall gilt übrigens „rechts vor links".

Adressen/Aktivitäten

• *Adressen* **Ambulante Pflege**, für gesundheitlich eingeschränkte Urlauber, die regelmäßig Hilfe brauchen. Pflegeteam Hägermann & Moll, ☎ 04681-748900, www. ambulantespflegeteam.de.

Apotheken nur in Wyk: Insel-Apotheke, Große Str. 33, ☎ 04681-4446. Hafen-Apotheke, Hafenstr. 42, ☎ 04681-1712. Kur-Apotheke, Sandwall 42, ☎ 04681-2722, www. kurapotheke-foehr.de.
Alle Apotheken verleihen auch **Rollstühle**.

Ärzte: In Wyk gibt es Ärzte vieler Fachrichtungen; auch in Midlum und Utersum finden sich Praxen.
Notfallversorgung: Inselklinik Föhr-Amrum, Rebbelstieg 24, Wyk, ☎ 04681-48-0.
Ärztlicher Notfalldienst: ☎ 04681-580058 (nachts und am Wochenende).

Chemische Reinigung: Wieck's Textilpflege, Ocke-Nerong-Str. 11 a, Wyk, ☎ 04681-580258. **Waschsalon** in der Wyker Hafenstraße, ☎ 04681-58630-0.

Tierärzte nur in Wyk: Janine Bahr, Grönland 1 a (☎ 0177-3300077). S. & M. Horster, Kohharder Weg 1 (☎ 04681-2581). H. & V. Reck, Am Grünstreifen 7 (☎ 04681-592468).

• *Aktivitäten* **Baden** ist an den Inselstränden nur bei Flut möglich – bei Ebbe zieht sich das sehr flache Meer weit zurück. Der Sand ist fein und weiß, an vielen Stellen jedoch mit (auch zerbrochenen) Muschelschalen durchsetzt; Empfindliche sollten an Badeschuhe denken. *FKK-Strände* gibt es in Nieblum beim Goting-Kliff sowie in Wyk,

Höhe Flugplatz. *Strandkörbe* 5–7 €/Tag, bei längerer Miete günstiger. *Strandrollstühle* verleihen Aquaföhr (Wyk) und die Tourist-Informationen Nieblum und Utersum.

Fahrräder: Viele Hotels und Pensionen stellen ihren Gästen Räder und Zubehör wie Helme, Kindersitze etc. zur Verfügung. Zudem gibt es überall Fahrradvermietungen; einfaches Rad je nach Mietdauer ab ca. 4 €/Tag. Die Fahrradbusse, die erschöpfte Radwanderer aufnehmen, wurden leider abgeschafft.

Handy-Reiseführer: Wer ein internetfähiges Kamera-Handy hat, kann seit 2009 den neuen Service von City2Click nutzen. An 140 Föhrer Sehenswürdigkeiten befindet sich ein Schild mit wabenförmigem City2Click-Code, den man fotografieren muss, um dann im Internet Informationen zur Sehenswürdigkeit angezeigt zu bekommen. Allerdings ist vorab eine Software zu installieren, die per SMS mit dem Text „city" an die Nr. 42444 angefordert wird. Mehr unter www.city2click.de.

Internet-Zugang: Aquaföhr, Wyk (☎ 04681-3048). Bücherei, Mittelstr. 33, Wyk (☎ 04681-3400). Surf'n Mail, Große Straße 23, Wyk (☎ 04681-598720). Henja's Compi-Service, Kertelheinallee 7, Niblum (☎ 04681-748604).

Kinder: Kindern bietet www.foehrkids.de viele spannende Informationen und, nach Jahreszeiten gegliedert, Tipps für Aktivitäten mit und ohne Eltern.

Karte S. 189

Föhr

Föhrs Südstrand bietet einen schönen Blick auf die vorgelagerten Halligen

Tageszeitung: Der *Insel-Bote* mit aktuellen Veranstaltungstipps für Föhr und Amrum. Urlaubs-Abo unter ☎ 0180-1801010 (3,9 Ct./Min.), www.shz.de.

Veranstaltungskalender: Monatlich erscheint ein kostenloses Heft mit dem umfangreichen Veranstaltungsangebot der Insel sowie wichtigen Infos für Urlauber.

Übernachten

Föhr hat nur wenige Hotels. Die meisten Urlauber mieten eine Ferienwohnung oder ein Haus. Auch einige wenige Privatzimmer werden über *Föhr Tourismus* vermittelt. Generell gilt, dass die Insel in den Sommerferien ausgebucht ist, spontane Übernachtungen sind dann kaum möglich. Einige FeWo-Vermittlungen, alle in Wyk:
www.urlaubs-service-foehr.de, Badestr. 102, ☎ 04681-59270.

www.foehrreisen.de, Hafenstr. 21, ☎ 04681-50530.
www.clausens-vermietung.de, Strandstr. 2 a, ☎ 04681-1592.
www.freienstein-auf-foehr.de, Ferienhäuser und hochpreisige FeWo, Strandstr. 58, ☎ 04681-746400.
Empfehlungen zu Hotels, Privatzimmern und FeWo finden Sie in den Ortskapiteln.

Wyk

(4400 Einwohner)

Die Inselhauptstadt ist ein angenehm kleinstädtischer Ort mit guten Einkaufsmöglichkeiten und vielen Restaurants. Zentrum des touristischen Geschehens ist die frisch sanierte und barrierefrei gestaltete *Strandpromenade Sandwall*, an der sich Freiluftgastronomie angesiedelt hat. Auch das *Rathaus* mit der Nationalpark-Ausstellung steht hier. Abgesehen von einigen Hotel- und Appartementbauten aus den 60er- und 70er-Jahren ist der Ort von niedrigen Häusern geprägt, etwas klassische Bäderarchitektur ist noch erhalten.

Der schattige *Kurpark* ist über 100 Jahre alt; hier wachsen seltene Bäume wie Mammutfichten, Ginkgos und diverse Zypressenarten. Sehr alte Gebäude gibt es in Wyk kaum, da der Ort 1843 fast vollständig einem Großbrand zum Opfer gefallen ist. Die alten Gässchen der Fußgängerzone mit ein paar erhaltenen Friesenhäusern und dem *Glockenturm,* dem Wyker Wahrzeichen, sind in der Saison voller Touristen, doch ein paar Straßen weiter herrscht Ruhe.

Der *Wyker Hafen* ist der größte nordfriesische Inselhafen, hier starten die Ausflugsfahrten auf die benachbarten Inseln und Halligen. Hier ist immer etwas los, besonders am Sonntag beim Fischmarkt (April bis Anfang Okt.), einem Touristenspektakel mit gastronomischem Angebot. Kaum mehr als eigener Ort zu erkennen ist der Wyker *Ortsteil Boldixum,* der mittlerweile mit Wyk zusammengewachsen ist. Hier steht mit *St. Nicolai* eine der bedeutenden Kirchen von Föhr.

*A*ktivitäten

Aquaföhr, modernes Wellen-Hallenbad mit kleinem Außenbecken (Nordseeblick!), Wasserrutsche. Das Bad wird ständig mit frischem Nordseewasser versorgt, das gefiltert und mit UV-Strahlen desinfiziert wird, bevor es in die Becken kommt. Wellnessbereich mit verschiedenen Saunen, Saline, Massage, Thalassotherapie und Fitness. Schwimmhalle Mo–Fr 9.30–21.30 Uhr, Sa/So 10–19 Uhr. Zu wechselnden Zeiten ist normales Schwimmen und Erlebnisbaden (mit Wellen) angesagt. Eintritt für 1½ Std. mit Kurkarte 2,80 € (erm. 1,70 €), mit Wellenbad und Wellness teurer. Stockmannsweg 1, ✆ 04681-30-48, www.aquawyk.de.

Ausflugsfahrten der W.D.R., Schiffstouren zu den Seehundbänken, zu Nachbarinseln und Halligen. Auch spezielle Piratenfahrten für Kinder. ✆ 01805-080140 (14 Ct./Min.), www.wdr.de oder ✆ 0171-7705877, www.wattenmeerfahrten.de.

Bootsvermietung, Schapers Wassersport-Center, An der Promenade 20 (Südstrand), ✆ 0177-3127062.

Freizeithelferladen, eine Einrichtung der evangelischen Kirche, die pädagogisch angeleitete Spiel- und Bastelangebote für Kinder anbietet. ✆ 04681-50349, www.freizeithelfer-wyk.de. Die Räume befinden sich im Veranstaltungszentum (s. u.).

Fun- und Spielpark, 2008 eröffnete im Gewerbegebiet am Hafen der über 2000 m² große Indoor-Spielplatz mit Hüpfburg, Trampolin, Tobe-Bereichen, Rutschbahnen, Spielkonsolen etc. In der Saison tägl. 10–19 Uhr. Tageskarte Kind ab 2 J. 8 €, Erw. 4,50 €. Achtern Diek 5–7, Eingang Hernkweg, ✆ 04681-7462200, www.foehrfun.de.

Inselbahn, wer nicht laufen oder radeln will, kann sich von einer Eisenbahn auf Autoreifen über Föhrs Straßen kutschieren lassen. Der „Friesenexpress" startet März–Nov. am Fähranleger 3 eine knapp 2-stündige Rundfahrt mit Zwischenstopp am Dunsumer Deich (Ausblick auf Amrum und Sylt). Abfahrtzeiten jahreszeitlich wechselnd. Tickets (beim Schaffner) 8 €, Kind 4–14 J. 4 €. Infos und Buchung für Gruppen: ✆ 0175-5104840, www.friesenexpress.de.

Inselrundfahrten, im Reisebus geht es in der Saison tägl. um 10.30 Uhr, 12.45 Uhr und 14.45 Uhr ab Hafen-Anleger 3 über die Insel. Etwa 90 Min. dauert die Fahrt, auf der viel Informatives und Unterhaltsames geboten

ist. Fahrpreis 7 €, Senioren über 60 J. 6 €, Kind bis 12 J. 4 €, Familien 18 €. ✆ 04681-3705, www.inselrundfoehrfahrten.de.

Minigolfplatz, am Aquaföhr; hier gibt es auch ein Trampolin, Miniscooter und einen Ballpool für die Kleinsten. März–Okt., ✆ 04681-3455.

Reiterhof Lerchenhof, Unterricht und Ausreiten auf Islandpferden und Ponies. Lerchenweg 17, ✆ 04681-4433, www.ponyhaus-lerchenhof.de.

Rundflüge, Unerschrockene setzen sich am Wyker Flugplatz in eine der winzigen Maschinen und starten zu einem Rundflug über Meer und Inseln. Westküstenflug Lange, ✆ 04681-8139, www.westkuestenflug.de.

Seetierfang-Fahrten der Schutzstation Wattenmeer, besonders für Kinder eine Attraktion. In der Saison Sa ab 10 Uhr alle 2 Std. ab Hafen. 10,50 €, Kind 7,50 €. ✆ 04681-1313.

Segeln und Surfen, Kurse auch für Kinder ab 5 J. bei Peter Schaper, Strandzone 13 am Südstrand, ✆ 04681-7471976. Ähnliches Angebot sowie Kitesurfen bei Michael Schaper, Strandabschnitt 22, ✆ 04681-580087.

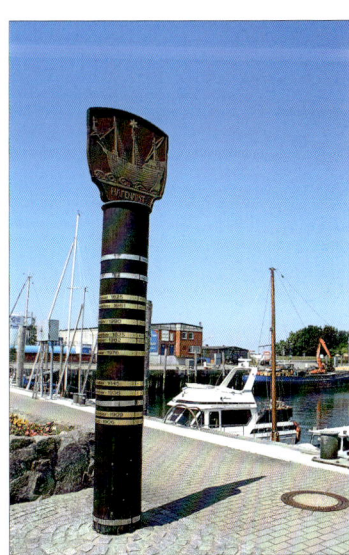

Sturmflutmarken im Sportboothafen erinnern an die Gewalt der Nordsee

Stadtführungen, Traute Diederichsen, ℡ 04681-3220. Karin Hansen, ℡ 04681-3796.

Veranstaltungszentrum, *Föhr Tourismus* betreibt eine Anlaufstelle mit Tourist-Information, Lese- und Kaminzimmer, Veranstaltungsräumen etc. Sandwall 38.

Wattwerkstatt Watt & Meer: Informationen zu Wattenmeer und Inselnatur, geöffnet nur zu Veranstaltungen und Führungen. Badestr. 111, ℡ 04681-1313, www.schutzstation-wattenmeer.de.

Übernachten

**** Hotel Atlantis am Meer (21), unverbauter Meerblick aus dem frisch modernisierten, originalen DDR-Plattenbau (!) an der Strandpromenade. Wellness-Bereich „Atlantis-Therme" mit Kosmetik-Angebot. Das *Restaurant* offeriert in der Saison Mi von 18–19.30 Uhr ein Grill- und Fr 18–19.30 Uhr ein Fischbuffet (18 €). EZ 65–86 €, DZ 85–132 €, jeweils inkl. Frühstück. Ganzjährig geöffnet. Sandwall 29, ℡ 04681-599-444, www.atlantis-hotel.net.

Duus-Hotel (9), schönes altes Haus direkt am Hafen mit 1980er-Jahre-Möblierung. Das *Restaurant Austernfischer* serviert regionale Spezialitäten. Nicht übermäßig große Zimmer, alle mit Dusche/WC, Fön und Kühlschrank. Etwas für spontan Reisende und Kurzurlauber. EZ 47–67 €, DZ 70–106 € (inkl. Frühstück). Hafenstr. 40, ℡ 04681-59810, www.duus-hotel.de.

Gästehaus Rothtraut (26), familiengerechtes Quartier in einem mehrere Häuser umfassenden Komplex mit skandinavisch möblierten FeWo, Kaminzimmer, Kinderhaus mit Klavier, Bibliothek, Tischtennis und Kicker. Raucherpavillon, Parkplätze, Waschsalon. Gut ausgestattete FeWo für 1–4 Pers. 49–198 €/Tag. Badestr. 110, ℡ 04681-50060, www.gaestehaus-rothtraut.de.

Villa Friede (15), 100 Jahre alte, ganzjährig geöffnete 17-Zimmer-Pension in Jahrhundertwende-Villa mit kleinem Privatzoo des tierlieben Inhabers Dieter Risse. Sauna, Solarium, Waschmaschinen- und Trocknerbenutzung, Gästeküche, Kindermöbel (auf Anfrage). Allergikerfreundlich. Die unterschiedlich großen Zimmer sind individuell möbliert. EZ mit Dusche/WC 33–42 €, mit Etagenbad ab 24 €; DZ (alle mit Dusche/WC) 42–83 €, jeweils inkl. Frühstück. Feldstr. 11, ℡ 04681-5920-0, www.haus-friede-foehr.de.

Haus Hilligenlei (25), ruhiges Nichtraucher-Gästehaus in Gründerzeit-Bau, sehr gepflegte Gartenanlage mit Liegewiese. Angeschlossen ist ein privates Kurzentrum im Neubau auf dem hinteren Grundstücksteil. Waschmaschinen- und Trocknerbenutzung gegen Gebühr, Fahrrad 3 €/Tag. Alle Zimmer mit Dusche/WC, EZ 30–39 €, DZ 60–78 €, April–Okt. inkl. Frühstück, in der Nebensaison gibt es kein Frühstück! Bei Aufenthalten bis 3 Nächte pro Pers. und Nacht 5 € Aufschlag. FeWo inkl. Bettwäsche und Handtüchern für 1–2 Pers. 40–70 €/Tag, bis 6 Tage Kurzzeitzuschlag 5 €. Waldstr. 2, ℡ 04681-587258, www.hilligenlei-wyk.de.

Jugendherberge (22), roter 162-Betten-Klinkerbau aus den 70er Jahren, überwiegend 4-Bett-Zimmer. Ü/F ab 19,20 €/Pers. Fehrstieg 41, ℡ 04681-2355, jh-wyk@djh.de.

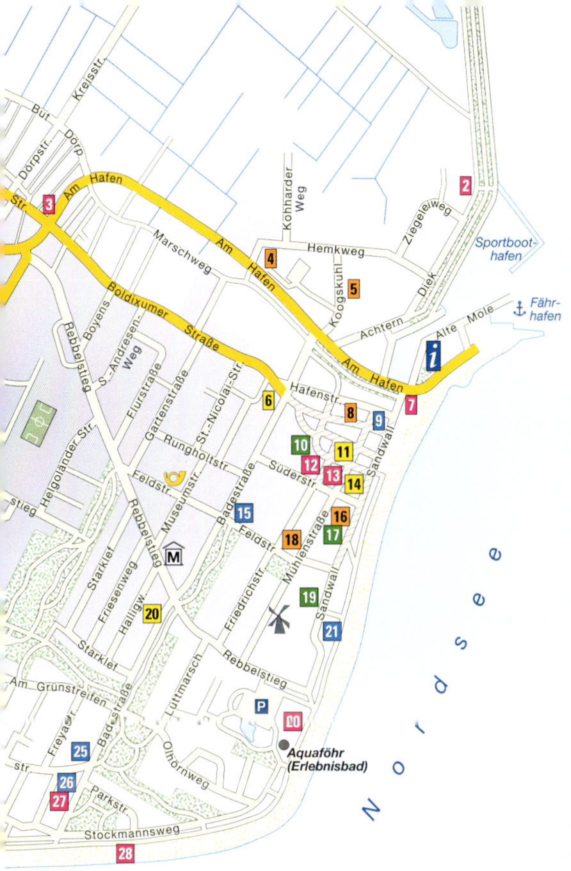

Wyk

100 m

Essen & Trinken

**** Hotel Schloss am Meer (27), Hotel-Restaurant in Bestlage mit Blick auf Strand, Meer und die Halligen. Ab 18 Uhr werden in etwas verstaubtem Ambiente Fischgerichte zu gehobenen Preisen serviert, in der Saison jeden Fr großes Fischbuffet. Tägl. durchgehend geöffnet. Badestr. 112, ✆ 04681-58670, www.hotel-schloss-am-meer.com.

Fieti's Fisch- und Steakhaus (13), modernes Restaurant mit guter Küche. Fisch und Steaks kommen fettarm vom Lavagrill, zudem große Auswahl an Nudelgerichten. Reservieren! In der Saison tägl. 11.30–22 Uhr, sonst Mo und nachmittags geschlossen. Mittelstr. 9, ✆ 04681-7413322, www.fietis.com.

Störtebeker (3), traditionsreiches Gasthaus im *Ortsteil Boldixum*; typisch friesische Küche sowie gute, indisch inspirierte vegetarische Speisen und einige Kindergerichte (mittlere Preise). Im Sommer wird auf der Terrasse serviert. Di–So 12–13.30 und ab 18 Uhr. Reidschott 2, ✆ 04681-8901.

Pfannkuchenhaus im Prinzenhof (24), ein sehr kinderfreundlicher Ort mit Wickelraum und tollen Spielmöglichkeiten. Bei gutem Wetter geht es in den Rosengarten mit Kinderkarussell, bei weniger gutem nimmt man auf grünen Polsterstühlen Platz. Neben 40 Sorten Pfannkuchen serviert Familie Prinzen Salate, Suppen, Kuchen, Waffeln sowie hausgemachtes Eis. Das Gebäude diente früher übrigens als Inselwäscherei. In der Saison tägl. ab 12 Uhr. Gmelinstr. 29, ✆ 04681-766, www.prinzen-hof.de.

Aquamarin (23), modernes Bistro-Café im Lounge-Stil am Hallenbad Aquaföhr. Von der Sonnenterrasse genießt man herrlichen Meerblick; kleine Speisen wie Ofenkartoffel mit Sour Cream, Salate und Suppen. Im Sommer tägl. 9–23 Uhr, im Winter tägl. 9.30–22 Uhr. Stockmannsweg 1, ☏ 04681-30125.

Schapers (28), grandios ist der Blick aus den im Sand gruppierten Liegestühlen der Strandbar an der Promenade am Südstrand. In sogar auf Föhr möglichen lauen Nächten fühlt man sich ans Mittelmeer oder in die Karibik versetzt, an den anderen Abenden sitzt man im recht spartanischen Innenraum. Tagsüber Bistro- und Cafébetrieb, angemessenes Preisniveau. Im Hochsommer abends gelegentlich Beachparty mit Livemusik. In der Saison tägl. ab 9 Uhr, sonst laut Aushang oder Internet. Promenade 20, ☏ 04681-580087, www.schapers.info.

Klein Helgoland (2), am Deich über Sportboothafen, Fähranleger und Wattenmeer gelegenes Café-Bistro. Den traumhaften Blick genießt man von der sonnigen, wind-geschützten Terrasse oder aus dem bodentief verglasten Gastraum. Edles Interieur im friesischen Stil; aufgetischt werden hausgebackene Kuchen, Eis und kleine Gerichte wie Suppen und Flammkuchen (max. 7,50 €); durchschnittliche Getränkepreise. Tägl. 12–18 Uhr, außerhalb der Saison evtl. kürzer. Achtern Diek 14, ☏ 04681-7471673, www.freienstein-auf-foehr.de.

Café Steigleder (19), 100-jähriges Traditions-Konditorei-Café in der ersten Reihe. In der Saison tägl. ab 9 Uhr, Nov.–April Mi Ruhetag. Sandwall 28, ☏ 04681-4411.

Lund's Fischkate (12), Fisch, Krabben und Muscheln – bei Riewert Andresen ist alles frisch und lecker, zum gleich Essen in Bistro-Atmosphäre oder zum Mitnehmen. In der Saison tägl. 8–18 Uhr. Wilhelmstr. 9, ☏ 04681-2212; neuerdings auch in der Mittelstraße.

Quedens Fischwagen (7), leckere Brötchen mit wirklich frischem und grätenfreiem Räucherfisch, Matjes etc. Königstraße, am Strandübergang beim Hafenamt.

*E*inkaufen/*K*ultur/*N*achtleben *(siehe* *K*arte *S.* 194/195)

● *Einkaufen* **Bunter Buchladen (Bu-Bu) (14)**, seit über 50 Jahren bestehende Buchhandlung mit kenntnisreich ausgewähltem Sortiment. Sandwall 20, ☏ 04681-675, www.bu-bu.de.

Edeka-Markt Knudtsen (6), hier gibt es alles und in bester Qualität. Boldixumer Str. 13–15, ☏ 04681-4285.

Goldschmiede Ilke Engeland (11), moderne und traditionelle Gold- und Silberschmiedearbeiten. Mittelstr. 4, ☏ 04681-7480-62.

Goldschmiede Marie-Luise Börmel (20), die gebürtige Föhrerin hat sich in ganz Deutschland umgesehen, bevor sie hier begann, ihre geschmackvollen, zeitlosen Schmuckstücke anzufertigen. Die Werkstatt liegt in einem netten Friesenhaus und ist auf jeden Fall einen Blick wert. Badestr. 66, ☏ 04681-50481.

Wyker Fischmarkt am Alten Hafen, April–Okt. So 10–15 Uhr.

● *Kultur* **Filmtheater (16)**, schönes altes Kino mit ansprechendem Programm, nachmittags Kinderfilme. Sandwall 40, ☏ 04681-1333. Programmansage unter ☏ 04681-3663.

Kultursalon Alte Druckerei (10), 2006 gründeten Torsten Tews und Michael Steuer den Weinladen mit Bistro-Café. 50 Sorten Wein werden glasweise ausgeschenkt, dazu gibt es Elsässer Flammkuchen oder Käseplatte. Abends sporadisch Kleinkunst von Kabarett bis Zaubershow, im Sommer immer Di und Fr. Eintritt wird nicht verlangt, es geht aber ein Hut herum, in den man einen anständigen Betrag legen sollte – nur so ist gewährleistet, dass das Kulturprogramm weitergeführt werden kann. Schöner Mini-Hofgarten für warme Tage. Immer voll, reservieren! Ganzjährig tägl. 10–24 Uhr. Mittelstr. 17 (am Hinrichsengang, dem Durchgang zur Süderstraße), ☏ 04681-748600, www.dasweinkontor.com.

Kulturtreff, Jazz- und klassische Konzerte, Lesungen etc. in den Räumen der Kreismusikschule. Feldstr. 36, ☏ 04681-8606, www.musikschule-foehr.de.

Nationalparkhalle (4), im Gewerbegebiet finden Föhrs Großveranstaltungen statt. Hemkweg 2, ☏ 04681-580351, www.nationalparkhalle.de.

● *Nachtleben* **Discothek Olympic (5)**, die Inseldisco im Gewerbegebiet. Nur zu Veranstaltungen am Wochenende ab 22 Uhr. Koogskuhl 6, ☏ 04681-3744.

Erdbeerparadies E. P. (1), seit über 100 Jahren wird das Haus im *Ortsteil Boldixum* gastronomisch genutzt, heute als Musikkneipe mit Biergarten und kleinem Spielplatz. Geboten sind Livemusik, Tanz, Billard, Kicker, Dart. Ganzjährig tägl. ab 18 Uhr, warme Küche bis 23 Uhr. Ocke-Nerong-Str. 29, ☎ 04681-748475, www.erdbeerparadies-foehr.de.

Glaube, Liebe, Hoffnung (8), die drei Symbole Kreuz, Herz und Anker schmücken die Fassade der urigen Seemannskneipe. Allerlei patinierte Erinnerungsstücke erinnern an alte Seefahrertage, heute treffen sich hier Touristen und Einheimische. Hofgarten. Tägl. ab 18 Uhr. Hafenstr. 28, ☎ 04681-580440, www.glaube-liebe-hoffnung.de.

Kleines Versteck (18), in einer früheren katholischen Kirche versteckt sich das 1976 entstandene Bierlokal, das bis heute von Gründerin Rena Trotzke geführt wird. Fr–Mi ab 17 Uhr. Mühlenstr. 21 a, ☎ 04681-3821.

Milchbar (17), Milch wird hier abends kaum ausgeschenkt, aber die Stammgäste des Traditionslokals mögen die große Zeit der Milchbars noch erlebt haben. Morgens Frühstück, anschließend Cafébetrieb; grandioser Blick aufs Meer und die ein- und auslaufenden Schiffe. Tägl. ab 9 Uhr. Sandwall 42, ☎ 04681-8250.

Sehenswertes

Glockenturm: Eine echte Besonderheit ist der Backsteinturm, der bei starkem Wind quasi als Verstärker des Geläuts von St. Nicolai dient, das dann nicht bis

Wyks Wahrzeichen: der Glockenturm

Wyk zu hören ist. Außerdem läutet die Glocke bei Feuersbrunst, Sturmflut und Beerdigungen. Seit 2009 hängt eine neue Glocke im Gebälk, die alte war gesprungen. Die im Eifelkloster Maria Laach gegossene neue Glocke wiegt 220 kg und ist damit eher ein Glöckchen ...

Dr.-Carl-Häberlin-Friesenmuseum: Das Tor zum Grundstück des Museums bilden zwei riesige Unterkieferknochen eines Blauwals, die der Hamburger Tierpark gestiftet hat. Im 1908 gegründeten Museum sind Exponate zur friesischen und Föhrer Geologie und Geschichte sowie Naturkundliches zu sehen, auch einiges zum Wal- und Entenfang, zur Geschichte des Badetourismus, zu inseltypischem Handwerk usw. Neu ist die interaktive Naturkundeabteilung, in der alles angefasst werden darf; ein Angebot, das sich besonders an Kinder richtet.

Angeschlossen ist das **Freilichtmuseum**: 1927 wurde das 1617 in Alkersum errichtete Haus Olesen hierher versetzt, dessen eine Außenwand aus Erdsoden besteht. Man muss sich vor Augen halten, dass vor einigen Jahrhunderten viele nordfriesische Häuser komplett aus ausgestochenen Bodenstücken bestanden haben, die zwischen Fachwerk aufeinander geschichtet wurden. Seit 10 Jahren steht hier auch die Midlumer Scheune, die ohne Eintritt zugänglich ist. Ebenfalls kostenfrei zu besichtigen sind die kleine Bockwindmühle von der Hallig Langeneß sowie mittelalterliche Steinsärge.

Mitte März bis Ende Okt. Di–So 10–17 Uhr, Juli/Aug. tägl. 10–17 Uhr. Winter Di–So 14–17 Uhr. Führung Mi 11–12 Uhr. Eintritt 4,80 € (mit Kurkarte 3,50 €), Kind 2,50 bzw. 2 €, Familie 10,50 bzw. 7,50 €. Rebbelstieg 34, ☎ 04681-2571, www.insel-museum.de.

Föhr

Karte S. 189

Nationalpark-Ausstellung: Moderne, interaktive Ausstellung über die Natur von Insel und Wattenmeer; schon für Kinder ab dem Grundschulalter geeignet, doch auch Erwachsene können hier viel erfahren. Die Katzenhaie im Aquarium lassen

sich bei der Fütterung zusehen, man kann Tierstimmen lauschen, einen Film über die Halligen sehen etc. Besonders interessant ist der „Wattwürfel", ein stark vergrößertes Modell, das einen Ausschnitt des Meeresbodens mit seiner Tier- und Pflanzenwelt zeigt.

April–Okt. So–Fr 10–17.30 Uhr, Nov.–März Mi, So 14–17 Uhr. Eintritt 2,50 €, Kind 1,20 €, Familie 6 €. Hafenstr. 23, im 2. Obergeschoss des Rathauses (Seiteneingang), ℡ 04681-4290, www.npz-foehr.nationalparkservice.de.

Lohnendes Ausflugsziel für einen Regentag - das Friesenmuseum

St. Nicolai: Im Wyker *Ortsteil Boldixum* steht eine der bedeutenden Föhrer Kirchen, deren Orgel ein Schüler Arp Schnitgers zu Beginn des 18. Jh. gebaut hat. Hier finden regelmäßig hochkarätige Konzerte statt. Bei weniger bekannten Künstlern liegen die Eintrittspreise deutlich unter 10 € (Infos: ℡ 04681-2798, www.kirche-st-nicolai-foehr.de; Karten über die Tourist-Information und im Bunten Buchladen).

Auf dem Friedhof sind viele alte Seefahrergräber erhalten, deren Steine von vergangenen Grönlandfahrten erzählen.

Kirchen- und Orgelführung in der Saison Mo 17 Uhr. Orgelführung für Kinder Mi 10–11 Uhr.

Ostföhr

Oevenum

Fast mit Wrixum und Midlum zusammengewachsen ist der bis heute von der Landwirtschaft geprägte Ort, der wie alle kleinen Inselorte malerisch und sehr gepflegt wirkt. Das für Föhr recht große Dorf wird Donnerstagvormittag zum Anziehungspunkt für Insulaner und Touristen. Dann findet hier der Bauernmarkt statt, den auch die örtlichen Kunsthandwerker beschicken.

● *Aktivitäten* **Museum Leben auf dem Lande**, Heie Martens-Sönksens skurriles Privatmuseum ist nur mit Führung des ehemaligen Tischlers und heutigen Museumsdirektors zu besichtigen. Die läuft dann sehr launig und kinderfreundlich ab und vermittelt einen guten Einblick in das Leben auf dem Land in früheren Jahrhunderten. In der Saison zu den Öffnungszeiten Di–So 14–17 Uhr stündlich, sonst nach Vereinbarung. Buurnstraat 48, ℡ 04681-2673.

● *Übernachten/Essen & Trinken* **Landhaus Laura**, das frisch sanierte, über 300 Jahre alte Reetdachhaus beherbergt ein hervorragendes Landhotel mit Oberklasse-Restaurant. Jörg Sternhagen bereitet bodenständige Gerichte zu, seine Frau ist für den Hotelbereich zuständig. 15 liebevoll möblierte Zimmer und Suiten, kleiner Wellnessbereich mit Wärmesandliege, Sauna und Solarium. EZ 55–95 €, DZ 90–140 €, Suite 150–180 €, Familienzimmer 190–250 €, sehr empfehlenswerte HP bei Vorab-Buchung 22,50 €. Geöffnet Mitte Feb. bis Mitte Nov. und an Weihnachten. Buurnstraat 49, ℡ 04681-59790, www.landhaus-laura.de.

Rackmers Hof, frisch saniertes und erweitertes Reetdach-Anwesen mit 11 sehr geschmackvoll-schlicht möblierten Suiten für 2–3 Pers. und kleinem Wellnessbereich (Saunen, Massagen). Suite inkl. Frühstück in der Kapitänsstube „Rackmers Café" oder im Sommer draußen 55–95 €, die 3. Pers. kostet 65 €/Tag extra (Kind 4–12 J. 25 €). Buurnstraat 1, ✆ 04681-746377, www.rackmers.de.

● *Einkaufen* **Föhrer Fischräucherei**, frisch geräucherter Fisch, der auch verschickt wird. Buurnstraat 79, ✆ 04681-748471, www. foehrerfischraeucherei.de.

Milchschafhof John Petersen, die 60 Milchschafe werden täglich gemolken, ab und zu können Touristen bei der Schur zusehen. An Markttagen wird die abgekochte Milch im Hofladen ausgeschenkt. Zudem im Angebot: Inseljoghurt aus der von drei Bauernfamilien betriebenen Dunsumer Molkerei (www.eilunmoolk.de), dort hergestellter Schafkäse und diverse Wollprodukte. Zwei Alpakas zum Streicheln beschäftigen die Kinder. Mai–Okt. Mo–Sa 10–12 und 14– 18 Uhr, Buurnstraat 46, ✆ 04681-570176.

Alkersum

Im Sommer 2009 eröffnete hier in Anwesenheit der dänischen Königin das **Museum Kunst der Westküste**, das Teile der Privatsammlung des Pharmaunternehmers Frederik Paulsen zeigt. Paulsens Familie stammt von Föhr, und so beschloss der Sammler, alle an der Küste zwischen Norwegen und den Niederlanden entstandenen Gemälde aus der Zeit von 1830 bis 1930, die seine Sammlung enthält, auf der Insel zu zeigen. Darunter sind Werke bedeutender Künstler wie Edvard Munch, Max Liebermann und Max Beckmann. Daneben sind wechselnde Ausstellungen geplant. Der von Gregor Sunder-Plassmann geplante Museumsbau ist ein moderner Gebäudekomplex mit grauem Sichtmauerwerk, der sich von den umgebenden Häusern im Friesenstil deutlich abhebt, aber in Form und Größe auf sie Rücksicht nimmt. Angeschlossen sind ein museumspädagogischer Bereich und das Museumscafé-Restaurant „Grethjens Gasthof".

Museum: März–Sept. Di, Mi, Fr–So 10–17 Uhr, Do 10–20 Uhr; Okt. bis Mitte Jan. Di–So 12– 17 Uhr. Eintritt 6 €, erm. 3,50 €, Familie 12 €. Hauptstr. 1, ✆ 04681-747400, www.mkdw.de.

Die resolute Grethjen Hayen gab dem neuen Restaurant seinen Namen

Föhr
Karte S. 189

● *Essen & Trinken* **Grethjens Gasthof**, das zur Museumseröffnung im skandinavischen Stil von 1900 wieder aufgebaute Herrenhaus beherbergt ein Restaurant der Spitzenklasse. Preiswert ist der zeitlich erweiterte Mittagstisch (11.30–18 Uhr), leichte Speisen unter 10 €. Auf der Abendkarte wird's teurer: Hauptgerichte 15–25 €, einige vegetarische Leckereien. Di–So 11–22 Uhr. Hauptstr. 1, ✆ 04681-7410510, www.grethjens-gasthof.de.

● *Aktivitäten* **Reitstall Christiansen**, neben der Trakehnerzucht auch Ponyreiten etc. Kirchweg, ✆ 04681-3367, www.inselgestuet-christiansen.de.

Reitstall Jacobs, Reithalle, Reit- und Springunterricht. Nieblumweg 3, ✆ 04681-3715.

Rumpp-Hof, der Pferdehof von Sylvie und Frank Rumpp bietet FeWo, Gastpferdeboxen und therapeutisches Reiten, bei schlechtem Wetter in der Halle. Reitweg 13, ✆ 04681-4145, www.rumpp-hof.de.

Nieblum

Im Bilderbuchdorf inmitten grüner Wiesen und Felder begrenzen Friesenwälle mit Heckenrosen die Grundstücke, auf denen reetgedeckte Häuser stehen. Mit dem imposanten Backsteinbau *St. Johannis* aus dem 13. Jh., auch „Friesendom" genannt, steht Föhrs größte Kirche in Nieblum.

Klassisches Friesenhaus in Nieblum

Der Innenraum des stark sanierungsbedürftigen Gotteshauses ist typisch friesisch in Weiß und Blau gestaltet, bedeutendstes Inventar ist der geschnitzte Altar aus dem späten 15. Jh. Auf dem Friedhof sind prächtige Grabsteine von Kapitänen erhalten, die vor Jahrhunderten die Meere befuhren.

Der in der Saison sehr gut besuchte Kurort eignet sich als Feriendomizil für Ruhesuchende, die auf ein umfangreiches Freizeitprogramm verzichten können. Bis zum bewachten, feinsandigen Badestrand mit Strandcafé geht man etwa 15 Min., für kleine Kinder und Strandutensilien ist ein gemieteter Bollerwagen praktisch.

Zu Nieblum gehört der südwestlich gelegene *Ortsteil Goting*, in dem mehrere Hünengräber entdeckt wurden. Goting ist ein guter Standort für Strandurlauber; ein Teil des Strandes am *Goting-Kliff* ist FKK-Anhängern vorbehalten.

Information/Adressen

● *Information* **Tourist-Information** und Zimmernachweis im Dörpshus, in der Saison Mo–Fr 9–17 Uhr, Sa 9–12 Uhr, So 10–12 Uhr. Poststraat 2, ✆ 04681-2559, www.nieblum.de.

● *Einkaufen/Aktivitäten* **Altes friesisches Theehaus**, riesiges Sortiment an Tee und Accessoires in einem uralten Reetdach-Anwesen. In charmant alternativ-chaotischem Ambiente gibt es auch Tee im Ausschank, bei gutem Wetter an der Straße und im kleinen Hof. Jens-Jacob-Eschel-Str. 13, ✆ 04681-2930, www.theehaus.de.

Buchhandlung Leseinsel, gute Auswahl an Ferienlektüre und Regionalliteratur. Jens-Jacob-Eschel-Str. 5, ✆ 04681-7462195, www.leseinsel-foehr.de.

Galerie Gröne Eck, im wunderschönen Haus Landfrieden, das vor über 150 Jahren dem dänischen König als Sommerfrische diente, präsentiert Sabine Nagel-Heyer Föhrer Originalkunstwerke, Drucke und geschmackvolle Souvenirs. De gröne Eck 2, ☏ 0172-4019096, www.galerie-groene-eck.de.

Golf, der ganzjährig geöffnete, anspruchsvoll-hügelige 27-Loch-Platz zwischen Nieblum und Wyk steht nach Vorlage des Vorgabeausweises des Heimatclubs auch Gästen offen. Golf-Club Föhr e. V., Grevelingstieg 6, ☏ 04681-580455.

Kerzenscheune, Kerzen aus buntem Wachs ziehen – ein Vergnügen für die ganze Familie. Das dauert ein bisschen, weil jede Schicht abkühlen muss, bevor wieder getaucht werden kann; Kinder werden beim Kerzenziehen beaufsichtigt, die Eltern können derweil in der angeschlossenen „Föhrer Teestube" (→ Essen & Trinken) entspannen. Wer mag, kann die schönen Kerzen auch einfach kaufen. Poststraat 7, ☏ 04681-580143, www.hof-pergande.de.

Nieblumer Windsurfing-Schule, Dirk Hückstädt bietet Kitesurf- und Segelkurse an sowie Kitebuggy-Kurse für Rollstuhlfahrer. Am Strand, ☏ 0171-8315546.

Reiten auf dem Grevelinghof, Unterricht, Westernreiten, Gastpferdeboxen und FeWo bieten Natalie und Ralph Severin ihren pferdebegeisterten Gästen. Grevelingstieg 12, ☏ 04681-59184, www.grevelinghof.de.

Wattwanderung, 2-stündige Tour mit einem kompetenten Nationalpark-Wattführer. Termine im monatlichen Veranstaltungskalen-

Der Friesendom muss dringend saniert werden

der oder unter ☏ 04681-4290). Treffpunkt ist der Nationalpark-Infopavillon am Strandübergang.

Übernachten/Essen & Trinken

**** Landhotel Villa Witt, das Hotel-Restaurant ist nach eigener Aussage das feinste Hotel der Insel. Gediegenes *Restaurant*; bei gutem Wetter wird im schönen Garten gespeist. Ein Tipp ist die Mittagskarte (12–14 Uhr): edle Gerichte für weniger als 10 €; abends Hauptgerichte um 20 €. Die unterschiedlich geschnittenen Zimmer und Suiten sind mit Stilmöbeln und teilweise Holzfußboden ausgestattet. DZ inkl. Frühstück 160 €, Suite 170–200 €. Alkersumstieg 4, ☏ 04681-5877-0, www.hotel-witt.de.

Bistro Steuermann, Oberklasse-Bistro mit Biergarten, Gegrilltem, 20 offenen Weinen, Cocktails und Irish Stout vom Fass. Raucherraum und Spiele. Das Angebot zieht ein gesetzteres Publikum an. Tägl. ab 17.30 Uhr. Kertelheinallee 12, ☏ 04681-747679,

www.steuermann-nieblum.de.

Café Nieblum, malerisches Terrassencafé mit Strandkörben. Do–Di 12–19 Uhr. Bi de Süd 38, ☏ 04681-7471940.

Dänische Eisstube, große Eiskugeln (0,90 €), Friesenwaffeln und andere Leckereien, die bei gutem Wetter draußen, bei schlechtem im netten, im skandinavischen Stil gestalteten Gastraum verputzt werden. In der Saison tägl. geöffnet. Jens-Jacob-Eschel-Str. 17, ☏ 04681-4646.

Föhrer Teestube, in dem 1751 erbauten Haus eröffnete Familie Pergande 2005 die gemütliche Teestube. Neben Tee wird in den mit antiken Möbeln gestalteten Räumen auch Kaffee serviert, dazu gibt es hausgebackene Kuchen und Torten – im Sommer auf der ruhigen, edel möblierten

Der kleine Dorfteich an der Kirche ist bei Hitze eine kühle Oase

Terrasse hinter dem Haus. Wer Salziges bevorzugt, kann Di und Do Abend zwischen verschieden belegten Flammkuchen wählen. Reservieren! In der Saison tägl. ab 11 Uhr. Poststraat 7, ✆ 04681-580143, www.hof-pergande.de.

Insel-Snack, die Neueröffnung des Jahres 2009 brachte Döner, Hot-Dog, Burger & Co. ins Bilderbuch-Friesendorf. Im einstigen Edeka-Laden wird man hinter den großen Schaufensterscheiben rasch bedient, die Qualität des „Junk-Foods" war zum Start sehr gut. In der Saison tägl. geöffnet. Jens-Jacob-Eschel-Str. 24.

Lohdeel, edles Restaurant mit saisonaler Küche (nach Möglichkeit mit Zutaten aus der Region) in sehr schön restaurierter, umgebauter ehemaliger Scheune. In der Hauptsaison besser reservieren. Nur abends geöffnet. Heidweg 2, ✆ 04681-580061, www.lohdeel.de.

Zum Schlachter, wer große, fleischlastige Portionen sucht, ist hier richtig; auch Fisch ist im Angebot. Familienfreundliches Ambiente (Hochstühle, Wickeltisch, Spielplatz). Hauptgerichte 10–15 €. Tägl. ab 11.30 und ab 17.30 Uhr. Kertelheinallee 1, ✆ 04681-580208, www.zum-schlachter.de.

Goting-Kliff: An dieser etwas großspurig „Kliff" genannten Abbruchkante des eiszeitlichen Geestkerns südlich von Nieblum finden Glückliche Versteinerungen von Seeigeln, Muscheln und anderem Getier. Ornithologisch Interessierten werden die Uferschwalben auffallen, die hier im Frühsommer nisten. Am Fuß des Kliffs, das in jedem schweren Sturm ein bisschen weiter abbricht, liegen mächtige Steinbrocken im Wattenmeer: eiszeitliche Findlinge, die von der früheren Größe der Insel zeugen, an der die Nordsee beständig knabbert. Heute versucht man, dies mit Sandvorspülungen zu verhindern. Am Kliff befindet sich auch einer der beiden Föhrer Strandabschnitte, die für FKK-Urlauber reserviert sind.

Godelniederung: Westlich des Goting-Kliffs mündet das Süßwasserflüsschen Godel ins Meer, einmalig auf den friesischen Inseln. Hier auf den Salzwiesen der Niederung sammeln sich im Frühjahr und im Herbst Watvogelarten wie Strandläufer, Sandregenpfeifer und Brachvögel; ganzjährig lassen sich die schwarz-weißen Austernfischer beobachten.

Fahrradtour 3: Von Wyk zur Boldixumer Vogelkoje und über einige Inseldörfer zurück (s. Karte S. 189)

Die Tour führt von Wyk zur Boldixumer Vogelkoje und über mehrere malerische Inseldörfer wieder zurück nach Wyk. Starten sollte man bereits vormittags, denn die Vogelkoje ist nur an Wochentagen von 10–12 Uhr zugänglich. Donnerstags kann man anschließend den Oevenumer Bauernmarkt besuchen, auch zwei Museen liegen an der Route. Ein Teil der Strecke führt über einen naturkundlichen Lehrpfad, auf dem einiges über Tiere und Pflanzen zu erfahren ist.

Länge/Dauer: ca. 18 km, reine Fahrzeit ca. 1½ Std. auf fast schattenloser, nahezu autofreier Strecke. Einige Kilometer sind auf Sand- und Schotterwegen zurückzulegen. Wer abkürzen möchte, kann die Tour auf ca. 7 km reduzieren.

Einkehr: in Oevenum (mehrere Cafés, Restaurants, Lebensmittelgeschäft, Fischräucherei und Hofladen), Alkersum, Nieblum (Lebensmittelgeschäft, Picknickplatz am Dorfteich, Gastronomie); Details in den Ortskapiteln.

Start/Parken: am Wyker Hafen (Parkplätze vorhanden).

Startpunkt ist der **Wyker Hafen**. Am Sportboothafen geht es auf geteertem Wirtschaftsweg an der Seeseite des Deichs nach Norden. Wir radeln ca. 4 km auf dem Weg, auf dem immer wieder Stahlgatter zu öffnen und zu schließen sind, damit die Deichschafe nicht davonlaufen können. Nachdem wir hinter der großen Linkskurve ein altes, blaues Holztor statt eines Stahlgatters passiert haben, biegen wir links ab, überqueren den Deich und erreichen die **Boldixumer Vogelkoje** mitten in einem Wäldchen, das schon von weitem zu sehen ist. Hier erwartet uns in den Sommermonaten Mo–Fr vormittags der pensionierte Landwirt Norbert Arfsten oder sein Kollege, die Fragen zum historischen Entenfang beantworten (Eintritt 1 €, Kind 0,50 €).

Weiter geht es Richtung Süden auf dem Weg, der nach knapp 1 km zu einer kaum befahrenen Landstraße wird. Dieser Straße folgen wir, bis wir rechts in den als „Marschrunde" markierten **geschotterten Radweg** einbiegen. Diesem Weg folgen wir etwa 800 m, bis die als Marschrunde beschilderte Radroute rechts abzweigt. Hier biegen wir links ab und erreichen nach ca. 1 km

Hinter der Wrixumer Windmühle liegt ein großer Spielplatz

Wrixum. Hinter der weithin sichtbaren Windmühle liegt ein großer Kinderspielplatz.

Wer die Tour abkürzen möchte, ist von hier in etwa 10 Min. zurück in Wyk. Alle anderen fahren auf gut beschildertem Weg Richtung Nordwesten weiter nach **Oevenum**, wo Do Vormittag ein Bauernmarkt stattfindet. Vor allem für Kinder einen Besuch wert ist das „Museum Leben auf dem Lande" (S. 198). Weiter geht es über **Midlum** auf der ausgeschilderten Route der „Geestrunde" nach **Al-**

Ein Teil der Radtour folgt dem Natur-Lehrpfad

kersum, wo das *Museum Kunst der Westküste* zu besichtigen ist.

Wir folgen weiter der Beschilderung „Geestrunde" und kommen nach **Nieblum**, in das malerischste Dorf der Insel. Hier können wir rasten, Eis essen, die Kirche St. Johannis mit ihrem alten Friedhof besichtigen und bei Sonnenschein den Schatten der Linden genießen.

Weiter geht es auf dem nicht geteerten **naturkundlichen Lehrpfad**, der kurz hinter dem östlichen Ortsausgang von der Landstraße mit begleitendem Fahrradweg (Markierung „Große Inselrunde") rechts abzweigt. Der Lehrpfad ist nicht mehr perfekt markiert, aber dennoch gut zu finden. Auf zahlreichen Tafeln werden Tiere und Pflanzen erläutert, die an der jeweiligen Stelle häufig zu sehen sind. So mümmelten bei unserer Recherche die Kaninchen fast unmittelbar hinter dem Schild, das sie beschreibt …

Der Pfad passiert den Golfplatz der Insel, führt durch die sandige Geestlandschaft mit einem angepflanzten Nadelwäldchen und stößt schließlich auf die Wyker Straße „Fehrstieg", an der die *Jugendherberge* liegt. Von hier geht es in ein paar Minuten ins Zentrum von Wyk oder zurück zum Hafen.

Lembecksburg: Wie ein erhabener Ring liegt die ehemalige Burg 1 km nordwestlich der Ortschaft *Borgsum* frei in der Landschaft. Diese Burg sollte man sich nicht wie eine Ritterburg mit Zinnen vorstellen; ein 10 m breiter Wall umgibt einen Innenraum von fast 100 m Durchmesser, in den man von Süden durch einen Tordurchlass gelangt. Anfang der 1950er Jahre fanden hier archäologische Grabungen statt, die Tonscherben, Specksteingefäße und Geräte aus Eisen zutage förderten. Die Funde wurden ins 9. und 10. Jh. n. Chr. datiert, womit feststand, dass es sich dabei um Hinterlassenschaften der Wikinger handelt. Unter dieser Siedlungsschicht fanden sich sogar noch Spuren jungsteinzeitlicher Besiedlung. Der Wall selbst ist aber viel jünger, er stammt aus dem 14. Jh. n. Chr. und soll Ritter Klaus Lembeck als Verteidigungsbauwerk gegen den dänischen König Waldemar Atterdag gedient haben, seinen ehemaligen Dienstherrn, mit dem er in Streit geraten war. Nach der Legende hungerten die Truppen des Dänenkönigs Lembeck regelrecht aus, sodass dieser sich ergeben musste. Heute ist aber umstritten, ob Lembeck tatsächlich je auf Föhr war. Der Innenraum der Burg ist übrigens ein beliebter, da windgeschützter Picknickplatz.

Traumhaft sind die Sonnenuntergänge vom Utersumer Deich aus

Westföhr

Utersum

Der kleinste Kurort auf Föhr mit einer Handvoll alter Friesenhäuser liegt am Sandstrand im Inselwesten, ideal für Sonnenuntergänge über dem Meer, die man am besten vom Deich aus beobachtet – von hier ist der Blick auf Sylt und Amrum phantastisch. Zwar ist die Brandung ein bisschen stärker als am Südstrand, doch ist Utersum auch für einen Badeurlaub mit Kindern geeignet. Allzu viel Unterhaltung darf man in dem Örtchen mit seinen reetgedeckten Häusern aber nicht erwarten.

Eine beliebte *Wanderroute* verläuft von Utersum über Hedehusum und Witsum nach Goting (einfache Strecke 5 km) – eine recht abwechslungsreiche Tour, die auch den einzigen Inselfluss, die Godel (s. o., Godelniederung), kreuzt.

● *Information* **Tourist-Information** und Zimmernachweis im Haus des Gastes, Klaf 2 (auf dem Deich), ☎ 04683-346, www.utersum.de.

● *Aktivitäten* **Wind-/Kitesurfen**, auch Kurse. Peter Schaper, ☎ 04681-7471976.

● *Übernachten/Essen & Trinken* **Ferienwohnung Friesenhof**, zwei sehr schöne FeWo am Ortsrand in einem teils 300 Jahre alten, reetgedeckten Hofkomplex, der vor einigen Jahren komplett saniert wurde. Holzfußböden, freigelegte Balken und geschmackvolle Möblierung im skandinavischen Stil charakterisieren die Wohnungen für 2–4 Pers. im Dachgeschoss. Die größere Wohnung 75–90 €, die kleinere 60–70 €,

jeweils inkl. Bettwäsche, Handtücher, Endreinigung; bis 5 Tage Aufenthalt Reinigungspauschale (ca. 1 Tagessatz). Kontakt: Bente Jürgensen, Toftum 215, ☎ 04683-962101, www.friesenhof-utersum.de.

Hotel-Restaurant Zur Post, in einem Teil des Anwesens befand sich bis 1965 das Postamt. Das kinderfreundliche Restaurant (Mi Ruhetag) ist auch bei Einheimischen beliebt. Dienstagabend Friesenmenü mit Krabbenbrot, Kohlpudding und süßer Suppe (reservieren!). Im Nebengebäude 18 unterschiedlich große Zimmer mit Dusche/WC (eines als Familienzimmer geeignet) sowie 5 FeWo für 2–4 Pers. Kleines Hallenbad mit Gegenstromanlage, Sauna, Liege-

Föhr Karte S. 189

wiese. EZ 35–40 €, DZ 60–92 €, HP 11 €. Jaar-denhuug 2, ☏ 04683-96333-0, www.hotel restaurantzurpost.de.

Gasthaus Knudsen, der von außen ein bisschen steril wirkende Familienbetrieb existiert seit 1840; sehr beliebte Küche, et-was altväterlich möblierte Gaststube. Zum Mitnehmen an den Strand gibt's Fischbröt-chen und Räucherfisch. Do Ruhetag. 8 DZ (72–82 €) und 2 EZ (39 €), jeweils inkl. Früh-stück; alle Zimmer mit eigener Dusche/WC und Teppichboden. Boowen Taarep 15, ☏ 04683-308, www.gasthaus-knudsen.de.

Enzos Pesel, klassisch friesische „gute Stu-be" in italienischer Hand, die Karte reicht von Salzwiesenlamm bis Pasta und Pizza; zudem gibt es Eis und Kuchen. Auch Ter-rassenbetrieb. Im Sommer Mi–Mo 12–14 und ab 18 Uhr, Sa erst ab 18 Uhr; im Winter Do–Mo ab 18 Uhr. Baan Taarep 1, ☏ 04683-1463, www.enzos-pesel.de.

Strandcafé & Restaurant im Haus des Gastes, in Bestlage sitzt man hier hinter Wind abweisenden Glasscheiben und ge-nießt den Sonnenuntergang über dem Meer – bei gutem Wetter sind Amrum und Sylt klar zu erkennen. Warme Gerich-te, kalte Snacks und Kuchen zu akzeptab-len Preisen. Im Haus erinnert ein Gedenk-stein an den Fernsehmoderator Hans Ro-senthal, der viele Sommer in Utersum ver-bracht hat. In der Saison tägl. ab 10 Uhr. Klaf 2, ☏ 04683-432.

Inselbäckerei Rosteck, handwerklich geba-ckene Produkte inkl. Knäckebrot und in Do-sen verpacktes Brot. Boowen Taarep 14, ☏ 04683-1071.

St. Laurentii – gewaltige Kirche zwischen drei Dörfern

Das bedeutende Gotteshaus an der Landstraße zwischen Utersum, Süderen-de und Borgsum wurde Mitte des 12. Jh. in der Nähe einer heidnischen Kult-stätte aus Granitquadern errichtet und in späteren Jahrhunderten mit Back-steinen erweitert und modernisiert. Deckengewölbe und Turm sind gotisch, der geschnitzte Flügelaltar stammt aus dem späten 15. Jh., die Kanzel aus dem 17. Jh. und der in Italien angefertigte Rokoko-Taufstein aus dem 18. Jh.; auch der ursprüngliche Taufstein aus dem 12. Jh. ist noch erhalten.

Aufwendig verziert sind die Einrichtungsgegenstände aus der Zeit des Wal-fangs, der Reichtum auf die Insel brachte. Der spätmittelalterliche Flügelal-tar, der vor Ostern und vor Weihnachten geschlossen wird, zeigt neben Jesus und Maria zehn katholische Heilige, darunter den heiligen Laurentius – der Märtyrer wurde im 3. Jh. in Rom auf einem glühenden Rost hingerichtet.

Manch einer mag sich über katholische Heilige in einer evangelischen Kirche wundern. Der Grund für diese Besonderheit ist wohl, dass die Föhrer recht konservativ waren und ihre Kirche nicht an die neue Glaubensrichtung an-passten, als die Reformation 1545 nach Föhr drang. So steht der ehemalige Beichtstuhl, der heute als Logenplatz bezeichnet wird, immer noch am Ende des Querschiffs. Im Vorraum der Kirche hat auch die sog. Konfitenten-Lade die Reformation überlebt, eine Art Kasten, in den die Gläubigen Zettel mit ihrer Anmeldung zur Beichte steckten.

Übrigens hatte die Kirche früher getrennte Eingänge für Männer und Frau-en; wer genau hinschaut, entdeckt an der Südwand der Apsis den zugemau-erten zweiten Eingang. Die Empore über dem Querschiff durfte bis 1940 nur von Männern betreten werden.

In der Apsis liegen Grabsteine aus dunklem Marmor. Darunter sind privile-gierte Gläubige wie Pastor Richard Petri bestattet, der den Walfängern in den Wintermonaten kostenlos Navigationsunterricht erteilt hatte. Die De-ckenmalereien aus dem 17. Jh. im Langhaus, die Jesus in ländlichen Szenen zeigen, wurden 1950 wieder freigelegt. Tägl. 10–16 Uhr.

Uralt sind die Grabsteine rund um die Kirche St. Laurentii

Sehenswert ist auch der **Friedhof** neben St. Laurentii mit seinen „sprechenden" Grabsteinen. Einige erzählen ihre Geschichte mit Worten, andere in Bildern. Eine Föhrer Besonderheit sind die Familiensträuße, stilisierte Blumensträuße auf den Grabsteinen. Eine Tulpe oder Glockenblume stellt ein männliches Familienmitglied dar, eine sternförmige Blüte ein weibliches; dabei symbolisiert die Anordnung der Blumen die Verwandtschaftsverhältnisse. Waren die auf dem Stammbaum verzeichneten Familienmitglieder bereits verstorben, ist der Blütenstiel geknickt. Viele Grabsteine tragen auch seemännische Symbole wie Segelschiffe oder die Kombination von Kreuz, Herz und Anker; häufig sind die Schiffe der verstorbenen Kapitäne dargestellt. Am bekanntesten ist der südöstlich der Kirche gelegene *Grabstein des Walfängers Matthias Petersen*, auch „der glückliche Matthias" genannt: Mit den von ihm geführten Schiffen wurden bis zu seinem Tod im Jahr 1706 fast 400 Wale gefangen.

Oldsum

Das Langdorf, zu dem die Ortsteile Klintum und Toftum gehören, ist ein schönes Ausflugsziel für die ganze Familie, denn hier gibt es einiges zu entdecken. Außer der recht neuen Windmühle aus dem frühen 20. Jh. ist vor allem *Stellys Hüs* (Bushaltestelle Oldsum-Süd) zu nennen, eine einzigartige Kombination aus Kuriositätenkabinett, Mini-Museum, Töpferei und Café, in dem Inhaberin Annetta König auch Handgetöpfertes verkauft. Wer Glück hat, kann ihr bei der Arbeit über die Schulter gucken.

● *Übernachten* **Ferienwohnungen**: Übersicht unter www.oldsum-auf-foehr.de.

● *Essen & Trinken/Einkaufen* **Ual Fering Wiartshüs**, regionale Spezialitäten im „alten Föhringer Wirtshaus" mit Spielecke in der Gaststube. Di Ruhetag. Haus Nr. 141, ✆ 04683-465.

Stellys Hüs, April–Okt. tägl. 11.30–18 Uhr. Nov.–März Mi–So 14–18 Uhr. Haus Nr. 38, ✆ 04683-306.

Amrum

(2200 Einwohner)

Neben Sylt ist Amrum die einzige nordfriesische Insel mit Dünenlandschaft und endlos scheinendem Strand, der auch in der Hochsaison nie überfüllt ist. Schon seit dem späten 19. Jahrhundert ist Amrum ein beliebtes Kur- und Ferienziel, Männern und Frauen ist das gemeinsame Baden aber erst seit 1925 erlaubt.

Doch die Sitten lockerten sich rasch: 1950 wurde der erste FKK-Strandabschnitt auf dem 10 Quadratkilometer großen *Kniepsand* eröffnet, dem breitesten Badestrand Europas. 1901 baute man in Norddorf eine Seebrücke für die vornehmen Badegäste, die damals mit dem Schiff von Hamburg über Helgoland und Sylt anreisten. Der

Willkommen auf Amrum

starken Strömung und dem angeschwemmten Sand hielt die Brücke aber nur kurz stand: Bereits 1909 musste sie ein erstes Mal nach Norden verlegt werden, 1937 ein zweites Mal. Wenige Jahre später wurde das Projekt Seebrücke dann ganz eingestellt.

Amrum, gut 30 km vor dem Festland gelegen, ist mit 10 Prozent bewaldeter Fläche die waldreichste Nordseeinsel. Der gegen die Sandverwehungen angepflanzte Nadelwald bietet Radfahrern und Joggern auch im Winter Windschatten und etwas Schutz vor Niederschlägen. Die Kaninchen, die hier gelegentlich zu sehen sind, wurden im 13. Jh. auf die Insel gebracht und haben sich in der Zwischenzeit zu einer wahren Plage entwickelt. Auf der Ostseite von Amrum wird sogar etwas Landwirtschaft betrieben. Neben Urlaubern beherbergt Amrum auch Kurgäste, vor allem in Norddorf. Gut organisiert sind die ganzjährigen Aktivitäten für Kinder, die in den drei größeren Orten angeboten werden. Doch die Hauptattraktion von Amrum ist bei fast jedem Wetter der Strand, an dem man mit etwas Glück sogar Bernstein findet.

Ein Drittel Amrums besteht aus Sand, genauer gesagt aus dem *Kniepsand*. Die riesige Sandfläche, die die gesamte Westküste der Insel umschließt, ist immer in Bewegung. Wind und Wellen lagern hier Sand von Sylt an, daher wird Amrum jedes Jahr ein Stückchen größer. Erst seit den 1990er Jahren reicht der Kniepsand bis an die Nordspitze der Insel, heute ist er 14 km lang und bis zu 1,5 km breit.

Endlich am Ziel – Fähranleger in Wittdün

Amrum Odde

Hundestrand

Norddorf

Quermarkenfeuer

K n i e p s a n d

Nebel

St. Clemens

Steenodder Kliff

M

Süddorf

Steenodde

FKK und Hundestrand

Großdüne

Hafen

Start/ Ziel

Nordsee

Δ   Δ

Wittdün

FKK

Wriakhörn

Amrum Badeland (Hallenbad)

Dagebüll, Wyk auf Föhr

Insel Amrum

1 km

Amrums Nordspitze, die Odde, wächst von Jahr zu Jahr

Bis vor etwa hundert Jahren war der Kniepsand übrigens eine vorgelagerte Sandbank. Dadurch, dass der Wind den Sand ständig von West nach Ost bläst, ist die Lücke zwischen Kniepsand und Dünenkette heute geschlossen. Ganz im Süden lag bis in die 1930er-Jahre eine Bucht, die als Hafen diente, der Kniephafen. Im Mittelalter gingen die Amrumer Fischer von hier auf Heringsfang, bis Mitte des 19. Jh. lebte hier noch die inzwischen ausgestorbene Europäische Auster.

Das Auto darf man auf die Insel mitbringen, es ist aber nicht nötig, da Amrum auf autolose Urlauber eingestellt ist. Die Insulaner und auch die meisten Feriengäste sind froh über jede Blechkiste, die auf dem Festland bleibt. Insgesamt bietet Amrum, das seine touristische Infrastruktur in den nächsten 20 Jahren komplett modernisieren will, 12.000 Gästebetten. Wer nur kurz und/oder mit kleinem Budget auf der Insel ist, übernachtet am besten in *Wittdün*, hier gibt es einen Campingplatz und eine Jugendherberge. Die günstigsten Pensionen liegen in *Norddorf*, wobei man bei Zimmerpreisen um 50 € (Hauptsaison) meist in recht altmodischen, kleinen Räumen im Haus des Gastgebers wohnt. Bei Spontanreisen im Sommer bleibt oft keine andere Wahl, denn dann ist Amrum so gut wie ausgebucht.

Amrum lebt fast ausschließlich vom Tourismus. Wer ein anderes Berufsziel hat, muss abwandern – so wie die Schüler, die das Gymnasium besuchen wollen, nach Föhr pendeln müssen. Die einzige Amrumer Schule, die 1968 gegründete Öömrang Skuul zwischen Nebel und Süddorf, endet mit der 10. Realschulklasse.

Bernsteinsuche

Bernstein ist Harz von Kiefern, die vor 40 Millionen Jahren in Skandinavien standen. Die Gletscher der vorletzten Eiszeit, der Saale-Eiszeit, schoben den Bernstein dann in Richtung Ost- und Nordsee. Die wertvollsten Stücke enthalten Einschlüsse von Pflanzen oder sogar Insekten. Hobbysucher finden selten große, wertvolle Bernsteinbrocken, doch ein paar kleine Splitter kann jeder finden, der weiß, wann und wo er suchen muss: In Amrum wird Bernstein am Kniepsand angeschwemmt, und zwar im Winter nach Ostwind und anschließendem Südweststurm. Da er leichter als Wasser ist, lagert er sich zusammen mit dem ebenfalls leichten, schwarzbraunen Torf und Treibholz am Flutsaum ab. Zwischen den Holzresten im schwärzlichen Torfbett liegen dann die Bernsteinstückchen. Übrigens gilt das ungeschriebene Bernsteingesetz: Eigentümer ist, wer das Stückchen zuerst in der Hand hält, und nicht, wer es zuerst gesehen hat!

Geschichte

Seit prähistorischer Zeit ist Amrum besiedelt. Damals war die Insel noch viel größer als heute und mit dem Festland verbunden. Die Spuren der steinzeitlichen Bewohner Amrums sind nur noch vom geübten Auge zu erkennen. In der Folgezeit wanderten verschiedene Volksstämme ein und vermischten sich miteinander. 1231 wurde die Insel erstmals schriftlich erwähnt, und zwar im Erdbuch des dänischen Königs Waldemar II. Wie der westliche Teil Föhrs und der äußerste Norden Sylts gehörte Amrum damals zu Dänemark. Die Inselbewohner lebten vom Fisch- und Muschelfang oder von kärglicher Landwirtschaft, etwas Geld verdienten sie sich auch mit der Salzsiederei (→ Geschichte, S. 25). Ab Mitte des 17. Jh. brachte der Walfang Geld auf die Insel, zunächst heuerten die Amrumer auf niederländischen Schiffen an. Echter Reichtum war aber nur für die Kapitäne der Walfangschiffe zu holen. Einigen Amrumer Seeleuten gelang es, zu Schiffsführern zu werden. Bereits Ende des 18. Jh. war das Nordmeer aber so gut wie leer gefischt, der Walfang wurde eingestellt. So romantisch die nautische Vergangenheit heute erscheint, so grausam war sie in der Realität: Viele Seefahrer fanden auf dem Meeresgrund ihr Grab, die Familien mussten hungern.

Tradition hatte auch die Strandräuberei auf der Insel, auf deren Sandbänke nicht selten Handelsschiffe aufliefen. Ohne Mitleid mit den Schiffbrüchigen raubten die Amrumer die Schiffe aus, ein Strandvogt sorgte dafür, dass ein Teil der Beute den rechtmäßigen Eigentümern zurückgegeben wurde und das Ganze damit einigermaßen legal wirkte. Im 19. Jh. änderte sich der Umgang der Amrumer mit den Schiffbrüchigen, die man nun zu retten versuchte, während man die Schiffe barg und – natürlich gegen Bezahlung – reparierte. Bis heute stranden auf den sich ständig verändernden Sandbänken vor der Insel immer wieder Schiffe; das letzte gestrandete Großschiff war die Pallas, die 1998 auf Grund lief und deren Reste bis heute bei Ebbe sichtbar sind.

Gut ausgebaut sind die Spazier- und Wanderwege der Insel

Erst 1890 begann der Badebetrieb auf Amrum, Zentrum war das zu diesem Zweck gegründete Wittdün. Von 1902 bis 1939 zuckelte für die Gäste sogar eine Schmalspur-Eisenbahn über die Insel; der ehemalige Lokschuppen ist erhalten, er steht am Ortsausgang von Wittdün und dient heute als Wohnhaus (Haus Kavegatt). Nach dem Zweiten Weltkrieg setzte allmählich der moderne Tourismus ein, der auf Amrum aber bis heute eher gemäßigt ausfällt.

Information/Verbindungen

● *Information* **AmrumTouristik**, Am Fähranleger, 25946 Wittdün. ℡ 04682-94030, www.amrum.de.
Veranstaltungskalender, Termine und Infos zu Veranstaltungen sowie aktuelle Öffnungszeiten der touristisch relevanten Einrichtungen im wöchentlich erscheinenden kostenlosen Heft *Amrum aktuell.*
Tageszeitung „Der Insel-Bote" mit Veranstaltungstipps für Amrum und Föhr. Urlaubs-Abo unter ℡ 0180-1801010 (3,9 Ct./Min.), www.shz.de.
● *Notfall* **Polizei**: ℡ 04682-96440, Notruf 110.
Krankenwagen: ℡ 04682-995312
Seenot-Rettungskreuzer: ℡ 04682-2004
● *Verbindungen* (**Auto-)Fähre** ab Dagebüll, März–Okt. 7-mal tägl., im Winter nur 3- bis 5-mal. Autoplätze müssen vorab gebucht werden. Zwischenstopp nach 45 Min. auf Föhr, Fahrzeit insgesamt 2 Std. An Bord

gibt es ein schlichtes Restaurant; der Seegang hält sich meist in Grenzen. Oft sind auf den Sandbänken (rechts) Seehunde zu sehen, eindrucksvoll sind auch die Halligen (links). Betreiber der Fährlinie ist die Wyker Dampfschiff-Reederei (W.D.R.), ℡ 01805-080140 (14 Ct./Min.); von den Inseln ℡ 01801-937937, www.faehre.de. Tagesausflug-Ticket hin und zurück 17 € (Kind 6–14 J. 8,50 €).
Bahn: Zunächst bis *Niebüll*. Hier halten Züge der *DB* (IC je Richtung max. 5-mal tägl. ab Hamburg Hbf. und Westerland) und die mit Fahrradabteilen versehenen Züge der *Nord-Ostsee-Bahn (NOB* → S. 28*)*, ab Sylt bzw. Hamburg-Altona jeweils 18-mal tägl., dort umsteigen in die private Niebüller Eisenbahnlinie NEG (→ S. 29). Der Zug der NEG hält direkt am Fähranleger *Dagebüll Mole*. Von Zugankunft bis Schiffsabfahrt sind gut 20 Min. Zeit, was auch für Familien mit kleinen Kindern ausreichend ist.

Wer sich traut, kann das Seegetier auf der Schiffstour mit MS Eilun sogar in die Hand nehmen

Alternative zur Fähre ab Dagebüll ist die Fähre *über Schlüttsiel* (max. 1-mal tägl. nach Amrum; Fahrzeit knapp 3 Std.). Bei Anreise mit der Bahn muss man in Husum oder Bredstedt in den Bus zum Fähranleger Schlüttsiel umsteigen.

Dritte Möglichkeit: Ohne Auto kann man April–Okt. auch mit dem High-Speed-Schiff Adler-Express *ab Strucklahnungshörn (Insel Nordstrand)* anreisen, Fahrzeit 90 Min. (✆ 04842-9000-0, www.adler-schiffe.de). Entweder man lässt das Auto auf dem kostenpflichtigen Parkplatz in Strucklahnungshörn, oder man reist ab Bahnhof Husum mit dem Bus zum Fähranleger (5 Min. Umsteigezeit).

Tages-Kombiticket Amrum pur von NOB: Mit Bahn, Bus und Schiff ab Hamburg, Westerland, Kiel oder St. Peter-Ording sowie allen Unterwegs-Bahnhöfen auf der Insel und zurück für 45,90 € (Kind 27,50 €, Familie 111 €); eingeschlossen ist eine Insel-Rundfahrt auf Amrum. Erhältlich an Fahrscheinautomaten der NOB, an den Reise-Punkten (Verkaufsstellen; häufig in Ladengeschäften oder Reisebüros), im Kunden-Center Niebüll, beim Zugpersonal und unter www.nord-ostsee-bahn.de.

Flugzeug: Die exklusive Form der Anreise; per Flieger nach Sylt und von dort (Hörnum, an der Südspitze) in 45 bzw. 90 Min. mit dem Schiff der Adler-Linie nach Amrum.

Traumhaft gelegen – Campingplatz in den Dünen

Tipp: Da alle Anreise-Varianten (außer der mit dem auf Amrum nicht gern gesehenen Auto) mit Urlaubsgepäck unbequem sind, ist es üblich, das Gepäck etwa eine Woche vor Urlaubsbeginn in die Ferienunterkunft zu schicken (→ Anreise S. 29). Örtlicher Anbieter ist der Amrumer Gepäck & Paket Service, der mit der Deutschen Post zusammenarbeitet und Hin-/Rücktransport organisiert. Auf Wunsch wird auch Gepäck nur vom Schiffsanleger zum Feriendomizil und zurück transportiert. Karin Desplands, Mittelstr. 9, Wittdün. ✆ 04682-2211, www.amrum-service.com.

Inselbus: Die Buslinie der W.D.R. verbindet alle Orte der Insel außer Steenodde. Mitte Juni bis Anf. Sept. im 30-Min.-Takt, sonst stündlich. Preis je nach Strecke um 2 €, Kinder 6–14 J. die Hälfte. Für Vielfahrer lohnt ein Mehr-Fahrten-Ticket bzw. Tages-, Wo-

chen- oder Monatskarte. Keine Fahrrad-Mitnahme! Einige Hoteliers und FeWo-Vermieter holen ihre nicht-automobilen Gäste vom Fähranleger ab.

Taxi: Zu den Fährabfahrtzeiten lange im Voraus reserviert (✆ 04682-2229 oder ✆ 0171-3287237).

Fahrrad: Überall werden Räder vermietet, ein Vermieter befindet sich direkt am Fähranleger (Marcs Fahrradverleih, ✆ 04682-949077). Bei Langzeitmiete ca. 3 €/Tag. Bei manchen Unterkünften sind Leihräder inklusive. Die Radwege sind übrigens perfekt ausgeschildert, zwei Radwander-Routen durchziehen die Insel.

• *Übernachten* Umfangreichstes Angebot an Zimmern und FeWo unter www. amrum.de. Zimmer, FeWo und Ferienhäuser vermittelt auch Amrum Reservierungsdienst, Strandstr. 6, Wittdün, ✆ 04682-19433 oder -94640; www.amrum-reservierung.de.

FeWo in Amrum und Föhr vermittelt www. amrum-foehr.de, ✆ 04681-605. Exklusive FeWo gibt es bei www.amrum.net, ✆ 04682-1212.

Amrum
Karte S. 209

Der junge Ort Wittdün ist keine Schönheit

Wittdün

Hier legen die Schiffe von Föhr und vom Festland an. Zunächst wirkt der Ort am Südende der Insel abweisend durch die massive Schutzwand, die Wittdün vor Unterspülung bewahren soll. Doch ein Stückchen weiter hat sich der 1890 gegründete Ort einige Originalität und Gemütlichkeit bewahrt. Von der langen, erhöht gelegenen Promenade *Wandelbahn* hat man einen phantastischen Blick auf die See und den Kniepsand, an der Inselstraße reihen sich Geschäfte, Restaurants und Cafés aneinander.

Der Ort ist ideal für Familien mit Kleinkindern, denn der Strand fällt hier sehr flach in die brandungsarme See ab. Wer richtig schwimmen will, sollte einen anderen Strand wählen. Wittdün ist das Zentrum des Amrumer Kultur- und Kinderprogramms und daher besonders für Aufenthalte außerhalb der Badesaison zu empfehlen.

*I*nformation/*A*dressen/*A*ktivitäten

● *Information* **Tourist-Information** am Fähranleger. Saison: Mo–Fr 8.30–17.30 Uhr, Sa/So 9–17.30 Uhr; sonst Mo–Fr 9–16 Uhr. ✆ 04682-9434-0, wittduen@amrum.de, www.wittduen.net. Im selben Haus auch Ticketbüro der Fährlinie W.D.R., ein DB-Schalter sowie Schließfächer.

● *Adressen* **Apotheke**, Inselstr. 19, ✆ 04682-1550.

Arzt, Allgemein- und Badeärztin Dr. Kerler, Mittelstr. 39, ✆ 04682-531.

Reinigung und Wäscherei, Mittelstr. 9,

✆ 04682-2211. Münzwäscherei: Inselstr. 54.

Zahnarzt, Drews, Möwenstieg 8, ✆ 04682-2288.

● *Aktivitäten* **Amrum-Badeland**, Meerwasser-Wellenbad (30 °C) und Kinderbecken (34 °C) in der Halle. Saunalandschaft mit beheiztem Dünensand zum Relaxen zwischen den Saunagängen, orientalisches Rasul-Bad und diverse Packungen und Massagen im angeschlossenen Thalasso-Zentrum (im Kurmittelhaus, nur nach Anmeldung). Dort auch Kurse wie Gymnastik und Pilates.

Auch mit Kurkarte noch ein ziemlich teurer Spaß (minutengenaue Abrechnung); z. B. 1 Std. Wellenbad 3,30 €, Kind 2,10 € (ohne Kurkarte das Doppelte!). Ausnahme: So 14–18 Uhr ist Familien-Badenachmittag mit Sauna zum Pauschalpreis von 10 €/Pers. Tägl. mind. 10–18 Uhr. Am Ortsausgang Richtung Nebel. Am Schwimmbad 1, ℡ 04682-943455.

Ausflugsfahrten mit Linienschiffen der W.D.R. z. B. nach Föhr mit Inselrundfahrt; mit Adler-Schiffen nach Sylt (Tickets an Bord oder bei W.D.R.) oder mit Kapitän Bandix Tadsens MS Eilun Sonntag Vormittag zum Fischmarkt nach Föhr, zu den Halligen und Seehundbänken (2-Std.-Fahrt 11 €, Kind 6 €, Familie 31 €); Tickets an Bord, Reservierung: ℡ 04682-2333. Tadsen ist ein Amrumer Original, er erzählt kurzweilig und kinderfreundlich, lässt auch mal ein Kind ans Ruder und fängt zwischendurch Seegetier, das er erklärt.

Badestrand mit Duschen. Dort auch Strandkorbvermietung Jensen, ℡ 04682-2636.

Insel-Rundfahrten mit dem „Insel-Paul", einem an eine Eisenbahn erinnernden Straßengefährt. Vor allem für kleine Kinder ein Spaß. In der Saison tägl. mehrfach ab Fähranleger. Erw. 9 €, Kind 3–11 J. 3,50 €. Alternativ fährt seit einigen Jahren auch die „Insel-Paula", ein Doppeldeckerbus.

Nationalpark-Infozentrum in der Nordseehalle; hier informiert die Schutzstation Wattenmeer über das fragile Ökosystem Wattenmeer. In den Aquarien tummeln sich die wichtigsten Meeresbewohner, es gibt Mikroskope fürs ganz Kleine, Dioramen und Infotafeln. Am Infozentrum starten auch sehr interessante geführte Radtouren; abends Diavorträge usw. Mi–Mo 10–12 und 15–17 Uhr. Mittelstr. 34, ℡ 04682-2718, www. schutzstation-wattenmeer.de.

Nordic Walking mit preiswertem Stockverleih, ab Thalasso-Zentrum am Amrum-Badeland.

Schatzkiste, ganzjährig professionelles Programm für Kinder ab 3 Jahren. Termine im Veranstaltungskalender und bei der Tourist-info. Vor der Nordseehalle.

Wattwanderungen nach Föhr, z. B. mit Andreas Herber (℡ 04682-2175).

• *Einkaufen* **Amrumer Zentralmarkt**, Edeka-Markt mit tägl. Lieferservice (Service: schon von zuhause per Telefon, Fax oder E-Mail bestellen, Lieferung vor Ankunft in die FeWo). Übliches Supermarktsortiment inkl. Drogerieartikeln, Frischfleisch, Backwaren, Obst, Gemüse; gutes Bio-Angebot sowie Spezialitäten regionaler Hersteller, die sich auch als Souvenirs eignen. Fotoservice. Inselstr. 26, ℡ 04682-2340, ℡ 2540, heiko.fred.mueller@t-online.de, www.amrumer-zentralmarkt.de.

Biodüne, der örtliche Bioladen, der ebenfalls ins Feriendomizil liefert. Inselstr. 24, ℡ 04682-1828, www.bio-duene.de.

Buchhandlung Quedens, umfassende Auswahl an Regionalliteratur, plus leichte Kost für den Strandkorb, Kinderbücher etc. Bestellte Bücher sind am nächsten Tag im Laden. Zudem Fotoladen mit Bilderservice, Speicherkarten, Ferngläser usw. Inselstr. 35–37, ℡ 04682-4111, www.quedens.de.

Edeka-Markt Marcussen, übliches Supermarktsortiment, zudem regionale Spezialitäten, Tageszeitungen und frische Backwaren. Inselstr. 18, ℡ 04682-96660, www. sparamrum.de.

Insel-Praline, selbst gefertigte Pralinen, vor allem leckerste Trüffel, Weingummis in maritimen Formen sowie weitere Mitbringsel. Größtes Kaffeesortiment der Insel, das auch im angeschlossenen Stehcafé oder auf der Terrasse genossen werden kann. Dazu gibt's frische Waffeln. Inselstr. 13, ℡ 04682-995400, www.insel-praline.de.

Strandgut, Spielwaren, Bastelmaterial und Schreibwaren – alles, was man für einen Regentag in der Ferienwohnung braucht, außerdem nette Souvenirs und Mitbringsel. Inselstr. 5, ℡ 04682-4113.

Teekontor Langfort, über 300 Sorten Tee, Zucker- und Honigspezialitäten aus aller Welt, geschmackvolle Souvenirs. Inselstr. 13 b, ℡ 04682-542, www.amrumerteekontor.de.

*Ü*bernachten/*E*ssen & *T*rinken/*N*achtleben

• *Übernachten* **Turmhaus**, schon von weitem fällt die gläserne Turmhaube auf, die auf einen abgestorbenen Baum gepflanzt wurde. In den drei angrenzenden Häusern vermietet die friesisch-schweizerische Familie Bissegger-Buda 19 außergewöhnliche FeWo für 2–4 Pers. 4 Saunen stehen für die Gäste bereit. 30–110 €. Mittelstr. 18. ℡ 04682-2652, www.bissegger-buda.de.

Jugendherberge, das Haus in Top-Lage mit Meerblick verströmt noch den Charme der 60er-Jahre. 223 Betten in 4- bis 6-Bett-

Neues Reetdach-Restaurant an der Durchgangsstraße

Zimmern, Ü/F ab 19,20 €/Pers. Geöffnet Mitte Feb. bis Mitte Nov. Mittelstr. 1, ℡ 04682-2010, jh-wittduen@djh.de.

Zwischen Wittdün und dem Leuchtturm liegen zwei Campingplätze im Sand; wer hier zeltet, braucht unbedingt Sandheringe!

Campingplatz, autofreier, sandiger, sehr naturnaher Platz (Unebenheiten!) in Landschafts- bzw. Naturschutzgebiet. Bohlenweg zum nahen Strand, sehr schöne Spielplätze. Über 20 Miet-Wohnwagen. Wohnmobile und -wagen müssen vorab angemeldet werden! Geöffnet Mitte März bis Ende Okt. Familie Schade, Inselstr. 125, ℡ 04682-2254, www.amrum-camping.de.

FKK-Zeltplatz des Deutschen Verbandes für Freikörperkultur (DFK), weitläufiger Platz am Fuß des Leuchtturms in den bewachsenen Dünen. Nur Zelte, auch Mietzelte vorhanden; das Auto muss am Eingang geparkt werden, Gepäcktransport mit Karren. Sanitärgebäude (niedriger Standard) mit Waschmaschinen. Geöffnet Mitte Mai bis Mitte Sept. Inselstr. 127, ℡ 04682-2408, www.fkk-amrum.de.

• *Essen & Trinken* **Restaurant Treffpunkt**, in den 1960er Jahren ein eher anrüchiges Nachtlokal, 1999 rundum modernisiert und heute ein gutes Restaurant, bekannt für seine Fischgerichte, insbesondere Scholle. In der Saison tägl. geöffnet. Mittelstr. 24,

℡ 04682-2087, www.hotel-treffpunkt.de.

Weiße Düne, das Hotel-Restaurant serviert gehobene Küche mit regionalem Einschlag in rustikalem Ambiente; Hauptgericht 10–32 €. Tägl. durchgehend geöffnet. Inselstr. 59, ℡ 04682-94000-0, www.weisse-duene.de.

Heidekate, neues Restaurant etwas außerhalb des Orts, fast schon am Leuchtturm, das mit seinem leuchtenden, mit einem Fischumriss verzierten Reetdach auffällt. Die Terrasse befindet sich leider direkt an der Landstraße. Verfeinerte nordfriesische Küche mit viel Fisch und Lamm. Hauptgerichte 11–19 €. Hauptsaison: tägl. 12–23 Uhr; Nebensaison: 12–15 und 17–22 Uhr, im Winter 12–14 und 17–21 Uhr; Mitte Jan. bis Mitte Feb. geschl. Inselstr. 66, ℡ 04682-96851, www.amrum-heidekate.de.

Seefohrerhus, ebenfalls außerhalb, am Seezeichenhafen; das edle Vereinslokal des Amrumer Jachtclubs steht allen Gästen offen und bietet neben überdurchschnittlicher, mediterran inspirierter Küche traumhaften Hafenblick. Hauptgerichte 10–20 €. Tägl. 11.30–14 und 17.30–22 Uhr, in der Nebensaison Do Ruhetag. Mitte Nov. bis Mitte Dez. geschl. Am Tonnenhafen, ℡ 04682-1451, www.seefohrerhus.com.

Restaurant Strandvogt, norddeutsche Standards wie Fischfilets mit Bratkartoffeln zu gemäßigten Preisen. In der Saison tägl.

11–22 Uhr durchgehend warme Küche, Achtern Strand, ☎ 04682-968841.

Kiosk Kniepsand, traumhafter Blick über Sand und Meer, ein Spielplatz mit Piratenschiff für die Kleinen. Hier bei Kaffee und Kuchen, Eis oder einer deftigen Kleinigkeit à la Currywurst entspannen – das ist Urlaub pur. Geöffnet bei gutem Wetter. Untere Wandelbahn (ganz am Ende), ☎ 0171-1543513.

Kaffeeflut, die Coffeeshop-Kultur hat auch in Amrum Einzug gehalten, hier gibt's aber keine Pappbecher, sondern Tassen und Gläser. Die werden mit allerlei Kaffeespezialitäten oder mit Tee gefüllt; dazu gibt's süße und salzige Snacks, auch Vitaminreiches. Mo–Sa 9–18 Uhr, Dez. geschlossen. Inselstr. 24, ☎ 04682-968865.

Café Pustekuchen, in diesem netten Café kann man im Strandkorb Platz nehmen und genießen; los geht es mit Frühstück, später gibt es Kuchen, kleine Gerichte und Eis. In der wärmeren Jahreszeit tägl. 8.30–20 Uhr, im Winter Do Ruhetag. Inselstr. 41, ☎ 04682-961900.

• *Nachtleben*   **Lustiger Seehund**, echte Bierkneipe mit leichtem Seefahrttouch. Tägl. ab 18 Uhr. Inselstr. 31, ☎ 0152-01593281, www.seehund-amrum.de.

Blaue Maus, Amrums einziger Nachtclub ist eine Bar, die aber auch schon kurz nach Mitternacht schließt. Bier, Cocktails und riesige Whisk(e)y-Auswahl. Ab und zu Livemusik. Inselstr. 107, ☎ 04682-2040, www.blauemaus-amrum.de.

Rundwanderung : Von Wittdün nach Nebel und Steenodde

Die Tour führt von Wittdün zum Leuchtturm, nach Nebel und über Steenodde zurück. Wer den Leuchtturm besteigen will, muss die Tour an Wochentagen gehen und morgens starten: Der Turm schließt um 12.30 Uhr.

Länge/Dauer: ca. 12 km, reine Gehzeit ca. 3 Std. Ab Leuchtturm oder Nebel kann man auch mit dem Inselbus zurückfahren. Der landschaftlich reizvolle Wanderweg an der Ostküste entlang des Steenodde-Kliffs von Nebel nach Wittdün wird im Herbst und Winter immer wieder durch Sturmfluten zerstört. Alternativ gibt es einen ausgeschilderten Rad- und Fußweg durch die Feldflur.

Einkehr: in Wittdün (Strandkiosk am Spielplatz Kniepsand; Picknickplatz am Wriakhörn) in Nebel und Steenodde; Details in den Ortskapiteln.

Start/Parken: Fähranleger Wittdün mit Parkplatz.

Vom **Fähranleger** geht es hinauf zur Promenade *Wandelbahn,* auf dem Weg kreuzen wir die Inselstraße mit einigen Geschäften (Getränke, Sonnencreme, Proviant). Weiter geht es auf der Oberen Wandelbahn, die in den Bohlenweg (Naturlehrpfad mit interessanten Schautafeln) ins Naturschutzgebiet Amrumer Dünen übergeht. Ein Abstecher führt rechts zur Aussichtsdüne mit grandiosem Fernblick. Nach kurzem Weg über die teilweise splitternden Bretter (nicht barfuß laufen!) wird der 1977 künstlich angelegte Dünensee

Der Dünensee Wriakhörn ist ein Vogelparadies

Wriakhörn erreicht; mittlerweile haben sich hier zahlreiche Vogelarten angesiedelt.

Vom Wriakhörn geht es auf dem Bohlenweg weiter zum Campingplatz, den wir rechts umrunden. Der Weg führt

Vormittags zu besichtigen –
Amrums Leuchtturm

ein Stückchen durch den Inselwald, kurz später stoßen wir auf die Landstraße. Auf der gegenüberliegenden Seite verläuft der breite Fuß- und Radweg, dem wir in Richtung Norden (links) folgen. Nach etwa 1 km ist der 1875 erbaute **Leuchtturm** erreicht, der übrigens bis 1952 einfarbig rot war. Vom Leuchtturm (Besteigung April bis Okt. Mo–Fr 8.30–12.30 Uhr) führt der Tanenwai nach Norden (links), an dem auch ein Kinderspielplatz liegt.

Über den Strunwai geht es nach **Nebel**, in dessen Ortskern es einiges zu besichtigen gibt (S. 220f). Auf der historischen Hauptstraße, dem Uasterstigh (Einkehr-Möglichkeiten) geht es Richtung Süden (rechts) zurück in Richtung Wittdün. Bei der Straßengabelung biegen wir links in den Ualaanj, der am Wattenmeer nach Steenodde führt. Wir passieren das **Steenodde-Kliff**, das bei schwerem Sturm immer ein bisschen abbröckelt, passieren Steenodde und können am Restaurant Likedeeler oder am Seezeichenhafen (S. 222f, 216) eine Pause einlegen. Von dort sind es noch ca. 300 m am Ufer entlang zum Fähranleger Wittdün, unserem Startpunkt.

Nebel

Der Ortsname hat nichts mit schlechter Sicht zu tun, sondern bedeutet – wie auch die Ortsnamen Niebüll und Nieblum – „neue Siedlung". „Neu" ist natürlich relativ, doch Nebel wurde wesentlich später als Norddorf und Süddorf gegründet. Der in seinem alten Kern am Wattenmeer bis heute malerische 1100-Einwohner-Ort hat ohne größere Bausünden überlebt und ist auch für Familien ein ideales Urlaubsdomizil. Nebel liegt zwischen Watt und Wald, nur Salzwiesen trennen den Ortskern vom flachen Meer oder (bei Ebbe) grauschwarzen Schlick. Im Wald hat sich eine Kurklinik angesiedelt, zum endlosen Sandstrand läuft man einige Minuten (Strandübergang am Strunwai). Nebel, zu dem die kleinen Nachbarorte Süddorf und Steenodde gehören, ist übrigens das Verwaltungszentrum von Amrum.

Information/Adressen

● *Information*   **Tourist-Information**, in der Saison Mo–Fr 9–17 Uhr, Sa 10–12 Uhr. Postfach 2140/Hööwjaat 1a (im Haus des Gastes im Kurpark neben der Kirche), 25946 Amrum. Hier auch Schalter der Fährlinie W.D.R. ✆ 04682-9430-0, nebel@amrum.de.
● *Adressen/Aktivitäten*   Drei bewachte **Badestrände** mit Spielplätzen, Beachvolley-

Netzen und Grillplätzen; FKK- und Hundestrand. Strandkorbvermietung Randow und
Wruck, ✆ 0170-2949670.

Haus des Gastes, neben Informationen
und Fähr-Tickets bietet das Haus einiges
für Touristen und Einheimische, es gibt
Konzerte, Vorträge, Malkurse und Puppen-
theater-Aufführungen. Bei schlechtem Wetter ist das Haus eine preiswerte Oase mit
Spielen für Kinder, Wickelraum, Leseraum,
WLAN. Auf dem Spielplatz kann der Nachwuchs toben, die Räuberhöhle bietet ganzjährig professionell betreutes Programm für
Kinder ab 3 Jahren, z. B. Basteln, Geschichten erzählen, Spiele drinnen und im Freien,
Ortsrallyes. Saison: Mo–Fr 9–17 Uhr, Sa 10–
12 Uhr; sonst Mo–Fr 9–16 Uhr sowie zu
Abendveranstaltungen. Hööwjaat 1 a.

Stefans Fahrradverleih, inselweite Liefe-
rung/Abholung und Pannenservice. Tägl. 9–
19 Uhr. Postwai 1, ✆ 04682-96262, www.
stefansfahrradverleih.de.

Surfschule Randow und Wruck, nur im Juli/
Aug. ✆ 0170-2949670.

Töpferei-Werkstatt, Frau von Essen stellt
auf der Scheibe geschmackvolle Gebrauchskeramik her, die Rezepturen für die
Glasuren entwickelt sie z. T. selbst. Wechselnde Öffnungszeiten lt. Aushang an der
Werkstatt. Smäswai 24, ✆ 04682-2221.

Zahnarzt, Jahn, Smäswai 4, ✆ 04682-
9614474.

*Alt-Nebel besteht überwiegend
aus Friesenhäusern*

Übernachten/Essen & Trinken/Nachtleben

● *Übernachten* **Friesenhof Kapitän Cornelius Bendixen**, nobles FeWo- bzw. Suiten-
Hotel in drei historisch anmutenden Gebäuden direkt am Wattenmeer. Ein Haus ist
für Nichtraucher reserviert, eines für Familien (Kinderbetten, Geländebuggy, Baby-
phon etc.), die FeWo haben 2–6 Betten.
Ausgestattet im veredelten Friesenstil, fehlt
es hier weder an einer Lounge mit offenem
Kamin noch an Wellnessmöglichkeiten.
Auch an Münzwaschmaschinen wurde gedacht. Bei schönem Wetter wird das Frühstücksbuffet draußen aufgebaut, das *Restaurant Torhaus* serviert in der warmen Jahreszeit norddeutsche Spezialitäten. DZ und
Suiten 81–229 €. Uasterstigh 33, ✆ 04682-
94740, www.friesenhof.net.

*** Hotel-Restaurant Friedrichs, etwa 100
Jahre altes Gebäude, über eine außen an-
gebrachte Wendeltreppe geht es in die geschmackvoll und stilsicher möblierten Zimmer und Suiten. Das ganzjährig geöffnete

beliebte *Restaurant* serviert in historischem
Ambiente solide Hausmannskost aus frischen Zutaten, besonders empfehlenswert
sind die Miesmuscheln. EZ in der Hauptsaison ab 65 €, DZ ab 108 €, Kinderbett wird
kostenlos dazugestellt. Uasterstigh 18,
✆ 04682-94970, www.hotel-friedrichs.com.

Ekke Nekkepenn, das 1999 umfassend renovierte Hotelchen mit 4 Zimmern und 4
Suiten ist nach einem Wassergeist benannt. Der Teppichboden ist für Strandgän-
ger sicher nicht das Optimum, dennoch ist
das Haus durchaus kinderfreundlich. EZ
inkl. sehr gutem Frühstück 50–62 €, DZ 84–
100 €, Suite 96–122 €. Waasterstigh 19,
✆ 04682-94560, www.ekkenekkepenn.de.

San auer Nebel, schöne, ruhige Lage im alten Ortskern – schon von außen ist das
Reetdachhaus der Bremerin Constanze Peters ein Traum. Drei geräumige, sehr geschmackvoll ausgestattete FeWo über zwei
Ebenen und mit Gartenzugang (Liegewiese

Amrum
Karte S. 209

und Teehaus). Im Winter verbreiten Kachelöfen wohlige Wärme. Dieser Luxus hat seinen Preis: 90–180 €/Tag (4–5 Pers.). Krümwai 3, ☎ 04682-72252.

Ferienhaus Helgard, 4 FeWo mit 30–40 m² (2–3 Pers.) in uraltem Friesenhaus mit Reetdach direkt am Wattenmeer. Großer Gemeinschaftsgarten. 40–80 €/Tag, außerhalb der Saison lässt Frau Clausen vor allem bei längeren Aufenthalten über den Preis mit sich reden. Stoltenberag 3, ☎ 04682-232, www.amrum-clausen.de.

Haus Handwerkshüs, 4 individuell gestaltete, recht kleine FeWo für 2–4 Pers. im Haus der Töpferin von Essen. 33–83 €/Tag, bei Kurzaufenthalt teurer. Ganzjährig geöffnet. Smäswai 24, ☎ 04682-2221, www.handwerkshues.de.

Alte Schule, das ruhig gelegene ehemalige Nebeler Schulhaus wurde in den 1990ern

Der Turm von St. Clemens ist erst 100 Jahre alt

umgebaut und bietet 4 FeWo für 2–6 Pers. 29–115 €/Tag plus Endreinigung. Uasterstigh 37, ☎ 040-6033287, www.amrum.sh.

● *Essen & Trinken* **Preesters Hüs**, im altdeutschen Stil möbliertes familiäres Restaurant. Die Karte reicht von Fisch bis Steak, besonders beliebt sind die Miesmuscheln (nur in Monaten mit „r"). Hauptgerichte 10–18 €. Tägl. 11.30–14 und 17–21.30 Uhr, im Winter 17–21 Uhr. Waasterstigh 17, ☎ 04682-995335, www.preestershues.com.

Dörnsk an Köögam, gemütliche friesische Gaststube, in der kleine Gerichte sowie Kaffee, Tee und Kuchen gereicht werden. Ganz unkompliziert und kinderfreundlich, bei schönem Wetter auch draußen auf der Terrasse. Mo–Sa 11–18 Uhr, im Winter nur 12–17 Uhr. Uasterstigh 19, ☎ 04682-2503.

Friesen-Café, schönes Reetdachhaus von 1745; hier kommen die traditionelle Friesentorte, frische Waffeln, Eis sowie Kaffee- und Teespezialitäten mit und ohne Alkohol auf den Tisch. Großes Angebot an Leckereien für Kinder. Ostern bis Nov. und Weihnachten bis Neujahr tägl. 11.30–18 Uhr, Dez. bis vor Ostern Do–Di 13–18 Uhr. Uasterstigh 7, ☎ 04682-96620, www.friesen-cafe.de.

Eiscafé Nautilus, der Name trügt ein bisschen, denn außer Eis gibt es leckerste Blechkuchen und Kaffee in allen Varianten. Schlichte Inneneinrichtung mit viel Holz für die Tage ohne Sommerwetter. April–Okt. tägl. 11–22 Uhr, sonst Sa–Mo 13.30–17.30 Uhr. Waasterstigh 17, ☎ 04682-740.

● *Nachtleben* **Der Weinfriese**, kleine, ganzjährig geöffnete Weinstube mit Tapas-Bar in einem Kapitänshaus. Mitte Feb. bis Okt. und in den Weihnachtsferien Mo–Do 17–23 Uhr. Strunwai 20, ☎ 04682-739, www.weinfriese-amrum.de.

Kniepsandhalle, Disco in der Halle am Strand, es verkehrt ein Disco-Bus ab Wittdün und Nebel, der nachts um 3 und um 4 Uhr die Rückfahrt antritt. In der Saison Sa ab 22.30 Uhr. www.amrumer-party-service.de.

Sehenswertes

St. Clemens: 1236 wurde die heute weiß gekalkte und nachts angestrahlte Kirche mit Reetdach in einer kirchen-untypischen Senke und vom Meer aus nicht sichtbar erbaut. Der Grund dafür war vermutlich die Angst der Amrumer vor Piratenüberfällen: Von der Westseite, an der Schiffe die Insel passierten, sollte keine Siedlung zu sehen sein, Amrum wirkte so wie ein unbewohntes Eiland. Ihren Namen hat die Kirche vom Schutzheiligen der Küstenbewohner, dem römischen Bischof Clemens. Im Innenraum des Kirchleins ist wie so häufig der Taufstein das älteste Stück; er ist so tief, weil früher die Taufe durch Eintauchen des ganzen Körpers vollzogen wurde. Aus dem 15. Jh. stammt das Kruzifix, der Altar aus dem 17. Jh. ist eine Dankesgabe der Gemeinde dafür, dass sie von der zweiten „Groten Mandränke" 1634 verschont blieb. Die Apostelgruppe an der Südwand der Kirche stammt vermutlich aus einer in dieser Flut untergegangenen Kirche. Die drei Kronleuchter (Ende 17. Jh.) stifteten reich gewordene Walfang-Kapitäne. Der überdimensioniert wirkende Kirchturm wurde erst 1908 angebaut; Fotos im Kirchenvorraum dokumentieren den Zustand vor dem Anbau.

Friedhof St. Clemens: Unter Denkmalschutz stehen die 91 bis zu 400 Jahre alten Grabsteine, die von stolzen Kapitänen und ihren Segelschiffen erzählen. Auch die Gräber des Sklavenhändlers Harck Nickelsen und das von Hark Olufs (→ Norddorf, Naturzentrum) sind hier zu entdecken. Leider sind die Grabsteine vom Verfall bedroht, bitte nicht berühren!

Die uralten Grabsteine sind leider vom Verfall bedroht

Heimatmuseum Öömrang-Hüs: Klein, aber fein ist das Museum in einem 1736 erbauten Kapitänshaus. Der Verein Öömrang Ferian (Amrumer Verein) hat hier die Lebensbedingungen einer wohlhabenden Amrumer Familie in vorindustrieller Zeit liebevoll rekonstruiert. Der historische Wohntrakt mit gekachelter Küche, Dörnsk (Wohnstube) und Pesel, der guten Stube für besondere Anlässe, ist auch für Kinder einen Besuch wert. Übrigens wurde in der Wohnstube auch geschlafen, und zwar im Sitzen! Deshalb sind die Alkoven so kurz. Im Dachgeschoss wechselnde Ausstellungen zu heimatkundlichen Themen. Vereinsmitglieder erläutern alles engagiert und kenntnisreich.

Mitte Mai bis Mitte Okt. Mo–Fr 10.30–12.30 Uhr und Mo–Sa 15–17 Uhr; im Winter Mo–Sa 15–17 Uhr. Eintritt frei, um Spenden wird gebeten. Waaswai 1, ☎ 04682-1011, www. oeoemrang-hues.de.

Holländermühle: Am südlichen Ortsausgang thront auf einem Hügel eine voll funktionsfähige Windmühle mit Reetdach, ein sog. Erdholländer. Von 1771 bis 1964 mahlte der Müller hier das Korn der Amrumer, heute beherbergt der frühere Lagerraum ein kleines Museum, das u. a. die Vogelkoje zwischen Norddorf und Nebel thematisiert (→ Umgebung von Norddorf).

April–Okt. tägl. 11–17 Uhr. Eintritt frei, um Spenden wird gebeten. ☎ 04682-872, www. amrumer-windmuehle.de.

Gegenüber der Mühle liegt übrigens der **Friedhof der Heimatlosen**, auf dem die vielen auf Amrum angeschwemmten Toten beigesetzt wurden. Schlichte Holzkreuze mit den Funddaten erinnern an ihr Schicksal.

Umgebung von Nebel

Süddorf

Der auf Friesisch „Sössarep" genannte Ortsteil von Nebel wirkt mit seinem Ponyhof (Reitunterricht für Kinder ab 6 Jahren) und den umgebenden Feldern ländlich-verschlafen. Süddorf wird 1464 erstmals urkundlich erwähnt, und ist damit wesentlich älter als das heute viel bedeutendere Nebel. Einen Laden gibt es nicht, nur einen kleinen Kiosk für das Nötigste.

Essen & Trinken   **Hualewjonken**, traditionelles Kneipen-Restaurant, in dem sich neben Touristen auch Einheimische treffen. Der fast unaussprechliche Name bedeutet übrigens „Halbdunkel" i. S. von Abenddämmerung. Di–So 11.30–14.30/17–23 Uhr, Küche bis 21 Uhr. Uasterstigh, ✆ 04682-4423.

Steenodde

Nettes Mini-Örtchen mit vielen Friesenhäusern, einer Reihe alter Hügelgräber sowie dem Krümwaal, einem fast 2 km langen und etwa 2 m hohen prähistorischen Erdwall, am Ortseingang. An der Landungsbrücke machen die Schiffe fest, die Heizöl und Benzin auf die Insel bringen.

Von Steenodde hat man einen schönen Blick über das Wattenmeer und auf den modernen Seezeichen- und Sportboothafen zwischen Steenodde und Wittdün.

Hier werden Seezeichen, die stark mit Muscheln besetzt sind oder Schaden genommen haben, gereinigt und repariert. Landratten erstaunt oft, wie groß und grellbunt diese sog. Tonnen sind, die die Fahrrinnen für die Schiffe markieren. In der Saison kann man am Hafen im abmontierten Steuerhaus eines alten Kutters Fisch und frische Krabben vom letzten verbliebenen Amrumer Krabbenfischer kaufen (Di–Sa 10–12.30 Uhr).

● *Aktivitäten*   **Islandpferdehof Stianood**, Ausritte am Strand sowie Reit- und Voltigierunterricht. Anmeldung: ✆ 0177-4811807, Stianoodswai 25 f.

● *Übernachten/Essen & Trinken*   **Inselhotel/Restaurant Steenodde**, acht im Jahr 2007 neu gestaltete Zimmer, z. T. mit Blick aufs Wattenmeer. Wellnessbereich mit Sauna, Solarium, Whirlpool, Fitnessraum etc. EZ 34–59 €, DZ 58–118 €. Attraktive Pauschalangebote, HP oder VP empfehlenswert, denn im Restaurant isst man lecker, vor allem Fisch. Wer nicht hier wohnt, kann nach Voranmeldung am Frühstücksbuffet speisen; 8 € inkl. Getränke, Kinder günstiger. Das Restaurant ist auch wegen seines Meerblicks durch Panoramascheiben und des offenen Kamins attraktiv, bei Sommerwetter wird draußen auf der großen Wiese

Überall auf Amrum verbergen sich schöne Reetdach-Häuser

serviert; nachmittags Cafébetrieb. Haupt-gerichte 9–28 €. Tägl. geöffnet, außerhalb der HS Mo Ruhetag. Stianoodswai 17, ✆ 04682-9424-0, www.hotel-steenodde.de.

Likedeeler, seit 20 Jahren gibt es das leicht alternative Restaurant direkt am Watten-meer. Die frischen Zutaten werden liebevoll zu leckeren Gerichten mit regionalem Touch komponiert; umfangreiche Weinkar-

te. Hauptgerichte 13–23 €. Oft voll, 2–3 Tage im Voraus reservieren! Winter: Fr–Mo ab 17 Uhr (Küche bis 21.30 Uhr); Nebensaison Mi–Mo 17–23 Uhr; in der Hauptsaison ab 16 Uhr. Im Winter längerer Betriebsurlaub, in den Weihnachtsferien geöffnet. Stia-noodswai 29 a, ✆ 04682-777 (ab 16.30 Uhr), www.likedeeler-amrum.de.

Norddorf

Das Nordseeheilbad Norddorf hat sich ganz und gar dem Tourismus verschrieben. Hier stehen die meisten Amrumer Hotels, hier gibt es mit dem Strunwai die einzi-ge, wenn auch bescheidene Fußgängerzone der Insel. Wer im Urlaub kurze Wege zum Strand mit seinen Strandkörben und zu wichtigen Einrichtungen sucht, ist hier richtig. Typisch friesisch ist der Ort längst nicht mehr, ein Großfeuer zerstörte 1925 die Hälfte der Häuser. Seitdem sind Reetdächer im Ortskern verboten; nur in den weitläufigen Neubaugebieten am Ortsrand dürfen die Dächer mit Reet gedeckt werden. Von Betonklötzen, wie sie etwa in St. Peter-Ording, Wyk auf Föhr oder in Westerland auf Sylt gang und gäbe sind, blieb Norddorf zum Glück verschont.

Norddorfs nördlicher Ortsteil ist geprägt von mehreren Schullandheimen und Mutter-Kind-Kurheimen, die malerisch in den Dünen liegen. Einige holzverkleidete Bauten der AOK-Nordseeklinik gehen auf das 1890 von Pastor Friedrich v. Bodel-schwingh gegründete Seehospiz, ein christliches Gästehaus, zurück. Hier bekamen arme Menschen die Möglichkeit, am Meer Urlaub zu machen. 1892 eröffnete im damals 40 Häuser kleinen Ort das *Hotel Hüttmann,* das sich zu einem großen No-belhotel entwickelt hat. Familiärer geht es in den kleineren Hotels und Apparte-menthäusern zu. Bis ins späte 19. Jh. war Norddorf übrigens der Hafenort der Insel; dann versandete der Hafen, und Wittdün wurde gegründet.

*I*nformation/*A*dressen/*A*ktivitäten

● *Information*   **Tourist-Information**   mit Schalter der Fährlinie W.D.R. Saison: Mo–Fr 9–17 Uhr, Sa 9–12 Uhr; sonst Mo–Fr 9–16 Uhr. Ual Saarepswai 7. ✆ 04682-9470-0.

Gezeiten: Die aktuellen Zeiten von Ebbe und Flut (Unterschied ca. 2,5 m) sind auf einer Tafel am Strandübergang ange-schrieben. Gezeitenkalender gibt es über-all kostenlos.

● *Adressen*   **Apotheke**,   Lunstruat 7, ✆ 04682-995543.

Arzt, Allgemeinarzt Breymann, Dünemwai, ✆ 04682-1010.

Bücherei in der Tourist-Information; Auslei-he mit Kurkarte kostenlos. Di–Fr 9–12 Uhr.

Fahrradvermietung, Amrumer Fahrrad-center, Lunstruat 3, ✆ 04682-96271. Familie Schau, Nei Stich 7, ✆ 04682-554, www. amrumschau.de.

Internetcafé, Fl@schenpost im Hotel See-

blick (s. u.); dort auch WLAN.

Strandkorbvermietung: Jannen, ✆ 04682-2947, www.strandkorb-amrum.de. Martinen, ✆ 04682-995313, www.amrum-martinen.de. Boyens ✆ 04682-545.

● *Aktivitäten* **Abenteuerland**, Spielscheune in einer alten Sandgrube. Klettergerüste, Rutschen, Trampolins, Autoscooter etc. Mo–Sa 10–18 Uhr, So 12–18 Uhr. Im Gewer-begebiet, ✆ 04682-968664, www.abenteuerland-amrum.de.

Führungen ins Vogelschutzgebiet Amrum Odde, in der Saison Di–So 10 Uhr ab Vogel-wärter-Häuschen des Vereins Jordsand (ei-nige 100 m außerhalb in der nördlichen Ver-längerung der Lunstruat); für Gruppen auch nach Anmeldung: ✆ 04682-2332.

Lollypop, ganzjährig professionelles Pro-gramm für Kinder ab 4 J., hauptsächlich wird gebastelt. Am Strandübergang.

Minigolfplatz, seit 50 Jahren wird zwischen Wald und Dünen im Kleinformat geputtet; daneben liegt der örtliche Tennisplatz. April–Okt. tägl. ab 11 Uhr.

Mini-Kartbahn, direkt neben dem Minigolfplatz, Elektrokarts für Kinder auf dem ehemaligen Skaterplatz.

Reiterhof Andresen, Reit- und Voltigierunterricht, Ponyreiten für Kinder, Strand- und Waldritte. Im Gewerbegebiet, ✆ 0170-9669254.

Segel-/Surfschule, Kurse in Windsurfen, Kitesurfen und Segeln für jeden Kenntnisstand, auch Kinderkurse. ✆ 0160-4276084 oder ✆ 0171-4849316.

● *Einkaufen* **Amrums Drachenland**, Kinderdrachen, Windspiele, professionelle Lenkdrachen. Lunstruat 3.

Buchhandlung Quedens, umfassende Auswahl an Regionalliteratur, dazu leichte Kost für den Strandkorb, Kinderbücher etc. Bestellte Bücher sind am nächsten Tag im La-

den. Zudem Fotoladen mit Bilderservice, Speicherkarten sowie Ferngläser. Strunwai 22, ✆ 04682-4115, www.quedens.de.

Buchhandlung & Galerie im Gemeindehaus, ambitioniertes Projekt von Anke Quedens-Herber, die eine gut sortierte Buchauswahl bereithält. Henershuuch 5, ✆ 04682-2273, www.buecherstube-amrum.de.

Insel-Goldschmiede, Karsten Rickmers arbeitet Strandgut in seine geschmackvollen Schmuckstücke aus Gold, Silber und (Halb-) Edelsteinen ein. Lunstruat 1, ✆ 04682-564, www.rickmers-schmuck.de.

Strandbazar Hinrichsen, touristischer Bedarf von Sonnencreme und -brille über Strandartikel bis zu Mitbringseln. Strunwai (Fußgängerzone), ✆ 04682-2394.

Tee-Handels-Kontor Bremen, frisch gemischte Tees, Früchte- und Kräutertees, dazu Friesengebäck, Pralinen, Liköre und schönes Teegeschirr – hier findet jeder ein nettes Mitbringsel. Oodwai 2, ✆ 04682-659.

Übernachten/Essen & Trinken

● *Übernachten* ****** Hotel-Restaurant Hüttmann**, erstes Haus am Platz mit gehobener Ausstattung und dem besten Restaurant des Orts. Sauna, Solarium, Dampfbad, Kosmetik, kein Schwimmbad. EZ ab 68 €, DZ ab 110 €, in der Hochsaison bis 95 bzw. 190 €, HP 30 €/Pers. FeWo (1–5 Pers.) 50–145 €. Ual Saarepswai 2–6, ✆ 04682-922-0, www.hotel-huettmann.com.

**** Hotel-Restaurant Seeblick, ruhig am Ende der Fußgängerzone gelegen; mehrere recht neue Gebäude, in denen es auch (etwas altbacken möblierte) Suiten und FeWo gibt, teils mit mäßiger Aussicht. In den Zimmern mit Weitblick liegt ein Fernglas zur Vogelbeobachtung bereit. Frisch umgebautes *Restaurant* mit regionaler Küche; bei schönem Wetter wird So Mittag auf der Terrasse gegrillt. Sky Sportsbar im Haupthaus, dort befinden sich auch Schwimmbad, komplett erneuerter Saunabereich und Dampfbad. Gutes Frühstücksbuffet bis 10 Uhr, Langschläfer bekommen bis 16 Uhr (!) ein kontinentales Frühstück. Diverse Arrangements mit Kochkurs, für Hochzeiten etc. EZ ab 68 €, DZ ab 108 €, in der Hochsaison bis 93 € bzw. 168 €, Suite deutlich mehr. Strunwai 13, ✆ 04682-921-0, www.seeblicker.de.

Pension Friedrich Flor, allergikerfreundliche Zimmer und FeWo mit Kaminöfen in 1996 umgebautem Reetdach-Altbau, alle

Zimmer mit geölten Holzfußböden. Friesisch-modern eingerichtet, gesundes Frühstück, kleine Etagenküchen. Ein großer Garten mit windgeschützten Ecken lädt zum Sonnenbaden ein; familienfreundlich. Für den Weg zum Strand sind Bollerwagen vorhanden. Haustiere nicht erlaubt! EZ ab 61 €, DZ ab 109 €, FeWo 99–188 €. Mindestaufenthalt 3 Nächte. Ual Saarepswai 11, ✆ 04682-94310, www.pension-flor.de.

Dorfhotel Ütjkiek, bodenständige, familiäre Nichtraucherpension am Ortsausgang Richtung Amrum Odde. Acht individuell gestaltete Zimmer, gemütlicher Frühstücksraum, eine kleine Teeküche steht für die Gäste bereit; Strandhandtücher werden gestellt! EZ ab 40 €, DZ ab 72 €, 3. Bett möglich. Ual Jaat 4, ✆ 04682-2042, www.uetjkiek.de.

Ual Öömrang Wiartshüs, 10 kleine, aber nette und sehr saubere Hotelzimmer mit Du/WC sowie 2 Suiten. Sauna im Haus. Halb- oder Vollpension empfehlenswert! EZ 53 €, DZ 106 €, jeweils inkl. Frühstück → Essen & Trinken.

● *Essen & Trinken* **Ual Öömrang Wiartshüs**, traditionsreicher, reetgedeckter Gasthof der Familie Decker direkt am Wattenmeer. Schöner Garten, sehr gute friesische Küche (viel Fisch, auch Vegetarisches) zu sehr gehobenen Preisen; Ganzjährig geöffnet. Bräätlun 4, ✆ 04682-836, www.deramrumer.de/ual-oeoemrang-wiartshues.

Oomes Hüs, in „Omas Haus" sieht es wirklich aus wie bei Großmuttern; ob es auch so schmeckt, kann jeder selbst beurteilen. Beliebt ist hier die Seezunge, Hauptgerichte 12–20 €. Tägl. ab 17.30 Uhr, Nov.–Jan. geschlossen. Dünemwai 4, ☎ 04682-2199, www.haus-kiekinsee.de.

Deichgraf, auf der Karte steht viel Fisch, der hier auch in unkonventionellen Kombinationen angeboten wird. Bei gutem Wetter lockt die sonnige Terrasse des unscheinbaren Hauses, von der das Meer zu sehen ist. Hauptgerichte 10–20 €. In der Hauptsaison tägl. 12–21 Uhr, sonst 14.30–17.30 Uhr geschlossen. Lunstruat 9, ☎ 04682-1444.

Hotel-Restaurant Graf Luckner, gutbürgerlich und etwas altbacken möbliert, aber vielgelobte Küche. Auf der Karte stehen nordfriesische, mediterrane und vegetarische Gerichte, die Hotelchef Gunnar Jöns höchstpersönlich zubereitet. Hauptgerichte 9–20 €. Do–Di ab 17 Uhr, Nov. und Jan. geschl. Madelwai 4, ☎ 04682-94500, www.graf-luckner-amrum.de.

Strand 33, modische Restaurant-Café-Bar direkt am Strandübergang, entsprechendes Speisen- und Getränkeangebot; dazu wunderschöner Meerblick. Hauptgerichte 9–17 €. Do–Di ab 11.30 Uhr, Küche durchgehend 12–20 Uhr (im Winter ab Sonnenuntergang geschlossen). Strunwai 33, ☎ 04682-96155, www.strand33.de.

Zum Fischbäcker, an ein Fischgeschäft angeschlossenes Restaurant; eher schlicht, aber gut. Wer keine Flossentiere mag, bekommt auch Fleischgerichte. Im täglich geöffneten Laden gibt es neben Frischfisch auch Fischbrötchen, hausgeräucherten Fisch etc. Hauptgericht 7–20 €. Restaurant

Mo–Sa 11.30–14.30/17.15–20.30 Uhr, Lunstruat 13, ☎ 04682-4364.

Rialto, was wie ein italienisches Restaurant wirken will, ist eigentlich ein indisches. Die Betreiber sind Inder, und so finden sich auf der Karte neben italienischen Standards auch leckere indische Gerichte, die man hier nicht vermutet hätte. Hauptgericht 5,50–22 €. Tägl. 12–22 Uhr. Taft 5, ☎ 04682-4148.

Käpt'n Crêpes, süß und salzig gefüllt sind die hauchdünnen Pfannkuchen, die hier durch ein Minifenster auf die Straße gereicht werden. Manch einer fährt dafür extra von Wittdün nach Norddorf … Von knapp 2 € bis 5 € pro Crêpe ist man dabei. Tägl. ab 13 Uhr, Nov.–März geschlossen. Strunwai 18, ☎ 0171-1451053.

Teehaus Burg, etwas südlich des Orts auf einer Erhebung am Wattenmeer thront die überaus beliebte Teestube; ihr Name erinnert an eine Wikingerburg, die hier gestanden haben soll. Traumhafter Blick übers Wattenmeer, dazu neben Tee auch Kaffee, hausgebackene Kuchen sowie süß und salzig gefüllte Pfannkuchen für max. 9 €. April–Okt. tägl. 15–22.30 Uhr. Boragwai 2, ☎ 04682-2358, www.teehaus-burg.de.

Café Schult, seit 1897 gibt es die Bäckerei und Konditorei am Kurpark, das angeschlossene Café ist gesellschaftliches Zentrum Norddorfs. Bei schönem Wetter sitzt man draußen mit Blick aufs Meer und genießt hausgebackenen Kuchen (tägl. mindestens 50 Sorten!) oder frisch hergestelltes Eis. Am beliebtesten ist die in riesigen Stücken servierte Friesentorte, angeblich die beste auf Amrum. Kinderfreundlich. Im Laden auch Brot und Knäckebrot aus eigener Backstube. Café tägl. 9–18 Uhr. Ual Saarepswai 9, ☎ 04682-2234.

*K*ultur/*N*achtleben

• *Kultur* **Gemeindehaus**, hier finden in der Saison Konzerte von Klassik bis Pop statt. Aktuelle Infos zu den Veranstaltungen in der Tourist-Information. Henershuuch 5.

Kino Lichtblick, anspruchsvolle, täglich wechselnde Filme im winzigen Inselkino; mittags und nachmittags auch Kinderfilme. Triihuk 1, ☎ 04682-96200 (Kartenbestellung ab 15.30 Uhr), www.kino-amrum.de.
Wer nicht in Norddorf wohnt, kann nach der Vorstellung im Sammeltaxi (3 €/Pers.)

nach Hause fahren, Anmeldung vor der Vorstellung an der Kinokasse oder bei Taxi Harksen, ☎ 04682-968730.
• *Nachtleben* **Entenschnack-Bar**, im Hotel Hüttmann; hier werden die spätesten Absacker des Ortes verabreicht. Tägl. bis der Letzte geht. Ual Saarepswai 2–6.

Onerbäänke, gemütliches Raucherlokal im maritimen Stil. Umfangreiche Cocktailkarte. Mi–Mo 18–1 Uhr. Strunwai 7, ☎ 04682-1234, www.neptun-amrum.de.

Naturzentrum des Öömrang Ferian: Die Ausstellung „Auf Sand gebaut" im 2007 stillgelegten Dünenbad informiert über das Leben in den Dünen. Daneben gibt es fünf Aquarien und im Geschoss darüber neuerdings zwei historische Ausstellungen: An den Amrumer Schiffsjungen Hark Olufs, der als Sklave in den Orient verkauft wurde und 1735 als reicher Mann auf die Insel zurückkehrte, erinnert eine kleine Ausstellung, die auch für Kinder geeignet ist. Neben alten Waffen, nachempfundener Kleidung sowie einem Film zum Thema sind auch Olufs' originale Aufzeichnungen zu sehen. Die Ausstellung über den „Koimaan" (Kojenmann) Cornelius Peters und das Leben im Amrum des 19. Jh. zeigt als Glanzstücke den Nachbau eines Kojenwärterhauses und die Wachsfigur des Kojenwärters.

April–Okt. Fr–Mi 10–17 Uhr, Nov–März Mi und Fr–So 12–16 Uhr. Eintritt frei, um Spenden wird gebeten. Strunwai 31, ✆ 04682-1635, www.naturzentrum-norddorf.de.

Umgebung von Norddorf

Schön ist eine Wanderung von Norddorf auf dem Bohlenweg durch die Dünen in Richtung Nebel. Bei Norddorf stehen zunächst noch einige Fichten in den Dünen (Zur Dünenvegetation → Flora & Fauna).

In Richtung Süden nimmt die Höhe der Dünen zu, auf halber Höhe zwischen Norddorf und Nebel steht ein kleinerer *Leuchtturm,* ein sog. *Quermarkenfeuer* (→ Architektur). Von hier führt ein gut ausgeschilderter Bohlenweg weiter zur Vogelkoje in Richtung Nebel, der dabei den Dünenübergang kreuzt. Etwa an der Kreuzung wird der Sand gröber und ist mit Steinen durchsetzt. Dies sind Hinterlassenschaften einer *cimbrischen Siedlung* aus dem 1. Jh. n. Chr., die von Sand überweht und erst vor einigen Jahren freigeblasen wurde. Am Strand, etwa auf Höhe Quermarkenfeuer, fallen einige skurrile Hütten auf, halb Kunstwerk, halb Unterschlupf. Sie wurden aus angetriebenem Strandgut errichtet und sind auf jeden Fall einen Blick wert.

Norddorfer Vogelkoje: Der künstliche Süßwasserteich und das Gesträuch rundherum wurden 1866 angelegt (→ Kasten S. 19). Um die Enten vermarkten zu können, baute man – wie auf Föhr – eine Konservenfabrik, in der bis 1937 fast eine halbe Million Wildenten verarbeitet wurden. Die alte Vogelkoje hat sich heute zu einem netten kleinen Ausflugsziel mit Tiergehege, Kiosk und Spielplatz entwickelt. Eine interessante Ausstellung zum Thema Amrumer Vogelkoje ist im Norddorfer Naturzentrum zu sehen (→ S. 226).

Amrum Odde: Die Nordspitze von Amrum steht seit 1936 unter Naturschutz und darf von April bis August nicht betreten werden. Am Meeressaum aber darf man entlang wandern, ein schöner Spaziergang für Naturliebhaber (Umrundung ab Norddorf ca. 2 Std.). Von der Amrum Odde gibt es auch geführte Wattwanderungen nach Föhr (Termine/Treffpunkt s. Veranstaltungskalender). Allein sollte man sich nicht auf diese Strecke begeben, da sie lang und für Orts- und Wetterunkundige gefährlich ist.

Südsee-Feeling: Sommertag im Wattenmeer zwischen Föhr und Amrum

Direkt am Meer: die Braderuper Heide

Sylt

(21.000 Einwohner)

Mit fast 39 Kilometern Länge und 98 Quadratkilometern Fläche ist Sylt Deutschlands größte Nordseeinsel. Schon ihr charakteristischer Umriss, der auf Tausenden von bundesrepublikanischen Autohecks zu sehen ist, deutet auf die landschaftliche Vielfalt der Insel hin.

Den Norden der Insel bilden der Ellenbogen und das Listland, zwei geschützte Dünengebiete, die nur eingeschränkt betreten werden dürfen. Im Lister Hafen hat das Imperium des Fischkönigs Gosch seine Wurzeln, etwas weiter südlich liegt der bekannte Prominenten-Ort Kampen mit seinen schnieken Reetdachvillen und dem spektakulären Roten Kliff. An der feinsandigen Westküste folgen Wenningstedt und Westerland, die bereits fast zusammengewachsen sind.

An der Wattseite im Osten liegen Munkmarsch und das Bilderbuchdorf Keitum sowie ganz im Osten, auf dem zum Hindenburgdamm führenden Inselzipfel, die sog. Friesendörfer Archsum und Morsum. Etwas südlich vom Inselzentrum ist Sylt nur ein paar hundert Meter breit; in der Nähe dehnt sich das Vogelparadies Rantumbecken aus. Rantum ist ein bemerkenswerter Ort: Hier wird Mineralwasser abgefüllt und im Sommer Kultur geboten. Ganz unten im Süden liegt Hörnum, der einstige Frosch unter den Inselorten, der erst vor kurzem den erlösenden Kuss erhielt.

Baden ist an zahlreichen ausgewiesenen Badestränden möglich – „wild" zu baden dagegen lebensgefährlich: An vielen Strandabschnitten gibt es Unterströmungen, die einen in die offene See hinausziehen. Etwas ganz Besonderes sind die fünf Sylter Strandsaunen, die auch bei kühler Witterung ein erfrischendes Bad in der Nordsee ermöglichen.

Ellenbogen

NSG

Königshafen

Maut

Uthörn

NSG

Listland

List

Blidsel-bucht

Wester-heide

Süder-heidetal

Quermarken-feuer

Uwe Düne

Rotes Kliff

Kampen

Wenningstedt

Braderup

Munkmarsch

Wattenmeer

Westerland

Flughafen Sylt

Keitum

Tinnum

Waadens-Süf

NSG

Trülls-Wrä

Archsum

Morsum

NSG

Osterende

Rantumbecken

NSG

Rantum

Havneby (Rømø)

Rantum

NSG

Hörnum

NSG

Hörnum Odde

Helgoland, Föhr,
Amrum, Hooge

Sylt

1,3 km

In die nationalen Schlagzeilen gerät Sylt fast jeden Winter, wenn sich die Nordsee ein Stück der Insel geholt hat, um es in Amrum wieder anzulagern. Gegen diese Erosion hatte man in den 70er-Jahren Betonelemente im Meer versenkt, die aber mehr Schaden als Nutzen stifteten und deshalb inzwischen überwiegend entfernt sind. Seither spült man jedes Jahr über eine Mio. Kubikmeter Sand vom Meeresgrund vor die Sylter Strände, um die Küstenlinie zu erhalten. Derzeit beherrscht die Windkraft die Diskussionen der Insulaner: Ab 2011 soll 34 km westlich von Sylt in der Nordsee der Windpark Butendiek mit mindestens 80 Windrädern errichtet werden.

Sylts Dünenlandschaft steht unter Naturschutz

Der exotisch klingende Inselname bedeutet übrigens ganz profan „Hering" (dänisch: Sild). Sylt gilt als Schickeria-Insel und das trifft partiell auch zu. Im Sommer machen hier viele Promis Urlaub, feine Hamburger treffen sich zu Gesellschaften wie dem Krebsessen des mit Werbung reich gewordenen Ehepaars Baumann. Die Insel hat die höchsten Immobilienpreise Deutschlands; für eine Doppelhaushälfte in Braderup kann man durchaus vier Millionen Euro hinlegen, in Kampen ist dafür fast das Doppelte fällig! Kein Wunder, dass viele Einheimische Schwierigkeiten haben, ihr Leben auf der High-Society-Insel zu finanzieren. Glücklicherweise bietet Sylt aber auch Ecken ohne überspannte Preise. Viele Tagesausflügler schauen sich ohnehin nur ein paar Stunden um und umgehen so die hohen Zimmerpreise. Doch wer die Insel wirklich kennen lernen will, muss länger bleiben. Günstig übernachten kann man in Jugendherbergen und auf Campingplätzen – Sommertermine müssen aber etwa ein Jahr im Voraus gebucht werden. Die Zahl der Urlauber, die Sylt jährlich besuchen, geht auf eine Million zu – trotzdem finden sich sogar in der Hauptsaison noch einsame Fleckchen.

Geschichte

Sylts sanft gewellte Landschaft entstand in der vorletzten Eiszeit, der Saale-Eiszeit, als die skandinavischen Gletscher hier steiniges und sandiges Material in Form von Moränen ablagerten (→ Geografie und Landschaft). Am Ende der letzten Eiszeit ragten Sylts Hügel aus einer tundraartigen Landschaft heraus, die vor etwa 5000 Jahren von der ansteigenden Nordsee langsam geflutet wurde. Erst seit dieser Zeit ist Sylt eine Insel. Vor etwa 3000 Jahren trug die Nordsee viel von dem eiszeitlichen

Steinzeitliches Hügelgrab bei Keitum

Material ab, schwemmte in der Folge aber auch wieder Sedimente an, so dass die heutige charakteristische Inselform entstand. Die untersten Schichten der höchsten Teile von Sylt sind also eiszeitlich, der Sand der Dünen wurde nach der letzten Eiszeit vom Wind hierher geweht. Den höchsten Punkt bildet die 52 m hohe Uwe-Düne, die eiszeitlichen Schichten sind am 4,5 km langen Roten Kliff zwischen Kampen und Wenningstedt gut zu erkennen.

Anders als der überwiegende Teil Nordfrieslands war Sylt bereits in der Steinzeit besiedelt. Etwa 70 steinzeitliche Großgräber sind hier erhalten, darunter der Denghoog, das größte Ganggrab Schleswig-Holsteins. Die Siedlungen waren immer von der Nordsee bedroht. So verschlang eine Sturmflut im Jahr 1300 das ursprüngliche Wenningstedt, dessen Reste Jahrhunderte lang einen Kilometer vor der Küste zu sehen waren. Der heutige Inselhauptort Westerland wurde erst 1462 erstmals erwähnt; vermutlich ist er die Nachfolgesiedlung des 1436 untergegangenen Dorfs Eidum. 1435 fiel Sylt bei Streitigkeiten zwischen Dänemark, das seit dem Hochmittelalter die Oberhoheit auf Sylt innehatte, und den Schleswiger Herzögen an Schleswig. Nur das Listland blieb dänisch. Damals lebten die Insulaner von Fischfang und Landwirtschaft, im späten 17. und im 18. Jh. auch vom Walfang vor Grönland. Damit kam Reichtum auf die Insel, der bis nach der Blütezeit der Handelsschifffahrt an der Wende zum 19. Jh. anhielt. Damals kleidete man sich in prächtige Trachten aus importierten Stoffen und baute stolze Häuser, deren Räume mit ebenfalls importierten Kacheln dekoriert wurden.

1854 wurde Westerland von einem Arzt zum Nordseebad erkoren – es war die Geburtsstunde des Tourismus auf Sylt. Doch die Reise auf die Insel dauerte lang; die Gäste ließen sich von Husum mit der Fähre übersetzen, die fast einen ganzen Tag unterwegs war. 1866 eröffnete in Westerland das erste Badehaus, in dem warme Wannenbäder in Nordseewasser angeboten wurden. Ins Meer selbst

Karte S. 229

Sylt

wagte man sich aber noch nicht; erst im frühen 20. Jh. staksten die ersten Mutigen in züchtiger Badekleidung ein Stückchen in die See. Inzwischen waren ein Krankenhaus, Wasserleitung und Kanalisation sowie eine Bahnlinie von Hörnum über Westerland bis List gebaut worden, der Tourismus blühte. Der Erste Weltkrieg brachte einen tiefen Einbruch, von dem sich die Insel lange nicht erholte. Bis dahin wurde der Fährverkehr über Munkmarsch abgewickelt; der Festlandshafen fiel 1920 bei einer Volksabstimmung an Dänemark, weshalb ein Damm zum Festland gebaut wurde: Mit der Eröffnung des Hindenburgdamms 1927 konnte man an die glanzvolle touristische Vergangenheit anknüpfen. Der neue Aufschwung stand jedoch im Schatten des nationalsozialistischen Rüstungsprogramms, in dessen Rahmen u. a. das Rantumbecken geschaffen wurde. Im Zweiten Weltkrieg war Sylt – wie im Ersten Weltkrieg – militärisches Sperrgebiet und durfte von inselfremden Privatpersonen nicht betreten werden.

Strandräuber auf Sylt

Wichtigste inoffizielle Einnahmequelle der Insulaner war über Jahrhunderte die Piraterie. Um an die begehrten Schiffsladungen zu kommen, lockte man Schiffe mit falschen Lichtsignalen auf Sandbänke, auf die sie aufliefen. Dann enterten die Räuber die Schiffe, ermordeten die Besatzungen und stahlen alles, was sie an Bord finden konnten. Seit 1667 aber wurden Strandvögte bestellt, die Derartiges verhindern sollten und dem Schutz von Mannschaft und Ladung verpflichtet waren. Nun durfte man nur noch die an den Strand geschwemmte Ladung gekenterter Schiffe einsammeln. Diese wurde dann versteigert, den überwiegenden Teil des Erlöses erhielt der Landesherr, den Rest der Strandvogt, der davon seine Mitarbeiter bezahlte. Erst 1990 wurde auf Sylt das Amt des Strandvogts abgeschafft.

1949 wurde Westerland zum Heilbad, bald fuhren Autozüge über den Hindenburgdamm, und in den 60er und 70er-Jahren baute man Sylt nach damaligem Geschmack um, was nach heutigen Maßstäben einer Verschandelung gleichkam. Heute versucht man geschmackvoller und behutsamer zu bauen, einige Bausünden in Beton sind schon wieder abgerissen. Derzeit stehen auf der Insel etwa 50.000 Gästebetten bereit, der Tourismus ist mit Abstand der wichtigste Wirtschaftszweig. 2009 wurden nach einem Bürgerentscheid die Gemeinden Westerland, Sylt-Ost und Rantum zur neuen Großgemeinde „Sylt" zusammengelegt. Damit hat die Insel nur noch fünf Verwaltungseinheiten: die Gemeinden List (2500 Einwohner), Kampen (600 Einwohner), Wenningstedt-Braderup (1500 Einwohner), Sylt (15.500 Einwohner) und Hörnum (1000 Einwohner).

Information/Verbindungen

• *Information* Zentrale Nr. für Sylt: ☎ 04651-8202-0. www.sylt.de.

• *Verbindungen* **Bahn**: Auf die Insel geht es nur per Bahn (DB und NOB → Anreise, S. 28), Schiff oder Flugzeug. Wer partout sein Auto mitnehmen muss, benutzt ab Niebüll die **Autoverladung** Sylt-Shuttle der Deutschen Bahn. Fahrzeit 35 Min., max. 60 Züge/Tag. Mindestens 20 Min. vor Abfahrt muss man am gut ausgeschilderten Terminal sein. Bis zur Abfahrt und während der Fahrt muss man im Wagen sitzen bleiben! Für kurze Aufenthalte ist es oft preiswerter, auf der Insel ein Auto zu mieten. Fahrpreis hin/zurück 83 € nur für's Auto; ☎ 01805-934567, www.bahn.de/syltshuttle.

Dieses Kunstwerk begrüßt Bahnreisende unmittelbar nach der Ankunft

Tagesausflug: Ein besonders preisgünstiges Angebot für einen Tagesausflug ab einem beliebigen Bahnhof der Nord-Ostseebahn zwischen Hamburg, Kiel und St. Peter-Ording macht die NOB: Max. 4 Pers. zahlen für Hin- und Rückfahrt per Bahn und einen Syltcar-Mietwagen auf der Insel 75 € (Mindestalter des Fahrers: 21 J.). ☎ 01802-252820, www.syltcar.com.

Autofähren verkehren je nach Saison 2- bis 8-mal tägl. von Havneby im Süden der dänischen Insel Rømø. Pkw inkl. Pers. hin/zurück ab 64 €. ☎ 0180-3103030 (9 Ct./Min.), www.syltfaehre.de.

Personenfähren fahren in der Saison 1-mal tägl. von Föhr und Amrum (Fahrzeit 2½ bzw. 1½ Std.); zudem fährt tägl. ein Schnellschiff von Nordstrand nach Hörnum (Fahrzeit 2½ Std.). ☎ 04842-9000-0, www.adlerschiffe.de.

Flugverbindungen gibt es je nach Saison mit Air Berlin von Berlin-Tegel, Düsseldorf, München und Stuttgart (www.airberlin.com), mit Tuifly von Köln/Bonn und Stuttgart (www.tuifly.de) und mit Lufthansa von Düsseldorf, München und Stuttgart (www.lufthansa.com).

Auch von Wien und Zürich (jeweils mit Umsteigen, meist in Düsseldorf) ist Sylt aus der Luft erreichbar, von Graz mit Umsteigen in Kopenhagen.

Die Sylter sind vom rasant wachsenden Flugverkehr nicht begeistert, der Lärm stört auch einige Gäste. Infos und Buchung ☎ 0180-5920612 (14 Ct./Min.). Flughafen ☎ 04651-920612, www.flughafen-sylt.de.

Taxi: Die *Funktaxi-Zentrale* ist kostenlos unter ☎ 0800-4775555 zu erreichen, die Fahrt vom Bahnhof Westerland nach Rantum kostet ca. 12 €, nach List etwa 20 €.

Bus: Vom ZOB in Westerland (am Bahnhof) fahren die Busse der Sylter Verkehrsgesellschaft in jahreszeitlich wechselnder Taktfrequenz alle Inselorte an; für Fahrräder ist in speziellen Aufbauten am Heck viel Platz. Sylt ist in 10 Tarifzonen eingeteilt; einfache Fahrt 1,60–6,40 € je nach Strecke, Fahrräder kosten den vollen Fahrpreis. 3-Tages-Karte 21,20 €, Familien-Tageskarte 18,60 €, zudem diverse Wochen- und Monatskarten. ☎ 04651-83610-0, www.svg-sylt.de.

Adressen/Übernachten

• *Adressen*
☎ 04651-7210.
Arzt: Auf Sylt gibt es Ärzte aller Fachrichtungen und mit der Asklepios-

Apotheken-Notdienst:

Nordseeklinik (☎ 04651-84-0) auch ein Krankenhaus.
Ärztlicher Notdienst: Mo–Fr 20–22 Uhr, Sa/So 10–13 und 17–21 Uhr, ☎ 01805-119292.

Radtour von Nord nach Süd durch ganz Sylt

Am besten nach der jeweiligen Windrichtung ausgerichtet, radelt man ohne störenden Autoverkehr auf der 1970 stillgelegten Bahntrasse der „rasenden Emma" zwischen List und Hörnum, heute ein fein geschotterter Rad- und Fußgängerweg. Sind Kinder dabei oder verschlechtern sich Wetter oder Kondition, kann man nach einer Teilstrecke in den Inselbus mit Fahrradträger umsteigen (max. 5 Räder, die selbst aufgeladen werden müssen und den vollen Fahrpreis für max. 4 Zonen kosten). Es gibt viele Haltestellen und entsprechende Querverbindungen vom Radweg zu den Bus-Wartehäuschen, in denen der Fahrplan aushängt. Strecke insgesamt ca. 35 km.

Autovermietung: Neben Avis, Europcar und Sixt sind in Westerland auch lokale Vermieter präsent: *Autohaus Rosier* (✆ 04651-339120), *Fun Car* (✆ 04651-4549-0) und die Tochter der Adler-Schiffe *Sylt-Car* (ab 44 €/Tag; ✆ 01802-25282-0, www.syltcar.com).

Fahrradvermietung: Größter Vermieter ist *M+M* mit Filialen in fast jedem Inselort. Adressen s. Ortskapitel.

Internet, Terminals in den Büros der Tourist-Information sowie Hotels, Pensionen, Jugendherbergen etc.
Wesentlich weiter verbreitet ist WLAN; alle Hot-Spots auf Sylt unter www.syltwlan.de.

Tierarzt: Ein Arzt in Wenningstedt (✆ 04651-886033) und drei in Tinnum (✆ 04651-995303, -35677 und -995303). Notruf ✆ 0173-6109226.

Veranstaltungsprogramm: *TV Sylt*, 14-tägig erscheinendes kostenloses Heft mit Veranstaltungskalender und TV-Programm.

● *Übernachten* Im Internet gibt es neben www.sylt.de mehrere kommerzielle Seiten, die Ferienwohnungen und -häuser auf Sylt anbieten, meist mit detaillierten Angaben und Fotos zu Möblierung, Ausstattung, Extras etc. Beispiele:
www.mein-urlaub-auf-sylt.de, inselweites Angebot, ✆ 04651-8891617.
www.rose-rose.de, exklusive Appartements; Stiindeelke 2, Rantum, ✆ 04651-28291.
www.hussmann-sylt.de, FeWo und Häuser auf Zeit; Andreas-Dirks-Str. 14, Westerland, ✆ 04651-836330.
www.flemming-sylt.de, Appartement-Vermietung, Andreas-Dirks-Str. 8, Westerland, ✆ 04651-7700.
www.wiking-sylt.de, 270 FeWo in Westerland; Steinmannstr. 7–9, Westerland, ✆ 04651-830-01.

Auf der alten Bahntrasse radelt man autofrei über die ganze Insel

Hauptanziehungspunkt ist der feinsandige Strand

Westerland

(7000 Einwohner)

Die Inselhauptstadt ist bequem per Bahn zu erreichen und bietet die meisten Gästebetten auf Sylt – für jeden Geldbeutel ist etwas dabei. In der kleinstädtischen Fußgängerzone in der *Friedrichstraße* und der *Strandstraße* kann man einkaufen und essen, auch ein bisschen Nachtleben bietet Westerland. Vor allem im Sommerhalbjahr ist auch kulturell einiges geboten; ganzjährig ist das Kino geöffnet. Daneben hat Westerland natürlich alles, was man sich von einem Seebad erwartet: Kurpromenade mit Zugang zum schönen Badestrand, Wassersportmöglichkeiten aller Art, Konzertmuschel, Therme ... Insgesamt ein idealer Urlaubsort für alle, die kurze Wege zur touristischen Infrastruktur schätzen, sowie das klassische Ziel der Tagesbesucher.

Architektonisch ist das Städtchen arg zusammengewürfelt; neben etwas verbliebener Bäderarchitektur aus dem späten 19. und frühen 20. Jh. ist hier noch viel Beton aus den 1960ern und 70ern zu sehen. Rund um die St.-Niels-Kirche haben einige alte Friesenhäuser den Umbau der Stadt zum Touristenzentrum überlebt.

Achtung, Möwen!

Das Möwen-Füttern vergangener Jahre hat vor allem an der Westerländer Strandpromenade und in der Fußgängerzone zu einem beispiellosen Missstand geführt: Die Vögel haben keinerlei Scheu mehr vor Menschen und versuchen, ihnen Essen wie Brötchen oder Eiswaffeln aus der Hand zu reißen. Besonders gefährdet scheinen Kinder zu sein, vor denen die Möwen besonders wenig Respekt haben. Ratsam ist es, die Happen nah am Körper unterhalb des Kopfes zu halten und kleine Kinder am besten gar nicht im Freien essen zu lassen. Inzwischen hat Westerland ein Möwen-Fütter-Verbot erlassen. Besucher sollten auch darauf achten, kein Essen offen herumliegen zu lassen (Vorsicht bei offenen Taschen!) und immer die Abfalleimer zu schließen.

Karte S. 229

Sylt

Übernachten

1 Appartementhaus Linderhof
4 Hotel Stadt Hamburg
18 Haus Noge
19 Long Island House
20 Landhaus Sylter Hahn
22 Jugendherberge mit Zeltplatz 'Dikjen Deel'
23 Dünen-Camping

Essen & Trinken

2 Restaurant Schneckenhaus
5 Mariso
6 Blums Seafoodbistro/ Restaurant
8 Pablito
10 Münchner Hahn
13 Bistro Campo Sylt
14 Ingo Willms
15 Vinothek im Weinhaus Schachner
17 Hotel-Restaurant Jörg Müller
21 Reiner's Osteria

Cafés

13 Café Campo Sylt
16 Cohibar

Nachtleben

2 Weinbar Schneckenhaus
3 Teehaus Ernst Janssen
7 Kinowelt
11 Gosch's Kneipe
15 Vinothek im Weinhaus Schachner
16 Cohibar

Einkaufen

3 Teehaus Ernst Janssen
9 Drachenhöhle
12 Badebuchhandlung

Westerland

150 m

*I*nformation/*A*dressen/*A*ktivitäten

• *Information* **Tourist-Information**, Mo–Do 9–17 Uhr, Fr 9–14 Uhr. Strandstr. 32, 25980 Westerland. ✆ 04651-998-0, -351, www.westerland.de.

• *Adressen* **Badebuchhandlung (12)**, kenntnisreich geführtes Fachgeschäft mit guter Auswahl. In der Saison ab und zu Lesungen und Buchvorstellungen. Friedrichstr. 7, ✆ 04651-22609, www.badebuchhandlung.de.

Drachenhöhle (9), Zubehör für alle Drachen-Sportarten. Friedrichstr. 6, ✆ 04651-929790, www.drachenhoehle-sylt.de.

Fahrradvermietung, mehrere Anbieter, z. B.: *M+M*, Auf dem Bahnsteig (✆ 04651-5803); *VeloQuick*, Kirchenweg 13 (✆ 04651-21506, www.veloquick.de, auch Bringservice; *Leksus*, Lorens-de-Hahn-Str. 23, Bismarckstr. 9, Norderstr. 42 (✆ 04651-835000, viel Zubehör; auch Bring- und Holservice). Rad ab 7 €/Tag.

Hilfsmittel-Vermietung, Rollstühle (auch für den Strand), Haltegriffe, Gehhilfen etc. im Sanitätshaus Krämer, Strandstr. 22–26, ✆ 04651-22278, www.medic-rent.de.

Kinderzubehör-Vermietung, Strandbuggies, Babybetten, Babytragen etc. im Babyhaus, Kjerstr. 17 b (✆ 04651-8892977) oder bei Harlekin, Strandstr. 6–8 (✆ 04651-201136).

Teehaus Ernst Janssen (3), der umtriebige Janssen organisiert in seinem hervorragenden Fachgeschäft jeden Mo ab 19 Uhr Teeseminare, Di ab 20 Uhr Kleinkunst-Veranstaltungen sowie sporadisch Literaturtees. Anmelden! Saisonal wechselnd geöffnet. Strandstr. 28, ✆ 04651-299811, www.teehaus-janssen.de.

Wochenmarkt Sa 8–13 Uhr. April–Okt. auch Mi 8–13 Uhr.

• *Aktivitäten* **Confetti Kinderclub**, betreutes Spielen für die Kleinen. April–Okt. 9–18 Uhr, Nov.–März 10–17 Uhr. Gaadt 31, ✆ 04651-44225.

Insel-Rundfahrt, ab Bahnhof tägl. mit einem Doppeldecker-Bus der Sylter Verkehrsgesellschaft. Dauer gut 3 Std., zwei etwa 20-minütige Aufenthalte in List und Hörnum. Der Osten von Sylt wird nur gestreift. Abfahrtzeiten: Feb.–Nov. 14 Uhr, Dez./Jan. 13 Uhr (15 €, Kind 10 €). Zusätzlich 2-stündige Tour März–Nov.; Abfahrt 11 Uhr (13 €, Kind 10 €). Tickets im Pavillon am Bahnhof, Restkarten im Bus. ✆ 04651-83610-0, www.svg-sylt.de.

Joggen, Nordic Walking: Joggen ist gut am Strand möglich, wenn man die leichte Neigung des Sandes zum Wasser hin toleriert. Ansonsten auf den Wanderwegen, die auch von Walkern gern genutzt werden. Auf Sylt sind insgesamt 220 km Nordic-Walking-Strecken ausgeschildert, von leicht (blaue Markierung) bis schwer (schwarze Markierung).

Kajaks, angeblich so gut wie unsinkbare Kunststoffkanus in Leuchtfarben vermietet die Surfschule am „Sportstrand" nördlich der Promenade, Brandenburger Str. 15, ✆ 04651-27172, www.sunsetbeach.de.

Luckys Bowling Center, auch Kegeln, Dart, Billard etc. sowie eine spezielle Bowlingbahn für Kinder. Tägl. 14–24 Uhr. Industrieweg 10, ✆ 04651-986898, www.luckys-sylt.de.

Marine Golf-Club Sylt, von den britischen Besatzern in Flughafennähe angelegt, 1978 in zivile Hand übergeben und 2006 auf 18 Bahnen erweitert. Das neue Clubhaus zieht auch Nicht-Golfer an, die hier ausgezeichnet essen können. Flughafen 69, ✆ 04651-927575, www.sylt-golf.de.

Minigolf am Aquarium, Gaadt 33, ✆ 04651-8362522.

Sylt-Aquarium, 25 Becken, die beiden größten sind durch gläserne Tunnels auch von innen anzusehen. Hier schwimmen Nordseebewohner wie kleine Haie und Schweinswale, aber auch exotische Kiemenatmer aus tropischen Meeren. Auch ein kleines Korallenriff ist nachgebaut. Tägl. 10–18 Uhr. Kombiticket inkl. inselweiter Busanreise 14,50 €, Kind 11,90 €, Familie 39,90 €. Gaadt 33, ✆ 04651-8362522, www.syltaquarium.de.

Sylter Welle, Freizeitbad in herrlicher Dünenlage direkt am Meer. Diverse Meerwasserbecken mit und ohne Strömung und Wellen, ein Außenbecken, Whirlpool und riesige Kinderzone mit drei großen Wasserrutschen (bis 120 m!), Spielschiff und Planschbecken. Dazu Innen- und Außen-Saunen, Liegedeck, Strandkörbe. Angeschlossen ist ein *Restaurant*. Tägl. 10–22 Uhr. Kombiticket inkl. inselweiter Busanreise 16,50 €, Kind 10 €, Familie 31,50 €. Strandstr. 32, ✆ 0180-5009980 (14 Ct./Min.), www.westerland.de.

Syltness Center, Angebote von Wellness über Thalassotherapie bis Kinderschwimmen und Fitnessprogramm – auf dem

Karte S. 229

Sylt

4500 m²-Areal neben der Sylter Welle gibt es alles. Dr.-Nicolas-Str. 3, Infos und Buchung: ✆ 0180-5009980 (14 Ct./Min.), www.westerland.de.

Villa Kunterbunt, Kinderprogramm für alle von 3 bis 13, besonders beliebt ist der Pira-tentag. April–Okt. Mi ab 11 Uhr. Nördliche obere Strandpromenade, ✆ 04651-998275.

Wind- und Kitesurf-Kurse, auch für Kinder, in der Surfschule am „Sportstrand" nördlich der Promenade. Brandenburger Str. 15, ✆ 04651-27172, www.sunsetbeach.de.

Übernachten (siehe Karte S. 236)

In den Hotels mit Meerblick wie dem Dorint Strandhotel und dem kürzlich renovierten Miramar (kleine Zimmer!) beginnen die Einzelzimmerpreise in der Saison bei 200 €. Etwas preiswerter ist das **** Monbijou, ein Betonkasten mit etwas antiquierten Zimmern. Aber es gibt Alternativen:

Hotel Stadt Hamburg (4), feines Hotel im englischen Stil mit großem Garten mitten in Westerland. Dem zahlungskräftigen Gast stehen 48 Zimmer und 24 Suiten offen, Entspannung findet er im erstklassigen Wellness-Bereich. EZ 104–194 €, DZ 168–268 €, Suite 318–398 €. Strandstr. 2, ✆ 04651-858-0, www.hotelstadthamburg.com.

Long Island House (19), kleines Nichtraucher-Hotel, das seit 2005 existiert – von außen unscheinbar, im Innern voll edlen Understatements. Mit den Gastgebern wohnt man hier unter einem Dach, das sorgt für persönlichen, flexiblen Service. Alle 10 Zimmer mit CD-Player und WLAN. Hervorragendes, maritimes Frühstücksbuffet. EZ 96–116 €, DZ 156–196 €, Suite 196–226 €. Eidumweg 13, ✆ 04651-9959550, www.sylthotel.de.

**** **Landhaus Sylter Hahn (20)**, Hotel im Landhausstil mit Wellnessbereich: Innenpool, Sauna, Dampfbad, Solarium, Kosmetik. Neben geräumigen Zimmern (einige mit Terrasse) gibt es auch 2- und 3-Zimmer-Appartements, teils mit offenem Kamin. Grandioses Frühstück mit viel Frischem. EZ 65–95 €, DZ 85–230 €, jeweils inkl. Frühstück. App. 80–205 €, Wäsche und Endreinigung extra, Frühstück auf Wunsch (15 €/Pers.). Ganzjährig geöffnet. Robbenweg 3, ✆ 04651-9282-0, www.sylter-hahn.de.

Appartementhaus Linderhof (1), 10 gepflegte 1- bis 2-Zimmer-Appartements für 2 Pers. mit voll eingerichteter Küche in Reetdachhaus aus dem 18. Jh. Wintergarten, Außenschwimmbad, Liegewiese mit Liegen und Strandkörben. 70–120 € inkl. Wä-sche und Leihfahrrädern. Wenningstedter Weg 4, ✆ 04651-7776, www.linderhof-sylt.de.

Haus Noge (18), die kleine Pension in einem schönen Haus von 1897 steht seit 2007 unter neuer Leitung; derzeit wird behutsam modernisiert und mit frischem Farbkonzept umgestaltet. Das DZ im Balkon hat ein eigenes Bad auf dem Flur, alle anderen Zimmer mit Dusche/WC. EZ 55–65 €, DZ 85–95 €, jeweils inkl. Frühstück. Ganzjährig geöffnet. Dr.-Ross-Str. 31, ✆ 04651-92860, www.haus-noge-sylt.de.

Jugendherberge & Zeltplatz Dikjen Deel (22), schulartiges Gebäude mit einem großen Schlafsaal und 4- bis 6-Bett-Zimmern, angeschlossen ist ein spartanischer Jugendzeltplatz für 270 Pers. Ü/F ab 20,10 €/Pers., ab 2 Nächten muss man VP buchen (ab 26 €). Bushaltestelle in unmittelbarer Nähe. Ganzjährig geöffnet, außer Weihnachten. Fischerweg 36–40, ✆ 04651-8357825, jh-westerland@djh.de.

Dünen-Camping (23), leicht abschüssiger Platz in schöner Lage südlich des Orts unmittelbar hinter den Dünen (50 m zum Meer). Zelte können in einem naturbelassenen Dünental aufgebaut werden, das Auto wird separat geparkt. Mietwohnwagen vorhanden, auch Kurzaufenthalt möglich (frühzeitig reservieren!). Supermarkt und Gastronomie, Sanitärgebäude mit Waschmaschinen, Trockner und Wickeltisch; Abenteuerspielplatz, Fahrradvermietung etc. Geöffnet Mitte März bis Ende Okt. Rantumer Straße, ✆ 04651-836160, www.campingplatz-westerland.de.

Essen & Trinken/Nachtleben (siehe Karte S. 236)

● *Essen & Trinken*   **Hotel-Restaurant Jörg Müller (17)**, Müller ist einer der zahlreichen Sterneköche der Insel. Im edlen Rahmen werden hier überschaubare Gerichte ser-viert, drei bis vier Gänge benötigt man zur Sättigung mindestens. Hauptgerichte um 50 €, 6-gängiges Menü 118 €. Preiswerter isst man im „Pesel", hier kostet das 4-Gang-

Seit 2009 ist Westerland keine eigenständige Gemeinde mehr, sondern Teil der Großgemeinde „Sylt"

Menü 58 €, Hauptgericht um 20 €. In der Saison rechtzeitig reservieren! Restaurant Di–So 18–23 Uhr, Pesel Mi–So 12–14 und 18–23 Uhr. Süderstr. 8, ☎ 04651-27788, www. hotel-joerg-mueller.de.

Ingo Willms (14), preislich sehr akzeptabel ist der täglich wechselnde Mittagstisch, der im modernen Hochklasse-Restaurant serviert wird. Separater Raucherbereich. Abends kosten die erlesenen Hauptgerichte 15–28 €, 3-Gang-Menü 29,50 €; umfangreiche Weinkarte. 12–15 und 17.30–22 Uhr. So Ruhetag. Elisabethstr. 4, ☎ 04651-995282, www.willms-sylt.de.

Restaurant und Weinbar Schneckenhaus (2), in nostalgischem Ambiente gibt es Schnecken in allen Variationen sowie Fleisch- und Fischgerichte. 20 offene Weine, große Auswahl an Flaschenweinen. Mi–Mo ab 17 Uhr. Norderstr. 6, ☎ 04651-23275.

Reiner's Osteria (21), familientaugliches italienisches Restaurant. Besonders empfehlenswert sind neben Pasta in allen Variationen die Fischgerichte. Langschläfer-Frühstück 12–17 Uhr, Pizza um 10 €, Fisch- und Fleischgerichte um 20 €. Tägl. ab 12 Uhr. Fischerweg 32, ☎ 04651-29819, www.reiners-osteria.de.

Mariso (5), Bernd Gröninger serviert in seinem Bistro-Restaurant solide Fischgerichte, am Wochenende ganzen Fisch vom Grill.

Bezahlbar. In der Saison tägl. 12–23 Uhr, sonst tägl. 17–22 Uhr. Paulstr. 10, ☎ 04651-299711, www.mariso.de.

Blums Seafoodbistro/Restaurant (6), das Stammhaus des Blumschen Imperiums, das die beiden Freiburger Brüder seit den 70er Jahren auf Sylt aufgebaut haben. Frischer Fisch, große Salatbar, umfangreiche Weinkarte – alles, was der klassische Westerland-Urlauber erwartet. Mittleres Preisniveau. Neue Str. 4, ☎ 04651-29420, www. blums-shop.de.

Pablito (8), angenehme Tapas-Bar (ein Ableger des Mariso), in der neben kalten und warmen Häppchen auch Suppen, Kartoffelgerichte und Salate serviert werden; auf Bestellung auch Paella (ab 4 Pers.). Tägl. 17–24 Uhr, Paulstr. 6, ☎ 04651-299712, www. pablito-sylt.de.

Bistro-Café Campo Sylt (13), Frühstück, kleine Mittagsgerichte, Blechkuchen und Abendkarte, dazu sky-Sportsendungen. Tägl. ab 9 Uhr. Friedrichstr. 2, ☎ 04651-31060, www.campo-sylt.de.

Münchner Hahn (10), Schnellimbiss für Hähnchen und Pommes, die Alternative zur Sylter Edelgastronomie. Tägl. ab mittags geöffnet. Friedrichstr. 23, ☎ 04651-24269.

Vinothek im Weinhaus Schachner (15), über 150 Weine im Ausschank, dazu deftige Kleinigkeiten wie Lachs, Käseplatte und steirische Brettljause. Auch auf Kaviar und Gänseleber muss hier niemand verzichten. Entsprechendes Preisniveau. Mo–Sa 10–21 Uhr. Bismarckstr. 12, ☎ 04651-26519, www.weinhaus-schachner.de.

• *Nachtleben*   **Cohibar (16)**, kubanische Drinks und natürlich die Möglichkeit zu rauchen. Tagsüber Cafébetrieb. In der Saison tägl. ab morgens, im Winter nur abends geöffnet. Böttcherstr. 10, ☎ 04651-22673, www.cohibar.eu.

Gosch's Kneipe (11), seit einem guten Jahrzehnt ist Gosch nicht nur der Name für Fischrestaurants, sondern auch für eine Kneipe. In Bestlage wird hier getrunken und gefeiert, mitunter sogar spontan ge-

tanzt. Es fließen Bier, Wein, Cocktails und ab und zu Champagner, dennoch ist das Lokal durchaus bodenständig und die Preise akzeptabel (Caipirinha 6,50 €). Tägl. ab 9 Uhr (open end). Friedrichstr. 15, ☎ 04651-834602.

Kinowelt (7), frisch aufgemöbeltes Kino mit 4 Sälen, alle mit bequemen Sesseln. In der Saison viele Kinderfilme. Strandstr. 9, ☎ 04651-83622-0, www.kinowelt-online.de.

Spielbank, schönes, altes Spielcasino im Rathaus (!), gespielt werden American Roulette, Touchbet-Roulette, Black Jack und Poker. Dazu diverse Spielautomaten. Kein Krawattenzwang. Eintritt 3 €. Tägl. ab 17 Uhr. Andreas-Nielsen-Str. 1, ☎ 04651-23045-0.

Sehenswertes

St. Niels: Das im alten Ortskern versteckte Gotteshaus wurde ab 1635 an der östlichen Gemeindegrenze erbaut, da man die stürmische Nordsee sehr fürchtete. „Niels" ist übrigens die friesische Form von St. Nikolaus, dem Schutzheiligen der Seefahrer. Der spätgotische Schnitzaltar stammt aus einer Vorgängerkirche, das Passionskreuz über der Apsis ist das älteste sakrale Kunstwerk der Insel, es wird auf das 13. oder 14. Jh. datiert; die Christusfigur ist jüngeren Datums. Kanzel und Taufe wurden Mitte des 18. Jh. gefertigt, wobei die Taufe aus der Kirche einer untergegangenen Hallig gerettet wurde. Interessant ist ein englischsprachiges Epitaph im Innenraum, das dem vor Sylt schiffbrüchig gewordenen und hier begrabenen Daniel Wienholt gewidmet ist. Mehr unter www.kirche-westerland.de.

Relikte des alten Westerland: die Kirche St. Niels

Wenningstedt-Braderup

Der Doppelort nördlich von Westerland ist ein traditionsreiches Familienbad mit einigen Kureinrichtungen und 8000 Gästebetten in allen Kategorien. Hier geht es weniger hektisch zu als in Westerland, obwohl alles Wesentliche geboten ist.

Wenningstedts Ortsbild ist weitgehend modern; ein neues Kurzentrum ist hier geplant – ein Architektenwettbewerb wurde 2009 abgeschlossen, sodass die Fertigstellung noch auf sich warten lässt. Der am kilometerlangen Sandstrand gelegene Ort ist im Winterhalbjahr immer wieder von der Nordsee bedroht. Auf dem Meeresboden vor der Nordsee-Seite liegen noch Reste des einstigen Hafens von Wenningstedt, das 1362 der Flut zum Opfer fiel und 2 km weiter im Inselinneren wieder aufgebaut wurde. Hinter der Kirche am nördlichen Ortsausgang von Wenningstedt liegt die wesentliche Sehenswürdigkeit des Doppelorts: Deutschlands schönstes Großsteingrab, der Denghoog (s. u.).

In *Braderup* an der stilleren Wattseite ist der alte Dorfkern mit reetgedeckten Friesenhäusern erhalten. Nördlich von Braderup schließt die seit 1979 unter Naturschutz stehende **Braderuper Heide** an, die mit fast 140 Hektar größte zusammenhängende Küstenheide der Nordfriesischen Inseln. Sie reicht bis zum Weißen Kliff (ca. 1,5 km nördlich des Orts), das aus Kaolinsand, fossilen Korallen, Schwämmen und Windkantern, von Wind und Sand geschliffenen Steinen, besteht. Ein Spaziergang durch diese einzigartige Landschaft mit ihren seltenen Tieren und Pflanzen ist für Naturliebhaber ein Muss; besonders schön und ziemlich überlaufen ist die Braderuper Heide zur Blüte im August.

Information/Adressen/Aktivitäten

● *Information* **Tourist-Information**, Mo–Fr 9–18 Uhr, Sa 10–14 Uhr; im Juli/Aug. auch So 10–14 Uhr. Westerlandstr. 3, 25996 Wenningstedt-Braderup, ✆ 04651-98900, www.wenningstedt.de.

● *Adressen/Aktivitäten* **Bodils Ponyfarm**, Reiten schon für die Kleinsten. Terp Wai 20, Braderup, ✆ 04651-42444, www.schulz-sylt.de.

Fahrradvermietung Leksus, Räder aller Art, auch Kinderräder, MTB, Erwachsenen-Dreiräder und Elektroräder, dazu Helme, Anhänger, Kindersitze, Hundekörbe etc. Kostenloser Bring- und Holservice, auch für Bollerwagen. Westerstr. 20 und Hauptstr. 8, ✆ 04651-835000.

Golf Club Sylt, 6- und 18-Loch-Platz zwischen Wenningstedt und Kampen (Service-Center am Kampener Leuchtturm). Gäste sind nach frühzeitiger Anmeldung willkommen. Mindest-Handicap 36; Greenfee 60 €. Norderweg 5, ✆ 04651-99598-10, www.golfclubsylt.de.

Inselcircus, im Juli/Aug. in Höhe Denghoog. Mitmachprogramm für Kinder an mehreren Vormittagen sowie diverse Shows. Buntes Kinderprogramm, auch einwöchiger Zirkus-Urlaub für Kinder von 9–15 J. ohne erwachsene Begleitung. Kampener Weg, ✆ 04651-299499, www.circus-mignon.de.

Körnerladen, der Braderuper Bioladen mit inselweit kostenlosem Lieferservice Sommer Mo–Fr 9–18.30 Uhr, Sa 9–13 Uhr; Winter Mo–Fr 9–12.30 und 14.30–18 Uhr, Sa 9–13 Uhr. M. T. Buchholz-Stigh 8, ✆ 04651-44475, www.koernerladen.de.

Naturzentrum Braderup, interessante Ausstellung zu Flora und Fauna auf Sylt. Hier starten naturkundliche Führungen, u. a. durch die Braderuper Heide. April–Okt. Mo–Sa 10–18 Uhr. M. T. Buchholz-Stigh 10 a, ✆ 04651-44421.

Minigolfplatz, Ostern bis Okt., Mittelweg/Strandstraße, ✆ 04651-4470.

Mini-Motocross, in den warmen Monaten bei trockenem Wetter tägl. 10–13 und 15–20 Uhr an der Straße nach Kampen. Mindestalter 6 Jahre; www.mini-cross.de.

Wind-/Kitesurfen, Kurse bei der Surfschule „Camp One". Am Ende der Straße Risgap an der Treppe zum Strand, ✆ 04651-43375, www.surfschule-wenningstedt.de.

Sylt

Karte S. 229

Auch stille, romantische Plätze sind auf Sylt zu entdecken

Übernachten/Essen & Trinken

● *Übernachten* **Ulenhof**, sehr schöne FeWo mit allem Komfort in zwei benachbarten Häusern; Bettwäsche, Strandlaken etc. für 2 Pers. 90–210 €/Nacht. Das moderne Badehaus mit 10-m-Becken (Gegenstromanlage) steht den Gästen offen. Friesenring 14, ☏ 04651-94540, www.ulenhof.de.

Wenningstedter Hof, alle (unterschiedlich geschnittenen) Zimmer im traditionsreichen Haus wurden 2009 gründlich renoviert und sind wie schön geworden. So wurde in jedes Badezimmer (alle mit Fenster!) eine Wanne eingebaut; vor allem im Winter ein Genuss. EZ 62–78 €, DZ 75–125 €, Suite 128–175 €, Zustellbett für ein Kind 20 €. Das *Restaurant* serviert gehobene mediterrane und regionale Küche zu fairen Preisen. Hauptstr. 1, ☏ 04651-94650, www.hotel-wenningstedter-hof.de.

Wenningstedt Camp, der nicht überall ebene, aber gut ausgestattete Campingplatz der Kurverwaltung liegt hinter den Dünen, etwa 300 m vom Strand entfernt. Sehr guter Sanitärbereich. Geöffnet Ostern bis Ende Okt. An den Dünen am nördlichen Ortsausgang, Adresse: Osetal. ☏ 04651-944004, www.wenningstedt.de.

● *Essen & Trinken* **Fitschen am Dorfteich**, das schnieke Hotel-Restaurant hat es in den Varta-Führer geschafft; reservieren!

Hauptgericht 14–28 €, Menü 54–69 €. Di Ruhetag. Am Dorfteich 2, ☏ 04651-3212-0, www.fitschen-am-dorfteich.de.

Gosch am Kliff, im Sommer besonders schön: in Top-Lage draußen Fisch essen mit Blick über Strand und Meer. Was Wunder, dass die Preise ständig steigen und die Bedienung manchmal etwas ruppig ist. Tägl. geöffnet. Strandstr. 27, ☏ 04651-45688, www.gosch-sylt.de.

Kliffkieker, bodenständiges Café-Restaurant an der bedrohten Kliffkante, das nach Rutschungen mehrfach wieder aufgebaut werden musste. Dank Kinder-Karte und kleinem Spielplatz auch für die Jüngsten sehr attraktiv; mittleres Preisniveau. Abends Barbetrieb mit Tanz. Tägl. ab mittags geöffnet. Am Kliff, ☏ 04651-42831, www.kliffkiekersylt.de.

Syltfonie, seit Ende 2008 bestehendes, unkompliziertes Restaurant-Café mit Galerie. Terrasse und separate Raucher-Bar; Kindergerichte. Di–So ab 17 Uhr. Berthin-Bleeg-Str. 17, ☏ 04651-8357403.

Blums Fisch-Bistro, Fischladen und Bistro, in dem die Meeresleckereien gleich verzehrt werden können. In der Saison tägl. ab mittags geöffnet. Westerlandstr. 8, ☏ 04651-4710, www.blums-shop.de.

Strandbistro, Suppen, Würstchen und Pommes direkt am Meer zu Sylt-typischen Preisen: Pommes 2,70 €, großes Bier 4,20 €, kleine Softdrinks 2 €. Wer Kalorien sparen will, greift zur Ofenkartoffel für 6 €, gegen geringen Aufpreis werden ein paar Krabben oder etwas Lachs dazu gereicht. Auch einige Nudelgerichte und attraktives Speisenangebot für Kinder. Ganzjährig tägl. ab Vormittag geöffnet. An der Haupttreppe am Kliff, ✆ 04651-41703, www.strandbistro-sylt.de.

Kartoffelkiste, rustikales, familiengerechtes Imbisslokal am Trampolinplatz. Alle Gerich-

te auch zum Mitnehmen. In der Saison tägl. ab mittags. Am Strand in Höhe Dünenstr./ Ecke Horsatal, ✆ 04651-943083.

Münchner Hahn, Schnellimbiss für Hähnchen und Pommes, die preiswerte Alternative zur Sylter Edelgastronomie. Tägl. geöffnet. Dünenstr. 37, ✆ 04651-41509.

Pottkieker, empfehlenswerter Imbiss; besonders beliebt sind hier die Pommes rot/ weiß, die nicht aus dem Erdapfel geschnitzt, sondern aus Teig gepresst werden. Tägl. geöffnet. Seestr. 29, ✆ 04651-42838.

Denghoog: Der friesische Name lautet auf Hochdeutsch „Thinghügel", ein Hügel, auf dem Versammlungen der Germanen stattfanden. Bevor der Denghoog als Versammlungs- und Gerichtsstätte genutzt wurde, war er Grab- und Kultstätte, wie aus den Funden im Grab bei seiner Entdeckung 1868 hervorgeht. Die Funde sind heute im Landesmuseum in Schleswig ausgestellt, einige als Nachbildung im Heimatmuseum Keitum. Im 3. Jahrtausend v. Chr. hievten Menschen zwölf riesige Steine in ein Oval, auf die sie – wie auch immer – drei jeweils knapp 20 Tonnen schwere Decksteine legten. Alle Zwischenräume sind mit kleineren Steinen und Erde ausgefüllt, sodass sich ein abgeschlossener Raum ergibt. Der Eingang zu dieser Steinkammer ist so ausgerichtet, dass die Sonne zur Wintersonnenwende am 21. Dezember genau auf einen Trägerstein an der gegenüberliegenden Wand scheint. Möglicherweise handelt es sich hier um ein steinzeitliches Observatorium.

Ostern bis Okt. Mo–Fr 10–17 Uhr, Sa/So 11–17 Uhr, im Winter nach Vereinb. Eintritt 4 € (mit Gästekarte 2,50 €), Kind 1,50 €. Am nördlichen Ortsausgang von Wenningstedt, ✆ 0170-6971687, www.soelring-foriining.de.

Kampen

Der Promi-Ort, den man vor Augen hat, wenn man an die „feine Sylter Gesellschaft" denkt. Wer einmal echten Luxus inmitten von Dünen und Heide sehen will, ist hier richtig: Nobelkarossen vor herausgeputzten Reetdachvillen, exklusive Geschäfte und ebensolche Restaurants prägen das Örtchen. Abendliches Zentrum des Geschehens ist die sog. „Whiskystraße", an der die traditionsreichen Jetset-Lokalitäten Gogärtchen und Pony liegen. Ein paar reetgedeckte Häuser aus dem 18. Jh. sind erhalten, außerdem der schwarz-weiße Leuchtturm südlich des Orts, der im Volksmund „Langer Christian" heißt.

Ruhe und weite Ausblicke garantiert die *Uwe-Düne* westlich von Kampen, die mit etwa 52 m höchste Erhebung von Sylt. Ihren eigenartigen Namen hat die Düne übrigens vom friesischen Freiheitskämpfer Uwe Jens Lornsen (→ Kasten S. 244).

Hinter der Düne ist das 4,5 km lange und bis zu 30 m hohe **Rote Kliff** zu bestaunen, der jeden Winter von der Nordsee kräftig angenagte Überrest eines einst viel größeren Landes. Seine vor allem bei Sonnenuntergang rötliche Farbe hat das hauptsächlich aus Glimmerton, Kaolinsand und Geschiebemergel bestehende Kliff vom Eisenoxid, das in die ca. drei Millionen Jahre alten Gesteinsschichten eingelagert ist. Das ganze Gebiet um Düne und Kliff steht unter Naturschutz; der Badestrand unterhalb des Kliffs ist wunderschön.

Zwischen Kampen und List lohnt auch die **Kampener Vogelkoje** einen Besuch. Vogelkojen sind zur Entenjagd angelegte künstliche Teiche (→ Kasten S. 19). 1921

Sylt Karte S. 229

wurde die 1767 erbaute Koje stillgelegt, seit 1935 steht sie unter Naturschutz. Die Fangeinrichtungen an den Ecken sowie zwei Kojenwärterhäuschen wurden mittlerweile rekonstruiert.

Ostern bis Okt. Mo–Fr 10–17 Uhr, Sa/So ab 11 Uhr. Eintritt 4 € (mit Gästekarte 3 €), Kind 1,50 €. Lister Straße, ℡ 04651-871077. Nebenan befinden sich das Restaurant Vogelkoje und ein interessanter Natur-Lehrpfad.

Uwe Jens Lornsen

1793 wurde er in Keitum geboren, legte in Kopenhagen eine glänzende Karriere als Jurist hin und trat 1830 eine Stelle auf seiner Heimatinsel an, die ihm schon nach 10 Tagen wieder gekündigt werden sollte. Grund für den Rausschmiss war eine 12-seitige politische Flugschrift, die Lornsen in einer Auflage von 10.000 Stück verbreiten ließ. In dieser Schrift forderte er eine Verfassung für Schleswig-Holstein, das ein von Dänemark unabhängiger Staat werden sollte. Diese Ideen brachten Lornsen kein Glück: Nach einem Jahr Haft wanderte er nach Brasilien aus und nahm sich nach seiner Rückkehr 1838 in der Schweiz das Leben. Wer mehr über Lornsen erfahren möchte, ist im Heimatmuseum Keitum richtig.

● *Information* **Tourismus-Service**, Mo–Fr 9–17 Uhr, Sa 10–13 Uhr. Hauptstr. 12, im Kaamp-Hüs, 25999 Kampen. ℡ 04651-4698-0, www.kampen.de.

● *Aktivitäten* **Baden**, Sylts berühmtester Strandabschnitt ist „Buhne 16", der örtliche FKK-Strand. Die namengebende Buhne ist aus Küstenschutz-Gründen vor einiger Zeit entfernt worden.

Strandsauna, La Grand Plage (Weststrand, am nördl. Ortsende), ℡ 04651-886078.

● *Übernachten* **Golf- und Landhaus Kampen**, luxuriöses Landhotel mit 7 edlen Zimmern und 5 Suiten mit eigenem Kamin. Abgerundet wird das Angebot des 2004 komplett modernisierten Hotels durch einen kleinen Sauna- und Schwimmbadbereich. Auch das Frühstück (bis 12 Uhr!) muss sich nicht verstecken: hier fließt Champagner. Auch Bundeskanzlerin Merkel hat sich hier schon erholt. DZ 200–295 €, Suite 250–485 €. www.landhaus-kampen.de.

*** **Ahnenhof**, 13-Zimmer-Hotel am Ortsrand, vor einiger Zeit neu gestaltet und seit 1936 im Besitz der Familie Scheppler. Viele Zimmer mit Meerblick, kleiner Wellnessbereich. EZ 72–104 €, DZ 137–228 €. Kurhausstr. 8, ℡ 04651-42645, www.ahnenhof.de.

Lotsenhof, edle, unterschiedlich große FeWo mit grandioser Aussicht über Heide und Wattenmeer (70–198 €). Ein zusätzliches (Dach-)Zimmer für 2 Pers. kann dazu gemietet werden. Stapelhooger Wai 1,

℡ 04651-870574, www.lotsenhof.de.

Camping Kampen, der langgestreckte kleine, sehr ruhig gelegene Campingplatz liegt zwischen Dünen und Sträuchern südlich des Ortes. Mitte Mai bis Mitte Okt. Mövenweg 4, ℡ 04651-42086, www.camping-in-kampen.de.

● *Essen & Trinken* **Sturmhaube**, 2008 komplett modernisiert und mit offener Küche sowie kreisrunder Bar in modischem Schwarz-Weiß-Gold neu gestaltet; der Blick aufs Meer und traumhafte Sonnenuntergänge ist geblieben. Hauptgericht 15–40 €, umfangreiche Weinkarte. Ab ca 21 Uhr legt hier ein DJ auf. In der Saison tägl. ab 11.30 Uhr, Küche durchgehend bis 22 Uhr. Riperstig, ℡ 04651-995940, www.sturmhaube.de.

Der Österreicher, wem nach gemäßigt südlichen Köstlichkeiten à la Tafelspitz ist, ist hier richtig – vorausgesetzt, die Brieftasche ist gefüllt. Besonderheit: Es gibt auch für Erwachsene halbe Portionen! Hauptgericht um 20 €; vormittags Frühstück, nachmittags Kaffee und Kuchen. Mo–Sa 12–24 Uhr durchgehend Küche. Alte Dorfstr. 2, ℡ 04651-9576767, www.deroesterreicher-kampen.de.

Kupferkanne, bekanntestes Kampener Café in ehemaliger Bunkeranlage am Wattenmeer, auf deren Fläche zuvor steinzeitliche Gräber gelegen haben. Gegründet wurde das ungewöhnliche Café 1950, in den 50er und 60er Jahren zog es die Schickeria an.

Schöner Blick von der Terrasse. Tägl. ab 10 Uhr. Stapelhooger Wai, ☎ 04651-41010, www.kupferkanne-sylt.de.
La Grand Plage, nur zu Fuß erreichbares Strandbistro am Weststrand, am nördlichen Ortsende; hier kann man bezahlbar essen; belegte Baguettes 4–9,50 €, Pommes 3 €, eine Auster Sylter Royal (→ S. 246) 2,90 €.

Ganzjährig tägl. ab 13 Uhr. Riperstig. ☎ 04651-886078, www.grande-plage.de.
● *Nachtleben* **Club Rotes Kliff**, Diskothek und Cocktailbar, wechselnde DJs. Sa/So ab 23 Uhr, z. T. nur nach Gästeliste. Braderuper Weg 3, ☎ 04651-944110, www.club-rotes-kliff.de.

List

Auch das alte List wurde 1362 von der Sturmflut weggerissen. Heute erstrecken sich dort, wo der Ort einst lag, Wanderdünen. List ist keine Schönheit, geht es doch großenteils auf eine Militärsiedlung von 1934 zurück. Seit 2007 stehen die Kasernen leer, und sofort wurde der Ort unsanft aus seinem Dornröschenschlaf geweckt: Für 2010 ist die Eröffnung des A-Rosa-Grand-Spa-Hotels mit fast 200 Zimmern geplant.

Seit 2009 steht das in Deutschland einmalige *Erlebniszentrum Naturgewalten* am Hafen, nebenan starten die Fähren auf die dänische Insel Rømø. Hier legen auch Fischkutter an und hier hat das Fischimperium des Jürgen Gosch seine Keimzelle – kaum ein Tourist verlässt List, ohne bei Gosch eingekehrt zu sein.

Hinterlassenschaften der Wikinger wurden im Lister *Königshafen* gefunden, der im 18. Jh. versandete. Ihren Namen hat die unter Naturschutz gestellte Königshafen-Bucht von einer Seeschlacht zwischen einem schwedisch-holländischen Flotten-verband und den Schiffen des dänischen Königs Christian IV. im Jahr 1644. Übrigens war Dänisch bis 1864 in List Amtssprache!

List-Ort liegt auf der Wattseite von Sylt, ein paar alte Reetdachhäuser sind erhalten. Nördlich des Hafens gibt es einen kleinen Sandstrand mit Bademöglichkeit. Haupt-Badestrand ist der ca. 3 km lange *Lister Weststrand*, etwa 3 km westlich des Orts.

Alles über Watt, Meer und Wetter im Erlebniszentrum Naturgewalten

Sylter Austern

„Sylter Royal" heißt die edle Muschel, die seit 1986 von Dittmeyer's Austern-Compagnie in der seichten Blidselbucht zwischen Kampen und List gezüchtet wird. Damit ließ die Firma eine alte Tradition wieder aufleben, denn bis ins 19. Jh. lebten im nordfriesischen Wattenmeer wilde Austern, die im großen Stil mit Schleppnetzen „geerntet" wurden. Seitdem gilt die Europäische Auster in Nordfriesland als fast ausgestorben; die Sylter Royal ist eine asiatische Austernart, die ursprünglich aus dem Chinesischen Meer stammt.

Die Austernbänke, erkennbar an den grünen Netzen, in denen die Tiere leben, liegen bei Ebbe frei. Dann kümmern sich die Mitarbeiter der Compagnie um Wachstum und Gesundheit der Austern, die bis zur Marktreife zwei bis drei Jahre wachsen müssen. Die friesischen Winter sind den zwei Millionen Schalentieren allerdings zu hart; vor dem drohenden Eisgang auf der Nordsee werden sie gerettet und in ein großes Becken an Land gebracht.

Probieren kann man Sylter Austern z. B. in Dittmeyer's Bistro „Austernmeyer" im Sommer tägl. 12–22 Uhr, Winter bis 20.30 Uhr, Reservierung empfohlen. Hafenstr. 10–12, ✆ 04651-877525, www.sylter-royal.de.

Nördlich von List gibt es nichts mehr außer Dünen, Dünen und nochmals Dünen. Dieses sog. **Listland,** eine in Deutschland einzigartige Landschaft aus Sand, lädt zu Spaziergängen und Wanderungen ein, im Winter sogar gelegentlich zum Rodeln und Skilanglauf – aus Naturschutzgründen allerdings nur auf den Wegen. Die Wanderdünen des Listlandes, die in früheren Jahrhunderten mehrere Dörfer unter sich begraben haben, wurden stetig vom Wind von West nach Ost geschoben. Heute ist nur noch eine Düne eine Wanderdüne, die anderen wurden Ende des 18. Jh. durch Anpflanzung von Strandhafer befestigt, damit sie das wieder aufgebaute List nicht noch einmal verschütten.

Nördlich des Königshafens liegt der *Ellenbogen*, ein dünenbedeckter Nehrungshaken, der die Nordspitze Deutschlands bildet. Das ganze Gelände mit den beiden Leuchttürmen List-Ost und List-West befindet sich im Privatbesitz zweier Familien. Daher ist die Anfahrt zum Parkplatz für Autofahrer kostenpflichtig (5 €). 2009 erging ein Urteil des Schleswig-Holsteinischen Verwaltungsgerichts, nach dem Radfahrer hier nicht zur Kasse gebeten werden dürfen. Ein Wanderklassiker ist die Tour vom Wanderparkplatz am Ostende des Ellenbogens rund um die Ostspitze von Sylt, wo die offene Nordsee auf das Wattenmeer trifft (ca. 45 Min., für Kinder nur bei Ebbe zu empfehlen).

*I*nformation/*A*dressen/*A*ktivitäten

● *Information* **Kurverwaltung**, Mo–Fr 10–16 Uhr. Am Brünk 1, 25992 List. ✆ 04651-9520-0, www.list-sylt.de.
Infopoint am Lister Hafen, Mo–Fr 10–18 Uhr (Testphase: Zeiten können sich ändern!).
● *Adressen/Aktivitäten* **Ausflugsschiffe**, die Adler-Reederei bietet in der Saison kurze Fahrten um den Ellenbogen auf restaurierten Fischkuttern sowie ein Kombiticket Naturgewalten und Schiffsfahrt mit Seetierfang (Erw. 14,50 € bzw. 21,50 €). Büro am Hafen, ✆ 04651-98700, www.adler-schiffe.de.
Erlebniszentrum Naturgewalten, Fragen zur Nordsee-Natur, wie sie jedes ältere Kind stellt, werden im hypermodernen Ausstellungskomplex nach neuestem Stand der Wissenschaft für mindestens 10-Jährige trotzdem leicht verständlich beantwortet. So kann man im „Sturmraum" erleben, wie ein laues Lüftchen zum Orkan anschwillt, in einem Wellenkanal Wellen selbst erzeugen, am Modell erleben, wie Sylt bei steigendem Meeresspiegel ertrinkt, und vieles mehr. Es gibt einen (nicht überdachten) Themenspielplatz, Bistro und Shop. Der Bau kostete übrigens über 11 Mio. €. Tägl. 10–18 Uhr, Juli/Aug. bis 22 Uhr. Eintritt 12 €, Kind 7,50 € (mit Kurkarte Ermäßigung), Familie 28 €. Kombiticket inkl. inselweiter Busanreise 16 €, Kind 9,50 €, Familie 44,50 €. Hafenstr. 37, ✆ 04651-9564202, www.naturgewalten-sylt.de.
Kerzieheim, Kerzen ziehen mit der ganzen Familie. Mo–Fr 10–17 Uhr, Sa 10–14 Uhr. Süderhörn 4, ✆ 04651-877454, www.kerzieheim.de.
Minigolf, wirklich netter, kindgerechter Platz; nebenan Trampolinspringen und Softballkanone. Süderhörntal, beim Restaurant Alte Backstube. ✆ 04651-870512.
Shopping-Center Alte Tonnenhalle, wo früher Boote und Seezeichen gelagert wurden, ist heute Shopping angesagt. In der Saison tägl. 11–20 Uhr. Am Hafen, www.alte-tonnenhalle.com.
Strandkorb-Versteigerung, Anfang Okt. werden in List die ausgedienten Körbe der letzten Saison versteigert. Termin im Veranstaltungsheft „TV Sylt".

*Ü*bernachten/*E*ssen & *T*rinken/*N*achtleben

● *Übernachten* **Jugendherberge**, ein Komplex von mehreren Backsteingebäuden mit 336 Betten in schöner, aber einsamer Lage in Mövenberg zwischen List-Ort und dem Weststrand. Überwiegend 4- und 6-Bett-Zimmer. Ü/F ab 19,20 €/Pers., ab 2 Nächten ist VP obligatorisch (ab 25,10 €).
● *Essen & Trinken* **Alter Gasthof**, eines der wenigen alten Reetdachhäuser von List beherbergt ein edles Restaurant, dessen Ursprünge ins Jahr 1804 zurückreichen. Auf den Teller kommen Austern, Hummer und Kaviar, aber auch Currywurst (10 €). Hauptgerichte 11–30 €, einige Kindergerichte; 3-Gang-Menü 90 €. Tägl. 13–22 Uhr. Alte Dorfstr. 3, ✆ 04651-377244, www.alter-gasthof.com.

Weststrandhalle, das nördlichste Café-Restaurant Deutschlands in den Lister Dünen serviert österreichische und regionale Küche. Hauptgerichte 9–32 €. Bei gutem Wetter ist die Sonnenterrasse mit ihrer Traumaussicht auf Strand und Meer immer voll. In der Saison tägl. 11.30–22 Uhr. Ellenbogen 3, ✆ 04651-870266.
Gosch in der Alten Bootshalle, „Deutschlands nördlichste Fischbude", früher in etwas schrabbeligem, aber charaktervollem Ambiente, heute unübersehbar und leicht angekitscht. Neben der Imbiss-Abteilung gibt es ein Restaurant, in dem es etwas ruhiger zugeht. Im Angebot neben Grill- und Bratfisch auch Fisch aus dem Steinofen. In

der Saison durchgehend geöffnet. Am Hafen, ℡ 04651-870383; www.gosch.de.

Voigts Alte Backstube, in der Gaststube, im Garten oder auf der verglasten Terrasse werden leckere Pfannkuchen (5–15 €), Eintöpfe (3,60–10,50 €) und Salate (6,50–17,50 €) in vielen Varianten serviert. Kinderfreundlich: Kinderportionen, kleiner Spielplatz und ein Schrank mit Spielen. In der HS tägl. ab 12 Uhr, sonst Mi Ruhetag. Süderhörn 2, ℡ 04651-870512, www.altebackstube.de.

• *Nachtleben* **Bam-Bus**, seit einem Vierteljahrhundert ist die flippige Café-Bar an der Bushaltestelle am Lister Strandparkplatz Kult. „Bambus-Klaus", ein echtes Original, bringt hier Farbe auf die Insel. Mehr als beliebt sind die Vollmondparties, bei denen Klaus nach Einbruch der Dunkelheit auch selbst singt. April–Okt. bei gutem Wetter immer geöffnet. ℡ 04651-871360, www.bambus.de.

Tinnum

Der Ort ist mit Westerland zusammengewachsen, an seinem östlichen Ende aber noch ländlich geprägt. Hier ist richtig, wer Ruhe und ein moderates Preisniveau schätzt; zum Badestrand ist es von hier aber recht weit. Mit der alten Landvogtei von 1649 steht das älteste Sylter Haus in Tinnum.

Jahrhunderte lang war das im 12. Jh. gegründete Tinnum ein reiches Bauerndorf mit mehreren Mühlen; einige Tinnumer machten auch als Strandräuber gute Beute (→ Kasten S. 232).

• *Adressen/Aktivitäten* **Kinderzubehör-Vermietung**, Strandbuggies, Babybetten, Babytragen etc. im Kinderland. Mittelweg 5, ℡ 04651-995630.

Reitstall Wiesengrund, Reit- und Longierhalle, zwei Dressurplätze, Springplatz. Unterricht für Anfänger- und Fortgeschrittene. Zum Wiesengrund, ℡ 04651-31600, www.reiten-sylt.de.

Sylter Schokoladenmanufaktur, Tania Langmaack fertigt hier Tafelschokoladen, Pralinen etc., die auch in Westerland (Fußgängerzone) und über das Internet erhältlich sind. Angeschlossen ist ein Café mit einigen Außenplätzen. Zum Fliegerhorst 15, www.sylter-schokoladenmanufaktur.de.

Waschsalon, Wasch-Center 2000, Mo–Sa 9–21 Uhr. Kiarwai 1, im Einkaufszentrum.

• *Übernachten/Essen & Trinken* ******* Hotel-Restaurant Landhaus Stricker**, den Michelin-Stern verteidigt Holger Bodendorf mit seiner kräuterlastigen Küche seit Jahren. Hauptgerichte um 30 €, 4 Gänge 94 €, 5 Gänge 104 €, 6 Gänge 114 €; schier endlos dauerndes Degustationsmenü 108 € (ab 2 Pers., vorbestellen!). Sporadisch geöffnet (anrufen!). Boy-Nielsen-Str. 10, ℡ 04651-8899-0, www.landhaus-stricker.de.

Campingplatz Südhörn, kleiner Rasenplatz mit Hundeverbot in der Hochsaison; gute, barrierefreie Sanitäranlagen, *Restaurant* und kleiner Shop; auch einige FeWo. Ganzjährig geöffnet, für die Sommermonate rechtzeitig reservieren. ℡ 04651-3607, www.insel-camping-sylt.de.

Los Niños, spanische und italienische Küche in kinderfreundlichem Ambiente (Innen- und Außenspielplatz), inselweiter Pizza-Lieferdienst. Küche tägl. durchgehend 12–24 Uhr. Kiarwai 7, ℡ 04651-936636.

Tinnumburg: Etwa 7 m hoher Rest einer Ringwallanlage mit einem Durchmesser von über 100 Metern; die Tinnumburg wird auf das 8. bis 10. Jh. datiert und war wohl eine Fluchtburg, in deren Mitte zahlreiche Häuser standen. Der Ringwall diente als Schutz vor Angriffen der Wikinger, wohl aber auch vor Sturmfluten. Zu erreichen ist die Tinnumburg nur zu Fuß vom Borrigwai oder dem Boy-Peter-Eben-Weg (s. Karte S. 236).

Tierpark: Privater Park der Familie Christiansen mit schöner Gartenanlage. Zu sehen sind über 300 Tiere vom Kaninchen über diverse Eulen bis zum Flamingo. Streichelzoo, Hüpfburg, Kinderspielplatz und Elektroboote runden das Angebot ab. Mai–Okt. tägl. 10–19 Uhr, Eintritt 12 €, Kind 3–14 J. 6 €. Ringweg 100, ℡ 04651-32601.

Malerisch – Friesenhaus in Keitum

Keitum

1440 wurde der 2000-Einwohner-Ort erstmals urkundlich erwähnt, heute steht Keitum für gehobenen Tourismus. Seine Exklusivität bewahrt sich der Ort auch dadurch, dass Reisebussen die Durchfahrt verboten ist. So dringen die Inselrundfahrten nur bis zum neuen Kreisverkehr vor. Einst war Keitum wichtigster Hafen und bis Ende des 19. Jh. auch Hauptort von Sylt, doch der Hafen ist heute längst verlandet. Alte Bäume, wie sie an der Nordsee selten sind, haben hier, an der windabgewandten Wattseite, überlebt und tragen wesentlich zum hübschen Ortsbild bei. Ebenso charakteristisch sind die schmucken Häuser der reichen Kapitäne und Walfänger. An die Grönlandfahrten der Keitumer erinnern auch die Walrippen, die das Tor zum *Heimatmuseum* bilden. Nebenan ist das *Altfriesische Haus* zu besichtigen, in dem im 19. Jh. Christian Peter Hansen wohnte; Hansen schrieb das damals bahnbrechende Buch „Chronik der Friesischen Uthlande", in dem er die Geschichte und Kultur Frieslands umfassend darstellte.

Keitum ist das Zentrum des Pferdesports auf Sylt; wer Reiturlaub machen möchte, ist hier richtig. Seit der Schließung des Keitumer Meerwasser-Freibads 2004 hat Sylt kein Freibad mehr; als Ersatz sollte die Keitum-Therme gebaut werden. Ihr Bau wurde von der Gemeinde nach langen Querelen gestoppt, seit 2008 steht nun am Ortsrand der schon wieder zerfallende Rohbau des 15-Millionen-Euro-Projekts. Wann und wie es weitergeht, ist ungewiss (aktuelle News unter www.michael-mueller-verlag.de). 2009 wurde der Ort übrigens mit einigen Rebstöcken zum nördlichsten Weinbauort Deutschlands.

Sylt
Karte S. 229

• *Information* **Tourismus-Service**, Mo–Fr 9–18 Uhr, Sa 9–13 Uhr, So 10–14 Uhr. Am Parkplatz am westlichen Ortseingang, 25980 Keitum, ✆ 04651-337-0, www.sylter-friesendoerfer.de.

• *Verbindungen* **Bahn**, Keitum liegt an der Bahnstrecke Hamburg–Westerland (Sylt). Hier halten 18-mal tägl. Züge der *Nord-Ost-see-Bahn* (NOB). Fahrzeit ab Hamburg-Altona knapp 3 Std., ab Westerland 6 Min.

• *Adressen* **Friesisches Käselädchen**, Dörte Detlefs verkauft neben Sylter Eiern, Brot, Butter, Konfitüren und Alkoholischem auch feine Käse aus der Region; schön für Selbstversorger oder als Mitbringsel. Siidik 6, ✆ 04651-96744.

Pferdepension-Reitanlage Carolinenhof, Siidik (gegenüber Bhf.), ✆ 0170-8305274.

Reitschule Grünhof, Süderstr. 80, ✆ 04651-31208, www.gruenhof-sylt.de.

Reitstall Hoffmann, Gurtstig 46, ✆ 04651-31563, www.reitstall-hoffmann.de.

• *Übernachten* **Hotel Benen-Diken-Hof**, auf einem großen Grundstück und sehr ruhig gelegen. Acht miteinander verbundene

Verlaufen ausgeschlossen

Gebäude bilden das noble Hotel, dessen Kern ein Kapitänshaus von 1841 bildet. Schöner Wellnessbereich. Langschläfer können bis 13 Uhr frühstücken. Das *Restaurant Kökken* bietet regionale Küche, die Bar abendliche gepflegte Gastlichkeit. Ganzjährig geöffnet. EZ 165–208 €, DZ 199–329 €, Juniorsuite 317–387 €. Süderstr. 3–5, ✆ 04651-9383-0, www.benen-diken-hof.de.

Eschenhof, Anke Carstens vermietet ruhig gelegene und liebevoll eingerichtete *** FeWo für max. 3 Pers., Kinderbett wird auf Wunsch dazugestellt. Die ca. 60 m² großen Wohnungen sind komplett ausgestattet: Fön, Bettwäsche, Bücher, Spiele etc. Je nach Saison um 100 €/Tag. Westerweg 8, ✆ 04651-3647, www.eschenhof-sylt.de.

• *Essen & Trinken* **Fisch Fiete**, solide Küche zu entsprechenden Preisen, großer Gastgarten mit Springbrunnen. Die Wände der Gaststube sind im traditionellen Stil mit blau-weißen Fliesen verkleidet. Tägl. 12–14 und ab 18 Uhr. Weidemannsweg 2, ✆ 04651-32150, www.fisch-fiete.de.

Florians Esszimmer, seit 2008 gibt es hier edle Cross-Over-Gerichte in modernem Ambiente, dazu große Weinkarte (6 Sorten glasweise). Im Sommer wird auf der Terrasse mit Blick auf die Kirche serviert. Di–So ab 18 Uhr, im Sommer auch 12–14.30 Uhr. Nov. geschlossen. Gurtstig 2, am Kreisverkehr, ✆ 04651-31884, www.esszimmer-sylt.de.

Salon 1900, Café-Restaurant und Bar; nachmittags Waffeln, Apfelstrudel und Eis, mittags und abends frische Speisen, auch vegetarische Gerichte; Knüller für Kids sind die hausgemachten Fischstäbchen. Hauptgericht 10–18 €. Hier gibt es wohl das späteste Abendessen in Keitum: Küche Di–So 12–23 Uhr. Anschließend (Cocktail-)Barbetrieb mit Tanz bis mindestens 2 Uhr. Süderstr. 40, ✆ 04651-936000, www.salon1900.de.

Nielsen's Kaffeegarten, das älteste Café auf Sylt besticht mit traumhafter Terrasse auf dem Kliff über dem Wattenmeer. Bei schlechtem Wetter blickt man durch die großen Fensterscheiben hinaus. Die Speisekarte bietet weit mehr als das übliche Café-Angebot – auch Deftiges wie Rotbarschfilet, Kartoffelauflauf, Labskaus oder Matjes kommt auf den Tisch. Mittleres Preisniveau. Mi–Mo 8–18 Uhr. Am Kliff 5, ✆ 04651-31685, www.nielsens-kaffeegarten-sylt.de.

Altfriesisches Haus: Das gut erhaltene Reetdachhaus von 1739 liegt unmittelbar am Wattenmeer und ist schon deshalb sehenswert. 1907 kaufte der Heimatverein das Haus und richtete das Museum ein. Zu sehen sind Wohnstube und Küche aus dem

Durch das Tor aus Walrippen geht's ins Heimatmuseum

18./19. Jh., die engen Alkoven, in denen man damals im Sitzen schlief, sowie historisches Küchengerät, das die Hausarbeit in vor-elektrischen Zeiten vorstellbar macht. Zudem gibt es eine Museumsweberei, deren Produkte auch verkauft werden (im Sommer Di–Do Nachmittag; Kinder-Webkurse nach Vereinbarung).

Ostern bis Okt. Mo–Fr 10–17 Uhr, Sa/So 11–17 Uhr, sonst Mi–Fr 12–16 Uhr. Eintritt für beide Keitumer Museen 10 € (mit Gästekarte 6,50 €), Kind 3 €. Am Kliff 13, ☏ 04651-31669, www. soelring-foriining.de.

Heimatmuseum: Eine Ausstellung zum Walfang und zur Seefahrt sowie ein Raum über den Freiheitskämpfer Uwe Jens Lornsen (→ S. 244). Kleine Magnus-Weidemann-Ausstellung, die interessierten Besuchern den Theologen, Maler und Fotografen näher bringt. Daneben typisches Heimatmuseums-Inventar wie Trachten, altes Mobiliar und Funde aus prähistorischer Zeit sowie nachgebildete Gegenstände aus dem Denghoog (s. S. 243).

Ostern bis Okt. Mo–Fr 10–17 Uhr, Sa/So 11–17 Uhr, sonst Mi–Sa 12–16 Uhr. Eintritt für beide Keitumer Museen 10 € (mit Gästekarte 6,50 €), Kind 3 €. Am Kliff 19, ☏ 04651-31669, www. soelring-foriining.de.

St. Severin: Am höchsten Punkt der Gegend wurde an der Stelle eines germanischen Heiligtums vermutlich um 1100 die christliche Kirche erbaut. Neben St. Martin in Morsum blieb sie als einzige der ursprünglich elf romanischen Sylter Kirchen von Sturmflut und Sandverwehung verschont. Erstmals urkundlich erwähnt wird der romanische Putzbau aus Tuffstein, Feldstein, Granit und Ziegeln im Jahr 1240. Der Turm stammt aus dem 15. Jh., und das Gotteshaus diente – wie zahlreiche Kirchen an der Küste – den Kapitänen Jahrhunderte lang als Orientierungspunkt. Den Innenraum schmücken ein Taufstein von 1250, ein spätgotischer geschnitzter Tafelaltar unbekannter Herkunft und eine Kanzel aus dem Jahr 1580 mit außergewöhnlicher Justitia-Darstellung: Statt der üblichen Insignien Augenbinde,

Sylt
Karte S. 229

Waage und Schwert trägt das Sinnbild der Gerechtigkeit das christliche Symbol für die Liebe – ein blutendes Herz. Typisch für norddeutsche Kirchen sind die prächtigen niederländischen Kronleuchter aus dem 17. Jh., Geschenke reicher Kapitäne. An der Nordseite der Friedhofsmauer sind einige restaurierte historische Grabsteine zu entdecken.

Führungen im Sommerhalbjahr Do 17 Uhr. Konzerte Mi 20.15 Uhr. Aktuelles Programm im Kirchenmusikbüro, ℡ 04651-31713 oder www.st-severin.de. Karten bei den Kurverwaltungen und Tourismus-Services.

Hügelgrab Tipkenhoog und Megalithgrab Harhoog: Am südlichen Ortsrand liegt mit dem Tipkenhoog ein gut erhaltenes jungsteinzeitliches Hügelgrab, von hier aus herrlicher Fernblick zur Nordspitze der Insel und zum Hindenburgdamm. Direkt nebenan befinden sich ein über 4500 Jahre alter Steinwall und die Grabkammer Harhoog (ca. 3000 v. Chr.), die wegen des Flugplatzbaus hierher verlegt wurden.

Morsum

Morsum ist eines der wenigen Inseldörfer, das sich noch ein wenig Ursprünglichkeit bewahrt hat. Hier wirken die Gärten und Straßen nicht wie geleckt, hier dürfen Pferdeäpfel auf dem Boden liegen bleiben. Doch im Sommer tragen auch hier die meisten Autos auswärtige Kennzeichen, wird in fast jedem Haus mindestens eine Ferienwohnung vermietet. Wer auf Sylt abseits von Betonkästen, von zur Schau gestelltem Reichtum und Touristenbussen Urlaub machen will, ist in dem unspektakulären Dorf mit seinen weit auseinander liegenden Häusern richtig. Und wohnt man weit genug von der Bahnstrecke entfernt, stören auch die Autozüge nicht. In letzter Zeit veredelte sich der Ort aber rasant: Jüngst wurde der exklusive Golfplatz erweitert, und Johannes B. Kerner soll nach seiner „Flucht" aus Kampen hier ein Feriendomizil erworben haben.

• *Verbindungen* **Bahn**, Morsum liegt an der Bahnstrecke Hamburg–Westerland (Sylt). Hier halten 18-mal tägl. Züge der *Nord-Ostsee-Bahn (NOB)* Fahrzeit ab Hamburg-Altona knapp 3 Std., ab Westerland gut 10 Min.

• *Aktivitäten* **GC Morsum auf Sylt e. V.**, einst Axel Caesar Springers Privatanlage, jüngst von 9 auf 18 Loch erweitert. Gastspieler nur nach Anmeldung und nur an Wochentagen; Mindesthandicap 34 (in der Hauptsaison strengere Vorgaben). Uasterhörn 37, ℡ 04651-890387.

Hof-Galerie, Sylts größte Galerie liegt ganz im Osten der Insel. Umfangreiches Kunst-Sortiment, wechselnde Ausstellungen. Demnächst sollen große Teile des Hauses zu einem Hotel umgebaut werden. Serkwai 1, ℡ 04651-891762, www.hof-galerie-sylt.de.

Reiterhof Lobach, Litmuasem 16, ℡ 04651-890239.

• *Übernachten* **Hotel-Restaurant Morsum-Kliff**, das einsam gelegene Reetdachhaus (früher „Landhaus Nösse") mitten im Naturschutzgebiet beherbergt seit 2003 zehn schön gestaltete Zimmer (teils mit Meerblick) und ein empfehlenswertes *Restaurant*, in dem seit 2009 Janko Rahneberg kocht. Zwei schöne Terrassen mit Strandkörben. Oberes Preisniveau, von 12–18 Uhr jedoch einige bezahlbare Tagesgerichte (Suppen um 6 €, Hauptgericht 10–23 €), große Kinderkarte. Relativ preiswert ist das Frühstück (bis 17 Uhr!). Tägl. 10–22.30 Uhr. DZ 131–247 €. Nösistig 13, ℡ 04651-83632-0, www.hotel-morsum-kliff.de.

Camping am Mühlenhof, winziger Rasenplatz am südlichen Ortsausgang; unbedingt reservieren. Zeltplatz für 2 Pers. inkl. Pkw 16 €. Ganzjährig geöffnet. Melnstich 7, ℡ 04651-890444, www.campingplatz-sylt.de.

• *Essen & Trinken* **Fränkische Weinstuben**, der Name täuscht ein wenig: Im schönen Kaffeegarten gibt es auch Kaffee und Kuchen, bei schlechtem Wetter sitzt man in der gemütlichen Stube unterm Reetdach. Natürlich umfangreiche Frankenwein-Karte. Mi–Mo ab 12 Uhr. Terpstig 87, ℡ 04651-890440, www.fraenkische-weinstuben-morsum.de.

Café & Teestube Ingwersen, frisch gebackene Kuchen und Waffeln, dazu über 30 Teesorten. Toll gestalteter Garten mit Sitzecken. In der Saison tägl. geöffnet. Terpstig 76, ℡ 04651-890235.

St. Martin: Die turmlose, architektonisch älteste Sylter Kirche stammt vermutlich aus dem frühen 13. Jh. Der romanische Bau blieb erhalten, da sich die arme Gemeinde Morsum keine teuren Um- und Anbauten leisten konnte. Nur das kleine Vorhaus wurde später hinzugefügt. Bei der Restaurierung Anfang der 1930er Jahre entdeckte man das tausend Jahre alte Weihbecken aus Stein, das zwischenzeitlich als Regenfass am Kircheneingang genutzt worden war und heute in der nordwestlichen Ecke der Kirche seinen Platz gefunden hat. Sensationell war der gleichzeitige Fund des Mittelteils des um 1500 geschnitzten Flügelaltars, der lange auf dem Dachboden gelegen hatte. Heute ist er wieder im Kirchenraum zu sehen. Ältestes Inventar ist, wie in den meisten Kirchen, der Taufstein aus dem 13. Jh.; die Kanzel und der Kronleuchter wurden um 1700 angefertigt. Führungen finden im Sommerhalbjahr donnerstags um 14 Uhr statt.

Schaugarten: Schräg gegenüber der Kirche kultivieren Dora und Walter Glindmeier seit 1983 einen 3000 m² großen Garten, den sie – nun im Ruhestand – interessierten Besuchern öffnen. Angebaut werden Gemüse, Obst und Kräuter, dazu Rosen, Stauden und mindestens 30 Sorten einjähriger Som

*Aus der Hof-Galerie soll
ein Hotel werden*

merblumen. Alles ist liebevoll beschildert. Die Pflanzenarten haben die Glindmeiers noch nicht gezählt, dazu bleibt zwischen Gartenarbeit und Fragen beantworten keine Zeit. Als Souvenir bieten sich die selbst gekochten Marmeladen an, für die Ferienwohnung ein schöner Blumenstrauß oder Obst.

In der Gartensaison ist das Tor tagsüber nicht verschlossen; Eintritt frei, Spenden erwünscht. Haawerlön 6–8, ☎ 04651-23167 bzw. ☎ 0171-3966287.

Morsum-Kliff: Etwa 2 km nordwestlich von Morsum erstreckt sich die bis zu 20 m hohe Steilküste, die Einblicke in 10 Millionen Jahre Erdgeschichte gewährt. Das Kliff besteht aus Schichten von Glimmerton, Limonitsandstein und Kaolinsand, wobei die Schichten in der Saale-Eiszeit mehrfach gestaucht und gebrochen wurden. Das Gebiet um das Kliff steht seit 1923 unter Naturschutz und ist heute durch die vielen Besucher in seiner botanischen Einzigartigkeit bedroht. Bitte unbedingt auf den Wegen bleiben und keine Pflanzen abreißen!

Führungen bietet die Naturschutzgemeinschaft Sylt-Nordfriesland e. V. an. ☎ 04651-41193, www.naturschutz-sylt.de.

Sylt Karte S. 229

Rantums Wattseite ist ein Vogelparadies

Rantum

Rantum ist ein junges Dünendorf an der Jahrhunderte lang von Überschwemmungen bedrohten schmalsten Stelle Sylts. In der NS-Zeit wurde das Gebiet militärisch genutzt, wovon einstige Kasernengebäude und vor allem das riesige *Rantumbecken* nördlich des Orts zeugen – das Becken wurde Ende der 1930er-Jahre durch Eindeichung zum Landeplatz für Wasserflugzeuge der Luftwaffe. Heute steht es als Vogelschutzgebiet unter Naturschutz; hier kann man Höckerschwäne, Kiebitze, Seeregenpfeifer und andere Vogelarten beobachten. Ein Ausflugsklassiker ist die etwa 4 km lange Wanderung auf dem Deich rund um das Becken.

Als Feriendomizil eignet sich Rantum wegen seiner Lage an Ost- und Weststrand; allerdings ist die 1970 gebaute Landstraße deutlich zu hören. Südlich von Rantum liegt in den Dünen das überregional bekannte Nobel-Strandbistro Sansibar; mit dem Söl'ring Hof befindet sich das beste Hotel-Restaurant der Insel im Ort.

Am Merret-Lassen-Wai ist eine Handvoll Häuser aus dem 19. Jh. erhalten. In den letzten Jahren wurde in Rantum viel gebaut; besonders auffällig sind ein großes Neubaugebiet mit Reetdachhäusern und das architektonisch zweifelhafte TUI-Dorfhotel mit pastellfarbenen Einzelhäusern, die an eine Vorstadtsiedlung erinnern. Im winzigen *Gewerbegebiet* ist einiges Interessante zu entdecken. So kann man hier dem Strandkorbbauer Willy Trautmann über die Schulter gucken, Tennis oder Minigolf spielen oder vor allem die *Sylt-Quelle* besuchen. Hier wird das Wasser der Rantumquelle in Flaschen gefüllt, und das runde, voll verglaste und 2009 neu gestaltete Restaurant im Erdgeschoss des Quellenhauses bittet zu Tisch. Im Stockwerk darüber lockt eine Kunstausstellung, und im Sommer sorgt in der Abfüllhalle nebenan das *Meerkabarett* für erstklassige Unterhaltung.

*I*nformation/*A*dressen/*A*ktivitäten

● *Information* **Kurverwaltung**, Mo–Fr 9–17 Uhr. Strandstr. 7, 25980 Rantum. ✆ 04651-807-0, www.rantum.de.

● *Adressen/Aktivitäten* **Eidumer Vogelkoje** (→ Kasten S. 19), die Vogelkoje nördlich des Orts, etwa beim Zeltplatz Dikjen Deel (gleichnamige Bushaltestelle), ist nur im Rahmen einer Führung zu besichtigen. Infos: ✆ 0172/4021289.

Fahrradvermietung Leksus, Räder aller Art, auch Kinderräder, MTB, Erwachsenen-Dreiräder und Elektroräder, dazu Anhänger, Kindersitze, Hundekörbe etc. Kostenloser Bring- und Holservice, auch für Bollerwagen. In der Saison reservieren! Strandstr. 8, ℰ 04651-835000.

Kitesurfen, im Strandabschnitt Sansibar-Süd, südlich des Ortszentrums.

Strandsauna, am Campingplatz. Ostern bis Okt. tägl. ab 11 Uhr, ℰ 04651-834186, www.strandsauna-sylt.de, sowie am Strandabschnitt Samoa (Übergang Seepferdchen), ℰ 04651-22165.

Sylt-Strandkörbe, Willy Trautmann fertigt mit einem Dutzend Mitarbeiter in dritter Generation originale Sylt-Strandkörbe an, die auf Wunsch weltweit versandt werden. Auf der Insel werden sie mit einem blauen Pick-up-Oldtimer ausgeliefert. Sa/So geschl. Hafenstr. 10, ℰ 04651-22843, www.sylt-strandkoerbe.de.

Tennis- und Minigolfanlage, mit Sauna und Pub. Hafenstr. 12, ℰ 04651-22584.

Übernachten/Essen & Trinken/Kultur

● *Übernachten* **Hotel Watthof**, exklusives Hotel in Bestlage, die Restaurant-Terrasse bietet traumhaften Blick aufs Wattenmeer. EZ 125–155 €, DZ ab 155–250 €, Suiten teurer. Alte Dorfstr. 40, ℰ 04651-8020, www.watthof.de.

TUI-Dorfhotel, am Naturschutzgebiet Rantumbecken; sehr großes, familienfreundliches Appartement-Hotel mit Kinderbuffet und speziellen Sport- und Wellness-Angeboten für Kinder. 16 bonbonfarbene Häuser mit 159 Appartements bis 55 m², alle mit Küchenzeile und Kaminofen. 47–154 €/Pers., Mindestaufenthalt 3 Nächte, Hauptsaison 5 Nächte. Hafenstr. 1 a, ℰ 04651-4609475, www.dorfhotel.com.

Landhaus Rantum, das *Restaurant* bekam den neuen Namen *Coast* verpasst und wurde mit blauer Farbe und modernem Mobiliar gründlich modernisiert, auch das Hotel wurde veredelt. Hauptgericht deutlich über 20 €. 2 DZ (156–236 €), 4 Suiten (176–256 €). Stündeelke 1, ℰ 04651-1660, www.landhaus-rantum.de. ℰ 04651-1551, www.restaurant-coast.de.

Camping Rantum Nord, an das Vogelschutzgebiet angrenzender Platz der Kurverwaltung. Über 200 Dauercamper, ebenso viele Plätze für Touristen; auch Wohnwagen-Vermietung. Geöffnet April bis Mitte Okt. ℰ 04651-80755, www.rantum.de.

● *Essen & Trinken* **Söl'ring Hof**, zwei Michelin-Sterne hat das Restaurant im gleichnamigen Fünf-Sterne-Hotel. Spitzenkoch Johannes King veranstaltet hier eine Art Front-Cooking. Hauptgerichte um 50 €; um satt zu werden, bedarf es eines Menüs für rund 140 € inkl. Wein. Rechtzeitige Reservierung ratsam. Am Sandwall 1, ℰ 04651-836200, www.soelring-hof.de.

Genuss:raum sylt quelle, komplett entrümpelt und modisch orange-weiß gestaltet, präsentiert sich das schicke Restaurant mit einer grandiosen Sicht aufs Rantumbecken. Küchenchef Markus Hilgers bietet mittags eine mittelpreisige kleine Karte, abends wird es richtig edel. Wer nach dem „Meerkabarett" (→ Kultur) hier essen möchte, sollte unbedingt reservieren! Tägl. ab 11 U hr; Küche bis 22 Uhr. Hafenstr. 1, ℰ 04651-920320, www.genussraum.info.

Sansibar, einst eine einfache Strandhütte aus Holz, heute nobles Café-Restaurant in den Dünen, in dem edle Speisen und hier und da eine Flasche Champagner über den Tresen gehen – Herbert Seckler hat die Sansibar zu einer bundesweit bekannten Marke gemacht: Sogar die Deutsche Bahn serviert in ihren Speisewagen gelegentlich Sansibar-Weine; am schönsten genießt man die natürlich am Original-Ort. Nebenan ein luxuriöser Spielplatz für die wohlerzogenen Kleinen. In der Saison tägl. durchgehend geöffnet. Hörnumer Str. 80, ℰ 04651-964646, www.sansibar-sylt.de.

Restaurant-Café Hus in Lee, zum Biikebrennen (→ Wissenswertes/Feste) wird im Reetdach-Haus Grünkohl mit Schweinebacke serviert, was wesentlich leckerer ist als es klingt. An Sommertagen speist man auf der schönen Terrasse; nachmittags frische Waffeln. April–Okt. tägl. von Mittag bis Abend durchgehend Küche. Nov.–März Di Ruhetag. Hörnumer Str. 26, ℰ 04651-21589, www.hus-in-lee.de.

Tadjem Deel, Familie Hinrichsen betreibt das familiengerechte Strandrestaurant in den Dünen am südlichen Ortsrand. Schöne Terrasse und offener Kamin für kalte Tage. Tägl. ab 11 Uhr, warme Küche durchgehend 12–21 Uhr. Hörnumer Str. 60, ℰ 04651-23161.

Seepferdchen-Samoa, der Klassiker in den Dünen im Strandabschnitt Samoa, daher der Name. Die Gerichte der bis 18 Uhr gültigen Tageskarte sind bezahlbar, abends wird's teurer. Küche tägl. durchgehend 12–22 Uhr. Hörnumer Str. 70 bzw. Stündeelke 15, ℰ 04651-5579, www.samoa-seepferdchen.de.

Bistro-Restaurant Strandmuschel, am Hauptstrand; hier kann man relativ günstig essen. Strandstr. 30, ✆ 04651-27175.

Schacht's Backparadies, Bäckerei-Konditorei mit Café, eine preiswerte Möglichkeit, eine Kleinigkeit zu essen. Neben Kuchen & Co. auch einige herzhafte Speisen. Tägl. 7–18 Uhr. Strandstr. 5.

● *Kultur* **Meerkabarett**, im Juli/Aug. treten hier hochkarätige Künstler wie Götz Alsmann, Gitte Haenning, Tomte oder Gayle Tufts auf, dann vormittags sporadisch Kinderprogramm. Eintritt ab 17 €, Kinderprogr. ab 5,50 €. Hafenstr. 1, Karten/Infos: ✆ 04651-4711, www.meerkabarett.de.

Hörnum

An Sylts Südspitze liegt dieser wegen des seichten Wassers am Oststrand bei Familien mit Kindern beliebte Ferienort. Hörnum präsentiert sich im Stil der 1950er und 60er Jahre und setzt neuerdings auch auf ein zahlungskräftigeres Publikum. Mit dem Hapimag-Resort (151 Timesharing-Appartements auf dem ehemaligen Kurhaus-Gelände) sowie dem Golfhotel Budersand auf dem früheren Militärgelände sind jüngst zwei edle Übernachtungsadressen entstanden. Endloser Sandstrand, kein Durchgangsverkehr, ein Leuchtturm und der Hafen mit Schiffsverkehr zu beliebten Ausflugszielen sind die Pluspunkte von Hörnum, das in jüngster Zeit einen rasanten Wandel durchmacht. Wie List und Rantum war auch Hörnum in der NS-Zeit mit Kasernen versehen worden, die vor einigen Jahren abgerissen wurden, um Platz für die neuen Luxusherbergen zu schaffen. Als Ausgleich dafür musste übrigens „Wohnraum für Sylter" errichtet werden: Am Ortseingang östlich der Landstraße stehen die neuen bunten Häuschen für die Alteingesessenen. Südlich von Hörnum schließt das zunehmend von der Nordsee angenagte Dünengebiet *Hörnum-Odde* an, das über Brackwassertümpel und rare Sand-Salzwiesen verfügt. Hier rasten im Herbst selten an Land zu beobachtende Hochseevögel wie Seetaucher, Basstölpel und Zwergmöwen.

Pidder Lüng – nordfriesischer Nationalheld

Der Ausruf „Lewwer duad üs Slaav!" (Lieber tot als Sklave!) ziert heute die nordfriesische Flagge (s. Abb. S. 12). Dabei weiß kaum jemand, dass der knackige Wahlspruch, den viele Friesen schnell auf den Lippen haben, erst in der Ballade „Pidder Lüng" von Detlev Liliencron (1844–1919) zu Papier gebracht wurde. Der arme Hörnumer Fischer Pidder Lüng verweigert mit diesem Ruf die Zahlung von Abgaben an den dänischen Amtmann von Tondern, woraufhin ihm der Amtmann ins Essen spuckt. Im Gegenzug tunkt Lüng den Kopf des Beamten so lange in den soeben bespuckten Grünkohl, bis der Amtmann kein Lebenszeichen mehr von sich gibt. Nach dem friesischen Nationalhelden war übrigens auch die 1994 aufgegebene und 2006 abgerissene Bundeswehrkaserne in Hörnum benannt.

Im 15. Jh. ließen sich an der unwirtlichen Inselspitze einige Familien nieder, deren Dörfer von der See weggeschwemmt worden waren. Ihren Lebensunterhalt versuchten sie durch Heringsfischerei vor Helgoland zu verdienen. Zu Beginn des 17. Jh. begrub eine Düne Hörnum unter sich, wanderte anschließend über den kleinen Fischerort hinweg und gab das, was von den rund 100 Häusern übrig war, im

Kinderfreundlich – Hörnums Oststrand

19. Jh. wieder frei. Im späten 17. Jh. traute sich kaum jemand hierher: Die weit ins Meer ragende Landspitze Hörn galt damals als quasi uneinnehmbares Piratennest.

Information/Aktivitäten

● *Information* **Tourismus-Service**, Mo–Fr 9–17 Uhr. Strandweg 2, 25997 Hörnum, ✆ 04651-9626-0. www.hoernum.de.

● *Aktivitäten* **Ausflugsschiffe**, die Adler-Reederei offeriert kurze Fahrten um die Südspitze von Sylt (50 % Rabatt mit Inselbus-Tageskarte!), 90-Min.-Fahrten zu den Seehundbänken mit Seetierfang (Kombiticket inkl. inselweiter Busanreise 20,50 €, Kind 14,50 €, Familie 64 €) sowie ein Piraten-Spektakel für Kinder. ✆ 04651-98700, www.adler-schiffe.de.

Baden, nie überfüllt ist der weite Sandstrand an der Westseite, an dem es abends am schönsten ist. FKK-Strand südlich der Textilstrände. Kinderfreundlich ist der Oststrand auf der Wattenmeer-Seite; hier ist bei Flut auch für die Kleinsten gefahrloses Planschen möglich.

Deep Nature Spa, schickes neues Spa im Hapimag-Resort mit Innen- und Außen-schwimmbad, Sauna und Hamam. Blick über die Dünen. Eintritt 22 € inkl. Bade-tüchern. Rantumer Str. 2 a, ✆ 04651-4608400, www.hapimag.com.

Golfclub Budersand, moderner 18-Loch-Links-Course (also typischer Dünenplatz) am Oststrand. Der Platz soll anspruchsvoll sein und wird erst ab Handicap 28 empfohlen. Fernsicht 1, ✆ 04651-449271-0, www.budersand.de.

Kitesurfen, am Parkplatz P4 kurz vor der Ortseinfahrt.

Strandsauna, am FKK-Strand (Übergang Süderende). April–Okt. ✆ 04651-880300.

Trampolin, April–Okt. am Oststrand; www.sylter.freizeit-team.de.

Wind- und Kitesurf-Kurse, Surface Sylt, Rantumer Str. 2 (Strandübergang 76), www.surface-sylt.de.

Übernachten/Essen & Trinken

● *Übernachten* ******* Golfhotel Budersand**, superedler moderner Bau mit 79 Zimmern, Suiten (z. T. Meerblick aus der Badewanne!) und großzügigem Wellnessbereich. Das mit kanadischem Zedernholz verkleidete, 2009 eröffnete Gebäude soll über 50 Mio. € gekostet haben. Die Hotelbibliothek hat übrigens Elke Heidenreich mit ihren Lieblingsbüchern bestückt. DZ ab 250 €, Suite ab 415 €; in der Hauptsaison Mindestaufenthalt 3 Tage. Am Kai 3, ✆ 04651-4607-0, www.budersand.de.

*** Hotel am Leuchtturm, etwas betulich möbliertes, aber wunderschön gelegenes 70-Betten-Haus. Schwimmbad, Sauna und Tischtennis; Terrasse und Liegewiese. EZ 57–67 €, DZ 90–108 €. An der Düne 38, ✆ 04651-96100.

Apartmentanlage Klabautermann, Häuser und FeWo für 2–6 Pers. in Oststrand-Nähe; einige rollstuhlgerechte FeWo. Liegewiese, Spielplatz, Münz-Waschmaschine, Trockner usw. Strandstr. 1, ☏ 04651-9637-0, www.sylt-ferien.de.

Jugendherberge, in der ehemaligen Kaserne mit 181 Betten gibt es auch Familienzimmer mit eigenem Bad (reservieren!), die aber sehr eng sind. Die schöne Lage und das gute Freizeitangebot machen das wieder wett. Ab 2 Nächten ist VP obligatorisch (ab 25,10 €), die Qualität des warmen Essens schwankte 2008 im 2-Tages-Rhythmus extrem. Ü/F ab 19,20 €/Pers. Geöffnet April bis Anfang Nov. Friesenplatz 2, ☏ 04651-880294, jh-hoernum@djh.de.

Campingplatz, schöner Platz an der Westküste im tiefen Dünensand (Sandhäringe für Zelte erforderlich, für Caravans gibt's eine Schlepphilfe). Zum Meer geht es auf einer Holztreppe über die Düne. Geöffnet April–Okt. ☏ 04651-8358431, www.hoernum.de.

• *Essen & Trinken* **Strönholt**, 2008 eröffnetes Bistro-Restaurant am Golfplatz mit toller Aussichtsterrasse. Los geht's ab 9 Uhr mit einer netten Frühstückskarte, warme Küche in überdurchschnittlicher Qualität. Hochgelobtes Brunch-Buffet am So. Tägl. Küche durchgehend 11.30–22 Uhr. Fernsicht 1, ☏ 04651-4492727, www.stroenholt.de.

Kap Horn, rustikales Restaurant-Café direkt am Strand. In der Hauptsaison Grillabende mit Livemusik, in der Nebensaison geht's ruhiger zu (nur Tapas etc.). Tägl. 11 Uhr bis Sonnenuntergang, in der Saison durchgehend warme Küche. Süderende 24 (am Weststrand, Übergang zum FKK-Strand). ☏ 04651-881548, www.kap-horn-sylt.de.

Bistro Fisch Matthiesen, der hübsche Imbiss gehört zu einem Fischgeschäft, das garantiert frische Ware. Kleine Speisen wie Fischsuppe, Muscheln und Fischbrötchen, auch Süßes. In der Saison tägl. ab 10 Uhr. Rantumer Str. 8, ☏ 04651-881773.

Café Lund, Hörnums Traditionscafé, das neben Süßem auch pikante Gerichte mit regionalem Touch serviert. Tägl. durchgehend geöffnet. Rantumer Str. 1–3, ☏ 04651-881034, www.cafe-lund.de.

Strandperle, rustikale jugendliche Strandbar zu Füßen des Leuchtturms. Neben Getränken gibt es Kleinigkeiten wie Crêpes und Hot Dogs. Traumhafter Blick auf die im Meer versinkende Sonne, moderates Preisniveau. April–Sept. tägl. ab 12 Uhr. Blankes Tälchen 1, am Hauptstrand, ☏ 04651-880267, www.strandperle.net.

Leuchtturm: Der 1907 gebaute, 33 m hohe und klassisch rot-weiß gestrichene Turm darf von allen ab 8 Jahren im Rahmen einer Führung bestiegen werden (Termine buchbar über Tourismus-Service Hörnum, s. o.). Bei gutem Wetter sind in der Ferne Amrum und Föhr zu sehen. Von 1918 bis 1933 war hier übrigens die Schule untergebracht.

Nationalpark-Infozentrum: Im 2008 umgebauten schwedenroten Holzhaus informiert die Schutzstation Wattenmeer in bekannter Weise. Zudem ist das Zentrum Treffpunkt für Wattexkursionen, Watt-Spaziergänge (für Kinder ab 3 Jahren), Vogel- und Pflanzenführungen, eine schöne Wanderung um die Südspitze von Sylt und eine Nachtwanderung. Ferner Abendveranstaltungen wie Diavorträge und Märchenabend, an einigen Tagen um 18.30 Uhr die beliebte Aquarientier-Fütterung (nur nach Anmeldung!).

April–Okt. tägl. 10–12 und 15–18 Uhr, sonst laut Aushang. Rantumer Str. 27, ☏ 04651-881093, www.schutzstation-wattenmeer.de.

Verlagsprogramm

● Abruzzen ● Ägypten ● Algarve ● Allgäu ● Allgäuer Alpen *MM-Wandern* ● Altmühltal & Fränk. Seenland ● Amsterdam *MM-City* ● Andalusien ● Andalusien *MM-Wandern* ● Apulien ● Athen & Attika ● Australien – der Osten ● Azoren ● Baltische Länder ● Barcelona *MM-City* ● Bayerischer Wald ● Berlin *MM-City* ● Berlin & Umgebung ● Bodensee ● Bretagne ● Brüssel *MM-City* ● Budapest *MM-City* ● Bulgarien – Schwarzmeerküste ● Chalkidiki ● Chianti – Florenz, Siena ● Cilento ● Cornwall & Devon ● Dublin *MM-City* ● Costa Brava ● Costa de la Luz ● Côte d'Azur ● Cuba ● Dolomiten – Südtirol Ost ● Dominikanische Republik ● Dresden *MM-City* ● Ecuador ● Elba ● Elsass ● Elsass *MM-Wandern* ● England ● Fehmarn ● Franken ● Fränkische Schweiz ● Friaul-Julisch Venetien ● Gardasee ● Genferseeregion ● Golf von Neapel ● Gomera ● Gomera *MM-Wandern* ● Gran Canaria ● Gran Canaria *MM-Touring* ● Graubünden ● Griechenland ● Griechische Inseln ● Hamburg *MM-City* ● Harz ● Haute-Provence ● Havanna *MM-City* ● Ibiza ● Irland ● Island ● Istanbul *MM-City* ● Istrien ● Italien ● Italienische Adriaküste ● Kalabrien & Basilikata ● Kanada – der Osten ● Kanada – der Westen ● Karpathos ● Katalonien ● Kefalonia & Ithaka ● Köln *MM-City* ● Kopenhagen *MM-City* ● Korfu ● Korsika ● Korsika Fernwanderwege *MM-Wandern* ● Kos ● Krakau *MM-City* ● Kreta ● Kreta *MM-Wandern* ● Kroatische Inseln & Küste ● Kykladen ● Lago Maggiore ● La Palma ● La Palma *MM-Wandern* ● Languedoc-Roussillon ● Lanzarote ● Lesbos ● Ligurien – Italienische Riviera, Genua, Cinque Terre ● Ligurien & Cinque Terre *MM-Wandern* ● Liparische Inseln ● Lissabon & Umgebung ● Lissabon *MM-City* ● London *MM-City* ● Madeira ● Madeira *MM-Wandern* ● Madrid *MM-City* ● Madrid & Umgebung ● Mainfranken ● Mallorca ● Mallorca *MM-Wandern* ● Malta, Gozo, Comino ● Marken ● Mecklenburgische Seenplatte ● Mecklenburg-Vorpommern ● Menorca ● Mittel- und Süddalmatien ● Mittelitalien ● Montenegro ● München *MM-City* ● Münchner Ausflugsberge *MM-Wandern* ● Naxos ● Neuseeland ● New York *MM-City* ● Niederlande ● Nord- u. Mittelgriechenland ● Nordkroatien – Kvarner Bucht ● Nordportugal ● Nordspanien ● Normandie ● Norwegen ● Nürnberg, Fürth, Erlangen ● Oberbayerische Seen ● Oberitalien ● Oberitalienische Seen ● Ostfriesland & Ostfriesische Inseln ● Ostseeküste – Mecklenburg-Vorpommern ● Ostseeküste – von Lübeck bis Kiel ● Östliche Allgäuer Alpen *MM-Wandern* ● Paris *MM-City* ● Peloponnes ● Pfalz ● Piemont & Aostatal ● Piemont *MM-Wandern* ● Polnische Ostseeküste ● Portugal ● Prag *MM-City* ● Provence & Côte d'Azur ● Provence *MM-Wandern* ● Rhodos ● Rom & Latium ● Rom *MM-City* ● Rügen, Stralsund, Hiddensee ● Salzburg & Salzkammergut ● Samos ● Santorini ● Sardinien ● Sardinien *MM-Wandern* ● Schleswig-Holstein – Nordseeküste ● Schottland ● Schwäbische Alb ● Shanghai *MM-City* ● Sinai & Rotes Meer ● Sizilien ● Sizilien *MM-Wandern* ● Skiathos, Skopelos, Alonnisos, Skyros – Nördl. Sporaden ● Slowakei ● Slowenien ● Spanien ● St. Petersburg *MM-City* ● Südböhmen ● Südengland ● Südfrankreich ● Südmarokko ● Südnorwegen ● Südschwarzwald ● Südschweden ● Südtirol ● Südtoscana ● Südwestfrankreich ● Sylt ● Teneriffa ● Teneriffa *MM-Wandern* ● Tessin ● Thassos, Samothraki ● Toscana ● Toscana *MM-Wandern* ● Tschechien ● Tunesien ● Türkei ● Türkei – Lykische Küste ● Türkei – Mittelmeerküste ● Türkei – Südägäis ● Türkische Riviera – Kappadokien ● Umbrien ● Usedom ● Venedig *MM-City* ● Venetien ● Wachau, Wald- u. Weinviertel ● Westböhmen & Bäderdreieck ● Warschau *MM-City* ● Westallgäu und Kleinwalsertal *MM-Wandern* ● Westungarn, Budapest, Pécs, Plattensee ● Wien *MM-City* ● Zakynthos ● Zentrale Allgäuer Alpen *MM-Wandern* ● Zypern

www.michael-mueller-verlag.de

Michael Müller Verlag GmbH, Gerberei 19, 91054 Erlangen
Tel. 0 91 31 / 81 28 08-0; Fax 0 91 31 / 20 75 41;
info@michael-mueller-verlag.de

Stars auf dem Nord-Ostsee-Kanal sind die Kreuzfahrt-Riesen

Register

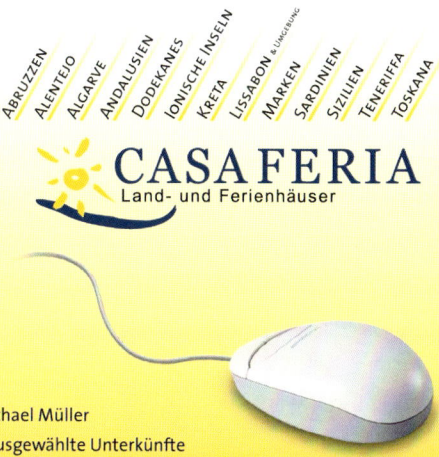

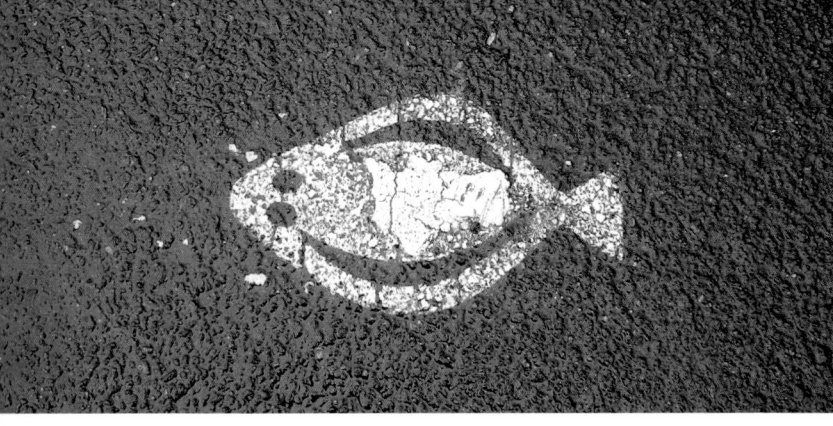

Immer der Scholle nach - auf dem Störtebeker-Rundgang durch Tönning